21世纪特殊教育创新教材

主编单位

华东师范大学学前与特殊教育学院

南京特殊教育职业技术学院

华中师范大学教育科学学院

陕西师范大学教育学院

总主编：方俊明

副主编：杜晓新　雷江华　周念丽

学术委员会

主　任：方俊明

副主任：杨广学　孟万金

委　员：方俊明　杨广学　孟万金　邓　猛　杜晓新　赵　微

　　　　刘春玲

编辑委员会

主　任：方俊明

副主任：丁　勇　汪海萍　邓　猛　赵　微

委　员：方俊明　张　婷　赵汤琪　雷江华　邓　猛　朱宗顺

　　　　杜晓新　任颂羔　蒋建荣　胡世红　贺荟中　刘春玲

　　　　赵　微　周念丽　李闻戈　苏雪云　张　旭　李　芳

　　　　李　丹　孙　霞　杨广学　王　辉　王和平

21 世纪特殊教育创新教材·理论与基础系列

主编：杜晓新　　　　　　　审稿人：杨广学　孟万金

- 特殊教育的哲学基础（华东师范大学：方俊明）
- 特殊教育的医学基础（南京特殊教育职业技术学院：张婷、赵汤琪）
- 融合教育导论（华中师范大学：雷江华）
- 特殊教育学（雷江华、方俊明）
- 特殊儿童心理学（方俊明、雷江华）
- 特殊教育史（浙江师范大学：朱宗顺）
- 特殊教育研究方法（华东师范大学：杜晓新、宋永宁）
- 特殊教育发展模式（纽约市教育局：任颂羔）

21 世纪特殊教育创新教材· 发展与教育系列

主编：雷江华　　　　　　　审稿人：邓　猛　刘春玲

- 视觉障碍儿童的发展与教育（华中师范大学：邓猛）
- 听觉障碍儿童的发展与教育（华东师范大学：贺荟中）
- 智力障碍儿童的发展与教育（华东师范大学：刘春玲）
- 学习困难儿童的发展与教育（陕西师范大学：赵微）
- 自闭症谱系障碍儿童的发展与教育（华东师范大学：周念丽）
- 情绪与行为障碍儿童的发展与教育（广东外语艺术职业学院：李闻戈）
- 超常儿童的发展与教育（华东师范大学：苏雪云；北京联合大学：张旭）

21 世纪特殊教育创新教材·康复与训练系列

主编：周念丽　　　　　　　审稿人：方俊明　赵　微

- 特殊儿童应用行为分析（天津体育学院：李芳；武汉麟洁健康咨询中心：李丹）
- 特殊儿童的游戏治疗（华东师范大学：周念丽）
- 特殊儿童的美术治疗（南京特殊教育职业技术学院：孙霞 ）
- 特殊儿童的音乐治疗（南京特殊教育职业技术学院：胡世红）
- 特殊儿童心理治疗（华东师范大学：杨广学）
- 特殊教育的辅具与康复（南京特殊教育职业技术学院：蒋建荣、王辉）
- 特殊儿童的感觉统合训练（华东师范大学：王和平）

国家科技支撑计划"心理疾患防治研究与示范"课题成果

21 世纪特殊教育创新教材·康复与训练系列

特殊儿童心理治疗

（第三版）

杨广学　主编

北京大学出版社
PEKING UNIVERSITY PRESS

图书在版编目(CIP)数据

特殊儿童心理治疗/杨广学主编. —3 版. —北京：北京大学出版社，2024.3
21 世纪特殊教育创新教材. 康复与训练系列
ISBN 978 - 7 - 301 - 33536 - 9

Ⅰ.①特…　Ⅱ.①杨…　Ⅲ.①儿童教育—特殊教育—精神疗法—教材　Ⅳ.①G760

中国版本图书馆 CIP 数据核字（2022）第 197665 号

书　　　名	特殊儿童心理治疗（第三版）	
	TESHU ERTONG XINLI ZHILIAO（DI-SAN BAN）	
著作责任者	杨广学　主编	
丛 书 策 划	周雁翎	
丛 书 主 持	李淑方	
责 任 编 辑	陈　静	
标 准 书 号	ISBN 978 - 7 - 301 - 33536 - 9	
出 版 发 行	北京大学出版社	
地　　　址	北京市海淀区成府路 205 号　　100871	
网　　　址	http://www.pup.cn　　　新浪微博：@北京大学出版社	
微信公众号	通识书苑（微信号：sartspku）　　科学元典（微信号：kexueyuandian）	
电 子 邮 箱	编辑部 jyzx@ pup.cn　　　总编室 zpup@ pup.cn	
电　　　话	邮购部 010 - 62752015　发行部 010 - 62750672　编辑部 010 - 62707542	
印 刷 者	北京圣夫亚美印刷有限公司	
经 销 者	新华书店	
	787 毫米 × 1092 毫米　16 开本　17 印张　360 千字	
	2011 年 5 月第 1 版　2017 年 8 月第 2 版	
	2024 年 3 月第 3 版　2024 年 3 月第 1 次印刷	
定　　　价	59.00 元	

顾明远序

2010 年，国家颁布的《国家中长期教育改革和发展规划纲要》专门辟一章——特殊教育，提出："全社会要关心支持特殊教育"。这里的特殊教育主要是指："促进残疾人全面发展、帮助残疾人更好地融入社会。"当然，广义的特殊教育还包括超常儿童与问题儿童的教育。但毕竟残疾人是社会的弱势群体中的弱势人群，他们更需要全社会的关爱。

发展特殊教育（这里专指残疾人教育），首先要对特殊教育有一个认识。所谓特殊教育的特殊，是指这部分受教育者在生理上或者心理上有某种缺陷，阻碍着他的发展。特殊教育就是要帮助他排除阻碍他发展的障碍，使他得到与普通人一样的发展。残疾人并非所有智能都丧失，只是丧失一部分器官的功能。通过教育我们可以帮助他弥补缺陷，或者使他受损伤的器官功能得到部分的恢复，或者培养其他器官的功能来弥补某种器官功能的不足。因此，特殊教育的目的与普通教育的目的是一样的，就是要促进儿童身心健康的发展，只是残疾人需要更多的爱护和帮助。

至于超常儿童教育则又是另一种特殊教育。超常儿童更应该在普通教育中发现和培养，不能简单地过早地确定哪个儿童是超常的。不能完全相信智力测验。这方面我没有什么经验，只是想说，现在许多家长都认为自己的孩子是天才，从小就超常地培养，结果弄巧成拙，拔苗助长，反而害了孩子。

在特殊教育中倒是要重视自闭症儿童。我国特殊教育更多的是关注伤残儿童，不大关心自闭症儿童。其实，他们非常需要采取特殊的方法来矫正自闭症，否则他们长大以后很难融入社会。自闭症目前还不是可以完全治愈的。但早期的鉴别和干预对他们日后的发展很有帮助。国外很关注这些儿童，也有许多经验，值得我们借鉴。

　　我在改革开放以后就特别感到特殊教育的重要。早在 1979 年我担任北京师范大学教育系主任时就筹办了我国第一个特殊教育专业，举办了第一次特殊教育国际会议。但是，我个人的专业不是特殊教育，因此只能说是一位门外的倡导者，却不是专家，说不出什么道理来。

　　方俊明教授是改革开放后早期的心理学家，后来专门从事特殊教育二十多年，对特殊教育有深入的研究。在我国大力提倡发展特殊教育之今天，组织五十多位专家编纂这部"21 世纪特殊教育创新教材"丛书，真是恰逢其时，是灌浇特殊教育的及时雨，值得高兴。方俊明教授要我为丛书写几句话，是为序。

中国教育学会理事长

北京师范大学副校长

2011 年 4 月 5 日于北京求是书屋

沈晓明序

由于专业背景的关系，我长期以来对特殊教育高度关注。在担任上海市教委主任和分管教育卫生的副市长后，我积极倡导"医教结合"，希望通过多学科、多部门精诚合作，全面提升特殊教育的教育教学水平与康复水平。在各方的共同努力下，上海的特殊教育在近年来取得了长足的发展。特殊教育的办学条件不断优化，特殊教育对象的分层不断细化，特殊教育的覆盖面不断扩大，有特殊需要儿童的入学率达到上海历史上的最高水平，特殊教育发展的各项指标均位于全国特殊教育前列。上海市中长期教育改革和发展规划纲要，更是把特殊教育列为一项重点任务，提出要让有特殊需要的学生在理解和关爱中成长。

上海特殊教育的成绩来自各界人士的关心支持，更来自教育界的辛勤付出。"21世纪特殊教育创新教材"便是由华东师范大学领衔，联合四所大学，共同献给中国特殊教育界的一份丰厚的礼物。该丛书全篇近600万字，凝聚了中国特殊教育界老中青50多名专家三年多的心血，体现出作者们潜心研究、通力合作的精神与建设和谐社会的责任感。丛书共22本，从理论与基础、发展与教育、康复与训练三个系列，全方位、多层次地展现了信息化时代特殊教育发展的理念、基本原理和操作方法。本丛书选题新颖、结构严谨，拓展了特殊教育的研究范畴，从多学科的角度更新特殊教育的研究范式，让人读后受益良多。

发展特殊教育事业是党和政府坚持以人为本、弘扬人道主义精神和保障人权的重要举措，是促进残障人士全面发展和实现"平等、参与、共享"目标的有效途径。《国家中长期教育改革和发展规划纲要》明确提出，要关心和支持特殊教育，要完善特殊教育体系，要健全特殊教育保障机制。我相信，随着我国经济的发展，教育投入的增加，我国特殊教育的专业队伍会越来越壮大，科研水平会不断地提高，特殊教育的明天将更加灿烂。

沈晓明

上海交通大学医学院教授、博士生导师

世界卫生组织新生儿保健合作中心主任

上海市副市长

2011 年 3 月

丛 书 总 序

特殊教育是面向残疾人和其他有特殊教育需要人群的教育,是国民教育体系的重要组成部分。特殊教育的发展,关系到实现教育公平和保障残疾人受教育的权利。改革和发展我国的特殊教育是全面建设小康社会、促进社会稳定与和谐的一项急迫任务,需要全社会的关心与支持并不断提升学科水平。

半个多世纪以来,由于教育民主思想的渗透以及国际社会的关注,特殊教育已成为世界上发展最快的教育领域之一,它在一定程度上也综合反映出一个国家或地区的政治、经济、文化和国民素质的综合水平,成为衡量社会文明进步程度的重要标志。改革开放30多年以来,在党和政府的关心下,我国的特殊教育也得到了前所未有的大发展,进入了我国历史上最好的发展时期。在"医教结合"基础上发展起来的早期教育、随班就读和融合教育正在推广和深化,特殊职业教育和高等教育也有较快的发展,这些都标志着我国特殊教育的发展进入了一个全球化、信息化的时代。

但是,作为一个发展中国家,由于起点低、人口多、各地区发展不均衡,我国特殊教育的整体发展水平与世界上特殊教育比较发达的国家和地区相比,还有一定的差距,存在一些亟待解决的主要问题。例如:如何从狭义的仅以盲、聋、弱智等残疾儿童为主要服务对象的特殊教育逐步转向包括各种行为问题儿童和超常儿童在内的广义的特殊教育;如何通过强有力的特教专项立法来保障特殊儿童接受义务教育的权利,进一步明确各级政府、儿童家长和教育机构的责任,使经费投入、鉴定评估等得到专项法律法规的约束;如何加强对"随班就读"的支持,使融合教育的理念能被普通教育接受并得到充分体现;如何加强对特教师资和相关的专业人员的培养和训练;如何通过跨学科的合作加强相关的基础研究和应用研究,较快地改变目前研究力量薄弱、学科发展和专业人员整体发展水平偏低的状况。

为了迎接当代特殊教育发展的挑战和尽快缩短与发达国家的差距,三年前,我们在北京大学出版社出版意向的鼓舞下,成立了"21世纪特殊教育创新教材"的丛书编辑委员会和学术委员会,集中了国内特殊教育界具有一定教学、科研能力的高级职称或具有本专业博士学位的专业人员50多人共同编写了这套丛书,以期联系我国实际,全面地介绍和深入地探讨当代特殊教育的发展理念、基本原理和操作方法。丛书分为三个系列,共22本,其中有个人完成的专著,还有多人完成的编著,共约600万字。

理论与基础系列。

本系列着重探讨特殊教育的理论与基础。讨论特殊教育的存在和思维的关系,特殊教育的学科性质和任务,特殊教育学与医学、心理学、教育学、教学论等相邻学科的密切关系,力求反映出现代思维方法、相邻学科的发展水平以及融合教育的思想对现代特教发展的影响。本系列特别注重从历史、现实和研究方法的演变等不同角度来探讨当代特殊教育的特点和发展趋势。本系列由以下 8 种组成：

《特殊教育的哲学基础》《特殊教育的医学基础》《融合教育导论》《特殊教育学》《特殊儿童心理学》《特殊教育史》《特殊教育研究方法》《特殊教育发展模式》。

发展与教育系列。

本系列从广义上的特殊教育对象出发，密切联系日常学前教育、学校教育、家庭教育、职业教育和高等教育的实际，对不同类型特殊儿童的发展与教育问题进行了分册论述。着重阐述不同类型儿童的概念、人口比例、身心特征、鉴定评估、课程设置、教育与教学方法等方面的问题。本系列由以下 7 种组成：

《视觉障碍儿童的发展与教育》《听觉障碍儿童的发展与教育》《智力障碍儿童的发展与教育》《学习困难儿童的发展与教育》《自闭症谱系障碍儿童的发展与教育》《情绪与行为障碍儿童的发展与教育》《超常儿童的发展与教育》。

康复与训练系列。

本系列旨在体现"医教结合"的原则，结合中外的各类特殊儿童，尤其是有比较严重的身心发展障碍儿童的治疗、康复和训练的实际案例，系统地介绍了当代对特殊教育中早期鉴别、干预、康复、咨询、治疗、训练教育的原理和方法。本系列偏重于实际操作和应用，由以下 7 种组成：

《特殊儿童应用行为分析》《特殊儿童的游戏治疗》《特殊儿童的美术治疗》《特殊儿童的音乐治疗》《特殊儿童心理治疗》《特殊教育的辅具与康复》《特殊儿童的感觉统合训练》。

"21 世纪特殊教育创新教材"是目前国内学术界有关特殊教育问题覆盖面最广、内容较丰富、整体功能较强的一套专业丛书。在特殊教育的理论和实践方面，本套丛书比较全面和深刻地反映出了近几十年来特殊教育和相关学科的成果。一方面大量参考了国外和港台地区有关当代特殊教育发展的研究资料；另一方面总结了我国近几十年来，尤其是建立了特殊教育专业硕士、博士点之后的一些交叉学科的实证研究成果，涉及 5000 多种中英文的参考文献。本套丛书力求贯彻理论和实际相结合的精神，在反映国际上有关特殊教育的前沿研究的同时，也密切结合了我国社会文化的历史和现实，将特殊教育的基本理论、基础理论、儿童发展和实际的教育、教学、咨询、干预、治疗和康复等融为一体，为建立一个具有前瞻性、符合科学发展观、具有中国历史文化特色的特殊教育的学科体系奠定基础。本套丛书在全面介绍和深入探讨当代特殊教育的原理和方法的同时，力求阐明如下几个主要学术观点：

1. 人是生物遗传和"文化遗传"两者结合的产物。生物遗传只是使人变成了生命活体和奠定了形成自我意识的生物基础；"文化遗传"才可能使人真正成为社会的人、高尚的人、成为"万物之灵"，而教育便是实现"文化遗传"的必由之路。特殊教育作为一个联系社会学科和自然学科、理论学科和应用学科的"桥梁学科"，应该集中地反映教育在人的种系发展和个体发展中所发挥的巨大作用。

2. 当代特殊教育的发展是全球化、信息化教育观念的体现，它有力地展现了人类社会发展过程中物质文明与精神文明之间发展的同步性。马克思主义很早就提出了两种生产力的概念,即生活物资的生产和人自身的繁衍。伴随生产力的提高和社会的发展,人类应该有更多的精力和能力来关注自身的繁衍和一系列发展问题,这些问题一方面是通过基因工程来防治和减少疾病,实行科学的优生优育,另一方面是通过优化家庭教育、学校教育和社会教育的环境,来最大限度地增加教育在发挥个体潜能和维护社会安定团结与文明进步等方面的整体功能。

3. 人类由于科学技术的发展、生产能力的提高,已经开始逐步地摆脱了对单纯性、缓慢性的生物进化的依赖,摆脱了因生活必需的物质产品的匮乏和人口繁衍的无度性所造成"弱肉强食"型的生存竞争。人类应该开始积极主动地在物质实体、生命活体、社会成员的大系统中调整自己的位置,更加注重作为一个平等的社会成员在促进人类的科学、民主和进步过程中所应该承担的责任和义务。

4. 特殊教育的发展,尤其是融合教育思想的形成和传播,对整个教育理念、价值观念、教育内容、学习方法和教师教育等问题,提出了全面的挑战。迎接这一挑战的方法只能是充分体现时代精神,在科学发展观的指导下开展深度的教育改革。当代特殊教育的重心不再是消极地过分地局限于单纯的对生理缺陷的补偿,而是在一定补偿的基础上,积极地努力发展有特殊需要儿童的潜能。无论是特殊教育还是普通教育都应该强调培养受教育者积极乐观的人生态度和做人的责任,使其为促进人类社会的进步最大限度地发挥自身的潜能。

5. 当代特殊教育的发展,对未来的教师和教育管理者、相关的专业人员的学识、能力和人格提出了更高的要求。未来的教师和教育管理者、相关的专业人员不仅要做到在教学相长中不断地更新自己的知识,还要具备从事普通教育和特殊教育的能力,具备新时代的人格魅力,从勤奋、好学、与人为善和热爱学生的行为中,自然地展示出对人类未来的美好憧憬和追求。

6. 从历史上来看,东西方之间思维方式和文化底蕴方面的差异,导致对残疾人的态度和特殊教育的理念是大不相同的。西方文化更注重逻辑、理性和实证,从对特殊人群的漠视、抛弃到专项立法和依法治教,从提倡融合教育到专业人才的培养,从支持系统的建立到相关学科的研究,思路是清晰的,但执行是缺乏弹性的,综合效果也不十分理想,过度地依赖法律底线甚至给某些缺乏自制力和公益心的人提供了法律庇护下的利己方便。东方哲学特别重视人的内心感受、人与自然和人与人之间的协调,以及社会的平衡与稳定,但由于封建社会落后的生产力水平和封建专制,特殊教育长期停留在"同情""施舍""恩赐""点缀""粉饰太平"的水平,缺乏强有力的稳定的实际支持系统。因此,如何通过中西合璧,结合本国的实际来发展我国的特殊教育,是一个需要深入研究的问题。

7. 当代特殊教育的发展是高科技和远古人文精神的有机结合。与普通教育相比,特殊教育只有200多年的历史,但近半个世纪以来,世界特殊教育发展的广度和深度都令人吃惊。教育理念不断更新,从"关心"到"权益",从"隔离"到"融合",从"障碍补偿"到"潜能开发",从"早期干预""个别化教育"到终身教育及计算机网络教学的推广,等等,这些都充分地体现了对人本身的尊重、对个体差异的认同、对多元文化的欣赏。

本套丛书力求帮助特殊教育工作者和广大特殊儿童的家长:① 进一步认识特殊教育的本质,勇于承担自己应该承担的责任,完成特殊教育从慈善关爱型向义务权益型转化;

3

② 进一步明确特殊教育和普通教育的目标，促进整个国民教育从精英教育向公民教育转化；③ 进一步尊重差异，发展个性，促进特殊教育从隔离教育向融合教育转型；④ 逐步实现特殊教育的专项立法，进一步促进特殊教育从号召型向依法治教的模式转变；⑤ 加强专业人员的培养，进一步促进特殊教育从低水平向高质量的转变；⑥ 加强科学研究，进一步促进特殊教育学科水平的提高。

我们希望本套丛书的出版能对落实我国中长期的教育发展规划起到积极的作用，增加人们对当代特殊教育发展状况的了解，使人们能清醒地认识到我国特殊教育发展所取得的成就、存在的差距、解决的途径和努力的方向，促进中国特殊教育的学科建设和人才培养。在教育价值上进一步体现对人的尊重、对自然的尊重；在教育目标上立足于公民教育；在教育模式上体现出对多元文化和个体差异的认同；在教育方法上本着实事求是的精神实行因材施教，充分地发挥受教育者的潜能，发展受教育者的才智与个性；在教育功能上进一步体现我国社会制度本身的优越性，促进人类的科学与民主、文明与进步。

在本套丛书编写的三年时间里，四个主编单位分别在上海、南京、武汉组织了三次有关特殊教育发展的国际论坛，使我们有机会了解世界特殊教育最新的学科发展状况。在北京大学出版社和主编单位的资助下，丛书编委会分别于 2008 年 2 月和 2009 年 3 月在南京和上海召开了两次编写工作会议，集体讨论了丛书编写的意图和大纲。为了保证丛书的质量，上海市特殊教育资源中心和华东师范大学特殊教育研究所为本套丛书的编辑出版提供了帮助。

本套丛书的三个系列之间既有内在的联系，又有相对的独立性。不同系列的著作可作为特殊教育和相关专业的教材，也可供不同层次、不同专业水平和专业需要的教育工作者以及关心特殊儿童的家长等读者阅读和参考。尽管到目前为止，"21 世纪特殊教育创新教材"可能是国内学术界有关特殊教育问题研究的内容丰富、整体功能强、在特殊教育的理论和实践方面覆盖面最广的一套丛书，但由于学科发展起点较低，编写时间仓促，作者水平有限，不尽如人意之处甚多，寄望更年轻的学者能有机会在本套丛书今后的修订中对之逐步改进和完善。

本套丛书从策划到正式出版，始终得到北京大学出版社教育出版中心主任周雁翎和责任编辑李淑方、华东师范大学学前教育学院党委书记兼上海特殊教育发展资源中心主任汪海萍、南京特殊教育职业技术学院院长丁勇、华中师范大学教育科学学院院长邓猛、陕西师范大学教育科学学院副院长赵微等主编单位领导和参加编写全体同仁的关心和支持，在此由衷地表示感谢。

最后，特别感谢丛书付印之前，中国教育学会理事长、北京师范大学副校长顾明远教授和上海市副市长、上海交通大学医学院教授沈晓明在百忙中为丛书写序，对如何突出残疾人的教育，如何进行"医教结合"，如何贯彻《国家中长期教育改革和发展规划纲要》等问题提出了指导性的意见，给我们极大的鼓励和鞭策。

"21 世纪特殊教育创新教材"

编写委员会

（方俊明执笔）

2011 年 3 月 12 日

第三版前言

　　《特殊儿童心理治疗》第三版修订之际,正当风云莫测的"百年未有之大变局"中。全球性的新冠疫情,考验人性底线的地缘冲突,大国博弈的凶险诡谲,都对人类未来的命运增添了负面的变数。第二次世界大战以来,西方主导的话语体系正在迅速失去其"票面价值"。重建人类命运共同体的时代任务,要求我们以全新的视角反思过去,展望未来。本书的修订工作就是我们重新厘定专业目标和方法的一个极好的契机。

　　在国际范围内,特殊儿童的心理治疗是一个全新的研究领域。目前还没有一个公认的体系可以直接借鉴,有很多问题需要探索。作为特殊儿童心理治疗的一本专业教科书,既要填补许多研究的空白,又要力求在内容上丰富充实,还要在方法技术方面有所创新,更要切合专业教学的实际需求,的确是一个具有挑战性的任务。幸运的是,中华传统文化的滋养,让我们具备了探索前行的勇气和力量。

　　本书在内容选择和框架设计方面,采取了开放视野、兼收并包的态度。在理论观点的取舍、治疗方法的选择,尤其是对特殊儿童心理健康的理解和临床评估与干预方案的设计等方面,我们致力于灵活务实地解决问题,而不是执著于任何一种先入为主的观念和理论体系。因此,请读者不要期望在本书中寻找解决不同流派的观点纷争的证据,尤其需要避免追随西方当前流行的话语体系,无谓地做繁琐概念的思辨。我们的主要任务是为特殊儿童的心理健康与发展的专业服务体系的建设提出问题,并提供切实有用的知识和技术。我们力求尽量客观地呈现特殊儿童的个案和资料,供读者独立思考,做出自己的判断,而不会越俎代庖,强行替读者做结论。

　　本书的基本线索是明确的:对特殊儿童个人主体性的充分尊重和对生态化环境的深度改造,是贯穿本书的两大主题。从现象学到生态伦理的层层递进的系统观点,把本书的内容贯穿为一个整体。在整体框架、内容和思路以及行文的细节上,我们希望能做到基本观点明确,分析、结论和措施、建议协调配合。

　　本书强调广义的、综合的、以服务为基本导向的特殊教育观。针对特殊儿童及其家庭的迫切需要,综合服务体系的建设已经成为当前和今后一个时期中国特殊教育事业发展的根本任务。我们不仅要大力加强包括以知识传授和行为训练为主要目标的特殊教育教学,还应特别重视相关的保健、康复及早期养育服务,维护特殊儿童的心理健康,开发特殊儿童的天赋能力,使他们有尊严、幸福地生活、成长,并尽可能地具有一技之长,对社会有所贡献。这是促进社会和谐和家庭幸福的一个必然目标,也是专业工作者不能推卸的艰巨而光荣的使命。

在融合教育不断发展的大背景下，特殊儿童的心理健康干预需要跨学科的专业团队合作、家庭参与、社区融合作为基本的平台。我们要自觉地遵循生态系统理论，注意从微观到宏观层面的相互渗透来处理各种问题，设计评估和干预方案。在复杂多层的系统之中，特殊儿童个体的天然本性和发展潜能，始终处于我们视野的中心。对儿童的真切理解和全方位的支持，要求心理治疗专业工作者坚持学习，不断增进自我修养，形成良好的专业素质，掌握熟练的方法和技能，成为特殊儿童心理治疗领域的专家。我们的事业呼唤着这样的专家。这是本书写作的初衷，也是我们对于年轻学子的殷切期盼。

如今，特殊儿童心理健康与发展的专业服务越来越得到全社会的重视。这一发展趋势要求专业工作者努力开拓视野，创造性地探索符合特殊儿童心理特点的有效干预方法和工作模式，而不能套用或者照搬成人化的心理治疗模式。本书在特殊儿童的戏剧治疗、舞蹈—运动治疗、超个人心理治疗、生态系统心理治疗、叙事治疗等方向的探索，属于首次尝试，能否成功地用于临床实践，还需要经过实践的验证。希望读者与我们一道不断实践、不断思考，在建设具有中国文化特色、合乎中国儿童需求的当代特殊儿童心理治疗的专业体系的伟大实践中，取得更大进展。尤其是在评估程序开发、干预方案设计、临床效果验证等一系列环节，我们都非常需要大批实际工作者的探索和实验，来丰富理论，完善方法和技术，总结成功的经验，并在更大范围推广，以便取得社会效益，造福千千万万的特殊儿童和家庭。我们热切呼唤特殊儿童心理治疗这样的人类服务专业获得更快发展，希望本书能为推动这项伟大的工程起到铺路搭桥的作用。

本书分为三个部分。1～3章是总论部分。主要概述了特殊儿童心理治疗的基本概念、对象、心理健康、心理障碍及其评估的问题。4～6章是心理治疗的理论和方法的主要流派的分析。7～8章讲特殊儿童心理治疗的常用技术，是本书的重点所在。

第1章对特殊儿童心理治疗的概念与问题做了界定，并提供了本书基本的理论框架与基本原则，讨论了融合教育背景下特殊儿童心理治疗的发展趋势和当前的主要任务。

第2章讨论特殊儿童的心理健康的概念、观点以及临床与教育的含义，并讨论早期经验的重要影响和早期干预的模式。

第3章对特殊儿童心理障碍分类及诊断工具、特殊儿童的发展性评估和环境生态评估、心理障碍的临床评估方法进行了讨论，并结合案例讨论了真实情境下的合作式评估。

第4章到第6章讨论了心理治疗的主要流派（心理动力学治疗、行为—认知治疗、完形心理治疗、以人为中心的心理治疗、聚焦心理治疗、超个人心理治疗、精神综合治疗、生态心理治疗）的基本理论和技术，为进一步学习特殊儿童心理治疗做好理论背景的准备。

第7章和第8章对特殊儿童心理治疗常用技术（包括游戏治疗、戏剧治疗、舞蹈—运动治疗、团体治疗、家庭治疗、叙事治疗）结合案例进行讨论和分析。选择这些治疗方法和技术的一个最主要的原因，是这些方法可以直接作用于特殊儿童的身心或者他们所处的生态环境，而不必诉诸成人化的语言分析。我们认为，一定要尽量避免一味讲道理的偏颇做法，而是要找到行之有效的途径和切入点。这两章所介绍的技术，可以为特殊儿童心理治疗专业人员提供最基本、最实用的专业训练的切入点。

作为一本教科书,本书尽量提供客观公允的资料,不同观点的论争不是本书要解决的主要问题。读者在使用本书时,不要过于追求对固定方案和成套技术的探求。毫无疑问,心理治疗的基础理论和方法技术的研究必须依靠科学的验证程序。同时,我们也必须认识到,临床实践是一门十分复杂的关于人际关系和人性成长的艺术。对于有志继续深入钻研的读者,希望本书列出的参考文献可以帮助读者开阔理论视野。更重要的是,特殊儿童心理治疗的专业工作要求我们在帮助特殊儿童的长期实践中不断提升自己的理论修养,并最终形成自己的专业风格。本书所提出的一系列问题和尝试性的回答,只是专业探究的起点。

本书出版已十年有余,很多高校将其用作专业教材,许多同行对本书提出了宝贵的评论和建议,在此深表谢意。

这次修订,对文献作了更新,根据最近的研究发现和临床进展,进一步丰富了有关的理论概念和技术细节,并对多处文字进行了推敲和修改。

感谢北京大学出版社李淑方和陈静女士对此次修订工作的关心和支持。全国不少高校相关专业教师使用本书进行专业教学的创新尝试,对修订工作贡献良多,在此表示由衷感谢!

杨广学
2021 年冬至

目　　录

第1章　特殊儿童心理治疗概说

作为一个特殊的人类服务(human services)的专业领域,特殊儿童的心理治疗具有什么样的性质?其服务范围或对象有哪些?基本的理论和原则是什么?在本章中我们将会讨论并尝试回答这些问题,并简要地提出本书的主要思路和基本框架。

第1节　概念与问题的界定

在国际范围内,专门针对特殊儿童的心理治疗还是一门新兴的专业,与目前急剧增长的需求相比较,有关研究的积累还相当薄弱,许多理论和技术问题还需要进一步澄清。在本节中我们要定义有关概念,讨论并回答特殊儿童心理治疗研究和实践领域的一些基本概念问题。

一、特殊儿童心理治疗的界定

心理治疗(psychotherapy)、心理咨询(counseling)、临床心理辅导(clinical psychological guidance)以及目前国内学校里常用的"心理健康教育"(psychological education)[①]等术语有很多重叠和一致的地方,在实际工作中也很难做出明确划分。在当前流行的话语体系中,还有很多并不严谨的模糊说法。一般意义上所说的教育、教学、宣传、建议、训导、劝诫等,都与具有系统的核心概念和技术体系支撑的心理治疗专业(as a disciplined profession)有本质的区别,不可混同。

从学术传统和实践积累的历史经验来看,心理治疗这一专门术语具有特定的专业学术研究的背景,其概念和方法具有严格的界定。西方国家尤其是欧美100多年的专业理论研究和临床技术的积淀,已经使心理治疗成为与精神医学和学院式心理学并驾齐驱的一个独立的专业领域。也就是说,心理学、精神医学、心理治疗,是三足鼎立的。

特别值得说明的是,心理治疗并非医学的治疗,如药物和手术。还有一种偏见,认为懂得一点心理学常识的人就可以做心理辅导的工作。国内目前一般认为心理健康工作是心理学知识的一般应用,这种看法是不正确的。坦言之,我们的大学里心理治疗专业设置和课程建设尚未与国际接轨,专业人员的培养、临床实践和理论研究都还处于草创阶段,不够规范,不成系统,专业化发展还没有走上正轨。所以,我们需要认真借鉴国外的先进

---

① 何侃,等.特殊儿童心理健康教育[M].镇江:江苏大学出版社,2008:5.

专业传统,发展我国的心理治疗专业服务体系。

在本书中,我们采用"心理治疗"一词作为统称,既包含了提供信息的咨询和行为决策的辅导,更注重致力于个体的心理机能的康复、意识调节能力和健康水平提升的专业的心理临床干预。这样界定,有利于与国际通行的专业划分相一致,便于学术交流和临床研究的推进,也有利于开展专门化的社会服务。

本书所说的"特殊儿童"包括从出生直到 18 岁的残疾儿童,包括有智力障碍、听觉障碍、视觉障碍的儿童,患有脑瘫、肢体和多重残疾、自闭症、注意缺陷和多动症的儿童,以及有言语语言和交流障碍、情绪和行为障碍的儿童,等等;还包括大量具有特殊教育需要的儿童,例如学习障碍;以及社会和家庭处境不利的儿童,还有遭受情感忽视和虐待的儿童。① 这是一种动态的开放式的特殊儿童定义,即是说随着社会文化和教育实践的变化,会具有各个时代不同的特点。在国际范围内,特殊儿童的教育服务正在发生急剧的变革,例如,淡化标签,强化服务;注重儿童"全人"的成长,而不是弥补机能残疾或障碍;倡导全生涯支持和社会融合体系建设,而不是只用单一而狭隘的目标进行教学和行为矫正。我们期望本书能够反映生态化、个别化教育发展的大趋势,并为中国未来的专业发展作好必要的理论和人才准备。

我们如何界定"特殊儿童心理治疗"这个术语呢? 本书采用以下的定义:特殊儿童心理治疗是为特殊儿童及其家庭提供的一种专业服务。它依据专业理论,运用系统的干预方法和技术,致力于帮助当事人解决心理问题,化解不适症状,克服心理障碍造成的负面影响,促进当事人人格的发展和健康水平的提升。

在特殊教育的综合服务系统之中,心理咨询与治疗是多学科专业服务的一个重要领域。它与学校的教育教学、生物医学的临床治疗、身体功能康复训练等并列,是一种十分重要、不可替代的干预手段。在对特殊儿童提供服务的多学科合作的团队中,心理咨询与治疗专业人员占有重要位置。他们既要认真了解并综合利用其他学科的视角和经验,又可以做出自己独特的专业贡献。特殊学校和普通学校从事融合教育的教育工作者,需要具备基本的心理治疗专业素养和技能。

古今中外的历史表明,广义的心理咨询是一门古老的生活艺术。原始部落的酋长和巫师,是具有保健和医药知识的智者。各种文化中的领袖人物,往往具有帮助他人的直觉智慧和精神影响力。中国的传统医学实践中更是充满了天人合一、身心一体、人与环境和谐的智慧和技巧。从 19 世纪末叶开始,在西方国家,因现代学术独立和专业的分科,心理治疗逐渐成为一个独立而成熟的专业。它有自己的理论体系和应用范围,得到了广泛传播,社会普及程度很高。遇到各种问题和困扰,人们乐于求助于心理咨询师的专业帮助,并不会因此感到自卑或羞愧。社会上对求助者也不会产生歧视。学校系统配备训练有素的心理咨询师,针对学生的心理困扰、危机事件、人际冲突、学业和就业决策等问题,提供

---

① Iwaniec, D. *The Emotionally Abused and Neglected Child* [M]. New York: John Wiley, 2006.

免费的咨询服务。最近 50 年来,世界各国的特殊教育事业有了突飞猛进的发展,在综合性的广义特殊教育服务体系中,心理咨询与治疗的重要作用受到空前的关注。许多领域的学者针对各类特殊儿童的特殊心理问题和需要,开展了大量的临床实践探索和系统研究。特殊儿童的心理治疗已经开始受到学术界关注。

在特殊儿童心理健康服务的领域,迫切需要发展非暴力侵凌式的人性化干预的心理治疗理论和技术体系。目前,我国心理咨询与治疗的专业化发展水平还不高,针对特殊儿童人群的心理咨询专业人员还很少。开展有关研究,培养大批专业人员,是一项十分紧迫的任务。未来信息社会的发展需要专业细分程度很高、核心技术优势突出的人类服务专业建设,来引领社会实践的潮流。特殊儿童的心理治疗是一个具有广阔发展前景的人类服务专业。

二、特殊儿童心理治疗的对象和范围

特殊儿童心理治疗的对象和范围是什么?这个问题涉及流行度(prevalence)和发生率(incidence)。流行度是指特定群体中患有某种障碍的个体的总数。发生率则指特定群体中某种障碍的发生概率(如若个体复发,则须累积发作频数)。在特殊教育领域,流行度往往比发生率更富有意义。特殊教育工作者面对的各种障碍通常被假设具有发展性、终身性的特点,因此学校更关注已存在障碍的学生人数。发生率则在评判在校学生变化趋势时显得更重要,比如确定特定人群中怀孕、自杀、吸毒、酗酒行为的发生率,是制订有关干预方案的一个关键因素。

有多少特殊儿童需要专业的心理治疗服务?这是一个很难确定的问题。每个社会中的文化和亚文化群体都有自己的独特性,因此很难确定一个跨文化的、普遍而客观的统一尺度。至于对每个儿童的评估,则要依靠专门人员谨慎而细致的专业鉴定,有时是反复试验多次的干预之后才能确定问题的实质和要害。教师、家长、同学的观察,熟悉情况的人所提供的信息,例如问卷、访谈、行为频率量表等资料,是评估特殊儿童心理和行为障碍的有效途径。除了专业的测评工具之外,真实情境中与家长和孩子合作的评估,更能够提供有价值的信息。而家庭和社区的生态环境的性质对于确定特殊儿童的障碍与困难的程度也有重要的影响。从儿童发展的角度和生态系统的功能角度来看待专业服务对象的问题,会更加切合实际。

本书采取广义特殊教育的立场,即所有那些具有特殊需要的儿童,都是特殊教育服务的合适对象,不仅包括我国传统地认定的残疾儿童,如视障、听障、智障儿童,还包括其他各类具有特殊教育和相关服务需要的儿童。在美国,特殊儿童的类别有 13 类,例如有言语语言障碍、交流障碍、学习障碍、情绪与行为障碍、广泛性发育迟滞(如自闭症)、身体疾病、多重障碍、其他类别障碍的儿童等,接受特殊教育服务的人数占同龄人口的 10％～15％左右。在英国,不再注重特殊儿童的分类和标签,而注重提供灵活而周到的预防性和补偿性的干预服务;总体的估计是 18％～20％的中小学在校生属于有特殊教育需要(special educational needs,简称 SEN)的范畴。联合国教科文组织 1994 年发表《萨拉曼卡宣言》，倡议学校要接纳所有儿童，实施全面融合(full inclusion)，满足每个儿童的特殊需要。在我国，社会融合也已经成为国家的基本政策。无论是由于生理残疾(如视觉、听觉、躯体残疾等)、心理障碍(如智力、情绪、自闭症、注意缺陷和多动、学习困难、人格障碍等)，还是社会文化因素(如单亲家庭儿童、孤残和收养儿童、流浪儿童、受虐待儿童、处境不利儿童等)造成的各类特殊儿童，都应该成为关注和帮助的对象。这些特殊儿童大多面临着超出正常水平的种种压力，常常体验到焦虑、紧张、恐惧等负面情绪的困扰，心理健康存在诸多问题，迫切需要得到心理治疗的专业帮助。[①]

在这些儿童之中，有一类特殊儿童特别值得引起我们的关注，国外称为"情绪和行为障碍"儿童。根据国外有关研究，严重的情绪和行为障碍儿童占到同龄人口的 2%～6%。[②] 这些儿童的心理健康受损程度很重，表现出精神病和神经症的症状。他们的特殊教育需要十分迫切，但实际的教育服务情况却很不乐观。美国教育部调查显示，仅有 1%的学生接受了合适的服务。[③] 实际上，所有的儿童及青少年在其发展的某个阶段或某种社会背景下，都可能表现出不同程度的情绪和行为障碍。有人断言，有 20%甚至更多的儿童存在严重的心理问题。对这样的推测性数据，大众可能会持有怀疑态度。一种典型的反应是："心理困扰"是个人成长过程中常有的体验，负面的情绪往往具有暂时性(一过性)；时过境迁，症状就会自然缓解，不能看做精神疾病。另一种反应是：教师在报告问题儿童数量时，倾向于将原因归咎于学生个人的内在心理问题，而不是认为教师理解学生不够，或者学校教育环境有缺陷。这种归因偏差可能会导致报告数量偏多。

特殊儿童的心理健康问题十分突出。心理问题的发生与各类障碍或残疾往往有着密切的联系。身心缺陷和残疾使得特殊儿童处于非常不利的地位和境遇，从而导致负面情绪和心理问题，而这反过来又进一步造成生活处境中更多的困扰和儿童身心发展的障碍。很多特殊儿童的案例说明，这样的恶性循环并不少见。

20 世纪 80 年代，美国曾经热议所谓"20/20"的特殊教育对象观：即儿童整体人口的两端各有 20%的群体，需要特殊的关注和帮助。低端的 20%是各类有明显障碍的人群(弱势的特殊儿童)，在高端的 20%则是能力超常的人群(英才或天才)。这两端的儿童都不能很好地适应整齐划一的学校教育和教学的安排，都需要特殊的个别化的教育教学和相关专业服务。在我国，如果按照这个比例进行推算，需要特殊服务的人数会有数千万。所谓"广义特殊教育"的服务，应该涵盖这样的人群。

社会政策与经济因素是影响特殊教育服务范围和质量的最主要力量。

在西方发达国家，教育立法明确规定，政府和教育部门必须为确诊的障碍儿童提供免费而适当的特殊教育服务。由于政府部门大多只关注自己的形象，往往用低估特殊儿童

---

① 何侃，等.特殊儿童心理健康教育[M].镇江：江苏大学出版社，2008：8-17.
② Kauffman, J. M. *Characteristics of Emotional and Behavioral Disorders of Children and Youth*, 4th Edition [M]. New York：Macmillan，1993：48.
③ U. S. Department of Education. *Thirteenth Annual Report to Congress on the Implementation of Public Law 94-142*[M]. Washington D. C.，1991.

的流行率为手段,来显示特殊教育服务的高覆盖率,而不是提升专业服务能力,配置优势资源以扩大服务面,切实为有特殊需要的大量儿童及其家庭提供急需的服务。缩小服务范围可以帮政府节省开支。做预算的人更关注"我们能够提供多少儿童的教育",而不是"有多少儿童真正需要帮助"。在教育资源不足的时候,就只能减少接受特殊教育的人数,僧多粥少,顾不了那么多。从这个角度看,特殊儿童的教育和相关服务的发展无法脱离社会和时代的大环境,不可能脱离宏观的政治和社会格局。

从千千万万儿童的切实需要和民族的根本利益出发,我们应该致力于公共特殊教育服务体系的建设,努力提升国家和民族的整体创造力,在制度建设、资源开发、人才培养、公共服务等方面求真务实,走自己的创新之路。要实现这样的目标,特殊儿童心理健康事业还有很大的发展空间,还有很长的路要走。以人为本的社会,一定要关心特殊儿童及其家庭的根本利益,一定要真正推进综合服务体系的建设,而特殊儿童的身心健康和发展需要一大批心理治疗专业人才。目前在我国,这样的人才还十分缺乏,迫切需要大力培养。

第2节　理论框架与基本原则

特殊儿童的心理治疗是一门新兴的学科,目前还没有一套公认的理论体系、完整的框架和原则。在本节中我们提出的观点,借用了许多与心理学、教育学、精神病学相关领域的资源,尤其是中国传统文化的精神,以便为本学科的发展提供开阔的视野。

一、理论观点的取向选择

我们要公正地面对特殊儿童的心理需要,必须在专业理论修养上多下功夫,使自己能够通过不断的学习、实践、反思、创新,提升自己的专业化水平。

（一）身心整体观

人是身心合一的整体,身体是一个有意义的生命存在,而精神引领的作用更是神奇而微妙,人的行为、体验、意识之间互相渗透、互相影响,绝对不可机械地分成若干个独立的原子。我们学习心理学,学习心理咨询和治疗,一定要克服下列两种常见的理论偏见:

一种偏见是片面注重外部行为的行为主义心理学。它主张,认知和情绪是科学根本不予考虑的所谓"皮肤以内的事情"(斯金纳语),仅仅考察可以客观观测的行为。这是一种否认人的精神和心理作用的机械唯物主义的错误观点。

另一种偏见是片面注重内部变量的心理主义。它把心理活动的过程看做头脑内部许多"小人"似的精神原子的运作,假设每个人都有自己独立的人格特质、智力能量、潜意识动机和生命本能冲动等,而且把这些所谓内部变量看作是独立于环境和个人经验的实体的集合。

上述两种看似相互对立的观点,其实都犯了同样的错误:即把人割裂为二元对立的孤立实体,而完全忽视了人的存在的整体性。

身心合一的整体观不把内与外、精神与物质、心灵与肉体作截然对立的二元划分。梅洛-庞蒂"身体主体"①的理论认为：身体之内并无某种精神实体，心灵与身体之间并无可以清晰划分的边界。换言之，身体的生命承载着心灵的存在，心灵体现在身体机能活动和生命意义实现的过程之中。

整体观可以让我们更好地面对每个特殊儿童的心理生活的真实。在儿童身心相互影响、绵绵不断的流动发展过程中，教育和训练可以发挥极大的功能，心理干预也能够产生神奇的效果。内部与外部、想象与现实、思考与行动，都是紧密联系的心理生活事件。身体的状态与活动直接表达了心理能量流动的方向，也就是"身体会说话"。② 儿童的游戏、运动、表演、操作都是内外贯通的意义实现的历程，也可以进行当下的意识观照，产生理解和洞察。从而获得生命的空间拓展，获得精神的自由流动。

儿童的情绪状态直接影响其身体的发育、智力的发展、适应能力的学习。身体的伤痛、经验的成败、各种机能的障碍，随时影响着儿童的情绪。长期而反复的负面情绪体验，如惶惑、焦虑、恐惧等，会严重妨碍儿童的身体成长和心理发展。过多的应激和挫折会造成胆怯、退缩、游移不定、偏执、反抗、机械、强迫、冲动等不良行为倾向，造成人格发展的偏差。及早进行心理干预，改善生态环境，逆转不良的行为习惯，找到健康成长的途径和方法，最终促成儿童个人及其家庭的自主决断和独立的调节与发展，是我们能够送给特殊儿童及其家庭的最好的礼物。

（二）精神超越观

我们万万不可这样假定：因为特殊儿童有各种身体的机能障碍，所以一定会成为精神和心理疾患的受害者。恰恰相反，我们必须努力工作，让他们克服自卑和无助感，成长为心理健康、精神健全的人。人的精神超越性是我们实现这个目标的最终依据。

超越性（transcendence）是我们研究心理治疗理论的一个核心问题。超越性的几个最基本的含义是：第一，指超验或先验，即超出或先于经验，是人类经验之所以可能的基本根据和条件；第二，指超出当下的意识自我的限制，领悟到自我与认识对象的本真的、本质的联系，从而达到自我与他人、自我与万事万物的原初性的统一；第三，指普世性，即超越具体的社会情境和文化框架的局限，超越其局部性和地方性，达到具有普遍意义的人类共同理解和交流。概括地说，超越性是对个人私我性（selfhood）的超越。在中国文化古典的心性学传统中，超越性被描述为一种逍遥自由、不为俗累、圆融自在、真趣盎然的精神生活的境界。禅宗的"无我"，庄子的"心斋"，都是这样一种不必经过思辨的理智分析而直观体证的超越性态度。

战国时期的大哲学家庄子曾经形象生动地描述过许多"形不全"而"神全""德全"的人物，如独脚的王骀（音"怠"），脊背上长个大包的丑陋人哀骀它（音"驼"）。他们为人洒脱，精神圆满，而受到万民爱戴、帝王景仰。被砍掉一只脚的申徒嘉，与郑国执政大臣郑子产同时跟随伯昏无人学道，两人坐同位。子产看不起残疾人，很不客气地对他说："下课之

---

① 梅洛-庞蒂. 知觉现象学［M］. 姜志辉，译. 北京：商务印书馆，2005：3.
② 尤娜，杨广学. 叙事与象征：现象学心理治疗［M］. 济南：山东人民出版社，2006：164.

后,你走我就留,我走你就留。你见我出门也不知道回避,难道你想要与执政大臣平起平坐吗?"申徒嘉说:"先生门下怎么会有你这样的学生?"子产反唇相讥:"老兄,看看你的模样,都这副德性了,还不自知!"申徒嘉说:"只有德性修养足够的人,才知道很多事情是无可奈何的,于是能够做到安之若素,心平气和。那些笑我的人啊,大多很幸运,他们的脚没有被人砍掉。最初我听到人家嘲笑我,总是怒火中烧;现在我能够坦然面对,那都是因为我们先生的美德已经洗净了我的心灵。十九年来,先生从来没有觉得我是一个残疾人。你与我同学那无形之道,却斤斤计较于有形的体貌,这不是错得一塌糊涂吗?"子产当下脸色大变,立即起身承认错误,诚恳地向申徒嘉道歉。由此可见,身体没有毛病但精神残缺的人却有很多。而身体有残疾的人,精神却可以做到健全。只有精神健全的人,生活才会真正有出路,有意义,生命才不是一场又一场的灾难和无穷无尽的痛苦的叠加。精神健全的人可以超越身体的局限,达到无拘无束的自由境界。

《庄子·养生主》讲了林中湖畔一只山鸡的追求:"泽雉十步一啄,百步一饮,不蕲畜乎樊中。神虽王,不善也。"它拒绝任何牢笼的囚禁,而喜欢在大地上自由自在地活出自己的自由精神和潇洒气概,一心一意地投身生活的自然流动而全然忘掉自己,并不被身形样貌所束缚。这才真是做到了至善而忘善。面临各种身心障碍严重挑战的特殊儿童,要克服负面情绪的困扰,获得心理健康和精神自由,悠然自得地生活,是值得追求的美好境界。良好的生活心态和灵活的意识调节能力,对于特殊儿童的身体机能改进也是必要的主观条件。这是精神超越观对我们心理咨询工作者的重要启示。

中国宋代大儒张载曾说:"故天地之塞,吾其体,天地之帅,吾其性。民吾同胞,物吾与也。""尊高年,所以长其长;慈孤弱,所以幼其幼。圣其合德,贤其秀也。凡天下疲癃残疾茕独孤寡,皆吾兄弟之颠连而无告者也。"(《西铭》)

这样一种以天下为己任,以全人类为弟兄,关怀生命,弘扬人性的民胞物与的胸怀,超越个人的生死祸福和小群体的利害得失,体现了中华民族的宏伟气度。我们今天从事心理健康教育,绝对不应该忽视这种超越性的优异的精神传统。

超越性心理治疗以当事人的精神成长为基本出发点和最终归宿。大致可分为以下三种治疗的总体取向或三条途径:[①]

第一,舍弃现实生活中的纠葛,追求超凡脱俗的纯粹意识体验,强调对意识"自我"的否定及对现实经验世界的悬置,主张或以身体作为切入点,或以意识变异状态为途径,来实现精神的成长。常用的技术有冥想或静修,身心灵一体的日常修炼,如瑜伽术等。

第二,主张心灵发展要先经个人成长,再到超越的境界。精神性是外于意识自我而存在的潜在心灵力量,在当事人实现心理协调发展的过程中又起着指引的作用。心理治疗就是要恢复个人心理生活与灵性的联系,既解决当下的生活问题,又在精神层面上实现发展。常用的技术有主动想象、梦的工作、各种形式的艺术治疗等。

---

① 任亚辉,杨广学.超个人心理治疗[M].济南:山东人民出版社,2005.

第三，主张身、心、灵一体整合性的存在，强调积极入世，从关注生活问题，注重精神性在当事人生活叙事过程中的自然展开，尤其注意治疗关系的作用，运用集体游戏、体力劳动等实践活动促进意识的流动。弗兰克尔的意义治疗和罗杰斯的个人中心疗法是这一途径的典型代表。

特殊儿童虽然有各种各样的问题和障碍，但是人性中本然就有的潜能和天性是不可忽视的。认真对待并努力发掘孩子们的善良天性和社会适应能力，使他们能够乐观地看待自己的生活处境，体验生命的真善美，应该成为特殊儿童心理健康工作的首要原则和目标。

（三）动态发展观

儿童处于身心迅速发展的过程之中，他们的情绪体验十分微妙，转瞬即逝。他们的行为和情绪波动的症状是流动的、可变的，因而很多负面的问题往往是可以逆转的。即使是相对稳定的身心障碍，也有一个逐渐形成的过程，受到很多因素的影响。而且，其原因和结果可能相互转化、相互作用，构成互为因果的动态系统。因此，不能用线性的、单向的、决定论的模式来静止地加以理解。

对儿童进行心理障碍的诊断和命名，需要特别慎重。因为诊断和命名作为一种极具侵凌性的社会控制的实践，对于当事人及其家庭会产生难以想象的复杂而多面的影响。社会烙印（social stigma）对于弱势和边缘人群的伤害，有可能远远超出专业人员所能给予的实际帮助。当前，中国的很多家长把有残疾的孩子藏在家中，秘不示人，是因为他们认为对于孩子的残疾诊断和标签带来的社会排斥过于强大，他们的求助行为得不偿失。

例如，一个孩子有听力障碍，是一个物理的事实，但是社会环境中的人际关系和生活中的互动情境，可以对这个物理事实产生多种不同的影响。早期的确诊和治疗、听力和言语康复、社会交流的通畅、重要他人（如父母）是否愿意学习手语与孩子交流，都可以改变儿童的发展轨迹。家庭环境是否温馨、儿童早期与人交往的经验是否丰富，周围的人们尤其是重要他人（父母或其他主要看护者）对于儿童的态度是接纳还是排斥，学校教育的内容和方法是否适当，相关服务是否到位，等等，都是影响特殊儿童发展的重要因素。

仅仅根据儿童自身的某个侧面的特点，采取静态的分类诊断和整齐划一的标签，并不是有效的干预策略。评估和干预的作用，在于把握时机，找到有效干预的契机和策略，形成合理的方案并在家庭和学校中灵活实施。这是促进特殊儿童发展的基本思路。构建广义特殊教育服务体系，进行及早预防和积极干预，可以最有效、最经济地帮助特殊儿童矫正、补偿原有的功能缺陷，获得最好的社会效益，造福家庭。

特殊儿童心理咨询是这个服务体系的关键环节之一。通过及时有效的心理援助，可以提升人际关系的质量、改善家庭环境、获取各种支持性资源，并最终激发当事人的希望和活力，从而全面改进特殊儿童的生活质量和发展条件。

（四）生态系统观

生态性主要指生物（包括人）与其环境（包括社会环境）的一种系统的有序性关联，主要表现为整体关联性、动态平衡性、自组织性。[①] 处理复杂问题,要运用综合的系统观点。在研究特殊儿童的发展问题时,不能用单向的线性因果关系的解释方式,而应采用多元的、循环的、互为因果的解释方式。还要注意区分不同的结构层次和功能特征,从微观生态系统(家庭),到中观生态系统(学校、社区),到外观生态系统(国家、社会),再到宏观系统(国家政策、意识形态),分析各个系统的层层递进、相互关联的影响作用,把握整体的规律。

生态学取向的研究是探索有机体与环境之间相互作用的过程和机理。在研究方法上,采用描述性分析的方法,先对现象进行描述,而后再作分析。对个体—群落—生态系统和内部—外部—环境系统进行有机整合,构建系统性的知识和策略。

例如,特殊儿童心理的发展是一个不断适应环境并调节自身结构的过程。个体认知具有可塑性,才能最大限度地适应不同的环境状况和要求。而特殊儿童可塑性程度较小,适应周期较长,在适应环境时遇到很大困难。因此,要考虑对环境状况与要求作适当调节和变动,以便于特殊儿童能够有效地做出自动调节。否则,就会使儿童遭遇失败和挫折,陷入停滞和倒退。灵活运用多层、多元、多视角的系统思想方法,是特殊儿童咨询工作者必备的素养之一。

生态理论还处于不断发展和演进的过程之中。杨广学等人提出人的存在的"四个世界"理论,即精神世界、人际关系世界、文化符号世界和宏观物质世界环环相扣的分层系统连环,与西方的生态理论有明显的区别。[②]

(五)以人为本的权利观

心理咨询师必须对当事人的个人自主权保持绝对的尊重,要绝对避免居高临下的施舍态度,避免指手画脚的权威主义立场,避免越俎代庖式代人决策的做法,避免自作主张和强加于人。所有人类服务工作的基本价值,源自于对生命的根本敬畏,要超越任何一种功利的考虑。要帮助特殊儿童实现其人生的价值和意义,就必须承认人性的根本来源是天然的准则,而不是社会性的行为规范的外在要求,也不是功利主义的利害计算。

每个特殊儿童都有其个人不可剥夺的自主权利。无论他们面临的困难有多大,他们个人的生命体验和对于存在意义的追求,都必须得到尊重。社会各界对于特殊儿童的关爱,是出于人性的本来倾向,不是屈尊下顾的施舍。专业的帮助也不是要替代特殊儿童的个人抉择,而是要为他们提供更丰富多样的出路、更切实有效的解决方案。儿童个人自主意识的提升和独立生活能力的提高,是各种社会支持和教育训练的终极目标,也是特殊儿童心理治疗工作的终极目标。我们常说要"助人自助","提供帮助是为了让人不再需要帮助",很好地体现了人本权利观的基本理念。"君子行不言之教,圣人处无为之事。"我们的古人已经优美地表达了这种平等待人的观念。尊重儿童,平等对待儿童,是我们这个时代的心理专业人员和教育工作者必须学会的一门最基本的功课。

① 汉斯·萨克塞.生态哲学[M].文韬,佩云,译.北京:东方出版社,1991:21.
② 杨广学,王芳.自闭症整合干预[M].上海:复旦大学出版社,2015.

二、特殊儿童群体的特点

特殊儿童的心理咨询是具有明显的独特性的专业领域。它面临许多非常复杂的问题和挑战，同时又具有特别重要而不可或缺的意义和价值。

（一）特殊儿童群体具有各种各样的严重障碍和缺陷，会给咨询过程带来艰巨的挑战

1. 意识和自我意识水平低下，自我调控能力有缺陷

许多障碍程度严重的特殊儿童，例如脑损伤和功能发育不全的残疾儿童，心理发展水平低下，缺少自我意识（即个人对意识自身的反思、省察能力和自控调节能力）。他们情感调节和自主活动调节能力有缺陷，因此严重影响适应和学习的发展。

2. 语言和交流能力有缺失

严重的语言和言语交流能力的缺失，本身就是特殊儿童障碍的一种类别，同时又是许多特殊儿童共有的障碍。如何帮助他们克服种种交流障碍，也是对咨询师的严峻挑战。替代性的交流方式和手段，例如手语、图片交流、身体运动的干预方式，往往是必要的沟通手段。

3. 概念思维能力有局限，社会生活常识缺乏

许多特殊儿童缺少基本的概念思维能力和社会常识，难以融入人际关系网络之中。在这种情况下，日常生活自理技巧和社会交往技能的训练，可能是最紧迫的干预目标。这种训练应该与儿童的日常生活紧密相连。

4. 物质与社会环境的隔离和封闭，以及可供选择的环境资源有限

由于无知和社会环境的各种局限，很多特殊儿童同时又处于社会处境不利或家境人际关系不良的困难地位。在这种情况下，心理治疗的目标和环境改善的目标要统一起来，相互贯通，相互促进。在儿童发展的早期，生态化的系统干预特别关键。对家庭提供专业和非专业（例如补贴）的支持，是我国社会事业发展的一项迫切任务，也是我们专业工作者需要时刻关注的中心和焦点。

（二）特殊儿童群体的心理发展资源

特殊儿童群体的心理发展往往具有自身的一些特点和可以利用的功能，需要咨询师予以特别关注，并学会仔细发掘，使其作为心理健康和发展的资源，妥善加以利用。扬长避短的心理治疗策略就是基于这样的理念。

1. 形象直观功能突出

很多特殊儿童保留着较好的直观和形象思维的心理功能，所以采用替代性交流手段如手语、图片交流等，可以有效补偿他们的功能缺陷，实现比较顺利的人际交流，从而为教育训练和日常生活提供基本的平台。

2. 感受运动功能相对完整

特殊儿童完成感受运动形式的任务，远远好于文字、逻辑、数字等形式的任务。家庭和学校中的教育干预应充分利用综合性的活动和开发特殊儿童的身体-运动-心理调控的潜能。非言语的交流方式应该得到充分重视和开发利用，以便处理特殊儿童丰富的感受运动的经验，促进心理调节能力的发展。而文字、逻辑、数字等形式的教育干预也可以在

完成感知-运动任务的基础上有效开展。学校教育体系往往偏向于固定的概念化知识和文字形式的机械记忆,费力大而收效少,应该加以克服。

3. 想象力丰富,幻想与现实不分

儿童具有丰富的想象力,常常把幻想混同于实际,象征性游戏就是他们日常活动的基本背景。在教育训练中要注意采用多样化的媒介,例如电子新媒体,以便使特殊儿童有机会接受各种新鲜的经验,鼓励他们形象直观的感受和活泼生动的表达。在本书中我们将特别强调综合性的游戏和艺术化表达的重要性。例如,采用戏剧表演的课程组织策略,是学校特殊教育的一个很有潜力的领域。

中国文化和教育传统中有一种十分偏颇的倾向,那就是忽略、抹杀儿童的独特经验,认为幻想和游戏都是不成熟的因而是病态的表现。从幼儿园就已经开始推行的成人化的教育模式,严重地压抑了儿童的人性需求的表达。特殊儿童的心理治疗一定要自觉地克服这种否定儿童的主体地位的成人化倾向。

4. 对于重要他人和生态环境有过度依赖

相对于普通儿童,特殊儿童往往独立性不够,尤其在日常生活中特别依赖他人的直接帮助。重要他人对于儿童的心理健康起着举足轻重的作用。利用人际关系的影响力来开展特殊儿童的心理健康工作,就显得格外重要。此外,由于特殊儿童的心理发展与其生态环境关系密切,应该对整体环境的设计和改造下大力气。在特殊儿童心理干预中,家庭治疗、团体治疗、环境治疗等技术的运用十分重要。

从尊重儿童心理世界的真实体验出发,到系统地改造儿童生存的环境,尤其是人际关系的环境,是我们在本书中反复强调的基本思路。例如,在儿童中心式游戏治疗中,治疗关系的作用比单一技术的运用更重要。

三、特殊儿童心理咨询方法选择的原则

根据以人为本的基本价值观,我们认为,每个生命都具有本然的价值,都值得敬畏和尊重。每一个特殊儿童都有自己存在的意义体验和追求幸福的权力。因此,必须无条件地把每个特殊儿童都看作是和我们平等的人。这是心理咨询专业的基本价值定位。所以,我们需要遵循下列原则:

(一)超越性原则

特殊儿童教育干预要注重个人的原始生命体验和人类普世性的意义追求,即超越性原则。人类生命的原始形态和儿童的基本体验要得到尊重,超越性的或者说绝对的价值必须引领相对性的文化价值。需要警惕教育领域里过度的功利主义,以及根据外貌、形体、能力等实行歧视性的对待和教育资源的剥夺。要关注特殊儿童的内心体验和生活质量的提升,维护其人格尊严。生命的超越性意义是不可剥夺的,千万不可只用利害得失的功利主义标准来判断特殊儿童的人生是否具有价值。

(二)赋权性原则

专业的、社会的帮助要致力于个人和家庭自主能力的提升,即赋权性(empowerment)

原则。对儿童及其家庭提供援助和支持,包括专业的心理咨询和治疗的帮助,目的是为了提升个人和家庭的独立自主性和资源利用能力,避免产生对于外在支持的依赖性。[①] 要注重依靠自然的社会组织形态的力量,尤其是家庭和社区的草根性组织的作用。特殊儿童家长联谊会、残疾人士自助小组等民间团体的组织和成长经验,值得提倡和推广。很多特殊儿童的家长为了自己的孩子,深入钻研,不断实践,最后竟成为相关专业的行家里手。他们的榜样作用和教育宣导作用应该得到充分的重视。

（三）临床实践性原则

特殊儿童的心理治疗要注重科学规范与人性价值的统一,即临床实践性原则。专业的心理干预首先是一种世界个人身体的社会政治实践,涉及当事人的基本权利,必须严格遵循心理治疗的专业伦理,任何人都不得用科学研究或其他名义侵犯个人及家庭的权益。

（四）创造性表达原则

特殊儿童的心理干预要注重想象的表达与生活适应的结合,即创造性表达原则。特殊儿童情感的身体性和艺术性表达,必须得到充分重视和鼓励,尽量避免单调、冗长、成人化的说教和抽象的概念分析,以及对于程序化工具和机械式数据的过度依赖。一定要充分利用特殊儿童的幻想、身体活动、艺术媒介和象征性游戏,促进其对个人意义的探索、表达和交流,让特殊儿童的生命展现出亮丽的色彩,获得丰富的人生意义。

著名的法国儿童精神分析学家弗朗索瓦兹·多尔多（F. Dolto）认为,"成人中心论"的传统剥夺了孩子的主体性、话语权和根本利益。她说:"家长如同君主统治人民一样教育孩子。成人所表达的意识形态思想总是不断地把儿童从他本身夺走,剥夺他的历史。"[②]

当前,尤其在一些科学主义盛行的西方国家,铺天盖地的医学和科学话语把儿童变成了实验处置和客观分析的对象,残暴地掩盖了每个儿童本然具备的生命的现实意义、个人的精神力量、创造性的潜能。成人中心化的社会仅仅关注投入、产出和回报的经济盘算。[③] 成人在自己的生活中备受挫折,充满恐惧,处处表现出心理防御,并将自己的失败投射到孩子身上,要求儿童做到理性、勤奋、高效、成功。而这样做的后果,可能就是造就许许多多学业失败、适应不良的孩子,然后再用精神药物、训练营和囚禁等种种暴力做法来试图控制他们。

象征性的意义表达是孩子体现自己人生意义的必然要求。儿童的梦和幻想、自发的游戏、天真的故事、涂鸦一样的艺术作品,等等,都是心理健康成长必要的基本素材,应该得到充分的重视。学会聆听孩子们的个人体验,是治疗师永恒的功课。

---

① 杨广学,陈莲俊.推进家庭专业服务支持系统的建设.社会福利[J],2009(6)：27-28.
② 多尔多.儿童的利益:学会如何尊重孩子[M].王文新,译.上海:上海社会科学院出版社,2009:9.
③ 同上,p2.

🔘 第3节　特殊儿童心理治疗的发展趋势

特殊儿童心理治疗是一个由多个层面构成的系统性工作。这个领域的国际化发展趋势需要引起我们的高度关注。

一、心理治疗领域特殊儿童的独特性

就治疗对象而言,特殊儿童的心理治疗有其显著的特点。儿童处于心理发展的自然成熟期,其发展是迅速而富有变化的。儿童心理发展有其特定的关键期,处于不同关键期的儿童会面临很多冲突,一旦这些冲突不能得到良好的解决,就会引发心理问题。发育正常的儿童看上去能够不需要或者需要很少帮助和支持就能自然而然度过这些关键期。但是,对那些有各种缺陷的特殊儿童而言,这些关键期的冲突就变成了危机。

就心理问题的产生机制而言,特殊儿童产生心理问题的原因更为复杂。儿童的心理问题是在多个系统共同作用下产生的,这其中既有儿童自身的问题,也有家庭、学校和社会的因素。我们在对特殊儿童的心理问题进行评估和干预时,不但要考虑儿童的遗传基础和早期经验、儿童心理发展过程中的心理病理机制,也要考虑到儿童所处的生活环境中可能导致心理障碍的因素以及来自家庭的影响因素。由于特殊儿童的各种障碍,家庭内部存在的过分关注、无意识强化、前后不一的教养态度和教养方式等因素,都会使儿童的心理问题难以得到改善甚至是加重。家长的心理状态会在无意识中影响儿童对自我的认识,甚至连一些自闭症儿童都会因父母的消极情绪而变得沮丧。另外,由于标签而产生的社会刻板效应也会直接或间接的影响特殊儿童的心理健康水平。

就治疗方式而言,儿童很难用语言表述自己所感受与体验到的心理焦虑、压力与无助[①],缺乏足够的心理资源来将难度较大的冲突性材料组织起来。所以,完全依靠语言的沟通方式不太适用于儿童。因为儿童还不能掌握语言沟通或是概念性的思考方式,治疗师极少能从儿童那里得到对于问题的直接回答。对特殊儿童而言,这种沟通障碍就显得更为突出。举例来说,对典型自闭症儿童而言,任何直接的、侵入性的心理治疗和干预都将无助于良好治疗关系的建立。因为他们还缺少自我与他人的概念,因此也就很难理解成人的说教。治疗师如果能够捕捉到儿童身体运动的节奏和活动的方式,有效地进入儿童的经验世界,创设灵活、开放的环境,通过人际关系的互动,使用可以直接操作的活动材料,由治疗师和孩子共同参与完成游戏、作业、运动,就可以形成良好的治疗关系,达到心理治疗的目标。同时,儿童投射性的故事及幻想和游戏,也可以提供重要的信息,帮助治疗师发掘儿童所特有的冲突与适应问题。因此,非语言的渗透式的干预策略具有特别重要的意义。

---

① 王小英.儿童游戏的意义[M].长春:东北师范大学出版社,2006:54.

特殊儿童的心理治疗与成人和发育正常的儿童有很大的区别。在治疗过程中，我们应该尊重这些差异，并针对特殊儿童的不同特点采用适当而有效的治疗方法和手段。本书将对特殊儿童心理治疗的常用技术体系，如游戏治疗、舞蹈—运动治疗、叙事治疗、生态治疗等作详尽的介绍。注重身体运动—感知水平的原生态智慧，在使用语言时，淡化概念式的教化机制，强化丰富而深层的描述性叙事功能，是本书与那些针对成人的心理治疗书籍的一个明显的不同之处。

二、融合教育的儿童心理健康服务

当前，在融合教育的背景之下，儿童的心理健康服务呈现出以下特点。

（一）坚持整体的人性观，注重扬长避短的个别化服务。

著名特殊教育家汤姆·洛维特（T. C. Lovitt）在谈到学习困难儿童的时候，特别强调要更多地关注这些儿童的积极的品质和潜在的能力，要尊重孩子们的兴趣、爱好、特长，并且采取有效的教育教学，帮助他们发展自己擅长的职业、技能或技术。如果一个女孩子喜欢机械，或者一个男孩子喜欢做厨师，我们就应该培养他们这些技能。学校和老师需要做很多工作促进儿童的发展，而不是花很多时间让他被动接受死板的知识。这种积极的态度将在实质上促进干预的进程，提高儿童的心理健康水平和能力发展。如果一个孩子知道自己在某个领域有优势，就可能会在其他领域做得更出色。[①] 教师承担着补偿儿童能力缺陷的责任，但我们的目标是尽最大可能使得儿童获得公平发展的机会和条件，能够过快乐而正常的生活。干预方法应该灵活而多样，应该根据儿童的情况制订个别化的方案，采取具有针对性的方法，让儿童发展自己的潜能。

（二）注重健康促进和早期预防，建构综合支持的服务体系。

近年来，世界范围内的心理健康服务事业呈现出崭新的面貌。世界卫生组织的《渥太华健康促进宪章》（Ottawa Charter for Health Promotion）强调，应当建设跨部门的公共卫生服务体系，创设支持性的环境，开展社区行动，提升个人知识和技能，加强预防和早期干预。很多国家制订了全国性的行动计划，通过全民的教育、预防、早期干预等措施，致力于提升整体人口的健康水平和幸福感，化解各种风险因素，减少心理问题和疾患的发生率，提升全民的身心素质。

早期的家庭干预，预防性的医疗和康复，包括幼儿园、学校和社区服务的针对全体儿童的心理健康服务体系，开始受到特别的重视。早期的医学服务也有很多新颖的创造。完善的筛查和评估体系，从婴儿出生起就有详尽细致的筛查和检查项目。医疗系统的评估结果可以在教育、社会服务部门之间共享，发挥资源的最大作用，使特殊儿童能得到在现有状况下最好的干预和发展。通常有一个在医疗和教育服务间的正式交流体系和一个共同的干预方式。在丹麦、英国等国，所有的孩子在出生后都会由医生进行细致观察，他

① 威廉·L. 休厄德. 特殊儿童——特殊教育导论（第七版）[M]. 孟晓，等，译. 南京：江苏教育出版社，2007：285.

们的发育情况也会被医疗寻访者监视。在每一个区,指派一名专业人员来了解哪些儿童有潜在的障碍,并作出以下干预:在家里提供额外的帮助;与家长共同合作,制定一个个别化教育项目;教家长如何与孩子做有创造性的游戏;为孩子安排一所能得到专家帮助的幼儿园。

学校要开展针对儿童心理健康的专业服务。儿童可以根据身心发展状况和障碍程度得到适合的教育和必要的教育辅助支持。这个连续的教育服务体系可以根据儿童障碍的程度、需要支持的程度分为普通班级有资源教室和资源教师、特殊班级、特殊学校、家庭式教学、医院学校等。对特殊儿童的心理健康,学校的心理辅导老师担负更加直接的责任。从整个教育环境来看,资源教师与普通班级教师通过合作教学的模式,共同解决安置在普通班级中的有特殊教育需要的学生心理发展和康复的问题,教师之间的团队合作尤为重要。

社区的服务系统能为家长提供儿童评估、专业支持和教育资源,能帮助儿童个别教育计划的制订和实施。特殊儿童自出生伊始,便能享受到专业、全面的社会服务,从儿童发展的年龄来看,学龄前特殊儿童的社会服务可通过社区、医院和残联来开展,学龄儿童主要通过学校活动来开展。有一些国家和地区通过集医疗养护和教育训练功能于一身的儿童康复中心、养护班级来实现。通过医生、教师、心理学工作者、物理治疗师、言语治疗师以及看护人员的合作,针对儿童的个体差异,制定并实施适合特殊儿童个人和家庭的个别化干预计划和干预措施。

 本章小结

1. 特殊儿童心理治疗针对特殊儿童及其家庭的需要,运用系统的专业理论、干预方法,提供心理健康的专业服务;帮助当事人解决问题,化解症状,克服心理障碍和环境造成的负面影响,促进当事人心理发展和健康提升。

2. 实施融合教育,满足每个儿童的特殊需要,促进和谐社会建设,要求我们对由于生理残疾(如视觉、听觉、躯体残疾等),心理障碍(如智力、情绪、自闭症、注意缺陷和多动、学习困难、人格障碍等),以及社会文化因素(如单亲家庭儿童、孤残和收养儿童、流浪儿童、受虐待儿童、处境不利儿童等)造成的各类具有特殊需要的儿童,提供心理治疗的专业帮助。

3. 选择先进、正确的理论观点,是心理治疗专业修养的基本要求。身心整体观、精神超越观、动态发展观、生态系统观、以人为本的权力观,应该在实践中得到贯彻。

4. 特殊儿童具有形象直观功能突出、感知运动功能相对完整、幻想与现实不分、高度依赖他人和环境等特点。在干预中要注重运用感知运动功能、非言语的交流、游戏和表演、环境治疗和关系治疗的方法和技术。

5. 当前,特殊儿童的心理健康干预,特别注重扬长避短的个别化服务、注重健康促进和早期干预。

6. 特殊儿童的心理治疗应尊重儿童的个别差异,针对特殊儿童的特点和需要,开发并实施适当而有效的个别化干预方案。

7. 从尊重儿童心理世界的真实体验出发,到系统地改造儿童生存的环境,尤其是人际关系的环境,是贯穿本书的基本理念和思路。

 思考与练习

1. 中国科学院心理研究所《中国国民心理健康发展报告(2019—2020)》指出,我国儿童青少年抑郁检出率为 24.6%。其中,小学为 10%,初中为 30%,高中近 40%。而重度抑郁为 10.9%～12.5%。请就这组数据写出你的感想和建议,并结合心理治疗专业建设问题进行讨论。

2. 说说你对心理治疗专业发展的理解,以及自己学习的目标。

第 2 章　促进特殊儿童的心理健康

促进儿童的心理健康,是特殊儿童心理治疗的首要目标和总体要求。症状调整和缺陷补偿应该服务于健康促进的大目标。本章介绍心理健康的概念与标准,探讨特殊儿童心理健康的临床和教育含义,分析特殊儿童心理健康的发展性评估和环境生态评估的要素,并讨论心理危机早期干预和三级预防的模式。

第 1 节　特殊儿童的心理健康:概念和案例

特殊儿童如何才能够保持心理健康?他们的机能障碍与心理失调(例如情绪的困扰)之间有什么样的关系?发展特殊儿童的长处和潜能,是特殊儿童的心理健康的根本着眼点。

一、心理健康的多维透视

(一)心理健康的概念及标准

1. 心理健康的概念

心理健康是一个复杂的概念。常见的定义有以下几种:

联合国教科文组织的定义:"心理健康是一种个人情感和社会性的美好生活的状态,这种状态使人能够实现自己的各种能力,能够应对生活中的一般压力,能够有效率地工作,能够对社会作出自己的贡献。"

《简明不列颠百科全书》:"心理健康是指个体心理在本身及环境条件许可范围内所能达到最佳功能状态,不是指绝对的十全十美的状态。"[①]

国内流行的看法认为,心理健康至少应包括三个方面:正常的心理状态、协调的人际关系和完善的社会适应能力。

2007 年中国卫生部制定的《精神卫生宣传教育核心信息和知识要点》[②]:心理健康是指个体能够恰当地评价自己、应对日常生活中的压力、有效率地工作和学习、对家庭和社会有所贡献的一种良好状态。主要包括以下特征:智力正常;情绪稳定、心情愉快;自我意

---

① 《简明不列颠百科全书》编辑部. 简明不列颠百科全书(第八卷)[MG]. 北京:中国大百科全书出版社,1986:613.

② 卫生部办公厅. 关于印发《精神卫生宣传教育核心信息和知识要点》的通知[J]. 中华人民共和国卫生部公报,2007(7):66-77.

识良好;思维与行为协调统一;人际关系融洽;适应能力良好。

心理健康是一种心理机能良好的状态。"心理机能良好"指的是个体心理与其环境良好的适应。现实生活中,个体的各种适应(如自我适应与社会适应,生存适应与发展适应)并不都是一致的。力求各种适应的"统一"无疑是心理健康的最高级的功能趋向,即是心理健康的最终目标和最佳状态。

心理健康的功能发挥受内外条件的制约。内部主要受制于个体心理活动过程的完整协调,个体的知识、经验,个体的心埋认知能力等;外部主要受制于群体的心理健康状况、社会意识形态、社会文化以及环境的心理氛围。因此,心理健康是个体心理在本身及环境条件许可范围内所能达到的最佳适应状态,它具有动态性、时代性、个体差异性、年龄差异性和文化相对性。

2. 心理健康的标准

心理健康的标准是心理健康概念的具体化。由于心理健康本身的复杂性和人们对它理解的角度不同,关于心理健康标准的论断众说纷纭。心理健康的判断依据主要为以下六种:

(1)统计学标准。该标准以正态分布理论为基础,根据个人的心理行为是否偏离某一人群的平均值来区分心理健康与否。

(2)社会规范标准。该标准以每个社会都有某些被大多数人所接受的行为准则为前提,认为符合公认的社会行为规范为健康;反之,则被视为异常。

(3)医学标准。该标准认为,没有心理疾病症状者为心理健康的人,凡表现出心理疾病症状者为心理不健康的人。

(4)学习和生活适应标准。该标准认为,善于适应学习、生活者为正常,学习生活适应困难者则为异常。

(5)主观经验标准。该标准认为,当事人如自觉痛苦、抑郁等,则被认为心理不健康。

(6)心理成熟与发展标准。该标准认为,个体身心两方面成熟和发展相当者为正常,心理发展水平较同龄人明显低者为异常。

人的心理活动是在不断运动和变化的,因此人的心理健康状况也处于运动和变化之中。一个人偶然出现一些不健康的心理和行为,并不等于心理不健康,更不等于已患心理疾病。心理健康与不健康是一种连续的过渡状态。从良好的心理健康状态到严重的心理疾病之间有一个广阔的过渡带。在许多情况下,异常心理与正常心理,变态心理与常态心理之间并没有绝对的界限,而只是程度的差异。

心理健康的状态是一个动态变化的过程。健康人的行为并不是时刻都符合心理健康标准,其心理健康与否是相对的、比较而言的,并无明确固定的界限。心理健康的水平会随着个人的成长、经验的积累、环境的改变,以及自我保健意识的发展而变化。

3. 人本心理学的健康观

人本心理学关心个体如何发挥自己的潜能,实践自己的能力,成为一个自我实现的人。心理健康的人能适当地评价自我、接纳自我,能与他人和谐相处,基本适应生存环境;

其认知、情绪反应、意志行动处于积极状态,并保持较强的自我调控能力。

（1）马斯洛的健康观

马斯洛（Maslow）认为,一个心理健康的人就是能自我实现的人,从病态到健康,从精神病患者到自我实现的人,是一个心理健康程度逐渐增强的连续统一体。马斯洛描述了自我实现者的 15 种特征:能准确地知觉现实;悦纳自己、他人和周围世界;能自然地表达自己的情绪和思想;超越以自我为中心,而以问题为中心;具有超然独立的性格;对于自然条件和文化环境的自主性;对平凡的事物不觉厌烦,对日常生活感受清新;具有高峰体验;爱人类,并具有助人的真诚愿望;有至深的知交,有亲密、温暖的家人;有民主的性格,能尊重他人的人格;道德标准明确,能区分手段与目的,绝不为达到目的而不择手段;具有哲理的、善意的幽默感;具有旺盛的创造力,不墨守成规;对现有文化具有批判精神。

（2）罗杰斯的健康观

罗杰斯（Rogers）强调,健康人格的关键在于自我结构与经验的协调一致,这就要求有一个无条件的积极关注的成长环境,达到现实自我和理想自我之间的有机统一。人的心理健康与否的指标是现实自我和理想自我之间的差别大小。缩小差别的关键在于如何发挥个体的潜能,以协调现实自我和理想自我的关系。他认为,自我实现者应具备五个特征:对经验开放;自我与经验相协调;高度信任自身的机体潜能;无条件的自我关怀;与他人和睦相处。罗杰斯提出了 12 条"未来新人类的素质":对经验开放的人生态度;渴求真实;独立的批判精神;渴望成为完整合一的人;渴望亲密关系;重视过程体验;慈悲与关爱;与自然和谐共处;反对墨守成规;个体内在的动力;不迷恋物质享受;自我超越。

（3）中华文化的健康观

中国传统文化的心理健康宗旨可归结为"和而不同",每个人都是一个具体而微小的独特存在,同时又与宇宙万物和社会群体有千丝万缕的联系,形成和谐共存、因缘转化的生态化的关系。古人把天人合一、自然和谐、自强不息作为健康人格的标准。人的心理发展方向,是顺从天道、中庸适性。心理健康的本质是整体和谐、圆满自足。关注人的关系世界和生存状态,追寻心理健康的人性意义,关爱生命的情感质地,尊重个人体验的丰富性,从身心合一、变化气质的高度全面提升生活质量,是中国文化给当代心理健康理念的启迪。

当代的深度生态伦理和整体系统思想正在得到世界性的关注。个人的心理健康与社会文化和自然环境的整体状态紧密联系,不能截然分开。绿色生存方式、和谐社会建设的理念与中国天人合一的古典传统精神不谋而合,具有内在的一致性。家庭治疗、团体治疗、环境治疗的兴起,也集中表现了注重生态观、系统观、整体观的时代精神。生态环境保护和人类社会服务建设的国际潮流也表达了人类致力于社会公平和人类幸福的普遍追求。特殊儿童的心理健康事业必然要在这样的整体目标指引下深入推进。

二、特殊儿童心理健康的临床和教育含义

社会融合的理念,要求我们平等地对待特殊儿童群体,关注每一个特殊孩子健全发展的需要和基本权利。特殊儿童心理健康具有的特殊含义,值得我们认真研究。

（一）特殊儿童的心理健康需要

由于旧有习惯和世俗偏见，对于特殊儿童，人们看到的是他们的生理缺陷和问题行为；持有的是怜悯同情的施舍态度，或是厌恶遗弃的拒斥倾向。关注负面问题多，乐观积极的期望少，即使有所介入，也主要是针对特殊障碍的矫正或补偿，很少考虑到特殊儿童的心理健康需求。

从数量上说，特殊儿童心理健康专业服务需要的范围正在急速扩大。世界范围内社会融合的理念和融合教育的呼声越来越高涨，特殊教育对象已不仅仅是"残疾儿童"（主要是视障、听障、智障自闭症等类别），还包括学习障碍儿童、情绪和行为障碍儿童、言语和交往障碍儿童、肢体残疾和身体病弱儿童，以及许多未能明确诊断、没有特定标签的儿童，他们也迫切需要有效的专业帮助。对将来的发展趋势预测，我国需要特殊教育及相关服务的儿童可能是现有残疾儿童数量的 $10\sim30$ 倍，其中相当比例的儿童存在急迫的心理需求。据考夫曼（Kaufman）的调查，在美国，仅仅情绪与行为障碍的儿童，数量就占到同龄人总数的 $2\%\sim4\%$。而其他各类特殊儿童心理健康问题的存在比例也远远高于一般儿童。

从性质上说，各种身心发展障碍，都会涉及儿童的心理健康问题。如，自闭症儿童不仅大脑结构和认知功能有缺陷，他们高度易激惹的应激倾向和焦虑水平，本身就是自闭症的一个核心特征。这些孩子和家长需要专业的心理咨询师的帮助。学习困难和学校适应不良的儿童，在情绪困扰和学校人际关系等方面存在的问题，本身就是其障碍分类的诊断依据和构成要素。

从教育的根本宗旨上说，维护特殊儿童心理健康，促进特殊儿童人格健全发展，是教育目标的重要组成部分。当前，整合的、积极的心理健康理念，强调生活方式、价值观和人际关系质量的改善和丰富，生命活力和身心潜能的充分发挥，而不仅仅是免于心理疾病的困扰。因此，努力扩展特殊教育服务的内涵和覆盖面，关心每个孩子的健康和发展，尤其是特殊儿童的心理需要，应该尽快推进我国的心理健康专业服务体系建设。

（二）特殊儿童的心理健康：以人为本的健康标准

不同类型的特殊儿童在心理体验和行为表现等方面差异很大，具有独特的心理健康的问题。例如：听觉障碍会影响言语和语言的发展，随之而产生的一系列心理发展的问题：情绪和性格的偏差、社会适应能力的欠缺等，都与听觉障碍有关，但又不能归因于这一个因素。他们的早期生活经验、家庭与学校的人际关系、环境影响、心理发展的不同路径和所处的特定阶段等，都是需要认真考虑的维度。

以人为本的理念要求我们破除机械的、化简的（reductionist）、客体化的特殊儿童观，而重视每个人的整体性和主体性，强调个人生命潜能的开发。正确的特殊儿童心理健康观，不能仅仅局限于残疾和障碍，而必须关注整个生态系统的改造、关注个人能力和生活质量的提升、关注儿童身心合一的愉悦幸福。

积极心理学认为，能够有效应付问题的人是健康的；幸福感的增长成为衡量心理健康的标准。心理治疗并非首先以消除病状为目的，而是首先努力调动患者身上存在的各种能力和自助潜力。[①] 通过认识和塑造、关注困境中人自身的力量，我们将能有效地预防疾病的发生。[②] 美德、力量等个体的积极品质具有缓冲器的作用，能成为战胜心理疾病的武器，积极品质的培养是心理治疗的有效途径，也是合理的目标。积极心理学提倡研究人类和社会的三种积极力量：一是个体的主观体验，包括满足、安宁、希望、乐观、幸福；二是个人的积极力量和美德，如，关怀、创造、进取、利他；三是积极的社会组织，如，社会公平、和谐。特殊儿童的心理健康工作，要致力于发现和利用个体、人际关系和社会组织三个层面的资源，来增进特殊儿童的心理健康。

特殊儿童心理健康的目标是可以实现的。身心功能的某种缺陷不应该妨碍特殊儿童体验美好的生活。举例说，家庭成员较早使用手语与聋童交流的，孩子的总体心理发展水平能够接近正常儿童。也就是说，通过早期的手语补偿，可以克服听觉缺陷造成的人际交流障碍。身有残疾、学习困难、遭受虐待等不利处境，都会给当事人及其家庭带来巨大的负面影响，甚至是悲剧性的灾难。但是，我们不能袖手旁观，也不需要悲天悯人的道德姿态和动听的口号。我们需要积极参与现实的变革，为儿童及其家庭提供实际而有效的帮助，来改变家庭、社会、学校、康复训练机构的生活、娱乐、学习的条件，从而改变特殊儿童一生的命运。

有研究表明，早年处境不利、遭受虐待的儿童，并不一定会成长为有人格障碍的人；他们成年后也可以成长为健康而负责的社会成员和富有爱心的家长。[③] 那些遭遇困境但成长良好的人，往往具有心理弹性或抵抗力（resilience）。所谓心理抵抗力，主要包括下面三个要素：第一，感觉到有某个人，例如家人或朋友，在真心关爱着自己。如果生活中根本没有这样一个关系密切的人，这些儿童就会自己创造一个出来。一个朋友，甚至一个宠物、一个玩偶，也可以起到心灵抚慰的作用。第二，环境具有某种稳定的、可期待的秩序，生活具有明确的方向。只要情境是可控的，经过自己的努力，每个人都可以学会主宰自己的命运。第三，个人需要体验到生活的意义。工作的兴趣，助人的快乐，生命中时时处处、点点滴滴的美好体验，都可以给人真实存在的确认感。即使是受苦受难的经历，也可以让人从中学习，来丰富自己的人格内涵。有了这些内在的心理资源，每个人都可以更好地面对挫折和困境。可见，能够感受良好人际关系、秩序和意义，是心理健康的重要基石，而这些都是可以精心培育出来的。

心理体验包括两个方面，一个是生物性感受，如凉热、苦甘、紧张与松弛等；另一个是主观意识的体察，如知与不知、确定与否定、真实感与虚假感等。比如，一个自闭症儿童，能否在某一活动上表现出关注、愉悦，身体感到舒适，心情觉得明朗，都可以采用体验性的词语来描述。心理健康工作者需要特别关注个体的身心体验，积极地寻求促进特殊儿童

---

① N. 佩塞施基安. 积极心理治疗：一种新方法的理论和实践[M]. 北京：社会科学文献出版社，1998：8.

② Martin E. P. Seligman. Positive Psychology，Positive Prevention and Positive Therapy. *Handbook of Positive Psychology*[M]. New York：Oxford University Press，2002：5.

③ Lecome，J. *Recovering from Childhood Wounds*[M]. London：Free Association Books. 2006：1-10.

心理康复和发展的有效活动途径,增进他们的幸福感和面对未来的自我规划能力。

特殊儿童如果具有良好的心理状态,就可以有效地帮助他们更好地适应环境,建立和谐的人际关系,更好地发挥自己的潜能,弥补自己的不足。相反,如果经常处于焦虑、恐惧、忧郁等负面情绪的困扰之中,就会干扰和阻碍特殊儿童的认知和调节功能的发展,导致机能障碍和适应问题更趋严重。在心理发展要素交互作用的动态系统中,心理治疗师的积极介入和及时援助,可以起到关键性的弥补和促进作用,让特殊儿童的生活进入良性循环的过程。

特殊儿童面临着很多严重的困难。正因为如此,我们才需要特别仔细地去发现他们的长处、优点和潜能。并通过有效的途径和策略,让儿童本然的生命追求,成长为现实的生活能力。心理治疗的专业人士正是承担这个重要任务的主要角色之一。

特殊儿童心理健康发展应该包括下列目标:一是准确的自我认知;二是追求自我成长、发展的能力;三是统一而稳定的人格;四是自我调节的能力;五是客观的现实判断能力;六是主动、积极地改变环境的能力。当代和谐社会和以人为本的理念,要求我们对特殊儿童提供高质量的专业服务,切实提升他们的心理健康水平。

我们要根据不同个人和群体的实际情况,确定阶段性和策略性的发展目标。关注特殊儿童的长处和优势,动态地评估他们的发展,注意生态环境系统的作用,注重发挥儿童的主动性和可塑性,这些是对特殊儿童进行有效干预的必要条件。

三、天宝·葛兰汀的案例

案例研究在心理治疗领域具有不可替代的重要价值。通过案例研究,我们可以完整地把握当事人的境遇和问题,理解治疗过程的规律和经验教训。下面呈现的是一个自闭症人士从童年到成年的一则完整叙事。

天宝·葛兰汀(Temple Grandin)在孩提时被确诊为自闭症,后来获得动物学博士,成为科罗拉多州立大学的教授,著名的畜牧设备设计专家。她的自传和有关专著,为我们提供了一个了解自闭症患者精神世界的绝佳的窗口,给我们许多独特而有益的启示。其中一个最突出的启示就是:特殊儿童的心理健康是他们心理发展的基本保证。

根据天宝·葛兰汀的自传和有关著作①,我们归纳、整理了一些基本材料,形成了一个集中而简明的案例材料,并以第一人称的叙事方式,来概要地加以介绍。因为此处用的是案例和讨论的形式,而不是直接引文,所以请读者在引用时注意原始出处。

我刚出生时,看上去是一个正常、健康的婴儿。6个月的时候,母亲注意到我不喜欢让人抱。她抱我的时候,我身体会变得僵硬。再后来,我会像只被困的野兽一样用手来攻

---

① Grandin, T., Scariano, M. 星星的孩子:一个畜牧科学博士的自闭症告白[M].应小端,译.台北:天下文化出版社,2003.

葛兰汀、约翰逊.我们为什么不说话:以自闭者德奥秘解码动物行为之谜[M].马百亮,译.上海:华东师范大学出版社,2008.

Grandin, T. *Thinking in Pictures and Other Reports from My Life with Autism* [M]. New York: Doubleday,1995.

去她。她很伤心，为什么这样一个看上去机灵、敏捷的孩子会对妈妈带有敌意呢？

我在2岁的时候，还不会说话，只是一味地撕下墙纸往嘴里塞。发脾气和大声尖叫是我发表想法的主要方式。但妈妈并没有完全失望，因为她发现我会随着她的钢琴演奏哼唱巴赫的奏鸣曲。

我对突然的声响很敏感。我不喜欢被人触摸，尤其害怕被人紧紧拥抱时的窒息感。我喜欢在墙上乱涂，乱扔东西，随处大小便。对各种强烈的气味兴趣浓厚。

3岁时母亲带我去看精神科医生。脑电图和听力测验都正常。虽然能够发出意思不清的声音，但自闭症倾向很明显。医生建议我们寻求言语治疗师的帮助。

【点评】 早期发现和早期干预十分关键。除了心理治疗、作业治疗和言语治疗师之外，儿科医生、特殊教育专家等多学科的合作特别重要。

我的言语治疗师雷诺兹女士给了我很多帮助。每当我注意力分散的时候，她会用手抓住我的下巴，让我注视她的眼睛，留意当下正在发生的事情。这一点对我很有帮助。但是她手里的那根长长的教鞭让我十分害怕。

3岁半以后，我开始说出几个单字词，例如"go""no""ice""my"等，但是声音很机械，语调缺少变化。母亲总是对我说："听我说。眼睛看我！"但我就是做不到。用目光注视别人，对我来说是一件很困难的事情。

我在5岁时被确诊为自闭症。之前还有医生给我贴上"脑损伤"的标签。

【点评】 诊断和标签虽然重要，却不能等同于合适的干预。每个孩子都与众不同，都需要准确的鉴别和个别化的训练方案，包括潜能和长处的评估，而最终目标是要确定合适的干预途径。

我喜欢动物，但是不知道它们的名字。到了5岁的时候，才终于弄明白什么是"狗"：那就是跟我家小狗鼻子很相似的那些家伙。在此之前，我把小狗和猫看成一类，因为它们的个头差不多。

我在学校被同学嘲笑为"笨蛋"，因为我的行为与众不同；或者叫我"录音机"，因为我总是重复地说那几句话。受到嘲弄，我就生气而动手打人。

我喜欢各种旋转的东西。我迷恋于身体的旋转，旋转轮盘之类的东西。我把后院里的秋千绳子拧紧之后再放松，让自己旋转，天地也跟着一起旋转。这时候我什么也听不到、看不到，周围的人们也都变得稀薄透明，如同烟雾或水蒸气一样不真实。这时，即使是突然的巨大响声也不能让我从这种专注和沉迷之中回过神来。

我对大人和小孩都没有多少兴趣。我会独自坐在沙滩上好几个小时，让沙子流过手指，看着沙子反射的阳光，一个人静静地出神，完全沉浸在自己的感觉世界里。

我特别害怕噪音，如渡轮的汽笛、机场的背景噪音、别人打电话的声音，我无论如何都无法屏蔽或过滤掉。同时涌入的嘈杂的听觉刺激会带来痛苦、惊吓，让人无法忍受，令我暴怒、尖叫，并常常采取攻击和破坏行为。

我对气味十分敏感。感恩节、圣诞节的杂乱场面以及人们身上的气味都让我难以忍受。我既渴望亲人的拥抱，又常常临阵退缩。有个胖婶婶喜欢拥抱我，但是我特别害怕她带给我的那种包围感和压迫感，感觉好像被人吞吃进肚子里一样。直到 25 岁以后，我才慢慢学会与别人握手。此后，同事拍拍我的肩头，我也不会惊吓得跳起来。

触觉的问题特别重要。我既有对身体接触的需要，同时又十分敏感。与大人拥抱的时候，量要适度，而且需要明确是谁发起的动作，行动要符合我的预期。我经常处于进退两难的境地，有时会主动逃避，有时会像个刺猬一样，身体僵硬地停在原地不动。

自己一个人待着，可以避免社交场合中类似的尴尬。我会常常蜷缩进紧裹的毯子，或躺在沙发垫底下，来体验身体被包围的感觉。这样做可以缓解我的紧张情绪。

情绪烦乱或疲倦时，我会乱发脾气、扔东西，这似乎是不可控制的冲动，有时也是要故意引起别人的注意。破坏东西也是一种常见的表现。

我 5 岁时到一个私立小学上学前班。我特别害怕情境的变化，新的环境总是让我感到紧张，要过很久才会适应。在学校里我不能完成辨别字母的任务，不能跟着音乐的节奏拍手。学校生活让我感觉很糟糕。我的拼写、数学跟不上老师讲课的速度，对于概念的理解总是慢一拍，作业上常常会有墨渍。我是班里成绩最差的学生。

【点评】 学校如何改进整体环境、人际关系、课程与教学，以适应自闭症儿童的特殊需要，是一个很艰难但是特别值得尝试的重要课题。

妈妈帮助我做功课。例如，高声朗读每一个字母和单词，对我学会阅读很有好处。妈妈还让我同她一起喝当时只有成人们才能喝的柠檬茶，这极大地提升了我的自尊心。

我对于某些事物以及活动的执迷，不可能完全消除，但可以转向积极的创造性行为。

我喜欢艺术制作，如刺绣、做轮船模型、设计服装、制作玩具等。

我自己也渴望能与人交流，但是方式往往不恰当。我喜欢问妈妈同一句话，而且不厌其烦地一再重复。很多时候我并不需要听到回答。

我对自编故事乐此不疲，而且常常自个儿大笑不止。

故事的真实性要通过出声的讲述来印证，只靠想象是不够的；没有读出声音，就觉得不真实。我喜欢听妈妈讲故事。

小学班级的人数很少，只有13名同学。由一个老师上几乎所有的课。这样的环境对我是有利的。总的来说，我在学校里给人的印象是行为冲动、古怪、脾气暴躁，成绩最差，但在某些活动中具有创造性。

我喜欢听酒瓶摔碎的声音。有一次，从山坡上往教师家的院子里扔酒瓶，当做乐趣。我还曾经伙同朋友一起破坏别人家的草坪。

在夏令营里我遇到了难题。因为游泳引起尿道炎和瘙痒，被人怀疑是过度手淫的症状。用词不当和口无遮拦又让我受到男孩子们的嘲笑。精神科医生使用了大量的镇静剂，并建议进行精神病治疗。是我母亲的极力反对和据理力争，使我逃过一劫。

现在回想起来，小学的老师们对于我的宽容和支持是十分难得的。母亲对局面的掌控和多方面的沟通协调能力的确了不起。她对我的信心和爱，长期而一贯的支持，感染了周围的很多人，给了我一个能够相对健康成长的环境。否则我可能会成为一个一无是处的失败者。

初中时我上的学校叫樱桃山女子中学。那是一所大型的私立学校,每个班级有30～40个学生,采取分科上课。在这个学校环境之中我完全迷失了方向,每天都充满了焦虑,感觉深受创伤。

学校的课程对我完全不适合。概念式的讲课和学习根本没有任何效果。我的法语很差。法语老师对我很头痛。整个中学的数学课,我只学到一个概念:老师用绳子和纸板来演示半径和圆周的关系,让我明白了圆周率的真正意思。

我的生物学成绩不错。只有看得见、摸得着的,才可能成为真实的知识!我是靠视觉来学习的。

我喜欢上体育课。不时地我会搞一点恶作剧,例如藏起别人的衣服,我觉得这样好玩,可以排除学校生活的无聊和沉闷。

历史课上,穴居人的石器制作很有意思。木乃伊展览特别有趣。而阅读教科书则十分乏味。

传统学校传授的定型化的知识,对于我来说非常难懂。我能做得很好的事情都是动手操作的东西。这些需要流体智力,以及创造性的制作。

初中时,我的坏脾气和攻击行为常常让我违反校规,惹上麻烦。为了帮助我"收敛"自己的行为,我的心理医生史坦恩博士,写信与学校沟通,让我担任学生会的纪律委员。但是终究还是因为动手打人,被学校开除了。那时我14岁。

【点评】　很多特殊儿童在学校里违反纪律,是因为品行问题还是因为心理健康问题?到现在也还是争论不休的议题。共情能力是一个重要评价指标。

妈妈带我转到另一所中学。那是一所寄宿制的山乡学校,收留了一些"情感障碍"的学生。全校只有32名学生,有开阔的草原、湖泊、高山、马厩、羊圈、奶酪厂。学校还有自己专业的心理治疗师。学校的管理注重鼓励个人自治,允许学生有自己个别化成长的独特领域,有点像现在的研究生教育。而且学校设有各种心理治疗的环境,为各类具有特殊需要的学生,例如情绪障碍的学生,提供全方位的支持和服务。

在新的学校,我天天和一群有情感障碍的孩子,还有一群因为受到虐待而出现严重行为问题的赛马相处。我与那些有心理创伤的赛马朝夕相处,混在一起。到马厩里干活,打扫卫生,为它们刷毛盥洗,在田园中骑马散步或飞驰,成为我那时快乐的主要源泉。我一生中最钟爱的礼物是妈妈给我买的英国式马鞍。

起先半年中,我仍然倾向于冲动性地用拳头来处理人际冲突。后来因为打人,被取消了骑马的特权。这一招十分有效。因为我太喜欢骑马了,所以学会了用转身走开或者大哭的方式,来避免动手打人。

青春期发育是一个巨大挑战。16岁时,我深受神经失调的折磨。我身上皮肤发痒,对触觉和听觉刺激特别敏感。社交敏感或"怯场"现象很严重,有心跳加速,口干舌燥,掌心出汗,发抖等症状。服用"利眠宁"之类的镇静剂没有任何效果。这些现象与日、月、四季的周期似乎都有关系。例如,每天到下午神经失调会逐渐恶化;月经来潮时程度减轻;秋末冬初症状加重;还有发烧的时候发作也会减少。

在公众场合下的惊恐性焦虑发作（panic anxiety），感觉整个人都处于万丈深渊的边缘。这是一种体内的感觉，不是视觉的问题。对于身体压力等刺激的过度敏感迫使我尽力避免接触外界，于是退回自我封闭的状态。我会体验到强烈的焦虑不安，或者用冲动行为来应对，否则就会退缩到某个角落里孤独地待着。那段时间，现实世界变得十分恐怖——我觉得自己会完全失控，每一天的生活都变得难以忍受。我渴望得到解脱，但是我完全被生理上的紧张所围困。

骑马或高强度的体力活动，可以暂时缓解我的紧张情绪。

在夏令营里，我偶然发现游乐园的一个旋转桶，可以帮助我缓解神经失调的症状。马达旋转起来，离心力会把桶里的人推向桶边，我被粘在桶边，恐惧使我的嘴里充满了苦涩的滋味。突然桶底向下打开，但是人不会掉下去。这时我体验到的是一种放松和舒适的快感。长久以来我第一次感受到一种完全的解脱和自在。于是我一遍又一遍地乘坐旋转桶，享受强烈刺激之后的愉悦。此后我就像是着了魔似的鼓动学校也来建一个这样的旋转桶。回想起来我当时就像是个毒品上瘾的实验大白鼠一样在反复追求某种情绪体验。

有一个星期天，在学校的礼拜堂里，我无聊至极，忽然听到牧师说："我就是门；凡从我进来的，必然得救。"我需要得救，我需要有一个通向天堂的门。此后好几天，我到处审查每一扇门。但是学校里所有的这些门都不能让我得救。

一天晚上，我偷偷爬上正在扩建的宿舍楼第四层的平台，从小木门进入一个瞭望室，里面有三扇大窗。我坐在窗前，俯视远处的群山，天边升起一轮明月，与满天的星星遥相呼应，一片宁静气氛。忽然间我受到了一种前所未有的触动。一种释放感、解脱感油然而生，我平生第一次觉得有了安全感，对于未来充满了莫名的希望。我找到了喜悦和大乐之门！头脑中的一切纷乱，现在似乎有了明确的意义。我需要跨过这扇门，学会掌握自己的命运。

我自己知道内心已经发生了深刻的转变。此后几个月里，我经常爬上这个"乌鸦巢"，静静地观察和审视自己的经历，以及人际关系的种种问题。我对自己有了精神上的新发现。我必须通过某一扇神奇的生活之门，独立探索人生中不可知的未来。

【点评】　自我意识的觉醒和洞察力的提升是心理调节的关键。自闭症儿童能够达到这样高度发展的水平吗？葛兰汀的自我反思十分耐人寻味。

在家庭、小学和山乡高中，很多人在我需要的时候切实地帮助了我。假如不是妈妈保护了我，我会从小被送到专门招收智力残疾儿童的寄宿学校里去，成为一个终生的智力障碍患者。

还有，与动物相处的过程极大地帮助了我。我的姨妈在亚利桑那州有一个牧场。上中学时，有一年夏天我去牧场度假，看到牛群在挤压架中放松和镇定的样子，我忽然明白了，自己需要的就是这样一个"牛槽"挤压架。秋天开学后，在老师的帮助下，我制作了自己的挤压架。一个 V 字形的框架，正好让你舒服地趴下，用空气压缩器挤压，就像初生的婴儿被包围和裹紧的深层挤压的感觉，让人感觉平静和放松。养马骑马，还有挤压架，帮助我度过了自己的青春期危机。直到现在，我还在使用这个挤压架。类似被人拥抱和体表温暖的感觉,让我产生亲切甜美的感受。这让我学会了同情地抚摸动物,一起玩耍,产生了类似社会交往的依恋感,而且与他人身体接触时也不再过于敏感。

这个"牛槽"挤压架,一直受到周围人的反对。包括始终一贯地鼓励和支持我的母亲,还有被我看做救星的高中心理学老师卡尔·洛克。卡尔·洛克问我:"挤压器更像子宫,还是更像棺材?"

【点评】　你觉得这样的精神分析,符合自闭症儿童的心理生活的实际情况吗?

高中毕业后,我进了大学学习心理学。我不喜欢做动物心理学的实验。与实验室不同,动物在野外的行为变得更加复杂和多样。需要了解动物的细致感受和对于各种环境条件的丰富反应。我唯一的兴趣是对动物的视觉幻象的研究。

我在 18 岁的时候,曾经去哈佛大学拜见斯金纳(B. F. Skinner)博士。我们讨论了动物和人的行为问题。我说:"要是理解大脑的原理就好了!"斯金纳说:"没有必要。只要研究条件反射就够了。"我在回家的路上反复想着这件事情,不断地告诉自己:"我才不信这种鬼话呢。"

【点评】　行为主义的"黑箱理论"是否能够解释动物心理和自闭症儿童的心理? 是否足够支撑特殊教育的干预方案?

在大学里,我研究感觉之间的交互作用,挤压机实验也成为一个核心的研究课题。

老师和同学们认为我的这个挤压机带有弗洛伊德潜意识的性替代满足的意味。我也因此有了一些罪恶感。但是,挤压机给我的是类似母亲拥抱、抚摸和摇动的感觉。我要说,正是通过它,我才学会了如何处理自己的生理紧张。

我带过一个 7 岁的自闭儿童。我能够理解他为什么沉迷于单调的活动:这可以减少环境刺激的干扰,降低焦虑感。我猜想,很多特殊儿童的"自我伤害行为",不管是不是幼年感官刺激剥夺造成的后果,都可以通过挤压机来重新学习体验并控制自己的感觉经验。我搂着自闭小孩玩游戏时,会忘记自己的触觉防御。身心投入地照顾他们,会让我把自己的心灵自然而然地打开,不再自我封闭。

1970 年我从心理学专业毕业,并继续攻读心理学的研究生。但是我始终担心,自己会在哪一天突然在大庭广众之中神经性焦虑大发作。因为,我对于未来的个人生活一直没有信心。莫名的忧虑和担心时时困扰着我。

曾经有 3 周的时间,我反复地跟商厦的自动玻璃旋转门纠缠不休。穿过自动门的时候,我会心跳、气短、出汗、眩晕。经过反复的自我观察,我觉得可能是因为那扇玻璃门是完全透明而开放的,不是能够保守秘密的屏障和界限。不可知的未来对我构成了莫名的压力。3 周后我终于克服了对自动玻璃门的恐惧,我不用急匆匆地奔跑,而是悠然自得地信步踱过。为了验证这一点,我一口气连续走了 10 次玻璃门!

【点评】　这可以作为自我意识觉醒的心理学实验的典型范式。

在读研究生的第一年,我放弃心理学,转而攻读畜牧管理和动物学。与动物打交道,能够让我找到得心应手的感觉。我在屠宰场学习使用电棍击昏要宰杀的牛。我明白了畜牧业应该是一种关爱的艺术。人类需要学会面对屠宰业的真实,学会对牛的尊重。自闭

27

症使我在学校和社会生活中困难重重,但也使我在和动物打交道时游刃有余。

动物是用形象思维的。我也是一样。我观看各种细节,而不是按照习惯使用笼统的概念来思维。直到现在,我仍然不适应社交场合下的语言交流,我觉得那些人为规定的规则,还有人脸的表情变化,都是难以理解的。跟动物在一起,我每天都能学会很多新鲜有趣的东西。常人很难看到动物能够看到的东西,而在我看来却是那样的清楚。光照的明暗、水波的纹样、光影的变幻、气味的感受,甚至一片树叶的纹理,都会让我产生不同的视觉、嗅觉、触觉的反应。这些细节就是构成我的经验世界的元素。所以我很容易与牛、马、猫、狗相处,而与人打交道则要困难很多。尤其是复杂的情感问题,使我感到难以应付。

动物的情感是单纯的。对于它们来说,爱就是爱,恨就是恨,不会把爱和恨混合在一起,纠缠不清;动物也很少有贪欲、尴尬、内疚、嫉妒、羞愧之类的复杂情感的冲突。我感觉很庆幸的是,自己不会像大学里的一些同学那样,为恋爱而癫狂甚至自杀。狗是很忠诚的动物,它爱你,不在乎你挣多少钱,说话是否得体。在这一点上,婴幼儿、动物、自闭者之间有相似之处。

在动物的世界里,不需要弗洛伊德的精神分析。常人会使用心理防御机制,而我不会。看了暴力和强奸之类的镜头,便会永远留在我的记忆之中,不时地闪现出来。我的第一语言是形象,不会受到人类语言的遮蔽作用,因此我的大脑里没有"无意识"。也许是因为缺少语言的缓冲和调节作用,自闭者和动物更容易受到恐怖事件的惊吓,留下严重的心理创伤。有一匹马,特别害怕黑色的礼帽,因为有个戴黑色礼帽的人曾经狠狠地打过它。自闭者的恐惧也是这样高度具体化的。

到目前,我已经发表了300多篇科学研究论文,每年做大量畜牧管理和自闭症的讲座,我所设计的人性化屠宰设备在北美十分流行。在参与饲养场的动物福利考核工作的时候,我用简单的10个细节来代替长达数页的官样十足的审核表。数一下有多少条瘸腿的牛,比回答一大串语言问题更实用。偏爱语言思维的人们往往会纠缠抽象的概念,而看不到事情的真相。如果人们只是一味地讲空话,他们可能已经是一种"非自闭"的"患者"。

【点评】 我们这些所谓的"正常人"在哪种意义上说是正常的?葛兰汀的亲身经验可以给我们哪些振聋发聩的启示?

自闭者有自己独特的智慧,可以获得人生成就。动物具有非凡的才能。动物和人类的智慧之间具有某种连续性。我喜欢各种动物,尤其是牛和狗。我现在做的动物驯养和牧场设备的研究工作,就是尽量让动物在活的时候无忧无虑,死的时候没有痛苦,而且还要生活得更加充实,能够贡献其价值。人类应学会与动物交流,并从中找回我们自己在进化过程中已经失去而又值得特别珍惜的品质和能力。

【点评】 葛兰汀的案例涉及许多深层次的心理学基本理论和临床实践问题,如特殊儿童心理健康和心理干预方法的特殊性问题。其中,身体性和社会性的需求、前言语和非言语的交流、人类原始的象征和思维能力、心理障碍和精神疾患的界定问题,都值得我们反思。

葛兰汀的例子给我们的最大启发是:如果在心理健康问题上得到了有效的帮助,很多具有严重障碍的特殊儿童也可以成长为自信自主的人才,还可能对社会作出自己的独特贡献。对他们帮助最大的,是提供基本的条件来保障并促进他们的健康成长。

第2节　特殊儿童心理问题的预防

相对于正常儿童而言,特殊儿童的心理更加脆弱,易于产生心理健康问题。他们有自己特殊的心理矛盾,也有成人难以理解的困惑与苦恼。如果长期被成人忽视,他们会感到孤立无助,导致心理障碍乃至心理疾病。特殊儿童的家庭中常常有心理危机发生,需要引起专业工作者的高度重视。

一、关注早期经验的影响

早期经验塑造了个体与他人交往、应对情绪变化的特有风格,这个风格的成因既有心理成分也有生理成分。对于个体而言,这些经验就如同无形的支柱,支撑着个体的情感色彩和风格,构成个体的人格心理的基本质地。正如神经心理学家道格·瓦特(Doug Watt)所说,人的生命早期阶段是一个"既无法回忆也不会忘记"的阶段。我们早年的生活经验潜移默化地融入我们的身心构造,在无形中规范和指引着我们一生的思想和行为。中国古语说:"三岁看大,六岁看老。""近朱者赤,近墨者黑。"这些都强调环境系统对人的强大塑造作用,也说明童年经验对于个人的终生命运具有的影响力。

动物行为学(ethology)和人类婴幼儿期的依恋关系的心理学研究发现,细心与有爱心的父母能够为孩子提供安全型依恋的发展环境;而忽略型和干扰型的父母则往往导致子女形成情绪反常的人格特征,其影响会持续到成年之后。[①] 对孩子极度忽视的母亲,往往属于抑郁型。这类母亲会觉得,对自己孩子的需要进行回应是一件非常困难的事情,她们通常感情冷漠、性格孤僻,不愿与孩子进行眼神交流或安抚孩子。在这种照料方式下,她们的孩子自身也会发展出一种压抑的方式来与他人交往。[②] 与忽视型母亲相对的是干扰型母亲,她们会对孩子表现出过多的干扰行为。她们容易发怒,无视婴儿的需求,对孩子怀有敌意,会粗暴干扰和打断孩子的主动行为,也不能理解孩子所传达的信息。她们的孩子通常会在心理发展上出现问题,例如形成情感回避型或焦虑紊乱型的依恋关系。出于本能,大部分成人会对婴儿表现出足够的关注和疼爱,但是对于孩子来说,最为重要的是母亲或其他照料者在情感方面给予他们的支持和回应的亲密程度[③],即能否真切地理解孩子传达的信息,并及时帮助孩子调整情绪状态。

---

①　Fraley, R. C. Attachment Stability Rom Infancy to Adulthood: Meta-analysis and Dynamic Modeling of Developmental Mechanisms [J]. *Personality and Social Psychology Review*, 2002(6): 123-151.

②　Field, T., Healy, B., Goldstein, S., Perry, S., Bebdell, D. Infants of Depressed Mothers Show "Depressed" Behaviour Even with Non-depressed Adults [J]. *Child Development*, 1988(59): 1569-1579.

③　Emde, R. Development Terminable and Interminable [J]. *International Journal of Psycho-Analysis*, 1988(69): 23-42.

婴儿不仅需要母亲在生理上精心照料，而且需要母亲在情感上能够"同呼吸、共命运"。对婴儿的情感调节，不仅可以通过语言，还可以通过非语言的方式，对孩子的感受进行回应。对母亲而言，这些非语言方式主要是面部表情、声音语调以及抚摸行为。婴儿需要在成人的帮助下区分各种情绪，模仿婴儿的腔调与孩子交谈，并采用强调和夸张的语气和动作，从而让孩子意识到，"这不只是妈妈或爸爸在表达他们的情感，这是他们在模仿、展示我自己的情绪"①。这样父母便可以把孩子带入一个清晰、成熟的情感世界。但是，如果母亲在处理自身情绪方面存在问题的话，她就很难有效地帮助孩子发展其情感。例如，生活中，有些母亲对着哭闹的婴儿高声呵斥："不许哭！再哭就打你！"或者指着手脚不协调的孩子大喊："你这个笨蛋，什么都不会！"于是孩子们逐渐学会了隐藏自己的真实情感，并且逐渐成为习惯；久而久之，孩子的机体功能便会处于失调状态。婴儿与他人交往时的面孔识别和情绪记忆带有丰富的感情色彩，是儿童情感调节能力发展的重要资源。如果父母和其他人总是呈现给孩子消极的面孔，孩子就会感到紧张和压抑。

用彼得·福纳吉（Peter Fonagy）的说法，大脑本身是一个"社会器官"。只有通过与他人心灵的碰撞与结合，我们才能形成自己的思想，才能调整我们的情绪。也就是说，那些在整个生命过程中塑造我们情绪反应的力量，并非只是生物性的本能冲动，而是与他人之间互动的强烈的情绪体验模式。这种模式主要建立于婴幼儿时期，而且一旦形成，便终生难以改变。早年经验的重要性正在于此。

婴儿大脑的发育情况依赖于其生存的环境和实际经验的品质。在隔绝环境下生存的婴儿，无法使自己发展成社会人。下面有一个案例：

有一个叫吉尼的小女孩，她几乎从出生开始就遭到忽视，在她13岁之前的绝大部分时间里，被父母单独关在一间小屋里，绑在一个带便壶的椅子上。吉尼不能自由活动，也不能看到窗外的景色。每当她表达需求的时候，父亲都会殴打她。这种人际关系和人性经验的剥夺，直到她13岁时才结束。被解救时，她大小便完全失禁，反应迟钝，不能讲话，动作技能低下，而且由于过度的恐惧，她压抑了自己所有的情绪表达。此后直到近30岁时死去，一直不能与他人保持发展有意义的关系。②

儿童应对压力的方式，是其心理健康发展的核心所在。当个体感到所处情境太具挑战性而处于高度应急状态时，身体内部压力反应系统就开始运行，会产生一种被称作皮质醇的激素。皮质醇含量过高可以引起情绪失调，还会损害个体的生理系统。高浓度的皮质醇会损伤海马体，影响信息的加工和记忆能力，以及前额叶的功能，阻碍高级情感、动机、思维和自我管理能力的发展。③

许多基因性状的表现，是由于环境以及环境与基因之间共同作用所致。对婴儿来说，

① Gergely, G. and Watson, J. The Social Biofeedback Theory of Parental Affect-Mirroring [J]. *International Journal of Psychoanalysis*, 1996 (77): 1181-1212.

② Rymer, R. Genie. *A Scientific Tragedy* [M]. London: Penguin. 1994.

③ Lyons, D., Yang, C., Mobley, B., Nickerson, J., Schatzburg, A. Early Environmental Regulation of Glucocorticoid Feedback Sensitivity in Young Adult Monkeys [J]. *Journal of Neuroendocrinology*, 2000b(12): 723-728.

环境主要是指对孩子的照料情况。早期的照料情况,可以影响婴儿的发育,并决定个体将来如何释放和应对压力的方式。例如,敏感型气质的儿童对外界压力更为敏感,经常哭闹,长大后容易成为神经质的人。研究发现,如果这些婴儿的母亲采取合适的措施,帮助和支持孩子,婴儿与母亲之间也能建立起安全型的依恋关系。① 这说明,先天气质并不能完全决定个体的最终发展水平。情感上的安全体验,有赖于婴儿所受到的照料情况,是良好的人际关系和母婴互动经验积累的产物。

(一)早期经验与情绪调节

过于敏感的压力反应系统,情绪调节障碍,以及与他人之间的非安全型依恋,都容易导致个体出现心理问题甚至精神疾病。成人期的心理功能缺陷与婴儿期的脑发育之间,存在着某种密切的联系。对心理疾病和各种成瘾行为的易感性,可能根植于个体对自己身体的疏远和压抑,以及由此而造成的情绪调节障碍。

抑郁症的产生既有生理的基础,也有心理的原因。有研究者称,抑郁症的核心在于脆弱的自我意识,在于内心的一种绝望和无助感。每当心理脆弱的个体的积极念头消耗殆尽时,无助感就会周期性地表现出来。在痛失亲人或遭受重大损失时,并非所有的人会变得严重抑郁。虽然在这些事件中,大家都体验到痛苦、悲伤,但多数人并没有因此被完全压垮。而对那些易感人群而言,这些压力事件通常会成为其抑郁症爆发的导火索。② 脆弱的自我意识,源自婴儿时期的不良体验。早期的经验剥夺(experience deprivation)值得引起高度注意。研究发现,战争造成的孤儿从小失去母亲,缺乏母爱,他们的大脑额叶区、杏仁核、海马体的活动水平很低,应对压力的免疫力和调节能力受到严重损害。③ 而在孤儿院生长的儿童往往在情感交流方面存在严重缺失,身心发展明显滞后。

(二)童年期的压力与心理创伤

心理障碍的易感性—压力理论认为,遗传倾向和先天气质作为一方面的要素,环境影响和生活经验作为另外的要素,相互作用,共同构成心理问题和精神疾患的决定性原因。④ 在这个复杂的过程中,个人的心理体验的品质和社会资源的运用,是特别关键的核心问题。遭受心理创伤的康复能力,与获取帮助的能力以及过去经验的影响有关。研究发现,婴幼儿期所建立的心理保护系统,是能否从创伤性经历中得以顺利恢复的关键因素之一。

母子之间的依恋,是一种让彼此都得到满足和愉悦的温暖、亲密、稳定的关系。依恋关系可以分为安全—亲密型、逃避—紊乱型、焦虑—紊乱型等三种基本类型。大多数被虐

① Van den Boom, D. The Influence of Temperament and Mothering in Attatchment and Exploration: An Experimental Manipulation of Sensitive Responses Among Lower-class Mothers with Irritable Infants [J]. *Child Development*, 1994(65):1449.

② Brown, G., Harris, T. *Social Origins of Depression* [M]. London: Tavistock,1978.

③ Chugani, H., Behen, M., Muzik, O., Juhasz, C., Nagy, F., Chugani, D. Local Brain Functional Activity Following Early Deprivation: A Study of Post-institutionalised Romanian Orphans [J]. *Neuroimage*, 2000(14):90.

④ Ingram, R., Luxton, D. Vulnerability-stress Models. In B. Hankin, J. Abela (eds.) *Development of Pschopathology: A Vulnerability-stress Perspective* [M]. London: Sage, 2005.

待的儿童最终会形成焦虑—紊乱型依恋关系。[1] 许多焦虑—紊乱型依恋的儿童由于在家庭中会感受到太多压力,成年之后可能会出现精神分裂;而逃避—紊乱型依恋关系的儿童可能会导致成年后的人格障碍。

孩子的依恋创伤可能源自父母的经常性忽视或虐待。当婴儿感到恐惧,需要别人的安抚、保护时,其依恋系统就会被激活。如果没有得到这些支持,儿童就会产生创伤体验。那些经历过这样体验的儿童,便会采取回避或抗拒的行为来应对这些创伤,成年后容易出现情绪方面的障碍,如焦虑或抑郁。

在过分忽视、充满批评和指责的家庭里,儿童感觉别人总是以挑剔或忽视的态度来对待自己,因而难以确立积极的自我价值,会认为自己一无是处。在这样的期待之下,个体就会有相应的行为表现,于是又导致别人以预期的消极方式对待自己。这样,就进一步验证了自己的负面自我暗示,甚至变成不良的个人行为与恶劣的家庭环境之间恶性循环的怪圈。

在许多边缘型人格障碍患者的家庭中,父母往往不能帮助孩子有效地处理自己的情绪。父母对孩子的需求视而不见,导致孩子受到情感的严重打击。这些父母过于关注自身的感受,他们自己幼年时也有被忽视甚至遭受虐待的经历。他们会像当年自己遭受拒绝那样,去排斥自己的孩子,甚至抱怨孩子给自己带来了灾难。这些做法不仅会让孩子感到恐惧,更会让孩子感到无所适从,处于对父母既依恋、又疑惧的进退两难的双重困境或者双向羁绊(double bound)。孩子对于亲近的成年人的信任如果被滥用,那将会是最为残酷的伤害。

边缘型个体的核心问题就是人性的丧失以及感情价值的缺失。其幼年所体验的感受,会激起婴儿对无人帮助、无人照顾的紧张和恐惧。他们会被强烈的消极感受所压倒,认为所有的一切都是糟糕的,并不停地怨恨自己。有一个边缘型人格障碍患者,虽然已经结婚生育,但她的生活一片混乱。她总是质疑自己的行为,并处于深深的自责中:"我是个糟糕的妈妈,今天我忘记了给女儿买生日蛋糕。我应该给女儿买件衣服,但是不知道哪一种适合她,我无法下决心,我想应该买这一款,可是他爸爸好像不喜欢,那到底买还是不买呢?"她总是这样不停地抱怨、质疑,不清楚自己想要干什么,总是显得悲惨无助。在她的童年生活中,父亲是个罪犯,长期监禁;母亲是个酒鬼,常常喝得大醉,根本不管孩子们的需求。她自己小时候还遭受过亲戚的性虐待。在童年时无助的体验,使她没有建立起有效的自我调节机制,无法从他人那里得到支持,从而形成了病态的行为和适应方式。

二、心理危机和心理创伤干预

对特殊儿童及其环境进行评估,及早发现影响心理健康的风险因素和引发心理危机的负面事件,进行针对性很强的预防性干预,是心理健康工作者的重要任务。

---

[1] Schore, A. *Affect Dysregulation and Disorders of the Self* [M]. New York: Norton, 2003.

特殊儿童的心理健康与特殊儿童及其家庭的心理危机有着密切的关系。

婴幼儿的身心障碍和适应困难,往往造成十分负面的情感困扰,对于孩子的成长构成严峻的挑战。发现孩子的残疾问题和功能障碍,对于家庭来说也是一个重大的打击。还有很多特殊儿童的问题是由婚姻冲突、家庭暴力、儿童虐待和忽略、早期经验剥夺、不良环境影响等因素导致的。处理这些问题都属于危机干预的范畴。

当个人面临突然或重大生活困难情境,而他先前的危机处理方式和惯常的支持系统无以应对眼前的处境,即他所必须面对的困难情境超过了他的能力时,就会产生心理困扰(psychological distress),即心理危机。心理危机是伴随着危机事件的发生而出现的一种暂时的心理失衡和混乱状态。

特殊儿童成长过程中,既会遇到正常人生发展阶段的各种问题,又要面临自身障碍所导致的适应障碍与困惑,而且由于自身障碍可能无法面对所出现的突发事件而导致心理危机,产生心理健康问题。因此,我们根据特殊儿童心理危机的差异,把危机划分为发展性危机、境遇性危机、存在性危机、障碍性危机以及人际关系和环境因素导致的危机。

(1)发展性危机是指,儿童在成长和发展过程中,面对急剧的变化所导致的异常反应。如特殊儿童去普通学校随班就读,面临与同伴交往的重重障碍,不愿意参加集体活动,易于形成孤独、自卑的性格,可能会使原有的障碍更严重。

(2)境遇性危机是指,出现罕见或突如其来的悲剧性事件,且个人对其无法预测和控制的危机。境遇性危机的显著特点在于它是随机的,会突然产生强烈意外的震撼。例如意外交通事故、绑架、突发的重大疾病、父母离婚等。其中父母离婚可能是导致特殊儿童的心理危机的主要因素。有研究表明,离异家庭儿童存在更多的品行问题、情感问题、学业问题、低自尊和亲子关系的问题等。

(3)存在性危机是指,面对存在性的意义失落、精神需要无法得到满足而造成的深层心理危机。存在性危机往往不具有突发性。如超常儿童由于过高的社会期望值,来自家长、教师、同伴和社会的压力使他们感到焦虑和烦恼,在自卑感和不圆满感的驱使下,产生异常心理,或对无休止的枯燥学习与竞争感到厌倦。

(4)障碍性危机是指,特殊儿童因心理问题、人格障碍,甚至精神病引起的心理危机。其最显著的特点是具有潜在性和痛苦性。如学习障碍儿童由于某种认知缺陷而导致学业低下,经常体验到挫折感,受到他人的讥笑与讽刺,从而形成低自尊或脾气暴躁易怒的性格。

(5)人际关系和环境因素导致的危机是指,由于家庭、幼儿园、学校、社区生活中的负面因素和事件对于特殊儿童造成的心理危机。缺少关爱、被人忽略、受到歧视、环境适应困难等,都属于这一类。重要他人的态度尤其关键。团体治疗和家庭治疗的长处就是可以改造个人与环境相互作用的整体系统,而不仅仅是针对个人"内部的心理问题"。

(一)心理危机与压力

压力是由紧张刺激引起的、伴有躯体机能以及心理活动改变的一种身心紧张状态。适度的压力对人是有益的,当个体身处紧张情境时,警觉性提高,感知功能敏锐,注意力集中,记忆力增强,思维活跃,这些积极的变化有利于个体应对外界的挑战。当压力超过个人承受能力时,便产生重大应激。

特殊儿童的心理资源相对贫乏,压力承受力有限,很容易陷入长期的难以摆脱的焦虑和抑郁状态。在常人看来似乎无关紧要的事情,可能会对特殊儿童产生意想不到的伤害。其他人可以顺利应对、调整认知、暂时回避的问题,在特殊儿童身上可能会成为反复经验而不断放大的心理困扰,以至于达到难以逆转的病态程度。

应激反应是否达到心理危机的程度,有两条判断标准:① 存在具有重大心理影响的负面生活事件;② 出现严重的不适感,引起急性情绪扰乱(如烦躁、恐惧、焦虑、抑郁)、认知改变(如注意力不集中、记忆障碍)、躯体不适(如头昏、头痛、腰酸背痛)和行为改变(如失眠、不愿与人接触、生活规律被破坏)。

日常观察对于了解特殊儿童的情感困扰十分重要。一旦发现孩子的行为和情感困扰,就要对其生活环境进行介入,提供人际关系的支持和专业的帮助。

（二）心理危机的常见反应

情绪和行为反应:陷入心理危机的特殊儿童,其情绪反应一般有焦虑、恐惧、抑郁、愤怒、沮丧、紧张、绝望、烦躁、害怕、退缩等。原来学会的行为也会出现倒退或者丧失。

认知和语言反应:在心理危机状态下,儿童的认知可能会沉湎于负性情绪而不能自拔,适应环境挑战的思维能力明显下降。例如,儿童期比较常见的选择性缄默症(selective autism)往往是心理危机期的产物。在初次进幼儿园或者环境突然改变的时候,儿童心理出现巨大的波动,留下难以克服的心理创伤。

如果心理危机没有得到有效化解,儿童的各种心理功能会遭到严重损害,甚至造成终生的困扰。消极情绪也会同当事人消极的自我评价互为因果,形成恶性的循环。儿童的反常行为往往表达了他们难以言说的无助感和绝望感。

危机中的生理反应通常涉及全身各个系统和器官。在应激条件下,大脑皮层统一指挥和控制着人的各种活动;身体的生理反应主要是大脑通过神经系统和免疫系统进行调节的。这些生理反应又通过反馈机制影响着神经系统、内分泌系统和免疫系统的功能。特殊儿童的睡眠和进食障碍、多动和注意缺陷、学习和适应困难等常见症状,往往与生理机能扰乱相关联,需要引起父母和专业人士的高度重视。

（三）心理危机的演变阶段

根据卡普兰(Kapland)的研究,处于心理危机的个体往往需要经历四个阶段:

第一阶段,个人感受到自己的生活突然发生变化,内心的基本平衡被打破,表现为警觉性提高,体验到紧张。为了重新获得平衡,个体试图用其惯常的策略作出反应。例如,不愿进幼儿园的孩子会用哭闹表示抗议。

第二阶段,个体发现惯常的策略未能解决问题,于是焦虑程度显著上升,并开始尝试另外的办法,试图解决问题。但高度紧张的情绪会妨碍当事人的思考,采取有效行动的能力下降。例如,孩子可能会停止哭闹,但是会用尿湿裤子来表达自己受挫的愿望。

第三阶段,如果压力仍然没有解除,当事人紧张程度会持续增加,并达到病态的水平。

当事人求助的动机极强,不顾一切地发出求助的信号,心理的独立自主功能近乎崩溃。在别人的暗示和影响下,可能以十分荒唐的方式行动。例如,孩子可能会攻击他人或者自伤。

第四阶段,如果压力持续存在,当事人容易产生习惯性的无助,失去信心和希望,甚至会对自己生命的意义发生根本的怀疑。很多成年人会企图自杀,或走向精神崩溃。儿童的心理发展水平则明显倒退,并出现病态的症状,如噩梦、惊厥、生病。

特殊儿童的心理脆弱性更加突出,往往需要通过专业的帮助和家庭的长期关怀,才可能顺利度过各种心理危机。

特殊儿童及其家庭往往面临着发现孩子有残疾或者障碍时的焦虑不安,尤其是面对诊断标签时的失落感和绝望感。孩子被诊断为残疾,对于家庭意味着严重的丧失(loss),家庭成员一般要经历一段心理悲悼(grief)的危机期,引发一系列的情感和行为反应。常见的情感反应有悲伤、愤怒、恐惧、羞耻、愧疚;生理的症状有疲倦乏力、肠胃不适、胸闷气短、口干舌燥、头晕目眩、反复发作的疾病和睡眠障碍等。在人际关系、家庭氛围等方面也会出现适应困难和挑战。这时最迫切的需求是专业人士或者亲人朋友的心理支持。

（四）短程心理治疗和危机干预

威廉·沃顿(Willian Worden)提出,悲悼的过程有四个需要完成的课题[1]:

承认丧失,接受现实。承认自己的孩子有智力缺陷,接受有病的家人将面临死亡,需要放弃很多幻想,需要承认残酷的现实。

体验痛苦,表达悲伤。不再逃避和压抑情绪和身体的痛苦,而是勇于面对伤痛,找到安全而适当的宣泄方式,经过一段时间的自然疗愈,恢复身心功能的平衡。

调整心态和价值定向,有效应对新的生活情境。能够安排好日常生活,重新找到秩序。

重整情感世界,安排新的目标。已经丧失的东西并非完全消失,而是成为记忆中的过去。新的生活目标,新的动力,需要成为引导未来的力量。

简明或短程心理治疗近年来广泛应用适用于特殊儿童及其家庭的心理危机干预。它以正面的指向未来的行动为基础,着眼于个人观点和人际关系的改善,而不是纠缠于问题的根源或者标签。干预的焦点在于寻求有效的解决方案,鼓励当事人作自我决定,通过短期的干预,就可以帮助当事人化解情绪困扰,更有效地面对困难处境,寻找合理的生活出路。而启动一个自我成长、自我修复和自我管理的良性过程,是心理干预的基本任务。在这方面,短程的团体治疗和家庭治疗都可以发挥很好的作用。

治疗性的帮助关系可以长期陪伴当事人及其家人走好自己的康愈之路。在当代交流方式多元化和信息化的条件下,充分利用网络和电讯手段,可以实现便捷而有效的心理危机干预。热线电话咨询、社区网络化的心理危机支持系统,都是我们应该充分利用的援助

---

① Worden, W. *Grief Counseling and Grief Therapy*: *A Handbook for the Mental Health Practionaer*, 3rd Edition [M]. New York: Springer, 2002: 29-30

手段。

危机干预的步骤是：明确问题的症结所在；确保当事人的安全；给予情感上的支持；提出适宜的解决问题的思路；帮助当事人制订明确的行动计划并确保计划的实施。

特殊儿童的家长是危机干预过程中最重要的人。专业人员一定要学会与家长紧密合作，共同努力，化解危机形成的环境因素，并最终引导儿童实现良好适应。

三、特殊儿童的早期干预

从长远看，预防疾病要比疾病或问题发生后再进行个体治疗和补救效果更好，也更加经济。早期干预是为改善经济、文化不利家庭儿童的受教育条件而采用的一种额外的补偿措施。这里主要指对有或可能有心理健康问题的特殊儿童及其家庭提供心理咨询、教育、保健、医疗、社会服务及家长专业知识指导等综合性服务。其中，心理危机防护是指一种早期的、积极的心理危机干预，它以一般正常人和轻度心理失调者为对象，运用心理学的理论和方法，以危机预防和危机早期干预为目标，维护和促进个人与社会心理健康的一系列活动。

（一）早期干预的途径

构建和谐的社会环境。从观念层面上，要减少人们对特殊儿童及其家庭的偏见，让他们拥有归属感；从社会参与的角度，为特殊儿童及其家庭提供更多的机会，鼓励他们积极参加社会活动，共享社会成果；从人际关系上，建立良好的人际氛围，让他们感受到社会的温馨。从而提高特殊儿童及其家庭的安全感，增强他们应对危机的能力；减少产生内心应激源的因素；形成积极的生活态度。

建立特殊儿童心理健康档案，定期进行心理健康检查。这是早期干预必不可少的环节。通过对特殊儿童心理健康状况的管理，可以及时发现问题，为他们提供心理咨询和指导，调整环境并通过有关活动以调节他们的心理状态。

通过公共教育、文化娱乐和舆论宣传等手段来增强特殊儿童家庭的心理健康知识和自我提升能力。

通过个别化的生活环境改造和专门训练，来帮助特殊儿童抵御生活事件压力和增强社会适应能力。

发展更加完善的社会支持系统。专业人员要开展有关心理健康方面的调查、研究，还要提供及时有效的心理健康服务。要构建学校、家庭、社会和机构的紧密联系的网络系统，整合心理健康的专业资源，为家庭和特殊儿童个人提供支持。

（二）社区心理健康服务

社区心理健康服务是指，在社区服务工作中，运用科学的理论和原则来保持与促进人们的心理健康，即通过讲究心理卫生，培养人们的健康心理，从而达到预防心身两方面疾病的目的。具体来说，社区心理健康服务的宗旨在于促进儿童青少年的正常发展，培养其健康的人格；预防各种心理问题，包括精神病、神经症、心身疾病、人格障碍、精神发育迟滞；消除引起心理压力和各种不良的心理因素。

社区是特殊儿童及其家庭生活的重要场所,而他们本身是心理健康问题的易感人群,因而有效的社区心理健康服务可以为他们提供及时帮助与支持,从而使他们获得高质量的生活品质。

在西方发达国家,社区心理健康服务(包括危机期的心理干预)普遍受到重视,其社区心理卫生服务已被世界各国证明是一种减少心理疾病发病、预防复发、减少心理残疾的行之有效的模式,已成为全世界心理卫生工作发展的方向。其中一个突出的特点是:让社会工作者、心理医生和精神病医生加盟,甚至也会以某种方式与家庭医生构成工作小组共同开展工作。

社区心理健康服务主要由社区初级护理人员提供,连接家庭、社区与医院,形成广泛的心理健康服务网络。心理健康服务的重心逐渐由住院服务转移到门诊服务、由看护式服务转为更为积极的预防和治疗模式。

社区普通居民共同参与的综合性社区项目,帮助公民利用本地资源,包括社区(如宣传倡导、政策改进)、学校(如改变学校管理结构或教学时间)、家庭(如提高父母教养策略)和个人(如训练和提高社会能力),共同促进居民与社区的健康发展。针对较重的心理障碍儿童施行定期调查,了解心理健康服务人群的构成以及服务需要的变化,从而使资源得到科学的配置和管理。

国家要制定心理健康的法律,确保社区初级心理服务充分体现出其"第一接触"和长期性支持的功能:社区护理设置于基层,既是公众接受心理服务快捷、方便的方式,又是对各种心理障碍实现早发现、早治疗的最佳方式;心理服务人员对患者的帮扶关系长期存在,而且在日常情景下,可根据患者需要提供灵活实用的指导,使之更快融入正常人的生活。

(三)学校的相关服务

特殊儿童不仅需要学校的教育教学,还要接受相关的人类服务(human services),包括心理咨询与治疗、医学和精神病学的护理、身体机能康复、职业技能训练和家长培训等。其中心理健康服务是核心。主要服务方式包括:针对儿童个人及其家庭实施以个别晤谈、团体活动、心理剧、身心练习(如冥想、催眠、运动、音乐、绘画、舞蹈、沙盘游戏)等形式的心理咨询与治疗的专业服务。对于具有心理问题和精神疾患儿童的家庭提供专业的心理咨询,尤其必要。心理健康中心、资源教室的个别化服务是目前急需发展的学校服务项目。

四、三级预防

实施三级预防,可以有效地减少心理障碍和精神疾病的发生率,显著降低各种风险,具有显著的社会效益和经济效益。

与治疗性和补偿性的干预相对而言,预防性的特殊教育服务注重整体生活的质量改善,风险因素的化解,早期筛查和提前介入发展性干预。

(1)初级预防,也称一级预防。根据中国传统医学"培本固元"和"治未病"的思想,采取未雨绸缪的积极措施,通过生活质量提升和健康知识普及,促进全民健康发展的意识,建立健全支持性的常规服务;通过初级医疗服务、家庭教育、学前教育、学校课堂活动、体育、艺术、娱乐等,促进全体儿童的身心发展。

（2）次级预防,也称二级预防。是针对有风险因素的群体开展早期干预。通过早期筛查,关注特殊群体的处境,进行有针对性的问题诊断、危机干预和风险因素化解,及早排除隐患,减少发展性障碍或者疾患的发生率。

（3）第三级预防。对于已经确诊为残疾或障碍的儿童,进行个别化的干预,减轻障碍的负面危害程度,防止出现不可逆转的更为严重的后果。有人可能会问,这是预防,还是康复或治疗呢?针对有问题的人群采取预防措施,防止出现更严重的障碍,或减轻已有障碍的危害程度,特别有现实意义。但是传统模式的治疗,例如药物治疗,并不关注全面康复的方案。所以,三级预防的概念是具有特殊针对性的。

 本章小结

1. 采取积极的预防性措施,全面提升儿童群体的生活质量,促进特殊儿童的健康发展,是首要的任务,在关注的顺序上,应该优先于缺陷补偿和心理疾病治疗的工作。在儿童的发展关键期及早进行干预,是特殊儿童心理健康服务的重点和难点。

2. 心理健康是一种个人情感和社会性的美好生活的状态。这种状态使人能够实现自己的各种能力,能够应对生活中的一般压力,能够有效率地工作,能够对社会作出自己的贡献。要关注特殊儿童的长处和优势,动态地评估他们的发展,注意生态环境系统的作用,注重发挥儿童的主动性和可塑性,确定发展目标和干预策略

3. 天宝·葛兰汀的自传提供了一个了解自闭人士精神世界的一个独特的窗口。自闭者的发展潜力或者说原始能力,应该得到充分的重视和开发利用。当前,心理学和教育界对于自闭症过于负面的悲观看法应该得到矫正。适合自闭症患者尤其是幼年儿童患者的干预方案一定要充分注意他们独特的心理特点,维护他们的心理健康。

4. 童年经验和早期的生态环境系统具有强大的塑造作用,对个人具有终生的影响。

5. 情感的安全,有赖于婴儿所受到的照料情况,是良好的人际关系和互动经验积累的产物。

6. 过于敏感的压力反应系统,情绪调节的障碍,以及与他人之间的非安全型依恋,容易导致个体出现心理问题甚至精神疾病。多数被虐待的儿童最终会形成焦虑—紊乱型依恋关系。

7. 有很多特殊儿童的问题是由婚姻冲突、家庭暴力、儿童虐待和忽略、早期经验剥夺、不良环境影响等因素导致的。必须注重早期环境的改造和家庭、幼儿园、学校中的人际关系干预,而不仅仅是关注儿童个人的内在心理问题。

8. 目前,我们应该特别注重特殊儿童及其家庭的心理危机干预和早期干预。短程心理治疗、热线电话咨询、社区网络化的心理危机支持系统,都是有效的干预手段。

9.综合性的三级预防体系建设是特殊儿童心理健康促进和早期干预工作的任务。跨学科专业团队的建设、跨部门的领导和协作机制的变革,是当前需要推进的工作重点和难点。

 思考与练习

1. 为什么要把促进特殊儿童的心理健康作为首要任务?

2. 通过分析天宝·葛兰汀的案例,讨论特殊儿童心理健康需要哪些基础条件?

3. 特殊儿童及其家庭的心理问题集中表现在哪些方面?

4. 危机干预和早期干预有哪些主要的途径和措施?

第3章　特殊儿童的心理障碍评估

特殊儿童的心理障碍的症状表现和原因错综复杂,评估、诊断需要特别慎重。本章将对特殊儿童心理障碍的分类及诊断工具、特殊儿童心理障碍的临床评估方法进行讨论,并结合案例对真实情境中的合作式评估技术的应用进行探索,以便提供一个基本的概念框架和相应的分析系统。

第1节　特殊儿童心理障碍的分类及诊断

分类与诊断对于认识特殊儿童的心理障碍和治疗非常重要。目前很缺乏对特殊儿童的心理问题进行鉴定和分类的统一标准,而医学、心理学、教育学的描述也不完全相同。在实际工作中主要有以下几种分类和诊断方法。

一、临床分类诊断

临床分类是指从临床咨询和治疗等与医学密切相关的角度来看待儿童的特殊心理问题及障碍,专业工作者们通常基于以下系统进行临床诊断。

（一）常见的儿童心理和行为问题

目前,我国儿童的心理发展情况不容乐观。下列的一些家庭和学校中常见的儿童心理和行为问题[①],并不限于残疾儿童群体,也还不是严格意义上的心理障碍或者精神疾病。但是,有关问题应该引起重视,尽早进行评估,进行适时干预。

（1）社交退缩。这种问题在幼儿中表现突出,通常出现年龄是 3～5 岁之间,表现为孤独、胆小、不愿与不熟悉的幼儿交往。

（2）语言发育迟缓。表现为 3 岁以上的儿童仍不会说完整的话,但却能正确理解别人的谈话内容。

（3）注意力缺陷和活动过多。一般出现在 2～5 岁之间,表现为儿童活动量大,总是一刻不停地动,注意力不集中,对学习不感兴趣,与其他孩子一起玩耍时喜欢挑逗。

（4）幼儿园适应不良。表现为儿童不愿去幼儿园。这是一种对母亲依赖过度而产生的分离性焦虑,以 2～4 岁儿童为多。

（5）违拗。通常发生在 4～6 岁。幼儿有一定生活经验,但缺乏自我调节能力。

---

① 延翠兰,王晓君. 儿童心理行为偏异剖析[J]. 中国临床医药研究杂志,2003(109).

（6）品行不良。表现为撒谎、偷窃、情绪障碍和对环境的适应不良以及对人冷漠。

（7）行为问题。男童表现为说谎、孤僻、抽动、恋物癖，而女童表现为逆反心理、恐惧等。

对儿童行为问题的普遍性需要深入研究。特殊教育服务的领域需要扩展，应该覆盖这些还没有残疾标签但是需要特殊关照的儿童群体。[1]

目前，国内比较流行的关于"问题儿童"的话语和实践，主要关注儿童和青少年的所谓"外化"（externalizing）行为，例如打架、骂人、说谎、损害公物、吸烟、酗酒、逃学，以及严重的伤害他人、盗窃、性犯罪等。[2] 而一般来说，儿童的内化（internalizing）问题，例如抑郁、恐惧、绝望、退缩、自卑、自责、自伤和自杀倾向，往往被忽视。后一类问题往往更严重，更需要关注。

（二）心理障碍和精神疾患

严重的心理障碍诊断参照的是精神障碍的诊断分类系统和标准。这种诊断是由经过专业培训的精神卫生职业人员执行，通过临床访谈、人格量表、神经心理量表等进行测试，收集个体的各种信息之后，参照相关的标准得出诊断及分类。目前，在临床上常用的诊断标准有以下三种：

1. 国际疾病及相关问题的统计分类

国际疾病及相关问题的统计分类（International Statistical Classification of Diseases and Related Problems，ICD）由 WHO 组织全球的专家制定，每数年修订一次。该系统中包括各科疾病的诊断标准。1948 年 WHO 在巴黎的会议公布的 ICD-6 首次包括了精神障碍的分类。ICD-10 于 1992 年首次出版，其中的第五章为"精神障碍"。此版制定了每种障碍的诊断指标和鉴别要点。目前临床工作者使用的是 ICD-10 的 2007 年版本。

在 ICD-10 的精神障碍分类中与儿童相关的主要是三大类：精神发育迟滞、言语和语言发育障碍、通常起病于童年和少年期的行为与情绪障碍。

（1）精神发育迟滞，即智力障碍。包括轻度、中度、重度、极重度精神发育迟滞，以标准的智力测验的结果和社会适应性缺陷为两个主要评估依据。

（2）言语和语言发育障碍。特殊的言语和语言发育障碍包括特殊的语音障碍、表达性语言障碍、感受性语言障碍、获得性语言障碍。特殊的学校技能发育障碍，包括阅读、拼写、计算障碍及两种以上的混合性障碍等。为特殊的运动发育障碍。混合性的发育障碍。广泛性发育障碍，主要是儿童孤独症、不典型孤独症、雷特综合征、其他儿童瓦解性障碍、与精神发育迟滞和刻板行为有关的活动过度、阿斯伯格综合征等。

（3）通常起病于童年和少年期的行为与情绪障碍。包括注意缺陷和多动障碍，品行障碍，对立违抗障碍，儿童期情绪障碍（儿童分离性焦虑、恐惧性焦虑、社交焦虑），儿童和

---

[1]　杨广学. 特殊教育服务的领域需要拓展[J]. 中国特殊教育，2008(10).

[2]　高妙根、李季平. 行为问题学生的心理健康辅导的理论和实践研究[M]. 上海：上海社会科学院出版社，2009：34-35.

青少年期的社会功能障碍（选择性缄默、依恋障碍），抽动障碍（包括短暂性抽动障碍，慢性运动性或发音性抽动障碍，发音和多种运动联合抽动障碍，即 de la Tourette），以及其他儿童青少年期的行为和情绪障碍（如非器质性遗尿症、非器质性遗粪症、婴幼儿喂养障碍、婴幼儿异食癖、刻板行为、口吃）。

对于精神分裂症、心境障碍及神经症性、应激相关障碍等类别，没有特别的儿童诊断指标，基本是借鉴成人的标准。因为儿童和青少年处于发展过程中，通常不能用语言把自己的问题表述清楚，会给诊断带来许多困难。特殊儿童的状况更加复杂，临床诊断工作需要十分谨慎。

2. 美国的精神障碍诊断与统计手册

美国精神病学会从 1952 年起制定《诊断与统计手册：精神障碍》（*Diagnostic and Statistical Manual of Mental Disorders*）。1974 年着手制定而在 1980 年正式出版的 DSM-Ⅲ 特别受到重视，因为它形成了一整套临床工作所用的诊断标准，对于美国的、甚至世界各国的精神病学家说来，不论是临床工作、还是科学研究，都有很大帮助。从 DSM-Ⅳ 开始，该诊断系统简化了儿童精神障碍的分类，开始将分类建立在可观察到的行为之上，而不再按照假设的病因学基础进行分类。

DSM-Ⅳ 是一个多轴诊断体系，除了精神发育迟滞、人格障碍属于轴Ⅱ的诊断之外，其他障碍均属于轴Ⅰ的诊断。2000 年的修订版有 17 大类精神障碍的分类。该诊断系统中，儿童的心理障碍是指通常在婴儿、儿童或少年期首次诊断的障碍，包含如下十大类别[①]：

（1）精神发育迟滞（mental retardation）

包含轻度（IQ50～70）、中度（IQ35～50）、重度（IQ20～35）、极重（IQ20 以下）精神发育迟滞。主要有 3 个判断标准：智力功能缺陷；基本适应能力缺陷（包括交流、生活自理、家庭生活、社会交往、使用社区资源、自我定向、工作、休闲、健康、安全保护等领域，至少要有 2 个领域有重大缺陷才能诊断为精神发育迟滞）；起始年龄在 18 岁以下。

（2）学习障碍（learning disorders）

包含阅读障碍、数字障碍、书写障碍、学习障碍未注明（not otherwise specified，NOS）。主要判断标准：个人学习成绩严重低于其年龄、年级、智力应达到的水平。可能有很多问题伴随学习障碍出现：情绪低沉、自信心受挫、社会交往和交流技能缺陷，以厌学、逃学、反抗和破坏行为最为常见。学习障碍可能与语言障碍、知觉障碍、注意缺陷有关。

（3）动作技能障碍（motor skills disorder）

动作技能障碍，也称为发展性协调障碍（developmental coordination disorder）。其判断标准为：明显的运动协调障碍；严重干扰学习和日常活动；不属于医学上的疾病（如脑瘫和肌肉萎缩）；主要不是由智力缺陷造成。

（4）沟通障碍（communication disorders）

包含言语表达障碍、语言接收与表达障碍、语音障碍和口吃等。分别在语言表达、语言接收、与语音产生和使用、语音发声和语流方面表现出明显的缺陷，人际交流困难，并影响到学业和职业的适应。

（5）广泛性发育障碍（pervasive developmental disorders）

① 自闭症（autism，也称孤独症）的判断标准：

A. 非言语的社会交往缺陷，例如目光、表情、身体姿势、手势明显怪异，同伴关系发展缺陷，不能自发地寻求与他人分享快乐、兴趣、成就，缺少社会和情感互动；显著的交流能力缺陷，例如言语发展迟缓或完全缺失，或者有言语能力却不会与人对话，或者语词重复、用法怪诞、难以理解，缺少与实际年龄相称的自发而多样的假装游戏或者社会性的模仿游戏；单调而重复的怪异行为、兴趣和活动，例如兴趣狭窄而执拗，不具有明显功能的仪式化行为，机械偏执的特殊动作（晃动身体、摆手等）。以上项目至少须有 6 个，才能诊断为自闭症。

B. 3 岁前出现下列问题之一：社会交往、语言交流或者象征—想象性游戏功能缺失或者有缺陷。

C. 上述表现不能归结为雷特综合征或者儿童瓦解性精神障碍。

② 雷特综合征（Rett's disorder）判断标准：

A. 胚胎期和围产期发育显示正常；

出生后 5 个月内心理运动（psychomotor）发育显示正常；

出生时头围正常。

B. 下列问题全部出现：

在 5～48 个月内，头部发育增速；

在 5～30 个月内，原先学会的手部有目的活动技能丧失，并随后出现类似洗手、扭手等怪异动作；

丧失原先获得的社会交往能力；

显示出步态和躯体运动的功能失调；

出现严重的语言表达和接收障碍，并伴有严重的心理运动发育迟缓。

③ 儿童瓦解性精神障碍（childhood disintegrative disorder）判断标准：

A. 至少在 2 岁前表现为发育正常，例如言语和非言语交流、人际关系、游戏、适应行为发展与实际年龄匹配。

B. 在 10 岁前在下列项目中至少有 2 项出现原有能力的显著丧失：

语言表达和语言接收；

社交技能或适应行为；

大小便控制；

游戏；

运动技能。

C. 下列 3 项中至少有 2 项出现障碍：

明显的社会交往障碍；

明显的人际交流障碍；

单调、重复、难以控制的机械行为、兴趣、活动，包括机械运动习惯和怪癖。

D. 不宜解释为其他类型的广泛发育障碍或者精神分裂症。

④ 阿斯伯格综合征（Asperger's disorder）判断标准：

A. 明显的社交障碍，在下列 4 项中至少有 2 项。

不能有效地使用目光、表情、身体姿态、手势等非言语行为进行社会交流；

不能形成合乎实际年龄的同伴关系；

不能自发地寻求与他人分享快乐、兴趣和成就；

缺少社会和情感的互动。

B. 行为、兴趣、活动单调而重复，至少须有下列 4 项中的 1 项：

兴趣和行为固定地集中在某个细节，且强度异常；

行动机械而执着，具有仪式化的特征，不具备明显的功能；

单调重复的行为怪癖；

执著于物体的局部细节。

C. 这个障碍导致社会交往、职业以及其他领域的功能损害。

D. 临床上未见明显的整体语言发育迟缓。

E. 除社交领域外，临床上未见明显的认知、自理、适应行为、探索环境的好奇心发育迟缓。

F. 不宜解释为其他广泛发育障碍或精神分裂症。

（6）注意缺陷和破坏性行为障碍（attention-deficit and disruptive behavior disorder）

① 注意缺陷/多动障碍（attention deficit/hyperactivity disorder）判断标准：

A. 持续 6 个月以上、造成适应和发展困难的注意缺陷症状，例如容易分心、作业出错、忽略他人的言语指示、活动粗心、遗忘细节、做事缺少组织性和连贯性；

或者：持续 6 个月以上、造成适应和发展困难的多动症状（例如手脚抽动扭动、不能保持长期就座、不适当的乱跑和攀爬、不能安静地游戏、活动水平高、滔滔不绝地说话）和冲动症状（例如不假思索就发言回答问题、不能等待机会就大声说话、经常打断别人）。

B. 多动、冲动、注意缺陷症状出现在 7 岁之前；

C. 至少出现在 2 个以上的不同场合，例如家庭和学校。

D. 必须有临床上明显无误的社会、学业、职业缺陷存在。

E. 不宜解释为其他类型的障碍。

② 品行障碍（conduct disorder）判断标准：

A. 在最近 1 年内频繁而持续地出现违反社会规范或侵犯他人权益的行为，在下列项目中至少有一项持续 6 个月以上：

攻击他人或者动物,例如经常欺负、威胁、贬损他人,挑起斗殴,使用器械伤人;虐待他人,虐待动物,抢劫财物,强迫他人从事性行为;

毁坏财物,例如故意放火或毁坏他人财物的其他行为;

欺诈与偷盗,例如非法进入他人房舍、汽车,通过欺骗的方式获取财物,逃避责任,或通过其他非暴力行为诈取较大数额的钱财;

严重的违规行为,例如从 13 岁之前就开始夜不归宿,离家出走较长时间或 2 次以上,从 13 岁之后就开始逃学。

B. 本障碍引起临床上明显的社会、学业或职业功能损害。

C. 如果当事人已过 18 岁而不能诊断为反社会人格障碍。

③ 对立违抗障碍(oppositional defiant disorder)判断标准:

A. 负面、敌对、违抗行为持续 6 个月以上,并具有下述特征的 4 个以上:

经常大发脾气;

经常与成人争吵;

经常挑战成人的指示或者规则;

经常故意让人难堪;

经常为自己的错误责备他人;

经常敏感易激动;

经常发怒并怨恨他人;

经常蔑视并诋毁他人。

B. 本障碍引起临床上明显的社会、学业或职业功能损害。

C. 不属于精神病或者心境障碍发作。

D. 不属于品行障碍;如果当事人大于 18 岁,不符合反社会人格障碍。

(7) 婴儿或儿童早期的喂食和进食障碍(feeding and eating disorders of infancy or early childhood)

① 婴幼儿和儿童异食癖(pica)判断标准:

A. 坚持进食非食品物质 1 个月以上;

B. 进食异物的行为不符合实际年龄;

C. 进食异物的行为不是由于文化习俗所致;

D. 如果进食异物的行为与其他障碍(如精神发育迟滞、广泛性发育障碍、精神分裂)共存,其严重程度值得单独加以处理。

② 婴幼儿反刍障碍(rumination disorder)判断标准:

A. 在正常发育之后,出现持续的食物反刍行为,而且维持 1 个月以上;

B. 反刍行为不是由胃肠道疾病(如食管反流)造成;

C. 反刍行为不是由神经性厌食症(anorexia nervosa)和贪食症(bulimia nervosa)等疾病引起;如果与广泛发育障碍或精神发育迟滞为共病,则需达到临床单独处理的严重程度。

③ 婴幼儿进食障碍（feeding disorder of infancy or early childhood）判断标准：

A. 持续的进食障碍达 1 个月以上，导致明显的体重下降或不能增加；

B. 进食障碍不是由胃肠道或其他疾病引起；

C. 进食障碍不能解释为其他心理障碍（如反刍障碍），也不是由于食物缺乏；

D. 起始年龄小于 6 岁。

（8）抽动性障碍（tic disorder）

① Tourette 障碍判断标准：

A. 同时或先后出现动作抽搐和发声抽搐现象；

B. 抽动行为几乎每天都出现多次，间歇性地持续 1 年以上，其中平静期不超过 3 个月；

C. 抽动行为导致明显的不适感或者显著的社会、职业功能损害；

D. 起始年龄在 18 岁前；

E. 抽动行为不是由于药物或疾病造成的直接的生理后果。

② 慢性运动或发声抽动障碍（chronic motor or vocal tic disorder）判断标准：

A. 单一或多重的运动或者发声抽动障碍，两者不必同时出现；

B. 几乎每天都出现，间歇性地持续 1 年以上，其中平静期不超过 3 个月；

C. 抽动障碍导致明显的不适感或者显著的社会、职业功能损害；

D. 起始年龄在 18 岁前；

E. 抽动行为不是由于药物或疾病造成的直接的生理后果；

F. 不符合 Tourette 障碍的判断标准。

③ 短期抽动障碍判断标准：

A. 单一或多次发作快速、无规则而且僵硬不变的动作或发声的抽动；

B. 一天出现多次，几乎天天发生，持续 4 周以上；

C. 导致明显的不适感，或显著的社会、职业功能损害；

D. 起始年龄在 18 岁之前；

E. 抽动行为不是由于药物或疾病造成的直接的生理后果；

F. 不符合 Tourette 障碍或慢性运动或发声抽动障碍。

（9）排泄性障碍（elimination disorder）

① 非器质性遗粪症（encopresis）判断标准：

A. 持续性的不恰当粪便排泄行为，无论故意与否；

B. 至少每月 1 次，且持续 3 个月以上；

C. 实际年龄在 4 岁以上；

D. 本障碍不是由于药物或疾病造成的直接的生理后果。

② 非器质性遗尿症（enuresis）判断标准：

A. 持续性的不恰当排尿泄行为，如尿床或衣服，无论故意与否；

B. 至少每周 2 次，且持续 3 个月以上；而且导致明显的不适感或者显著地社会、职业功能损害；

C. 实际年龄在 5 岁以上；

D. 本障碍不是由于药物或疾病造成的直接的生理后果。

（10）婴儿期、儿童期和青春期的其他障碍

包括分离性焦虑障碍、选择性缄默、婴幼儿反应性依恋障碍、刻板运动障碍以及婴儿、儿童和青春期障碍未注明型。

① 分离性焦虑障碍（separation anxiety disorder）判断标准：

A. 与家人或其他依恋对象分离的时候，表现出与年龄不相称的过度焦虑，在下列项目中有 3 项以上症状：

预期或者实际与家人分离时，频繁出现过度的不适感；

持续而过度地担心会失去依恋的对象；

持续而过度地担心自己会因为恶性事故而离开依恋对象（例如迷失或被拐卖）；

因害怕分离而拒绝上学或出门；

持续而过度地害怕失去依恋对象的陪伴而不愿独处；

持续地担心会失去依恋对象的陪伴而不愿入睡；

重复出现以分离为主题的梦魇；

预期或者实际与家人分离时，反复出现以分离为主题的身体症状（如头痛、肚子痛、恶心、呕吐）。

B. 焦虑持续至少 4 周；

C. 起始年龄在 18 岁之前；

D. 本障碍导致临床上明显的社会、学业或职业功能损害；

E. 本障碍不是由广泛性发育障碍、精神分裂、其他精神疾病造成；如果是青少年或成人，不宜解释为广场恐惧症发作障碍（panic disorder with agoraphobia）。

② 选择性缄默（selective mutism）判断标准：

A. 在某些特殊的社会情景中（如学校）一贯地不说话，而在其他场合可以说话；

B. 本障碍干扰了学习成绩和社会交流；

C. 本障碍持续时间至少 1 个月；

D. 说话的障碍不是由于缺少语言知识或者不喜欢该语言；

E. 本障碍不宜解释为口吃等交流障碍，也不是由于广泛性发育障碍、精神分裂或其精神疾病等原因。

③ 婴幼儿反应性依恋障碍（reactive attachment disorder of infancy or early child-hood）判断标准：

A. 在 5 岁之前，各种情境下出现明显的与实际年龄发展不相符的人际关系困难，至少具备下列 2 项症状之一：

一贯地在大多数情境中不能发起社会交往，或者做出适当的反应，表现出过度的压抑、戒备、心理冲突和自相矛盾（如可能同时既趋向、又逃避或拒绝某人的爱抚，或者处于某种僵硬的观望状态）；

泛化的依恋行为,表现为缺少分化能力,不加选择地与他人互动(如对陌生人过于亲热,对于依恋对象缺乏选择和分辨能力)。

B. 上述困难不能完全用发育迟滞来解释。

C. 下列 3 项中至少须有 1 项,表明抚育者的行为具有致病因素:

一贯地忽略儿童对于舒适、刺激、情感交流的基本需要;

一贯地忽略儿童的基本生理需要;

主要抚育者经常更换(如经常更换托养家庭),从而使得儿童难以形成稳定的依恋关系。

D. 符合这样一个假定:C 是导致 A 的原因,故必须先有 C,后有 A。

④ 刻板运动障碍(stereotypic movement disorder)判断标准:

A. 重复而机械的无意义动作(例如抓手、挥手、身体晃动、头撞墙、咬东西、咬自己、挖鼻孔、抓伤皮肤等);

B. 此种行为明显地干扰了正常行为的发展,导致身体上的自我伤害;

C. 如果该儿童属于精神发育迟滞,则此种刻板运动须达到必须单独处置的严重程度;

D. 此种刻板行为不属于强迫障碍、抽动障碍、广泛发育障碍、揪发癖(trichotillomania);

E. 此种刻板行为不是由药物、疾病造成的直接生理结果;

F. 此种刻板行为持续 4 周以上。

在 DSM-Ⅳ 中,对于婴儿、儿童和青少年,未包含在以上类别中的障碍,可以参考使用其他分类中提到的诊断,如心境障碍、焦虑障碍等。儿童常见的恐怖症、抑郁症等心理障碍都可使用其中的标准来诊断。

3. 中国精神分类与诊断标准

中国精神分类与诊断标准(Chinese Classification and Diagnostic Criteria of Mental Disorders,CCMD)于 1958 年第一次制定。目前通用的是 2000 年出版的 CCMD-3 版。这是带有中国特色的诊断分类标准,在国内的临床实践中应用广泛。该套标准与 ICD 的诊断分类比较接近。

其分类与儿童行为问题有关的有:精神发育迟滞、儿童少年期精神障碍。包括特殊发育障碍(言语、学校、运动技能等方面)、广泛发育障碍(孤独症等)、儿童多动症(注意缺陷障碍)、品行障碍、儿童情绪障碍(离别焦虑、恐怖、社交敏感、选择性缄默等)、抽动障碍、儿童行为障碍(遗尿,异食,口吃)等。

二、其他分类系统

在临床咨询和治疗过程中,还经常涉及非医学诊断标准的一些分类方法,目前在我国这些分类系统是作为医学诊断的辅助评估工具使用的。

(一)症状学分类诊断系统

国际上有两种常用的症状学分类诊断系统,分别是美国学者 Achenbach 的两大症状群诊断法及英国学者 Rutter 的儿童行为问题分类。[①] Achenbach 应用儿童行为量表（Child Behavior Check List，简称 CBCL）把儿童行为障碍按症状群划分为两类：一类为内部化障碍，这类障碍以极度焦虑为其特征，包括恐惧、强迫观念、退缩、抑郁等症状与疾病；另一类为外部化障碍，以品行障碍症状为主，如侵犯行为、犯罪、多动症等。Rutter 也应用儿童行为问卷按两大类症状群将儿童行为问题分为 A 行为与 N 行为两类。A 行为（antisocial behavior）即违纪行为，如经常破坏自己与别人的东西，不听管教，时常说谎、欺负他人、偷东西等。N 行为（neurological behavior）即神经症行为，如肚子痛和呕吐，常常烦恼，害怕新事物与新环境，拒绝和害怕上学，睡眠障碍。

（二）辅助诊断系统

大部分有上述症状的儿童可能是某种相应的心理障碍的特异性表现，如患有恐怖症的儿童经常表现出的恐惧情绪；某些障碍则可能是其他心理障碍的表现之一，如患有自闭症的儿童可能也伴有强迫观念，需要区别诊断。

1. 心理动力诊断手册（Psychodynamic Diagnostic Manual，PDM）

心理动力诊断手册是由美国精神分析协会、国际精神分析协会、美国心理协会的精神分析部、美国的精神分析和动力精神病学学会以及美国临床社会工作国家精神分析委员会等团队联合组织力量，于 2006 年出版的心理障碍的诊断指南，类似于前面介绍的 ICD 或 DSM 分类系统。该指南主要总结了 DSM 分类系统中遗漏的、对心理治疗非常关键的问题，其中包括了儿童和青少年以及婴幼儿的心理障碍症状。心理动力诊断手册详细地描述了婴幼儿的早期症状，对学龄前儿童的心理治疗操作性强。但目前国内尚未广泛使用。

2. 早期诊断系统

除 ICD-10、DSM-Ⅳ 的诊断系统之外，还有针对 0～3 岁儿童的婴儿和儿童早期精神健康和发育状态诊断分类；用于精神病理学研究的学龄前儿童研究用诊断标准；法国临床医师常用的法国儿童和青少年精神障碍分类。这些诊断系统在我国尚未得到应用。

三、分类系统的问题及发展趋势

（一）标签的必要性与存在的问题

1. 标签的必要性

对特殊儿童本身而言，标签有助于使儿童的特点得到关注。正如考夫曼（Kauffman）所说，贴标签是为特殊儿童提供服务的首要步骤。标签可以使儿童的差异变得可以解释，并且成为以后对这些差异做出反应的基础，也使得儿童的异常行为容易被其他儿童和社会公众所接纳。在某种意义上，可以把给特殊儿童的标签看成是一种保护性措施。但是，对于特殊儿童的保护性措施，无论是来自同龄人、父母或是教师，如果不能为儿童提供实质性的帮助，反而使儿童获得独立性的机会减少，都可能成为儿童发展的障碍。标签必须

---

① 郑晓边.儿童异常发展评估方法的标准化趋向[J].中国儿童保健杂志，2005,13(5):429-432.

有利于干预计划的制订和实施。Lemert 和 Becker 认为,标签是为进一步的深入治疗提供线索和建议。[①] 医学标签的一些条款可以加快残障儿童计划和实施干预的过程,帮助专业人员制订适合特殊儿童需要的个别教育计划。

对特殊儿童的家庭而言,标签有利于形成正确的预期。正确地理解标签所代表的障碍,可以帮助父母和其他人形成对儿童的进步空间和行为表现的合理的预期,可以保护孩子免于遭受嘲弄或者虐待。对于没有明显身体表现的残疾人来说,这些显得尤为重要。标签可以为家庭争取必要的支持。诊断结果可以作为依据,由保险公司提供治疗的费用。

对社会而言,标签的正确使用便于政府制定相关的为特殊儿童服务的政策法规,规划系统的特殊教育支持和服务系统,制定有关的福利措施保障特殊儿童及其家庭的合法利益,并可使学校获得相应的资金和行政支持。使用统一的标签命名,便于学术上的沟通和交流,对研究结果进行分类和评价,也有利于跨文化的比较研究。标签的使用可以引起社会和公众对特殊儿童的重视,并因此注意到他们的特殊需要。另外,标签的正确使用便于资源共享,使信息在传递过程中不致失真,有利于教育服务的衔接。

2. 标签导致的问题

对特殊儿童本身而言,标签所描述或界定的儿童的异常表现经常被错误地用于解释儿童不恰当的行为。某自闭症儿童为什么在上课时焦躁不安并捂上耳朵?因为他是自闭症!这样的循环逻辑会忽视环境和经验对儿童的意义。例如,可能是因为老师的声音和教室的安排有问题。

标签可能成为周围人歧视特殊儿童的借口。

对特殊儿童所在的家庭而言,家庭的人际关系会因此受到影响,儿童以后可能很难就业,甚至可能出现特定情况下儿童被剥夺某些公民权利的情形。他们的父母要承受来自各方面的压力。例如,认为是父母教养方式不当使儿童产生心理障碍,别人同情的目光,等等。在与家长的接触当中我们发现这样的情况很多。儿童被确诊后很长一段时间,父母仍然不能接受自己的孩子有障碍,因而不愿意将孩子安排在特殊学校或者是特殊班级。这些儿童就在普通班级里面和发展正常的儿童一起学习、活动。我们知道,特殊儿童的干预进行得越早,干预的效果越好。就像儿童的发展关键期一样,错过了干预的最佳时机,不仅耽误儿童的发展,更意味着要付出更多的努力才能达到预期的干预效果。只有根据特殊儿童的发展水平和自身发展特点进行的干预,才是有效的干预,才能有良好的效果。

医学分类诊断系统需要面对精神障碍患者的强制性控制问题。精神障碍的医学治疗是强制性的,病人任何有关自我改变的企图都会被看成是消极的、抵制性的。不愿继续接受医学治疗的病人会被告知,他们在抵制治疗,他们不想被医好。只有医生和专家才知道什么时候才算康复,到那时,他们自己的选择才是可信的。对特殊儿童而言,问题似乎更为严重,儿童自己的声音更难引起重视。从学校教育的角度来看,贴标签的支持者认为,

---

① William C. Cockerham. Sociology of Mental Disorder,5th Edition[M]. New Jersey: Prentice-Hall, 2000:115.

特殊儿童的学习问题主要是由于儿童自身的障碍所导致的结果。

综上所述,标签不应该成为判断问题的唯一、不变的标准。[①] 标签不是决定性的描述。一旦我们给某一群体贴上标签,便意味着我们已经形成了针对这些特定目标群体的一种习得性的态度,包括支持这种态度的消极情感和消极信念。根据 Jones 的理论,人们把世界分成内团体和外团体,个体把自己看作是内团体的成员,并形成群体内偏爱,认为自己的群体总是比别的群体好。特殊儿童的问题也是一样,一旦某个儿童被归类到某种障碍类型当中,那些发展正常的儿童和成人,即使那些认为自己没有偏见的人们,也可能在潜意识层次上使用自己对他们所形成的刻板印象。这种刻板印象下形成的互动,往往会影响特殊儿童的心理健康发展。儿童所表现的问题很可能是他们试图去适应异常或特殊环境的结果,比如患有慢性疾病的儿童,必须适应他们的医学治疗和来自同龄伙伴的偏见和歧视。

(二)DSM 系统的贡献和存在的问题

1. DSM 系统的贡献

DSM 的诊断标准,对于美国的和世界各国的临床工作和科学研究产生了很大影响。DSM 的制定是由美国精神病学会组织的工作组完成的。以 DSM-Ⅳ 为例,DSM-Ⅳ 制定工作组由 1 名主席、1 名副主席以及 27 名心理学专家组成,下设 13 个起草小组,每组5～12人,各负责起草一个部分。每个小组在起草前先广泛复习文献,对已掌握的资料和数据进行重新整理。起草后,将草稿交给 50～100 位顾问专家征求意见,同时征询了 60 多个有关学会(如美国心理学会、美国护理学会等)的看法,与 WHO 的 ICD-10 制定小组交流意见,在有影响力的心理学杂志开设专栏进行讨论。最后,通过大量的现场测试以及"DSM-Ⅳ 意见选择书",广泛征求各国专家和相关工作人员的意见。DSM 使得精神障碍的诊断有了一个适用范围广、相对一致的标准,并且对 13 种精神障碍进行了核心症状的描述和概括。

2. DSM 的问题

(1)诊断的一致性问题

不同的医生评估同一个案例时,经常得到不同的诊断结论。虽然 DSM-Ⅳ 对于品行障碍、注意缺陷障碍、重型抑郁和焦虑障碍的诊断信度非常不错,但是即使采用严格的结构化面谈法、客观的诊断标准和计算机模式运算,诊断的信度系数只有 0.5～0.6,没有达到 0.7 的满意水平。[②] 如果医生在进行诊断时使用了一些具有暗示作用的话语,那么患者很有可能根据医生的指引,按照医生希望的方式回答问题,因此导致诊断结果失真。另外,医生对信息的解释也会直接影响诊断结果。患者会提供很多不同的信息,但是在诊断过程中,这些信息都会由医生进行筛选、过滤。在这过程中,肯定会受到医生自身的一些因素而导致诊断结果有偏见。一家医院可能治疗抑郁症的经验比较多,而另一家医院则更擅长治疗精神分裂症,在很大程度上,是因为不同医院的医生偏好这类诊断而造成的。

① William C. Cockerham. *Sociology of Mental Disorder*,5th Edition [M]. New Jersey:Prentice-Hall,2000:115.
② 卡尔. 儿童与青少年临床心理学[M]. 张建新,译. 上海:华东师范大学出版社,2005:70.

（2）共病问题

DSM-Ⅲ的很多诊断标准包括了很多分等级的并且具有排他性的条款。这样一来，就会导致某些症状介于两种以上障碍类型之间而不能做出准确判断。

例如，两种症状很可能在相同的人身上找到，但是从个人经历来看，经常能看到一种障碍是如何诱发另外的一种障碍的。以反社会人格和药物依赖为例，一个毒品上瘾者最终可能会演变为反社会人格；反过来，一个长期有反社会行为的人，也很有可能渐渐变成一个瘾君子。我们并不能很容易地判断出一个既有反社会行为又吸毒的人是因为反社会人格导致药物依赖，还是因为药物依赖而导致反社会人格的形成，很有可能这两者源自同一个更加基本的深层原因。

（3）信度和效度问题

施皮泽（Spitzer）和弗雷斯（Fleiss）曾对DSM-Ⅱ做过信度归因研究。研究发现，DSM涉及的18种主要诊断类别的卡帕系数（kappa-coefficient）在0.10～0.90之间，平均数为0.52，诊断的一致性较低。[①] 沙宾（Sarbin）指出，DSM的效度要优于其信度，即使通过简单的观察就可以看出其不合理之处。[②]

（三）关于特殊儿童评估的其他方法

标准化的测评工具和手册，并不能代替专业人员的临床观察和专业判断。由于特殊儿童评估和分类诊断的问题十分复杂，而且涉及许多跨学科的交叉和边缘领域，目前还没有一种完全客观的分类系统。

1. 维度式评估/分类式评估

儿童的心理评估和障碍问题的诊断，是目前心理学和精神病学共同关注的一个焦点领域。有的学者倡导用维度式评估（dimensional assessment）的方法来代替分类式评估（categorical assessment）。[③] 分类式评估假定同一个障碍全体具有同质性，而不同类别的儿童具有明确的界限或者区别。但是，不同类别的障碍之间明显的共病的现象，对这个假设提出了挑战。未来的特殊儿童评估的趋势，可能会变得更加灵活务实，并向跨学科的交叉融合方向演变。

2. "20/20分析"系统

有学者致力于寻找代替标签的方法。有人提出了一个"20/20分析"系统。该理论认为，学习成绩低端（障碍）和高端（英才）各20%的学生，即共有40%的学生，可以鉴定为广义的特殊教育对象。对这些儿童不分类、不标签，只是给他们增加多种学习机会，提供合适的特殊教育服务。在"20/20分析"系统注重评估学生在重要学习领域的进步情况，确

---

① Karen Eriksen，V. E. Kress. *Beyond the DSM Story：Ethical Quandaries，Challenges，and Best Practices*[M]. California：Sage Publications，Inc.，2005：39.

② Sarbin，T. R. On the futility of Psychiatric Diagnostic Manuala(DSMs) and the Return of Personal Agency[J]. *Applied and Preventive Psychology*，1997(6)：233-243.

③ Kamphaus，R. W.，Campbell，J. M. (eds.) *Psychodiagnostic Assessment of Children*[M]. New York：Wiley，2006：3-25.

定界定的标准,区分出落后和超常的学生。然后对他们打造适当的教育方案,进行个别化的教学和训练的干预。[①]

3. 课程学习的评估

课程性评估通过教学内容对儿童进行分类,即根据学生具体课程内容的学习程度进行评估和分类,从而确定学校教育的课程,而不是确定这些学生与所有儿童相比,在身体特征或学习特征上与标准分数的差异程度。

4. 人际交往模式评估

这类评估注重区分"健康的人际交往模式"和"能够导致心理疾病的人际交往模式"。其基本假设是:人际交往模式可以"导致心理疾病",也可以产生"治疗的""健康的"作用。而究竟哪些交往行为是好的或者坏的,还取决于当事人自己的主观感受和意义解释,因此还难以做成客观的评估工具。在临床上,这个概念是很有用的。例如,儿童经常受到诋毁就可导致抑郁,受到尊重和爱戴就会产生安全感和自信。考察特殊儿童的人际关系环境,一定要特别重视这个问题。

特殊儿童的身心缺陷,造成了他们心理上存在诸多不健康的问题,如暴躁、攻击、孤僻胆怯、焦虑恐惧、任性违抗等,影响了他们的认知、情感、社会交往能力的正常发展,因而需要注意发展性和生态性的综合评估。评估的内容不仅要包括儿童的心理功能和表现,还应包括家庭、学校和社区环境的状况和影响。

第2节 特殊儿童的发展性评估和生态评估

特殊儿童的发展性评估和环境生态评估,着重考察儿童的心理潜能和发展水平,探究环境生态系统对于儿童的影响,致力于发现和解决教育和临床干预的问题。

一、发展性评估

特殊儿童的障碍类型和程度不同,差异极大,但他们的心理发展水平和进程以及进一步发展的可能或潜力,需要准确地做出评估。发展性评估不是简单地进行现象的分类,也不是静态地一次性地确定特殊儿童的问题和干预方案,而是与干预密切联系、反复推进、不断深化的决策过程。

(一)发展性评估概说

评估要从学生的发展入手。发展有两层含义:一是积极促进的意思。评估要提供儿童发展过程的全面信息,而且是为了推进发展。二是动态变化的意思。评估要以发展变化的眼光看待儿童的各种问题和内外资源的意义。

在特殊教育领域,发展性评估是一个决策的过程,其目的是了解儿童的潜在能力与环境

[①] 威廉·L.休厄德.特殊儿童—特殊教育导论(第七版)[M].孟晓,译.南京:江苏教育出版社,2007.

资源,最大可能地帮助儿童充分发挥自身的发展潜能。它是一个不断发展的、合作式的系统观察和分析的过程。包括形成问题、搜集信息、共享观察资料并作解释以形成新问题。发展性评估是对个体整体功能的一个全面的评估,有助于确定特殊儿童对特殊教育项目的需要。

针对特殊儿童心理健康的评估,发展性评估是一种积极的、全面的,以健全人格发展为目的的、为提高特殊儿童生活质量提供支持的评估。具体体现在以下几个方面:尊重个人的主体性和独特性;评价过程重视个体的主观感受;以促进个体的心理健康和人格完善为目标;评估的形式是个别化的、因人而异的,方式多样,质和量的方法并重;评估的最终目的是形成一种积极的自我评价,追求和谐的自我意识及有效的自我管理。

发展性评估的范围很广,在儿童期重点关注的是感知—运动、认知—思维、情感—社会、语言—交流、职业—生活适应等领域。在特殊儿童个别化教育方案制订过程中,要注意儿童的积极的心理品质和能力的发展水平,以便于提供适当的具有针对性的教育训练和康复指导。

（二）发展性评估的特征

发展性评估具有如下特征:

（1）发展性。以特殊儿童的需要和发展为目的,重视特殊儿童自身的特点,鼓励追求自己的发展目标,形成自己的发展特色,促进自主发展;以特殊儿童的发展过程为重点,了解其自身发展的优势和不足,强化优势,使其获得积极体验,从而增强自身发展的自觉性和主动性;以特殊儿童的学习生活现场为手段,强调评价的日常化,强调发展过程的记录,更多地关注特殊儿童的自我评价。

（2）多元性。评估标准、方法或手段是多样化的。采用科学、合理的多元化评估标准,关注特殊儿童的差异以及发展的不同需求,使之获得最大的发展;灵活使用形式多样的评估方法,才能切合特殊儿童的个人特点。

（3）过程性。表现在重视形成性评价的运用和重视解决问题的过程两个方面。强调在特殊儿童发展过程中对其发展的全过程不断关注,及时发现问题,分析问题,并及时反馈给他们。同时,注重收集和保存能表明他们发展状况的所有关键资料,如医院、学校、家庭以及一些专家所提供的信息,特殊儿童生长发育过程中所接受过各种各样的检查和记录等,以便更好地促进他们的发展。

（4）情境性。任何评价都是在一定的情境中进行的,强调评价的情境性是指对特殊儿童的评价应注重即兴评价。由于特殊儿童的心理存在许多不确定性,每当发现他们的点滴进步都要及时给予鼓励,同时要注意他们的适应行为或稳定情绪产生的情境,积极创造类似的情境,使他们的学习或生活处于一个安全、轻松的氛围中,获得发展的动力。

（三）发展性评估的方法

目前,常用的方法有观察、访谈、问卷调查、测验、医学检查等。下面简要地介绍观察、访谈、表现性评价、成长记录袋四种方法。

1. 观察法

观察法是指,观察者运用自己的感觉器官或借助一定的科学仪器能动地对特殊儿童的心理特征或行为表现进行感知和描述,从而获得有关事实材料的方法。观察法是认识特殊儿童的一种最基本的途径和方法。

(1)非系统观察。观察者在自然情境中观察研究对象的表现,并对其重要的行为、特征及背景做一些记录。常用的轶事性记录是最简单的一种观察法,对记录的长度、时间和结构没有特定的要求,只是间断性地对研究对象任何有趣的值得记录的事件加以收集和描述。

(2)系统观察。观察者有目的、有计划地观察和记录自然情境中研究对象的一个或多个表现行为。采用该方法能获得许多针对特定对象的有价值的资料。其步骤为:确定观察的靶行为并设定具体的观察指标;选择观察的背景;确定观察日程;设计观察记录表;选择观察工具。在观察过程中要尽量避免引起观察误差。

2. 访谈法

访谈法是指,评估者通过有目的的交谈来搜集有关特殊儿童心理特征和行为表现资料的一种方法。它也是搜集评估资料的一种最基本的途径和方法。但与观察法相比较,访谈法有两点主要的不同:一是采用观察法时评估者主要用眼睛看,而采用访谈法时评估者主要用口问、用耳朵听;二是前者直接考察和搜集特殊儿童的资料,而后者往往通过与家长和老师的交谈间接地了解特殊儿童。访谈法可分为有结构、半结构和无结构等类型。

3. 表现性评价法

表现性评价法是指,在真实情境下,通过观察特殊儿童在完成某项实际任务时的表现来评价他们已经取得的发展成就。这一方法具有情景任务的真实性、任务的吸引性和评价的有效性三个特点。该方法强调在完成实际任务的过程中评估特殊儿童的发展,通过对他们的表现的观察分析,评估其创新能力、实践能力、与人合作的能力以及情感、态度、价值观等方面的发展情况,因而是一种重过程和丰富个性的评价范式。

表现性评价在设计时须注意三个基本原则:嵌入有趣的情境,确保表现性评价任务能够反映特殊儿童的能力;切合目的,确保表现性评价与评估目的的高度相关;确保评分规则的可靠性、公平性及有效性。

4. 成长记录袋法

成长记录袋(portfolio),又称档案袋、学习档案录,是指用以显示特殊儿童行为表现或持续进步信息的相关记录和资料的汇集。根据使用目的的不同,成长记录袋分为最佳成果型、精选型和过程型三种类型,每一种类型在构成上有各自的特点。

(1)最佳成果型。所搜集的材料是特殊儿童在某一学科或领域的最佳成果。选入的材料可以不拘泥于形式,但一定要反映特殊儿童在这一学科或领域达到的最高水平。如最佳的手工作品、最佳的家庭作业、最佳的测验成绩等,都可以入选。

(2)精选型。要求广泛地搜集与特殊儿童成长有关的材料。即选入的材料还包括能反映他们在成长过程中遇到的最大困难以及为之付出的努力。搜集这种成长记录袋材料的时间一般比较长。

(3)过程型。要求所搜集的材料能够反映特殊儿童在某个领域从开始学习到完全掌握各阶段所取得的进步。

（四）发展性评估的一般过程

发展性评估是根据评估目的搜集资料、分析整理和做出判断决策的过程。

1. 确定评估目的和评估对象

确定评估目的：即通过评估想要获得的结果或想要解决的问题。心理评估之前，首先要明确本次评估的目的，以便于确定评估的内容，选择恰当的评估工具和方法。

了解评估对象：如评估对象的类别、年龄和阅读水平等，以便采用适当的评估工具和方法。

2. 设计评估方案

根据评估目的和对象，确定评估的具体内容。评估计划通常包括三方面的内容：确定评估的指标体系，即表征评估对象心理及相关属性发展状况的各级各类因素的集群及量化方法；选择搜集资料的方法、途径和工具，并设计搜集资料的程序；选择评估人员。

3. 实施评估

此阶段主要是根据评估方案，搜集多方面的资料，并进行分析与综合整理。

4. 评估结果的应用

评估结果必须用于促使特殊儿童最大限度地发展的积极目的。评估的主要目的是为了制订干预方案，化解问题，促进发展，这是发展性评估的最终落脚点。

（五）发展性评估注意事项

1. 目的明确

明确评估目的，一方面避免给特殊儿童造成过重的精神压力、给评估人员带来过多的工作负担；另一方面，可以减少不当的评估可能给儿童及其家庭造成的伤害。

2. 灵活运用各种方法或途径、使用多种指标搜集资料

发展性评估一个最大特点就是评估方法或手段、标准的多元性，另一方面特殊儿童心理特征的特殊性，更需要多方法或途径、多种指标的灵活运用，广泛搜集资料，才能更深层次地判断和解释他们的心理健康状况及问题。搜集资料过程中尤其要重视家长的参与。

3. 恰当使用测评工具和方法、策略

由于是特殊儿童，其障碍类型、程度不同，且个体间和个体内差异极大。一定要根据所测对象的特殊性，选用恰当的工具和方法。如对听力障碍儿童，应采用视觉材料和手语进行评估；对于自闭症儿童，使用游戏和在运动活动过程中进行观察的方法比较得当。对于同一类型的儿童，应考虑其年龄、程度差异使用不同方法和策略搜集资料。

4. 评估者

评估者必须具备应有的专业知识，遵守职业道德。评估是一种社会行为，评估结果可能会影响一个人的一生。因此，评估者首先必须工作严谨，认识到特殊儿童心理评估所用技术有相当多的局限性，要经常通过自我评估意识到自己的局限性。其次，要对评估资料保密。最后，一定要坚持应遵循教育与心理测验的标准来编制测验，按照测验使用手册中的有关规定来实施测验，尽可能减少误差。

5．团队协作

发展性评估非常重要的一个关键，是团队协作和信息共享。团队成员间要充分沟通信息，合作互补，协调行动。一般说来，合作团队要有一位负责人，集中大家的智慧，归纳出一个诊断评语和干预方案，与家长和有关协作机构做好沟通工作。

二、环境生态评估

特殊儿童是生活在社会和自然环境中的个人，其身心发展离不开与整体生态系统的互动。环境的质量与特殊儿童身心健康有着密切的关系，是心理评估的重要内容。

（一）环境生态评估的概念

环境生态评估是通过观察与评价，针对特殊儿童在其所属的家庭、学校及社区等环境中所表现出的各种行为和能力进行分析，以利于心理咨询与治疗目标及其方案的设计。环境生态评估重视特殊儿童的家庭自然环境以及学校、社区情境中社会和物理方面的特性对他们的行为的影响。它具有以下几个特征：

（1）评估地点的灵活性。环境生态评估通常是以特殊儿童当前或未来可能接触到的各种环境为主。包括家庭、学校、社区中可活动的区域，如教室、食堂、商店、工作场所、休闲娱乐场所等。它不仅能提供可能的心理咨询与治疗目标或方向，更重要的是注重如何通过评估去发掘出更多的环境及活动，鼓励特殊儿童积极地参与其中。

（2）评估结果的准确性。其他评估一般是在特定场合与特定个体发生交往时获得特殊儿童的有关重要信息，但这些评估并不能推广到其他不同的情形中。评估结果的成功适用范围取决于该评估中所考察的环境因素。环境生态评估尽可能准确反映特殊儿童在家庭、学校和社区的行为情况，提高心理干预的有效性。

（3）评估的个别化。环境生态评估强调的是心理咨询与治疗要使特殊儿童在生态环境中获得最适合的发展，注重于增进个人的能力。

（4）评估的支持性。环境生态评估不仅侧重于决定特殊儿童在适应某个环境前所需的各种技能，更强调如何通过不同形式对他们提供帮助和支持。

（二）环境生态评估理论基础

每一种新的模式的产生都有其理论背景，环境生态评估也不例外。系统理论提供了环境生态评估的关系结构模式，生态学理论为环境生态评估提供了一种相互作用模式，两者的融合使环境生态评估更富有整合性。

1．系统理论

系统发展的主要原则有：

（1）整体原则。整体大于部分之和，整体是一个有机的功能整体，各组成部分之和不具有功能性，不足以全面客观地反映客体、认识整体。

（2）层次结构原则。系统由诸多子系统构成，各子系统又自成系统，这些子系统具有一定的层次结构。

（3）适应性自我稳定原则。系统具有自动平衡特性，可以通过内部运行协调变化，以补偿环境条件所发生的变化。

（4）适应性自我组织原则。是适应性自我稳定原则的补充，指系统具有开放性，可以适应现存系统内部的变化及其外来挑战，既强调生活环境对于特殊儿童心理健康的影响，又强调儿童自身的发展动力对于系统的动态影响，注重交互式或循环的因果性解释，而不是单向度的机械式因果解释。

2. 生态学理论

有机体处于一个复杂关联的系统网络之中，既不能孤立存在也不能孤立行动；所有有机体均受到来自内部和外部动因的影响；个体主动塑造着环境，同时环境也在塑造着个体。个体力求达到并保持与环境的动态平衡以适应环境。

生态发展观关注人在成长过程中自然环境即生态环境的作用，但并不否认个体的作用。相对于精确的实验室实验结果，自然生态条件下的行为观察能更真实地把握个体发展的整个图景，参考价值或许也更大。生态发展观关注人—环境的相互作用，环境塑造着人，人同时也在主动塑造环境。

（三）环境生态评估的问题

环境生态评估要求在物理环境、社会环境和心理环境中考察儿童的发展。其中情境的特征、评估要求、学校与教师特点、家庭背景及家长参与是环境生态评估中须考虑的重要方面。

1. 情境的特征

情境或场景会受到环境中一些特定因素的限定，如物理空间和人，对研究对象有极大的影响，如有的特殊儿童对某些情境有排斥。情境的变化会波及评估的结果，影响行为及交往发生的类型。环境特征可以分为静态和动态特征两大类。

（1）静态特征。环境中的物理特性，如教室中的人数、位置的安排情况等。一般较为稳定，较少受到特殊儿童行为的影响，但可以为特殊儿童设立一个做出反应的舞台，如教室桌椅的摆放就可能影响到特殊儿童和教师之间的相互作用。已有研究中反映最多的是设备器材对儿童行为的效应，表现在学前儿童的行为会因设备器材的类型、数量和摆放的不同而产生不同的效果。另一个是空间安排上，如教育场景中空间密度会对儿童的行为产生一定的影响，空间的开放与封闭会影响儿童的合作性，儿童之间相互关系的确切位置也会影响他们的行为。

（2）动态特征。是指环境中的人的行为，如家庭中父母的行为、教室中的教师和同伴的行为等。父母的行为可能会影响儿童行为的方式，反之，他们本身也可能受到儿童行为的影响。研究表明，11～12岁儿童产生行为问题的最重要原因，是儿童很少在家中活动和情感表达受限制，家庭中缺乏自由、平等、亲密的气氛。

2. 评估要求

环境生态评估强调要在自然环境中进行观察，尽可能地不侵犯特殊儿童的正常活动，行为的记录尽量不受先前设定标准所制约，并且观察者在记录完之后，对特殊儿童的行为与环境之间的相互作用要进行推测，以确认行为的模式和先后顺序。

3. 家庭背景

家庭是特殊儿童生活的主要场所,家庭背景是环境生态评估必须考虑的。这里的家庭背景主要是指家庭所处的文化氛围,群体在其中塑造着自己的生活方式,所形成的世界观影响着他们看待周围世界的方式,限定了他们对待事物的态度、价值观和行为方式,并影响到他们对自己需要的评价方式;而个体在其中不断尝试新的观念和行为必然受到文化形态的影响。

(1)家庭人际关系与沟通合作。评估中,要了解其家庭成员与他人的沟通合作情况。家庭成员和他人进行沟通的能力,会影响特殊儿童的心理。例如,家庭邻里关系不和睦,使家长产生自卑、压抑、忧郁等消极情绪,会影响特殊儿童的心理健康。家长与教师有效的沟通与合作有利于特殊儿童心理健康成长。

(2)家庭教养方式。不同家庭、不同文化和家庭成员,其教养方式差异很大。家庭教养方式研究表明,有严格型、民主型、放任型和宠爱型四种教养方式,不同的教养方式影响着特殊儿童的心理健康。父母的过度保护干涉会使轻度智力落后学生产生过敏倾向、恐怖倾向和身体病状;父母的严厉惩罚会使孩子产生过敏倾向、身体病状、恐怖倾向和冲动倾向;父母的拒绝会使他们产生孤独和自卑的倾向。

(3)家庭成员的心理健康。主要表现在家庭成员之间的关系、文化程度和对社会活动态度上。家庭互动关系中令人最关注的是父母关系。其关系好坏直接影响特殊儿童的心理健康。反之,特殊儿童的心理问题可能会导致父母关系冷漠或破裂。如有相当数量的家庭由于残障儿童的存在、家庭经济拮据等原因,夫妻关系冷漠甚至破裂而家庭成员之间公开表露愤怒和矛盾冲突与儿童行为问题的发生有明显的关系。

4. 家庭参与

家庭信息收集过程需要家庭的参与。要选择让家庭感到合适的场所,强调家庭对参与评估活动及参与程度和方式的选择权。采用实用的评估活动,问题要恰当准确,要考虑不同家庭对于专业行为的适宜性和可接受性的期望和偏好存在着文化差异,确保反应的信息的确定性,并将所记录的信息、接触信息的人等方面的情况告知家庭。

5. 教师的特点

教师对于特殊儿童是具有重要影响的人。教师的一言一行潜移默化地影响着特殊儿童。当然,教师也受到特殊儿童的影响。教师的特点和作用是环境生态评估的重点内容。教师的信念、对学生的期望以及人格特点,是评估学校动态变量的重要指标。

城城的个案

城城,男,8岁10个月。他在普通小学的二年级读书,但是很难适应学校环境和课堂要求。他行为怪癖,负面情绪严重,与老师沟通困难,经常反抗或者漠视学校的规定。他不能坚持听讲,不遵守课堂纪律,成绩很差。他没有要好的朋友,有时对同班的女生会有不恰当的类似攻击的行为。老师要求家长把城城转到特殊学校去。

家长带城城来咨询。笔者与城城很融洽地玩在一起。城城讲了一个古代泰国佛像的故事:一群坏人要偷走佛像身上的红宝石。他们的意图一旦得逞,佛像就会失去奇异功能,变成"平常的"泥胎,这样皇宫就无法得到佛像的保护,国家就会灭亡。一群勇士从一个108岁的老太太那里得到了神秘的地图,终于战胜坏人,把佛像安放到寺庙里去,使国家得到了安宁。

城城的叙述过程中有很多恍惚不清之处。治疗师给了他纸和笔,鼓励他把故事的细节画出来。城城的绘画能力很好,他边说边画,能够与治疗师分享他的情感和思路。在很多关键点上的停顿、犹疑和情绪波动,得到了澄清的机会。

结合家长的介绍和临床的观察,城城的情况变得明晰起来。他三岁半时曾去看过心理学家和医生,并被其中一个医疗机构诊断为亚斯伯格症。父母都很关爱他的成长,并付出了异常艰辛的努力。坚持送他去普通学校读书,就是家长努力的结果。现在城城表现出严重的焦虑情绪,进食缓慢,饮食量少,睡眠质量差。身体发育明显滞后,粗大动作和精细动作都显得笨拙。

但是城城有自己的长处和优势。他可以用电脑作画,速度快,质量高,远远超出一般儿童的绘画水平。他的阅读面很广,任何一本成年人的书,他拿起来就读,而且记忆和理解能力相当突出。治疗师推荐给他的儿童连环画本,被他不屑一顾地扔到桌上,而随手捧起一本《现代教育信息技术》读了起来。据他的父母说,城城最喜欢的主题是科技和探险。他的父母都是科技界的精英人士,可以在这个领域帮助城城。妈妈还鼓励城城自己创造性地讲故事,并帮助他打字,写成故事书。

现在家长感到自己的力量接近枯竭,不知道下一步该怎么办。他们最害怕把孩子送到特殊学校去。又觉得孩子在现在的学校里面临难以克服的困难。

治疗师对家长的建议,主要有两条:一是帮助孩子处理好学校环境的适应问题,协调与老师的关系,帮助城城应对同伴关系的压力。二是用"扬长"的策略帮助城城发展绘画、设计、制作、写书的能力,并帮助城城以完整的成果形式不断地出"作品",而不要在意作品如何幼稚和怪诞。要在青春期到来之前,使城城的优势能力得到迅速发展,在情感调节领域取得明显突破。

家长赞同这种思路,请求治疗师帮助他们制订系统而完整的长期干预方案,并在实施的过程提供指导。

第3节　特殊儿童心理障碍的临床评估

特殊儿童心理状态评估的基本项目及指导原则大致与成人相同,需要专业人员通过一系列的临床评估来确定。对于来访者心理障碍的临床评估主要有四种方法:临床会谈、测验评估、自然条件下的观察及实验室检查,所有过程都是用来收集评估对象的信息。

一、临床会谈

面对面的临床会谈是心理咨询中最古老、最普通的方法。根据会谈的形式可以分为结构式、半结构式与非结构式;根据会谈的内容可以分为首次会谈、诊断性会谈或收集资料性会谈。

（一）按会谈形式分类

1. 结构式会谈

结构式会谈中询问的问题是标准化的，多用于临床研究。其询问的形式是统一的，可以量化评估结果，但是比较费时、不够灵活。国际上常用的结构式会谈有精神现状检查（PSE）第9版、神经精神疾病学临床评定表（SCAN）和复合性国际诊断交谈检查表（CIDI）等，但是后两者没有人格障碍、儿童精神障碍的内容。

2. 非结构式会谈

非结构式会谈形式开放，询问的问题不固定，内容因人而异，通常涉及向特殊儿童或家长询问一系列问题。不同的评估者、不同的对象都会造成提问和回答的差异。因其形式灵活、运用方便、了解问题深入等特点，在临床上应用广泛。

3. 半结构式会谈

半结构式会谈则是结合前两种会谈的特点，既有一定灵活性，也有标准化和可比性。

（二）按会谈内容分类

1. 首次会谈

初次接触特殊儿童及其陪同者时主要目的是取得来访者的信任，建立关系，可通过来访者的表情目光、行为表现、姿势动作等收集初步资料。

2. 收集个案情况的会谈

会谈目的是收集来访者详细的症状、病史以及社会信息。

3. 诊断性会谈

诊断性会谈更多地用于结构式的会谈中，重点是精神检查，一般在医疗机构中广泛应用。

无论会谈的结构如何，专业人员的主观感觉对评估来访者非常重要，因此评估时不可避免地带有主观性。相对来说，结构式的会谈更加客观，但是应用范围窄，特别是特殊儿童由于其自身的身心特点难以配合完成标准化的流程。所以，临床的非结构式会谈非常重要，要尽量和特殊儿童进行直接交谈，积极争取他们的合作。当然，密切接触者的陈述也会提供需要的信息。在与特殊儿童接触交谈时，问话要适合不同的年龄和文化程度，采取适宜与儿童交流的语气、态度和表情、手势等，使儿童易于理解和接受。在会谈时要对特殊儿童做直接观察，并需要详细记录。

二、测验工具

临床心理评估可以利用各种心理测验工具。心理测验是临床评估的一种工具，是搜集、掌握信息的一种方式，它可以帮助专业人员更准确地进行判断。

目前国内外用来诊断儿童心理障碍的测验评估工具很多，施用者应根据研究和临床的不同目的来选择。常用于儿童的心理测验评估工具，按功能可归纳为儿童发育商/发展评定、神经心理学评估、心理评估、教育—成就评估以及疾病评定量表。

（一）发育商测量（development quotient，DQ）

主要用于评价 6 岁以下儿童心理行为发育水平，可以提供有关婴幼儿语言能力、运动技能、认知技能和社会技能发展水平的信息。

1. 小儿发育筛查

本检查是丹佛发育筛查测验（Denver Development Screen Test，DDST）在我国标准化了的一种儿童发育筛查方法，用于 0～6 岁儿童。它由 104 个项目组成，分为四个能区，即个人—社交能区、精细动作—适应性能区、语言能区、大运动能区。

2. 婴幼儿发育评定量表

该量表是格塞尔发展量表（Gesell Developmental Schedules，GDS）在我国的修订本，适用于 0～3 岁婴幼儿。本检查法是发育诊断法，能较准确地诊断婴幼儿神经发育水平。检查内容包括适应性行为、大运动行为、精细动作行为、语言行为、个人—社交行为五大方面。

3. 贝利婴幼儿发育量表（Bayley Scales of Infant Development，BSID）

该量表广泛运用于测量 2 个月至 3 岁半婴幼儿的发展情况。它由三个分量表组成：心理量表、运动量表、行为评价量表。该量表作为筛查工具可以帮助确认哪些婴幼儿需要进一步的观察或干预。

（二）神经—认知心理学评估

神经-认知心理学评估是指，通过一系列的测验，用于测量儿童在智力、注意、记忆、学习和视知觉等方面的认知技能和大脑功能。常用的测验包括智力测验、学业成就测验、语言测验、视觉-运动测验、神经心理学测验等。

1. 智力测量

智力测量适用于 4 岁以上儿童或青少年的智能水平评估。儿童的智商（IQ）分数可以反映儿童偏离平均水平的程度。有研究认为，儿童的智商分数是预测其学校表现的最好的指标之一。临床上，智力测验主要是评估来访者的智力优势和弱势，尤其是对于精神发育迟滞和脑损伤者。学校则用其来评定学习困难学生和鉴别有天赋学生，以指导进一步的教育支持。

（1）斯坦福-比奈智力测验（Stanford-Bibent Test of Intelligence）

目前国内较广泛地使用版本为比奈测验，适用于 3～18 岁儿童，而最适年龄为 6～14 岁。智商的概念在此首次被采用，即被试的智力水平可由其心理年龄与实际年龄之比值来表示，采用了离差智商的方法。尽管本量表在国外已不及韦克斯勒智力量表那样被广泛采用，但仍然是较有影响的智力测验之一。

（2）韦克斯勒智力测验（Wechsler Intelligence Scale for Children，WISC）

韦克斯勒智力量表是目前使用最广泛的智力量表之一。其中适合儿童的有：韦克斯勒学龄儿童智力量表，适用于 6～16 岁儿童；韦克斯勒学龄前儿童智力量表（Wechsler Preschool and Primary Scale of Intelligence，WPPSI），适用于 4～6 岁儿童。1986 年，林传鼎和龚耀先各自对此量表进行修订，称为韦氏儿童智力量表中国修订本（WISC-CR）和中国—韦氏幼儿智力量表(C-WYCSI)。

（3）瑞文标准推理测验(Raven's Standard Progressive Matrices，SPM)

瑞文标准推理测验是用于 5 岁半至成年人的非文字测验。本测验可个别进行也可团体进行(一般三年级以上或 65 岁以下可用团体测验)。它问世以来许多国家对其进行了修订并广泛使用。我国 1985 年进行修订,但标准化只限于城市。

2. 神经心理学测验

神经心理学测验测量个体感觉运动的、知觉的、语言的和记忆的技能。通过测验,可以确定儿童在语言加工、注意或者视觉—运动技能方面是否存在问题,对诊断学习障碍和发展迟滞很有用。成套神经心理测验常用的有 Halstead-Reitan 神经心理成套测验(HRNB)、Luria-Nebraska 神经心理成套测验(LNNB)以及记忆测验。发展性神经心理经验(A Developmental Neuropsychological Assessment,NEPSY)是国外最新的儿童神经心理学综合测验之一,适合 3～12 岁儿童,评估了神经心理五个方面的发展情况:注意或执行功能,语言,感觉运动功能,视空间加工,记忆和学习。

目前可用的神经心理测验有上百种,但是很少进行标准的综合测验,一般是针对某一特定的技能如记忆、注意等使用相应的神经心理测验。

（1）记忆测验。国外常用的记忆测验包括儿童记忆量表以及记忆和学习广度评估、儿童听觉言语学习测验、加利福尼亚言语学习测验-儿童版等。

（2）语言测验 。波士顿命名测验是对表达性词汇的测验,还有表达性单个词语图片词汇测验修订版、表达性词汇测验、皮博迪图片词汇测验测量、语言功能的临床评估等,后者是针对 6～21 岁儿童或青少年语言技能的测验。

（3）视觉-运动能力测验。本德尔视觉运动格式塔测验是运用最为广泛的测验之一。此外还有视觉-运动整合发展性测验、胡波尔视觉组织测验、线段水平判断测验、Rey-Osterrieth 复杂图形测验等。

（4）运动功能测验。该类测验主要是针对精细运动能力,即手部运动能力和动作灵巧性的测验。

（5）执行功能测验。执行功能包括多种不同的能力,如组织、计划、注意等。常用的执行功能测验有连续操作测验(Continuous Performance task,CPT)、STROOP 色词测验、触觉操作测验、威斯康星卡片分类测验、连线测验 A 式和 B 式、加利福尼亚言语学习测验或儿童听觉言语学习测验、花销试验、威斯康星图片分类测验等。

（6）神经心理测验。HRNB 由 Halstead 编制,Reitan 加以发展而成,在中国已有修订版,包括成人、5～8 岁幼儿以及 9～15 岁儿童的三种。LNNB 由 Golden 等根据苏联神经心理学家鲁利亚(A. R. Luria)的方法编制而成,有成人版和儿童版(LNNB-CR),并已有中国修订版。成套的神经心理测验都是用于测查多方面的心理功能或能力状况,包括感知觉、运动、注意力、记忆力、抽象思维能力和言语能力等,综合反映大脑功能状况。测验的结果有助于确定有无脑损伤、损伤的定位或者判断大脑不同部位的功能。

（三）人格与社会心理评估

这一系列测验是用于评估儿童的情感、社会和行为功能以及人格特质。常用的测验有投射性测验、人格测验、自我报告以及需要家长等完成的儿童行为评定或观察量表。

1. 投射性测验

投射性测验是评估儿童心理或情感功能的一种测量工具，比较注重主观的解释。

（1）罗夏墨迹测验。该测验要求个体报告在 10 幅不同的墨迹图中他们看到了什么。对于思维障碍或思维混乱的确认较有价值。测验的解释有时显得过于主观且难以统一。

（2）主题统觉测验。主题统觉测验是由不同情境中的人为主题的黑白图片组成的卡片。测验的目的是揭示个体最重要的心理需要或内在矛盾。

（3）绘人测验或绘画测验。儿童的绘画测验可以用来证实在其他投射性测验中所发现的主题，特别适合缺少语言表达能力的儿童。

2. 人格测验

这类测验属于一种自我报告的测量。对于很多年幼和障碍严重的特殊儿童并不适用。

（1）明尼苏达多相人格测验。明尼苏达多相人格测验（Minnesota Multiple Personality Inventory，简称 MMPI）原版发表于 1945 年，包括 550 项题目。主要通过评估个人的思维、感觉和行为方式，判别正常人和精神疾病患者。20 世纪 80 年代引进中国。目前版本是 MMPI-2，共 567 题。该测验适用于年满 16 岁、初中以上文化水平的人群。

（2）艾森克人格测验。艾森克人格问卷（Eysenck Personality Questionnaire，简称 EPQ）分为成人版和儿童版。儿童版适合 7～15 岁儿童，需由临床心理学专业人员使用。EPQ 由 P、E、N、L 四个量表组成，主要调查内外向（E）、神经质（N）、精神质（P）三个维度，由精神质、情绪稳定性、内外向和效度量表四个量表组成。其特点是操作简便，易于评分，在临床中的应用比 MMPI 普遍。

3. 行为评定量表和自我报告测验

绝大多数自我报告和行为评定量表是由一系列陈述组成的问卷或量表，要求儿童或家长指出每个陈述是否符合来访者的情况。这类测验的评分非常客观，某些情况下，可以通过计算机评分。

（1）儿童自我意识量表（Children's Self-concept Scale，简称 PHCSS）。该量表是美国心理学家派尔斯（Piers）和哈里斯（Harris）于 1969 年编制、1974 年修订的儿童自评量表，含 80 项是否的选择题，适用于 8～16 岁儿童。主要用于评价儿童自我意识的状况。

（2）Achenbach 儿童行为量表（Child Behavior Checklist，简称 CBCL）。儿童行为量表又称儿童行为清单。该儿童行为量表是由美国心理学家阿肯巴克（Achenbach）于 1983 年编制的，适应于评价不同国度的儿童的社交能力和行为问题，是在众多的儿童行为量表中用得较多、内容较全面的一种。主要是用于家长对子女的评估，能够发现不同性别、年龄段的不同行为问题。CBCL 量表包括家长、教师和儿童自评三种量表（智龄在 10 岁以上）。对学前和学龄期 12 岁以下的儿童采取父母填写的 CBCL 量表，对自我意识开始发展的 12～18 岁的青少年儿童采用 CBCL 学生自填量表。本量表多用于儿童保健门诊和儿童咨询门诊，以筛查儿童的各种行为问题。中国已经有自己的 CBCL 常模，可供我国儿童参照。

（3）Conner 儿童行为量表（Conner's Rating Scales，简称 CRS）。该量表包括康纳（Conner）父母用症状问卷（PSQ）和康纳教师用评定量表（TRS）。通常采用康纳简明症状问卷（ASQ），即泛指的多动指数，包括 10 个条目，是表示多动的常见症状。Conner 儿童行为量表是筛选儿童行为问卷（特别是多动症）用得最广泛的量表。该量表具有条目少、简便易行等优点。

（4）儿童适应行为评定量表（Adaptive Behavior Scale，简称 ABS）。为了评定儿童适应行为发展水平、诊断或筛选智力低下儿童、帮助制订智力低下儿童教育和训练计划，美国智力低下协会编制了适应行为量表。姚树桥和龚耀先在此基础上于 1994 年编制了适合中国使用的儿童适应行为评定量表。该量表适用于 3～12 岁智力正常或低下儿童，采用分量表结构，有感觉运动、生活自理、语言发展、个人取向、社会责任、时空定向、劳动技能、经济活动 8 个分量表。

（5）儿童行为评估系统（the Behavioral Assessment System for Children，简称 BASC）。该系统由一系列的评定量表和表格组成，包括教师评定量表（TRS）、父母评定量表（PRS）、人格的自我报告（Self-Report of Personality，SRP）、学生观察系统（Student Observation System，SOS）和结构式发展史（Structured Developmental History，SDH），用来综合判断儿童及青少年的行为和情感状态。

（四）病态行为和症状测验

常用的心理健康测量工具有心理测验和临床评定量表。

（1）症状自评量表（SCL-90）。该量表是目前常用的成年人心理健康量表。该量表从感觉、情感、思维、意识、行为、生活习惯、人际关系、饮食睡眠等角度来评定受测者是否具有某种心理症状及其严重程度。结果可以辅助诊断，也可做精神病学的辅助研究。但其中很多题目使用生理症状来评估心理疾病，显得过于简单，语言表述过于直白，容易引起受测者的不满。

（2）儿童行为评估系统（BASC）。用于评估儿童的行为和自我知觉。本系统由三个量表组成：教师评估量表（TRS）、父母评估量表（PRS）、个性自我报告（SRP）。该评估系统可用于一系列情绪和行为障碍的诊断和教育分类，也可帮助制订治疗计划，适用于 2 岁 6 个月到 18 岁 11 个月的儿童和青少年。TRS/ PRS 包括以下几个部分：外化问题、内化问题、适应技能和行为症状指标。SRP 包括临床性不适应、学校不适应和情绪症状指标。

（3）抑郁量表。常用的包括 Hamilton 抑郁量表（HAMD）、Beck 抑郁调查表（BDI）、抑郁自评量表（SDS）等等。这些量表结构不完全一致，有些抑郁工具把焦虑、躯体化也作为评估指标，使测评内容复杂而纠结不清。

（4）焦虑量表。常用的有 Hamilton 焦虑量表（HAMA）、Beck 焦虑调查表（BAI）、焦虑自评量表（SAS）、临床焦虑量表（CAS）等。这些量表测定不同的焦虑病症的症状表现和程度，目的和内容有很大差异，工具间一致性程度低，测评内容比较零乱。

（5）儿童抑郁问卷（Child Depression Inquiry，简称 CDI）。主要是评估 7～17 岁的儿童及青少年的抑郁症状，包含 27 项，也有 10 项的版本。

（6）抑郁自评量表（Self-rating Depression Scale，简称 SDS）、焦虑自评量表（Self-rating Anxiety Scale，SAS）。系美国心理学家宗（Zung）分别在 1965 年和 1971 年编制。两者的构造形式相似，由 20 道题目组成，4 级评分。成人门诊使用较多。

（五）疾病评定量表

疾病评定量表用于不同心理或精神疾病的诊断或程度的评估，如症状自评量表、抑郁症评定量表、各种诊断量表等。常用的配合结构式会谈的诊断用量表中适用于儿童的有儿童诊断用检查提纲（DISC），用于流行病学调查；SADS 的儿童用版本 K-SADS（学龄儿童情感性疾病和精神分裂症检查提纲），常用于儿童精神疾病的诊断研究。

有关症状评估工具常用的有症状自评量表（Symptom Checklist 90，简称 SCL-90）由 L. R. Derogatis 于 1975 年制定，含有 90 个项目，每项 5 级评分。该量表检测被试在 9 个方面的因子分，然后根据常模进行判断。耶鲁—布朗强迫量表（Yale-Brown Obsessive Compulsive Scale，简称 YBOCS），用于评定强迫症症状严重程度的半定式评定量表。近年开发了用于儿童的儿童耶鲁-布朗强迫量表；还包括前面介绍过的儿童抑郁问卷（CDI）、儿童抑郁量表（CDS）等自评报告。

（六）特殊心理测验

研究人员也开发了多种专门适用于不同特殊障碍儿童评估的测验，例如关于儿童孤独症的诊断评估工具就包括：

（1）婴幼儿孤独症检查量表（Checklist for Autism in Toddlers，简称 CHAT）。这是英国学者综合先前研究发展出的一种早期评估工具，用于对 18 个月以上婴幼儿进行筛查，约需 5～10 分钟。美国康涅狄格大学提出了修正的婴幼儿孤独症检查量表（M-CHAT），是包含 23 个项目的父母问卷调查表。

（2）儿童孤独量表（Children's Loneliness Scale，简称 CLS）。该量表由阿舍（Asher）、海梅尔（Hymel）和伦肖（Renshaw）于 1984 年编制，是用来评定儿童的孤独感与社会不满程度的量表。该量表有 24 个项目，可用于评定 3～6 年级学生的孤独感与社会不满程度。

典型孤独症的诊断并不困难，主要通过病史询问、体格检查以及儿童行为观察和量表评定来完成。对可疑患儿，病史询问和行为观察应该根据事先设计好的有关问题或量表，进行结构式访谈。常用量表有 ABC 量表（Autism Behavior Checklist）和 CARS 量表（Childhood Autism Rating Scale）。ABC 量表为家长评定量表，共 57 个项目 4 级评分，53 分疑诊，67 分确诊。CARS 量表为医生评定量表，共 15 个项目 4 级评分，总分大于 30 分可以诊断为孤独症。

在使用心理测验时应注意，必须由经过培训的专业人员进行操作。使用过程中应严格按照测验标准化的要求进行施测、记分和解释。测验的结果仅供临床专业人员参考，不能直接作为心理障碍的诊断依据。

三、真实情境中的动态合作评估

评估是一个有目标、有系统的决策过程。具有特殊需要的儿童尤其是幼童的评估,困难很多。一般的标准化测验并不总是能够满足临床评估的需求。

特殊儿童异常的行为表现并不能作为确诊的主要依据,还需要根据整体环境的复杂系统来作进一步的判断。例如,孤独症孩子在学校出现攻击或冲动行为,需要根据当时环境的具体情况做具体分析,以明确这个孩子是因为受到他人的嘲弄、排斥,还是因为学业压力或其他事件的刺激。

在真实情境中直接观察儿童的行为比其他的评估方法有很多益处,但也会遇到一些难题。比如,"问题"儿童可能因为知道有人注意自己而变得收敛,结果搜集不到相关信息。直接观察需要大量的时间。可通过变通的方法来解决这些难题,比如使用单向玻璃的观察室;委派助理来帮助搜集观察资料;用录像作分析;等等。

由于儿童本身的认知能力和言语表达能力的限制,很难用询问的方式从儿童那里获得准确的信息。特殊儿童的问题更明显。比如,视障儿童进行心理测验时无法看到问题,需要依靠专业人员读出来,此过程可能影响到测验的标准化程序;听障儿童在临床评估过程中无法准确理解评估者的问题;情绪与行为障碍儿童在咨询环境下的表现与平时差异很大;等等。这时,需要评估者依靠各种临床评估的方法获得信息,包括根据家长、养育者、教师等经常接触特殊儿童的人员的报告或观察信息,作综合性的判断。

(一)合作评估

巴各纳托提出了一系列真实情境中灵活而实用的合作式评估的指导原则和应用策略。[①] 我们经过综合归纳,提炼为如下一些基本的框架性原则。

1. 专业人员必须与家庭密切合作

(1)专业人员和机构要为家庭提供方便的信息沟通渠道,相对固定的联系人。

(2)家庭与专业人员形成平等的合作团队,一起做规划并实施评估。

(3)家庭提供的信息、要求和建议必须得到充分重视;家庭成员应积极参与评估的过程。

(4)专业人员帮助家庭获得信息、资源、支持,回答他们的问题,满足他们的需要。

2. 评估必须符合个别化和真实性原则

(1)评估的内容必须是丰富而多样的,包括儿童的发展状况、身心功能、环境影响、人际关系、干预结果和进展情形。

(2)评估的材料、工具必须合乎儿童的心理发展水平,运用适当的感觉通道、活动方式,并符合儿童的特点。

---

① Bagnato, S. J. *Authentic Assessment for Early Childhood Interventions：Best Practice* [M]. New York：Guilford，2007：7-15.

（3）评估必须揭示儿童在熟悉的日常生活中的行为和自然情境中的真实反应倾向。

（4）评估必须首先与儿童达成良好的交流和理解，保证儿童不会受到负面的影响。

（5）评估必须既关注儿童的缺陷和问题，又关注儿童的长处和优势所在。

3．评估必须具有明确的针对性和实用性

（1）评估所得到的信息和资料必须有助于教育和康复干预方案的制订和实施，即具备很好的干预效度（treatment validity）。

（2）评估必须明确儿童当前面临的主要困难和障碍。

（3）评估必须对儿童的行为进行全面的分析，包括功能分析和环境生态分析。

（4）评估必须充分注意儿童与环境的交互作用。

4．评估人员必须遵循道德规范和专业伦理守则

（1）专业人员应向家庭成员说明有关的法律和规定。

（2）评估所用工具必须适合儿童的发展阶段和年龄特征，所得结论必须确凿有据。

（3）评估应充分考虑到儿童心理的发展性和可塑性，不可根据一次评估的信息资料就得出草率的结论。

（4）对于儿童障碍类型和程度等敏感问题的决定，应充分留有余地，可以等干预有了效果验证之后再作结论。

（5）评估应具有连续性和反馈性，形成性评估与总结性评估并重，及时调整干预进程，修正干预目标。

（二）基于游戏的跨学科评估

美国丹佛大学儿童与家庭研究中心的托尼·林德在多年对 0～6 岁儿童特殊教育干预的基础上，总结了一套灵活而实用的基于游戏的跨学科评估方法（transdisciplinery play-based assessment，简称 TPBA）[①]。它通过儿童的游戏活动，利用综合性的跨学科、跨文化、动态连贯的评估，检测儿童在感知—运动、认知、语言和交流、情感和社会性发展等领域的实际水平，揭示儿童个人的独特需要、交往模式和学习风格。跨学科的专业合作，家长的积极参与，具有连续性的交流，详细的记录和录像，最终形成一份完整的评估报告，并与下一步的综合性干预紧密连接。[②]

基于游戏的跨学科评估方法是一种不依赖语言的功能评估方式，特别适合年龄较小、功能水平较低的特殊儿童。它贴近儿童的心理发展的实际经验，避免了标准化测验的文化偏差和局限，有利于家庭成员与专业人员沟通、合作，也可以很好地为教育、训练计划的制订和追踪式评估服务，能够捕捉儿童心理发展水平的阶段性进程，以及个人独特需要和学习特点的真实而有用的信息。

下面我们以阿强的个案为例，说明如何在自然情境下开展基于游戏的动态的合作评估。

[①] ［美］林德. 在游戏中评价儿童：以游戏为基础的跨学科儿童评价法［M］. 陈学峰，江泽菲，译. 上海：华东师范大学出版社，2008.

[②] 同上。

阿强的个案

阿强刚满5岁，他在诊所里一刻也不安顿，不停地跑动、跳跃、爬上爬下、开门关门，不停地拉动窗帘等可以活动的物件。咨询师与他一起玩积木游戏，他根本不听从指令，只是自己独自把积木反复地从盒子里倒进倒出。

显然，标准化的测量工具对于阿强是派不上太大用场的。咨询师选择了与家长合作和自然观察的临床评估方法。经过与家长密切合作的探究过程，许多的细节开始浮出水面。根据父母介绍的情况，阿强2岁前智力和语言发育似乎都正常，可以跟家长一起做游戏，还能够背诵十几首唐诗和儿歌。要去上幼儿园托班的时候，妈妈问他喜欢不喜欢，他说"我不去！""要是一定把你送去呢？"他说："那我就哭！"阿强真的在幼儿园哭了半年，有时一哭就是3个小时。回家后还会再哭，夜里都会哭醒。整个院子里的邻居都认识这个爱哭的孩子。从3岁开始，父母发现孩子的情形不对头。一年前，送到医院作检查，被医生诊断为"不典型的自闭症"。换个医院再查，医生又说是轻度的智力障碍。从此，整个家庭就开始了到处求医求助、辛苦而无望的煎熬历程。

咨询师充分利用儿童所熟悉的情境和材料，以及习惯的活动来做细致的评估。首先与儿童建立良好的互动和对话关系。阿强拿起了扫帚扫地，咨询师就拿起簸箕与他配合。阿强走来走去，咨询师就伸手挡住他的去路。阿强的观察和动作都很快捷，一把就推开咨询师的手，直奔他的目标：到饮水机上去倒水。在水快满的时候，咨询师大声喊："停！"阿强及时地关闭了水阀。后面一系列探索式的游戏活动和共同注意的试验，表明阿强的自闭行为并不是很典型。

说到饮食和睡眠的情况，父亲说孩子非常讨厌喝牛奶，妈妈逼他喝，他就做做样子，放在嘴边舔一舔。父亲说自己也不喜欢喝牛奶，勉强喝了就会呕吐。在家里，阿强精力充沛，每天都是不停地活动，不达到疲惫状态决不肯入睡。仔细观察，发现他经常做一些带有强迫性的冲动动作。

在餐厅用餐时，阿强表现出了截然不同的另外一副样子。他不时搂着妈妈的脖子，显出亲密的情感交流。在餐桌上阿强几乎像个正常的孩子。例如，父亲要求他吃完鸭腿还要再吃半碗米饭，他乖乖地照办。虽然他也好几次钻到椅子底下去，但是与在诊所里的情形确实大不一样。这可能是因为用餐是孩子熟悉的情境，而诊所里的设施和一大群陌生人是孩子很少见到的。

咨询师的初步印象是：阿强不是自闭症患者。他的主要问题是明显的注意力缺陷，而他的多动行为是与注意力涣散相应的外在表现。他与人交往的问题也是因为注意力的涣散。

关于注意力缺陷伴多动症（ADHD）的性质、病因、干预方式，目前还有很多问题需要深入研究，尤其是在儿童期用药问题上争论还很激烈。[①] 咨询师对孩子的父母提出了如

---

① Brown, T.E. 注意力缺陷障碍[M]. 王玉凤，译. 北京：北京大学医学出版社，2007.

下建议：第一，去专门医院检查，排除进行性的神经或代谢系统的疾病，例如与蛋白饮食有关的酶代谢障碍疾病。第二，咨询对 ADD 和 ADHD 有专门研究的医学专家，在药物治疗方面得到专业的建议。也可考虑找经验丰富的中医专家，采取中国传统医学的调理方法，例如药膳、推拿、方剂等，调整孩子的身心状态。第三，经过多学科合作团队的进一步诊断，明确孩子的主要症状和问题，并根据评估结论确立合理的发展目标和干预途径。第四，根据全面的评估信息，包括孩子的情况、家庭的资源系统、专业支持的条件，制订以动作任务为主要手段的综合性干预方案。

咨询师反复强调，特别需要针对阿强的潜在能力和优势，经过反复的评估—干预—再评估的循环式进程，最终确定孩子的家庭干预和机构治疗方案。这不是一个静态的一次性的决定。在当前缺少高水平专业干预机构的条件下，家长所承担的任务是最重的。对于干预过程的长期性和挑战性，孩子的父母和其他家庭成员需要有充分的思想准备。或许找一个具备一定专业干预能力的"家庭教师"，是不错的想法。孩子的父亲显得不再那么焦虑，而且十分认同咨询师的看法和建议。他认识到，未来的难题是如何在家庭和机构之间建立沟通渠道，通过有针对性的个别训练、环境适应、融入集体的综合性培养方案，形成有效的干预合力。

一个关键性的问题是：如何找到训练的突破口。咨询师的一个具有创意的设想是：通过个别训练的方式，训练阿强的某种竞技性运动能力，以便在完成运动任务的过程中，获得整体性的心理能力发展。

 本章小结

1. 特殊儿童的身心残疾、心理问题和各种障碍的症状表现和原因，错综复杂。对于儿童发展过程中出现的现象进行评估、诊断，需要特别慎重。

2. 国际疾病及相关问题的统计分类（ICD）、美国精神病学会《诊断与统计手册：精神障碍》（DSM-Ⅳ）、中国精神分类与诊断标准（CCMD）是目前流行的心理障碍分类体系。

3. DSM-Ⅳ包含 10 大类别婴儿、儿童或少年期首次诊断的心理障碍。DSM 系统影响很大，作出了自己的贡献，也引发了一系列深刻的反思和争论。

4. 发展性评估是一种积极的、全面的、以健全人格发展为目的、为提高特殊儿童生活质量提供支持的评估。发展性评估的领域包括感知—运动、认知—思维、情感—社会、语言—交流、职业—适应等。

5. 环境生态评估重视家庭、学校、社区环境乃至宏观的社会文化和意识形态对儿童生活的影响，应用的目标是环境的改造，尤其是人际关系和生活品质的改良。

6. 临床会谈、测验评估、自然条件下的观察及实验室测验，都可用于特殊儿童的评估。

7. 真实情境中灵活而实用的合作式评估，要遵循下列原则：（1）与家庭密切合作。（2）符合个别化和真实性原则，既关注儿童的缺陷和问题，又关注儿童的长处和优势。

（3）具有明确的针对性和实用性。评估所得到的信息和资料必须有助于教育和康复干预方案的制订和实施，即具备很好的干预效度，明确儿童当前面临的主要困难和障碍，又要对儿童的行为进行全面的分析，包括功能分析和环境生态分析，充分注意儿童与环境的交互作用。（4）遵循专业伦理守则。

8．基于游戏的跨学科评估方法，是一种跨文化的、不必依赖语言的功能评估方式，特别适合年龄较小、功能水平较低的儿童。它贴近儿童的心理发展的实际经验，避免了标准化测验的文化偏差和局限，有利于家庭成员与专业人员的合作，对干预计划的制订和实施具有很好的指导作用。

 思考与练习

1．影响特殊儿童心理健康的主要因素有哪些？

2．DSM 系统的作用有哪些？存在什么争论和问题？

3．自然情境下动态的合作性评估应该注意哪些问题？

4．心理疾病或问题的诊断涉及许多专业和法律难题，需要十分慎重、严谨。当前，全世界范围内误诊、误治、侵害当事人权益的问题层出不穷。请结合身边的案例或社会事件，写出一份报告并在班级内讨论。

第4章 心理治疗的体系(上)

本章对心理动力学派、行为—认知学派、完型治疗学派的基本概念和技术特点进行系统分析,并讨论有关方法在特殊儿童心理治疗中的应用。

第1节 心理动力学治疗体系

心理动力学治疗关注儿童早期经验对毕生发展的影响。心理动力学治疗师开创性地发展了适合于特殊儿童干预的游戏疗法、艺术疗法,其理论至今仍然具有实践活力和理论研究的价值。

一、心理动力学治疗的基本理论

动力学心理治疗体系包括精神分析、分析心理学和个体心理学治疗三个流派。

（一）精神分析

精神分析治疗包括经典精神分析、自我心理学、客体关系学派和自体心理学。后三者作为新精神分析的代表,不同于强调本能力量的经典精神分析,更多的关注文化、社会关系等对个体发展的影响。

1. 经典精神分析

弗洛伊德(Freud)早年在儿童医院做神经学咨询工作时发现一些存在失语现象的儿童并没有明确的生理损伤,这让他对人的心理过程产生了兴趣。

弗洛伊德所处时代的心理学通常将人的所思所想等同于意识,但弗洛伊德则假设这种意识仅仅是人庞大且复杂的内心活动的"冰山一角",人的诸多行为、思想等是由相应的无意识心理活动决定的。因此在精神分析理论中,意识是指个体可以意识到的想法,不能够被个体清晰感知的内心活动被称作无意识,而能够进入意识层面的无意识内容则被称为前意识。由于无意识的存在,人们可能做出自己也难以理解的行为,例如按照精神分析解释,特殊儿童的攻击行为可能源于其无意识冲动。

由于弗洛伊德接受过医学训练,他假设天生的生物性本能是人类行为的内驱力。弗洛伊德将本能分为两类:生本能与死本能。生本能包括利于个体生存及享乐的行为,死本能则为富有破坏性的行为。弗洛伊德发现当事人的创伤回忆通常与性有关,这使他格外关注生本能中的性本能,也称力比多(Libido)。他认为,人自出生起就在不断寻求性冲动的满足,这种立即满足需要的欲望与社会现实规则之间不可避免的冲突导致了神经症的产生。

　　弗洛伊德将人格划分为本我、自我、超我三部分，本能的力量使人格机制得到运作。本我(Id)代表了心理功能的生物学基础，内容包括人的本能冲动及该能量影响心理和行为功能的过程。本我遵从快乐原则，它不受秩序、逻辑、价值及道德的约束，只寻求个体欲望的直接满足。弗洛伊德认为，本我与现实的冲突也可通过想象满足得到缓解，例如梦便是一种原始的方式。超我(Superego)代表了个体的道德理想，弗洛伊德认为这些道德与理想是从父母处获得，即儿童为了躲避惩罚或得到表扬而学习按照父母期望的模式调整自己的行为。超我可以抑制本我中不符理想或良心的冲动，促使个体追求完美。自我(Ego)则按照现实原则来调和本我与超我之间的矛盾。自我本身执行着调控与组织意识活动的功能，如学习、记忆、思考等，在超我的监督之下寻找满足本我欲望的现实途径从而使个体的心理机制保持和谐。

　　精神分析理论的一个基本假设是"儿童乃成人之父"，即儿童时期的经历是影响人格形成的重要因素。他认为儿童天生具有性欲，性冲动可以通过与之相关的身体性感区得到释放，性感区的活动多与父母的训练方式有关。随着年龄增长，性感区会转移并逐渐发展为成熟的性亲密活动。因此，弗洛伊德将儿童的心理性欲划分为五个发展阶段（如表4-1所示）。如果心理性欲发展中某个阶段性冲动得到过度满足或受到挫折则可能导致固着而无法正常进入下个阶段。这样个体便会表现出特定的行为模式（包括神经症、变态行为等）以满足其固着阶段的需要，如口唇期人格的儿童可能在成年后偏爱烟酒，强迫症患者则可能是由于其仍固着于肛门期阶段。

表 4-1　儿童心理性欲发展阶段

阶段	年龄	性感区	冲突来源
口唇期	0～1 岁	口、嘴唇、舌头、皮肤	吸吮、喂养
肛门期	2～3 岁	肛门、臀部	如厕训练
阳具崇拜期	4～5 岁	生殖器	俄狄浦斯情结
潜伏期	6～12 岁	无明显区域	发展防御机制
生殖器期	13～18 岁	生殖器	成熟的性亲密行为

　　如前所述，本我与超我之间经常有着冲突，自我则努力阻止无意识中的内容进入意识层面。然而，一旦有本能冲动无法被抑制，个体便会产生强烈的焦虑感。此时，自我便会启用防御机制来阻止这种冲突或焦虑破坏正常的心理功能。儿童在发展成长过程中会学习使用多种防御机制，它们是儿童依恋状况的反映。表4-2列出了几种主要的心理防御机制。运用心理机制不当虽可表面上减轻焦虑感，但却可能导致神经症的产生。在现实生活中，若仔细观察便可在特殊儿童群体身上看到这些心理防御机制的运用。由于他们能力有限，既难以满足自身需求，也难以达到家长、教师等过高的期望。这使得他们承受了较大的精神痛苦，因此部分儿童会持续地使用某种心理防御机制减轻自己的焦虑。例如，一名在幼儿园受到欺负的唐氏综合征儿童会将不满发泄在玩具娃娃身上，这便使用了

置换的防御机制。长期使用此类心理防御机制无法根本改善现实境况，儿童的心理健康仍然面对较高风险。

表 4-2　主要心理防御机制

压抑	最基本的防御机制，将不被期望进入意识的心理内容抑制于无意识之中
升华	将无意识冲动转化为社会文化认可的行为
合理化	将行为或观念的真实动机解释为意识可接受的内容
投射	把不被自我接受的无意识归于他人所有
否认	拒绝接受不愿承认的现实
置换	将冲动转移至威胁性较小的另一目标
幻想	通过想象来满足欲望
反向形成	表达与无意识冲动相反的行为或观念以抑制真实冲动的表达
退行	退回到过去的发展阶段，以较幼稚的行为方式应对困境

弗洛伊德是第一位对儿童进行系统心理治疗的治疗师，在经典的"小汉斯"案例中，虽然治疗主要是通过指导小汉斯的父亲完成的，但他对儿童恐惧的形成原因进行了探索。他明确指出儿童的心理障碍多与父母的教养方式有关，并提出游戏能够让儿童释放创伤性事件造成的消极情绪。儿童在游戏时能够利用幻想或假装将自身无意识冲动通过非现实之物发泄，有助于情感的控制。但弗洛伊德并没有在儿童精神分析上有更多发挥。[①]

2. 自我（ego）心理学

安娜·弗洛伊德（Anna Freud）是弗洛伊德的女儿，她继承了父亲的事业进一步发展了精神分析理论，形成自我心理学派并奠定了儿童精神分析和治疗的实践基础。

安娜重视自我的功能，提出精神分析研究关注的焦点应从本我转变为自我。她对防御机制的种类进行了补充，增加了对攻击者的认同、否认、禁欲主义、利他主义、自我约束等防御机制类型，并认为这些防御机制在儿童身上普遍存在。但安娜的理论中，自我并没有脱离本我的主宰。海因兹·哈特曼（Heinz Hartmann）通过大量论著完善了自我心理学理论。他认为，自我与本我一样都是独立的心理机制，拥有自身的能量。哈特曼强调，自我可以调节个体与外部之间的相互作用，维持内部的心理平衡状态。这使精神分析的研究领域得到了扩展，不仅仅专注于心理障碍的治疗，也关注到了个体的发展过程。此后，一些自我心理学家通过研究发现早期亲子关系特别是母婴关系对于个体发展有着重要影响。例如，玛格丽特·玛勒（Margaret Mahler）提出，婴儿出生时对他人的存在并无感觉，两个月大时他们开始把母亲识别为一个固定的对象；而 4 个月到 3 岁期间，婴儿又会逐渐与母亲分离，建立起自我的独立感。埃里克森（Erik Erikson）提出的"自我同一性"

---

① J. Strachey. *Standard Edition of the Works of Sigmund Freud*［M］. London：Hogarth Press，1962（7）：125-243.

概念及社会心理发展阶段理论也为青少年期、成人期的发展提供了解释。自我心理学派治疗师认为，好的父母教养方式能够有效促进儿童的发展，减少其日后遇到心理困扰的可能性。

弗洛伊德的经典精神分析适用于具有较高自我发展程度的个体，例如青少年或成人，安娜则对适宜儿童的精神分析进行了探索。安娜提出，儿童是自我中心的，他们的推理、归纳能力发展并不充分，比成人拥有更多的幻想等。她认为，儿童与成人是采用不同的方式应对焦虑的，儿童更倾向于表达感受而不是将其压抑，儿童的梦和幻想均是其无意识内容的表达。因此，安娜认为，以谈话为主的经典精神分析并不适用于儿童，治疗应该以实际行动为主，例如游戏、绘画等。安娜通过观察儿童的游戏过程，从其父母处获得儿童生活史的背景资料，从而理解儿童游戏的意义，帮助其领悟内心冲突所在。① 面对特殊儿童时，精神分析治疗的目标也不再是向其解释晦涩的无意识内容或防御机制，而是引导他们意识到如何更加有效地适应环境。安娜提出的发展线索（developmental line）为特殊儿童发展状况评估及治疗干预工作提供了参考依据。

3. 客体关系学派

客体关系学派创建者之一是梅莱妮·克莱因（Melanie Klein），她在对儿童行为的观察中发现，儿童的焦虑感受大多不是来源于弗洛伊德所主张的性本能冲动，而是更多地来自他们与父母之间的关系。所谓的"客体"在这里指相对于儿童自身而言的他人。克莱因认为，儿童的内心世界是围绕自我与他人关系建构的。儿童在成长过程中不断学习着如何与他人相互作用，从而满足自身需求。客体关系学派认为，人生而是社会性的，对于"关系"的需求是一种主要驱力，高于弗洛伊德的性本能。婴儿在其幻想世界中不断地运用投射、内射、分裂等机制去调节自身对于外界的恐惧和焦虑，建立客体关系使自己感到安全。②

克莱因对于儿童心理咨询与治疗所做出的最大贡献是发展了系统的游戏疗法。克莱因认为，儿童的游戏是一种无意识内容的表达，与梦相似，儿童会将自己心理内部冲突投射于玩具或治疗师。治疗师可以通过观察和解释儿童的游戏来理解他们的幻想及无意识，主要从儿童形成的客体关系进行解释，例如移情分析。在这里游戏应是儿童自发的，治疗师并不干涉且在分析中应尽量保持中立，游戏中儿童的任何举动都会成为待解释的材料。克莱因严格设置了游戏疗法的环境、治疗师角色、治疗师与儿童之间关系等。克莱因的工作开创了儿童精神病治疗，此种游戏疗法日后也被许多治疗师使用来理解儿童。这里所谈的游戏疗法是精神分析取向的，关注的是儿童内心的情感体验及需求，治疗是通过解释儿童与治疗师之间的互动关系来进行的。

4. 自体（self）心理学

科胡特（Heinz Kohut）和科恩伯格（Otto Kernberg）是自体心理学理论的代表人物。自体心理学认为，自体在人格结构中具有独立的地位，是一个人精神世界的核心，而人格

---

① 郗浩丽. 安娜·弗洛伊德对精神分析的贡献[J]. 南京晓庄学院学报，2006（5）：51-56.
② 王国芳. 克莱因与客体关系学派的创立与发展[J]. 南京师范大学报（社会科学版），2007（5）：105-110.

的发展与经典精神分析所谈的本能驱力无关。

自体心理学一个主要的研究领域是自恋人格。弗洛伊德曾认为，个体若过于专注于自体将对精神分析造成阻碍，治疗师将难以触及其无意识层面。但科胡特认为，自恋人格的个体实则是将他人也作为自我的延伸，因此通过其与治疗师之间的移情关系可以进行治疗。他指出自恋并非总是一种病理的表现。正常的自恋是每个人为了保持自身心理健康所必需的。

自体心理学另一个研究领域是边缘性人格。这类患者难以建立良好的人际关系，且在治疗过程中对治疗师表现出矛盾的依赖情绪。自体心理学家认为，这类个体的病源在于童年早期情感受到抑制。治疗师的任务便是帮助当事人回到最初阻碍其发展的事件，寻找新的适宜的解决方法以帮助其成长。

（二）分析心理学

卡尔·荣格（Karl Jung）通过自己的临床治疗及对诸多古代神话、文明、宗教的考证，从广泛的文化现象中去探讨人类共有的心理特征及其价值，其理论时至今日仍然富有生命力。

荣格认为，心理是一个自我调节的系统，人类本性是向着精神的整合及自我能力的实现发展的。荣格认为，在这种本性驱使下，心理障碍也是个体追求完善的一种努力和表现。因此治疗师应本着这样的观点帮助特殊儿童成长，获得良好的发展。

1. 个人无意识与集体无意识

荣格的理论中最具特色的是将无意识划分为个人无意识与集体无意识两部分。荣格通过语词联想测验发现，个人无意识中充满各种对个体有着感情冲突的情结，如自卑情结、性的情结等，情结会紧紧控制个体使其无法考虑其他事物。此外荣格发现，个体的情结还受到集体无意识的影响。集体无意识包括人类和前人类物种经验积累的人类最深层的精神层面。

2. 本能与原型

集体无意识的内容包括本能与原型。本能是指行为的先天反应，而原型则是先天的关于知觉、情绪和行为的心理倾向。荣格认为，集体无意识是由母亲、父亲、太阳、月亮、英雄等各种人类经验中普遍的原型建构起来的。原型并不具有特定的内容，而代表着一种先天的可能性。因此，尽管每个人都有祖先遗传的原型，但其表达与意义则根据个体生存的环境不同而存在差异。原型理论中比较重要的概念包括人格面具、阿尼玛、阿尼姆斯、自我和阴影等。

身处于现实世界的各类社会关系之中，人们如同戴着面具一般展现经过"打扮"的自己来适应环境及人际交往的需要。个体如何扮演不同的角色通常是由外部现实决定的。然而，如果人格面具与内心欲望冲突较大，则可能引起心理障碍。例如，学习压力过大的儿童虽然在学校仍然扮演"好孩子"角色，但可能出现一些违法或侵害他人的行为。

3. 阿尼玛与阿尼姆斯

阿尼玛指男性无意识中女性化的一面，阿尼姆斯则指女性无意识中男性化的部分。

荣格从中国古代哲学思想中吸取了阴阳相生的概念，认为人类心理是具有双性品质的，个体只有接受了其人格中男性及女性这两部分，才可获得人格上的平衡。荣格认为，人类寻找灵魂伴侣的行为正是将自己身上的阿尼玛或阿尼姆斯投射到潜在的对象身上，越是符合原型的人越具有吸引力。

4. 阴影

阴影代表无意识中不能被意识接受的部分，其中一部分是个体压抑的消极情感，另一部分则来自集体无意识中恶的观念。阴影易被投射到他人身上从而使个体感受到自己人格中令人讨厌的部分。荣格认为，一味地压抑和远离阴影，不利于个体的心理健康，接受阴影的存在并将其整合于意识之中可能激发个体的创造力。

5. 自我

自我（ego）是自觉意识的主体，使个人能够将变化的经验统一而形成不变的"我的"生存体验。自体（self）则是人格发展的根源、动力和最终目的，它使人类具有将经验整合并赋予意义的倾向。自我与自体之间联系的增强可以使无意识的内容得以进入意识之中，从而促进人格的发展。

6. 追求统一的力比多

荣格理论中的"力比多"概念不同于弗洛伊德精神分析中以性欲为基础的生物性本能，而是指个体协调内部各种对立冲突、追求意识与无意识统一的心理或精神能量。

荣格根据个体的力比多流向划分出内倾型与外倾型两种人格态度。内倾型的人力比多流向自身，这样的个体通常注重主观体验，热衷探求人类的精神活动及世界本质等问题，精神分裂症代表了此类型极端；外倾型的人更多地关注外部现实，往往根据他人评价行事，歇斯底里症则代表了这类个体的极端。

7. 人格类型

荣格定义了人格的四种功能，从而包括了人们在理解信息及推理、判断过程中的差异。思维和情感是理性的功能，情感型个体易受到感情的支配，而思维型个体则习惯大量的进行思维逻辑上的推理后再做出决断。感觉和直觉则是非理性的功能，感觉是心理对外部刺激的直接反应。感觉型的个体对外界信息的反应主要在意识层面发生，而直觉型的个体则关注外界信息所引起的无意识中不确定的内在感受。

荣格的分析心理学展现了儿童自出生起不断寻求内心平衡的复杂过程。一些具有发展障碍或生理性残疾的特殊儿童，往往容易对自身的缺陷感到自卑。荣格的理论启示治疗师应帮助这些儿童承认、接受自身的缺陷，并通过象征能力的指引，找到超越性的人生意义，获得内心的完整和平衡。一些案例表明，具有缺陷的特殊儿童可能激发出更多的创造性才能，体验更加丰富的生命意义。

（三）个体心理学

个体心理学派由阿尔弗雷德·阿德勒（Alfred Adler）创建。阿德勒是第一位脱离弗洛伊德经典精神分析阵营的心理学家。他的理论富有个人特色，这与其成长经历、对社会实践的热衷有关。阿德勒的理论中并不再讲述性本能及无意识，他更重视个体成长的社会性。他认为，推进个体发展的是其追求卓越的努力，个体会为了克服自卑感而斗争，选择适宜的生活风格。阿德勒强调父母应给予儿童鼓励，使其有勇气追求完整的、有意义的人生。阿德勒反驳了弗洛伊德的性本能驱力学说，认为性不能解释人的根本动机。他认为人的存在目的便是寻求生命的意义和价值，实现这个目的的过程是在社会生活及社会利，益关系中进行的。因此，他主张父母应通过教育挖掘儿童内在的社会利益动机，学会奉献与合作。

1. 追求卓越的理想自我

阿德勒认为，个体在儿童期必须依赖成人才能生存，这导致人们普遍具有自卑感，尤其是那些体弱、具有天生残疾的儿童，且儿童在家庭中的出生顺序也会对儿童的自卑感有所影响。然而正是自卑感促使儿童寻求补偿，不停地进行一生的抗争并追求卓越。追求卓越不是指获得财富、权力，而是自我追求满意、充实的人生。每个人拥有不同的人生理想，有些人追求公正，有些人追求平静。同时，人们也形成了为之努力的理想自我。

2. 自卑与神经症

但个体也可能形成自卑情结，他们具有强烈的无助感，但缺乏追求卓越的动力。某种意义上来说，自卑情结产生的努力是消极的，并不引向自我成长。这可能导致神经症表现，个体虽然得到暂时的安全感和满足感，却使自己成为更加不完整的人。例如，患有厌食症的儿童实际上对爱十分需要，但他如果直接表达便可能暴露了自卑之处。于是，他便形成了心理障碍，这正是过度补偿造成的。在现实生活中类似现象较为常见，例如正在失去视力的个体可能仍然假装一切正常而不接受治疗。

3. 溺爱与忽视

阿德勒强调，父母的教育方式会对儿童发展产生重要影响。他认为，父母教育中最常见的错误就是溺爱与忽视，这可能导致儿童的人格发展不健全。溺爱是指父母给儿童过多的关注和保护，使他们没有机会独立解决问题，这样的儿童会具有强烈的自卑感，在成年后难以应付生活问题。这些儿童比较自我中心，难以为他人利益考虑。另外一种错误的教育方式是忽视，父母对孩子关注很少，使他们长期生活在害怕被抛弃的恐惧中。这些儿童在成年后比较冷漠，难以与他人建立亲密关系。因为他们认为，想要生存便不能付出爱，对于自己的情感过度克制。溺爱与忽视是特殊儿童咨询和治疗中常见的问题。父母对于具有残障的儿童，可能过度保护，使他们缺乏独立生存的能力。而有些父母对这样的孩子则是采取忽视的态度，这样的儿童在童年期感受不到关爱，成年后对他人疑心较重，甚至产生反社会的行为。

阿德勒个体心理学思想对于后来许多疗法及发展心理学、社会心理学研究都有着引导的作用。他的治疗并不关注对自我精神世界的沉思，而是富有实务精神，鼓励当事人勇敢承担社会责任。阿德勒将心理治疗与社会现实生活紧密结合，关注父母对儿童成长的影响，建立了儿童指导中心，为特殊儿童的父母提供免费咨询。

二、心理动力学治疗的要素

心理动力学治疗认为，当个体无法良好解决心理内部冲突时，便可能产生心理障碍。弗洛伊德经典精神分析认为，治疗途径是将个体无意识冲动带到意识层面，帮助当事人领悟其症状与被压抑的无意识内容之间的关系即可解决冲突并消除病症。后期的心理动力学治疗的治疗目标是人格的重建，重点是帮助儿童建立起更强大的自我，减轻其发展过程中的障碍。

（一）治疗设置

心理咨询与治疗的要素设置有其特别的要求，这些设置均为保证治疗效果而定。在针对特殊儿童的心理咨询与治疗中，治疗师需认真考虑以下几个方面。

1. 治疗情境设置

心理动力学治疗师认为，儿童不善于用言语表达想法，因此治疗师应通过观察儿童的游戏等活动对其进行理解。这使得儿童的心理治疗室与成人传统的治疗室情境有很大不同。儿童治疗室内需要有适合于儿童尺寸的桌子、椅子，布置一些玩具，如积木、玩偶、画笔和沙盘等。治疗室的环境也应适用于儿童和家长共同参与治疗。条件允许的话，可在成人治疗室之外设置一间游戏室作为儿童治疗室。

2. 明确当事人的特点

不同的治疗理论往往针对独特的适宜对象。治疗师需对特殊儿童进行系统评估，并根据自己的专业领域特长，确立与儿童的良好关系，方可决定接纳个案开展治疗。如果存在不适宜的情况，则需转介给其他更为适合的治疗师。多数特殊儿童并不是自愿接受心理治疗，而是由父母或教师代为决定。治疗师应在签订治疗合同前确保与父母、教师、儿童的沟通，了解儿童的真实状况和处境，并充分关注儿童的主观意愿。

3. 制定治疗合同

经过治疗师知会当事人心理动力学治疗的原理和基本过程，双方可就完成治疗所需遵守的规则方面达成一致，而后签订治疗合同，就心理治疗的会面时间、间隔频率、治疗目标、付费安排、当事人的责任与角色等作出规定。

（二）治疗技术

心理动力学治疗有许多种技术，分别用于治疗的不同阶段。例如，游戏或梦的解析是用于了解儿童的内心冲突情况；有些技术则是治疗产生效果的关键，如利用儿童的移情和阻抗。

1. 催眠

催眠是通过一定的诱导技术使个体进入特殊的意识状态，而催眠程度会达到何种深度更多的是由被催眠者这一变量决定的，精神分析师需据此选择使用不同的催眠技术。在认识到催眠的局限性之后，弗洛伊德发展出了自由联想作为经典精神分析的基本技术。在一些案例中，由于儿童感受性、受暗示性较高，较易被催眠，治疗师可通过催眠状态中儿童的表述了解其心理症结所在。

2．自由联想

通常进行自由联想时，当事人舒适地躺在沙发上，身体保持放松姿态，治疗师则坐在不被当事人看到的地方，鼓励当事人不受阻碍地讲出意识中流过的任何内容，包括一切想法、念头和感受。弗洛伊德认为，当事人在进行自由联想时，会出现一些不被自我接受的念头或想法，如果可以表达出来，便可以引导治疗师寻找到无意识冲突所在。自由联想并非完全随意的联想，它是个体内心的表达并受到无意识冲动的影响，而治疗师有时也会要求当事人就某种感受或某件事展开联想。由于人们在日常生活中已习惯粉饰自己来躲避现实的评判，当事人在做自由联想时通常会为讲出令人反感或易引起批评的内容感到困难。例如，儿童可能表达自己对父母的厌烦，这便需要治疗师与当事人之间建立起充分信任的治疗关系，从而使当事人能够在治疗师面前坦白说出自己的想法并相信治疗师能借此帮助自己脱离痛苦。对于认知、语言能力有限的儿童，自由联想可嵌入其他活动媒介之中，例如可以让儿童自由创编故事、绘画、玩玩具等，治疗师通过对儿童完成的材料或过程进行分析来理解儿童的内心。

3．梦的解析

弗洛伊德认为，梦是满足无意识冲动的一种替代方法，在睡眠状态中超我对本我的监督能力下降，使得那些冲动在梦中得以象征性的表达。显梦是梦的内容，隐梦是梦的象征意义。当事人需记录并报告自己的梦，治疗师鼓励其根据梦的内容或感受展开自由联想，以期了解梦所隐藏的无意识冲动。此外，弗洛伊德强调梦中的物体可能是无意识内容的表征，通过这种方式，无意识冲动得到发泄而自我意识也没有受到威胁。荣格等心理动力学治疗师均比较重视梦的作用。一般认为儿童的梦有比较少的防备，内容简单，易于理解，分析儿童的梦可以帮助治疗师探寻其内心冲突。儿童的梦可能来自生理刺激也可能来自心理不满足或期望落空的反应，儿童通过做梦来满足自己的欲望。

4．阻抗

阻抗的发生是治疗过程中的正常环节。在治疗中，当治疗师试图挖掘当事人的真实想法时，当事人的自我防御与其求助愿望之间的冲突逐渐激烈。此时，当事人可能会表现出各种形式的阻碍治疗进行的行为，如躲避治疗会面、拒绝谈论敏感的话题等。弗洛伊德把当事人这种表现称为阻抗。实际上，阻抗可以说是治疗有进展的一种标志，处理阻抗现象也是精神分析治疗的中心任务之一。儿童的阻抗行为通常表现为明显地对治疗退缩、出现退化的幼稚行为等，特别是儿童会害怕父母知道自己的秘密或因为泄露了父母告知不可让外人知道的事情而遭到惩罚。治疗师此时应接受儿童的阻抗行为，表示共情和尊重，不可强迫儿童，以便建立与儿童之间的信任关系。对于儿童的阻抗，治疗师应探寻其产生的原因，这往往成为治疗展开的契机。

5．移情与反移情

移情是指当事人以童年时期形成的人际交往模式对待治疗师。这种行为由于受早年被压抑的无意识冲动影响而通常不符合现实规则，当事人无意识地将治疗师当做重要他人。以下两类病态移情是治疗的目标：一种是消极情感移情，如对治疗师表现出愤怒、焦虑等；另一种移情表现为积极情感表达。除了这两类移情，还有一部分能够被意识接受的移情是治疗进行的动力所在，包含着当事人的治疗意愿等。因此，弗洛伊德建议应先利用移情建立起稳定的治疗关系，而后再处理阻抗及病态移情。治疗师也应注意到反移情的发生。就是说，治疗师受到其自身无意识干扰而将当事人看作满足自身欲望的事物，但治疗师也可利用自身反移情模式去理解病人的人格结构。因此，自我分析往往是心理动力学治疗师训练的基本环节。

在儿童心理动力学治疗中，儿童可能形成人物移情，如将治疗师当做愤怒的父亲。过去关系的移情可能激发儿童一系列相关的恐惧、焦虑回忆。儿童也可能将与父母的关系移情到治疗师身上。还有一种移情是外化客体移情，指儿童将自身的冲突投射于治疗师身上，例如儿童自身富有攻击性，却指责那是治疗师给他强加的罪名。在实际治疗中，许多儿童会将心理治疗师看作是老师。有时儿童会由于对父母的依赖难以形成对治疗师的移情，因此治疗师通常会与家长合作并使其参与治疗过程。

（三）治疗过程

在心理动力学治疗过程中，不同派别的治疗师可能使用不用的技术，他们治疗的目的也不同。但基本上来说，心理动力学的治疗需经过建立治疗关系、澄清问题、解释问题和修通等基本阶段。

在儿童心理咨询和治疗开始的最初阶段，治疗师需与儿童建立起和谐的合作关系。儿童感受到温暖、包容的环境，可以更加自由地表达内心的冲突和需要。治疗师对儿童的表达做出回应。同时，治疗师也需与儿童的父母建立起良好的合作关系，在保护儿童隐私的同时让父母了解治疗的进展情况。

年幼的儿童可能通过绘画、游戏等表达自我内在情感，青少年等则可以通过言语或写作表达。治疗师可以使用澄清等技术来推动治疗。儿童对自己的行为、感受或外部现实的真实状况可能认识模糊甚至有着错误观念，治疗师可进一步引导儿童提高对于自身的理解或直接提供正确信息以纠正他的认识。如果应用对峙策略，治疗师会问："你似乎对我很生气，是这样吗？"治疗师应做到对儿童的共情，从儿童看问题的角度去理解他们，尊重他们的想法而不是视之为幼稚或无谓。

随着儿童对治疗师移情感受的出现，治疗师可对儿童的内心世界做出解释。解释是心理动力学治疗中最重要的环节。治疗师向儿童解释其梦、幻想、阻抗或移情等产生的原因。在解释时，经典精神分析的治疗师可能将其归于性本能的压抑，分析心理学派治疗师可能将其归于个体内心失衡的表现。不论采用何种理论解释，这种解释应是对当事人具有意义的，并能够为接下去的治疗提供方向。解释的表达方式、时机等十分关键，如解释过早则可能不被当事人理解并接受。

心理动力学治疗师们应当与当事人维系稳定的治疗关系，解释当事人的移情现象使其将现在的行为、想法同过去经验及无意识动机联系起来，如此反复缓慢的治疗一次次深入直至当事人达到修通。此时，当事人意识到自己可以更加成熟地控制本能冲动或以可被接受的方式释放，其人格结构已经发生改变，自我的力量更加强大了。

儿童对于成人有很大的依赖性。针对特殊儿童的心理咨询与治疗不仅需注重儿童心理障碍的成因，也应引导其对未来的憧憬与想象，帮助其寻找生活的意义，这对于儿童日后的独立发展是非常重要的。在治疗过程中，往往也需要对儿童的养育者进行一定程度的干预，促进他们调整更加适合于儿童的相处方式。

三、应用及发展趋势

心理动力学治疗的开创对心理治疗的发展贡献很大。荣格称弗洛伊德最伟大的成就之一，在于他认真地对待患有心理障碍的当事人，注意到了每个人都具有其丰富的心理现象。作为第一个系统的心理治疗体系，后来的诸多疗法都从弗洛伊德的经典精神分析体系中吸取灵感。精神分析自身的关注点慢慢发生了转移，20世纪30年代发展出的新精神分析学派重视社会文化因素对人格形成、发展的影响，其中的安娜、克莱因等人为日后的儿童心理动力学治疗奠定了基础。

经典精神分析由于其疗程过长及泛性论遭到了许多研究者的质疑与批评。当代精神分析发展了短程疗法，而精神障碍来源于儿童早期性经验受挫的观点也逐渐被亲子关系、依恋模式等基于科学研究和观察的理论取代。对于早期经验的关注促使家庭环境、父母教育方式等因素被纳入儿童治疗不可忽视的信息，这些因素可能影响儿童的人格发展，是儿童心理障碍产生的病因之一，但也可以成为辅助治疗的重要手段。

儿童心理动力学治疗已经有100多年的历史，治疗师们在治疗过程中对一些治疗技术进行了调整。与成人的心理动力学治疗不同，治疗师主要帮助儿童更加清晰地认识他们自己的真实想法，使那些发展受阻的儿童重新获得正常的发展过程。儿童习惯于使用想象、幻想等方式满足自己的需求，治疗也应教给他们一些实用的解决问题的方式，帮助他们改变生活状况。心理动力学治疗对于儿童精神世界、情感体验的重视成为儿童心理治疗的一条准则，同时也为父母、教师等的教育方式提供了一定指导。

特殊儿童个案：

书亚是个看上去乖巧的男孩，他的妈妈说他不爱与人交流，十分孤僻。治疗师与其接触时，他一言不发，若有所思地时而看看治疗师时而看看别处，似乎在躲避治疗师。他的妈妈说书亚喜欢看小人书，治疗师便找来了书亚喜欢的小人书仔细阅读。而后在治疗中，治疗师与书亚谈起书中的人物和故事，这样书亚才开始与治疗师有了交流。治疗师开始在治疗过程中让书亚自行创作故事，并与其一起讨论故事应有的发展情节。治疗师发现书亚喜欢在故事中安置一些英雄式的人物，他们经常是无所不能的。书亚出现了对治疗师过度依赖的现象，治疗师在其心目中也成了英雄人物。治疗师因此明白胆小弱势的书亚内心中实则希望自己是有力量的，他十分渴望交流。此后，治疗师与书亚共同创作故事，并在故事中指导他设置一些符合现实的情节及实际解决问题的方法。通过一个时期的治疗，书亚逐渐开朗起来，也乐于与他人交流了。

第 2 节　行为—认知治疗

20 世纪上半叶行为心理学出现后迅速风靡世界，行为—认知治疗便是基于行为心理学、认知心理学理论及科学研究、临床实践经验发展起来的，对心理学、教育学、社会工作等产生了深远影响并成为干预特殊儿童的主要应用手段之一。行为—认知治疗主要通过科学方法对儿童行为进行客观地观察、描述、解释、预测和控制，关注当前问题的解决及个体认知加工过程对行为产生的影响。

一、行为—认知治疗的基本理论

行为—认知治疗理论基础的起源是行为主义与学习理论，此后随着认知心理学的兴起，行为治疗师们吸取了关于人类认知加工过程的观点，原本的行为治疗策略及解释也有了一定转变。行为—认知治疗模式是当代应用最为广泛的治疗取向之一，其理论中有一部分是通过科学实验研究得出的结论，行为—认知治疗始终强调治疗过程及方法应具有科学性。

（一）行为治疗取向的理论基础

行为心理学的兴起推动了传统行为治疗的出现，其主要依据两种研究思路：经典条件反射与操作条件反射。两种理论的创始主要受当时科学心理学的思潮及动物的行为习得实验影响，认为人类与动物学习行为的基本规律相一致，并主张行为不代表任何精神现象，反驳了当时其他关注人内心精神世界的治疗取向。行为心理学理论认为，人格实则是一系列刺激—反应（S-R）积累形成的习惯系统，可以通过改变刺激—反应之间的联系来改变人的行为。

1. 经典条件反射

经典条件反射理论的建立始于俄国巴甫洛夫（I. P. Pavlov）的动物实验。狗看到食物时会自然地分泌唾液，这是一种天然的无条件发射。巴甫洛夫发现如果食物总是与一些原本无关的刺激（如铃声）同时出现，最终狗在铃声单独出现时仍会分泌唾液，从而形成了新的条件发射。但如果铃声持续地单独出现，则狗所分泌的唾液量会越来越少直至消失，巴甫洛夫将这种现象称为消退。华生（John Watson）的"小阿尔伯特"实验中，当小阿尔伯特伸手想要触摸小白鼠时，实验者立刻给予一个强噪声惊吓他，小阿尔伯特形成了对小白鼠的条件性恐惧反射，而他后来的恐惧反应可以由白兔、白狗甚至棉花引起，表明条件反射可以发生泛化。至此，行为心理学家们认为这些实验结果已能对人的心理障碍症状予以解释。基于经典条件反射过程及交互抑制作用，沃尔普（Joseph Wolpe）发展了可用于临床治疗恐怖症的系统脱敏疗法，成为行为治疗技术的一个里程碑。

2. 操作条件反射

操作条件反射与经典条件反射不同，关注的是自发行为导致的环境变化对行为学习的影响。桑代克（Edward Thorndike）设定了"迷宫"盒子，能逃出盒子的猫将得到食物，他发现猫的失误次数逐渐减少并学会了正确的逃离方法，由此得出效果率：可产生满意结果的行为被重复的可能性更大，相反则导致相应行为减少。

3. 强化与人类学习

斯金纳（B. F. Skinner）通过对鸽子等动物进行的类似实验，提出了操作条件反射理论，其核心概念为强化。如果某结果使得行为频率增加，那么这种结果便被称为强化；如果行为频率减少，则这种结果被称为惩罚。而强化又可分为正强化与负强化。正强化是给予积极结果，负强化则是撤除消极结果。如，当小白鼠压杠杆之后，给予食物奖励便是一种正强化，停止电击则是负强化，虽然方式不同但两者均可强化小白鼠压杠杆的行为。操作条件反射也存在消退、泛化等现象。斯金纳利用他从动物实验中总结出的原理尝试解释人类行为的习得机制，假设通过给予个体不同的行为结果可改变或控制其相应行为的出现频率。塞里格曼（Martin Seligman）在动物电击实验中发现，通过持续电击动物会造成它们形成一种类似抑郁的倾向，即当有逃生机会时也不再逃跑，他将此称为"习得性无助"。

罗特（Julian Rotter）、班杜拉（Albert Bandura）的社会学习理论推进了行为—认知治疗运动。罗特提出，行为发生的可能性是由个体的预期和结果来决定的，并发现个体通常对于自己行为与行为结果之间的关系存在特定的主观倾向，称为控制点。在面对同样的结果时，内控型的个体会认为该结果是自己的行为引起的，而外控型的个体则会将原因归结于外部不可控的因素。控制点理论丰富了对于"习得性无助"的解释。在特殊儿童心理咨询与治疗工作中，外控型的儿童十分常见。他们似乎脾气、性格不错，但他们感到无法控制自己的生活。例如，这类儿童若被他人欺负或攻击，他们很少会采取措施改善这种环境，因为他们认为自己无能为力。久而久之，这类儿童可能产生抑郁、焦虑等情绪障碍。班杜拉则通过实验研究总结出观察学习或模仿是人类学习的主要途径，这种学习过程受到注意、记忆、产生、动机四个系统控制。他提出了交互决定论，认为个体、个体的行为与环境三者之间存在相互作用，每个成分都可以影响或改变其他成分，而个体的人格便是由这三方面的交互作用共同决定的。班杜拉将自我效能概念放在心理治疗中所有变化的中心。他认为，个体对自己行为能力的判断会影响思维、动机、行为和情绪唤起，较低的自我效能感是焦虑和抑郁体验的基础。

（二）认知治疗取向的理论基础

认知治疗取向是在精神分析治疗与行为治疗的基础之上发展起来的，其基本假设为：人的情感与行为在很大程度上是受其认知加工过程或思维方式影响的，基因遗传素质为个体人格的形成提供基本倾向，后天的生活经历与环境则提供无限可能。个体在两者的共同作用下逐渐形成了自己独特的认知加工过程，但这种认知加工总是依据某些信念的假设来进行的，这些假设组成了个体的认知图式。认知治疗的目标便是帮助当事人重建适应性的认知图式。认知取向治疗中比较著名的有艾里斯（Albert Ellis）的理性情绪疗法和贝克（Aaron Beck）的认知疗法。

1. 理性情绪行为疗法

理性情绪行为疗法的理论重点是 ABC 人格理论。A 代表生活事件（Activating

Events)，如考试失败。B代表个体理解加工A事件时所持的信念(Belief)，这些信念可能是理性的，"考试失败是个让人讨厌的事情"；但也可能是非理性的，"我没有通过考试这实在是太糟糕了!"C(Consequences)代表A事件后的情绪或行为反应。在人的普遍观念中是A引起C，两者之间类似S—R联系。但艾里斯认为，引起C的不是A而是B，A与C是类似S-O-R的间接联系，B与C之间才是直接联系。这也就解释了为什么经历过同样的事件或情境后个体之间的反应却存在差异。艾里斯认为，所有人的心中都可能持有一些不合理信念，如我应该被每个人爱并接纳、我必须在任何时候都能成功地完成任务等，正是坚持不合理信念而带来的挫败感导致了人的情绪行为障碍。理性情绪行为疗法的主要目标是改变不合理信念。合理性并不是放弃个体的情感体验，而是指个体用理智指导生活并尽量减少偏执信念对生活能力的消极影响。

　　2. 认知疗法

　　贝克将认知疗法系统化，他提出的认知过程模型成为当前进行认知治疗的基础。起初，贝克是在针对抑郁症的干预中发现当事人对生活事件总是存在一种认知上的歪曲，倾向于将客观现实向着自我贬低的方向解释。虽然这与理性情绪疗法提出的不合理信念相类似，但认知疗法强调心理障碍来自认知过程对信息的不正确推理。他指出，这种推理往往导致个体将某一事件或情境从大背景中抽离出来而做出片面的理解，如选择性抽取、贴标签和贴错标签、全或无的极端思维等。贝克发现这些思维是自动发生的，当事人通常意识不到。贝克假设这些扭曲的思维方式是个体早期生活经历影响下形成的消极图式。认知疗法认为，通过治疗师与当事人的合作，当事人可以学会将原本自我挫败的思维或态度转变成自我提升的思维方式并形成自我促进的行为。

　　理性情绪行为疗法与认知疗法在临床上有着较为广泛的应用，对于存在抑郁症、焦虑障碍、人格障碍等的特殊儿童是有效的干预方法之一。在过去的几十年中，认知行为疗法受到了建构主义的影响。建构主义假设人是一个积极的学习者，每个人都有其独特的解释和预测事件的认知结构，当已有的建构不能解释遇到的生活事件时，就会产生消极的情绪反应。治疗师的主要任务是帮助当事人完善建构层次，使其更好地理解和预测事件。建构主义治疗是认知行为治疗发展的一种趋势，其中较为著名的疗法包括凯利(George Kelly)的固定角色治疗、梅钦鲍姆(Donald Meichenbaum)针对创伤后应激障碍者所使用的治疗性比喻等。[①]

二、行为—认知治疗的主要技术

　　行为—认知治疗体系为心理咨询与治疗的方法和技术领域提供了大量具有可操作性与实效性的治疗技术和策略。行为与认知治疗是当今世界主流的心理治疗取向之一并影响广泛，在学校、精神病院等机构的管理中几乎无处不见其思想的影子。在特殊儿童心理

---

①　Foa E.B.，Meadows E. A. Psychosocial Treatments for Posttraumatic Stress Disorder: A Critical Review [J]. *Annu. Rev. Psychol.*，1997(48): 449-480.

咨询与治疗中,治疗师一般会综合使用行为与认知治疗技术。

行为治疗强调治疗应具有规范的程序并逻辑清晰,治疗师需要详细规划治疗进程并灵活地安排使用多种技术。行为治疗十分关注治疗开始前的功能性行为分析,因为后期的干预及效果评估是以此为基础展开的。最初,治疗师对当事人进行全面仔细的行为评估,首先排除器质性病变的可能。而后确定目标行为并观察目标行为产生的环境变量以找出合适的强化物。治疗师将制订干预方案并使当事人明确治疗的方法与目标。治疗过程中应根据当事人的状况变化随时调整治疗策略,如改变强化物或强化程序的安排,最终使当事人能够将在治疗场景中的治疗效果扩展到日常生活情境中去。行为治疗师相信无效的治疗是由于未能准确把握行为与强化之间的联系造成的。行为治疗师认为,应利用当事人与治疗师之间的同盟关系,主张为了有利于治疗的进行,治疗师应提供一种能够促进当事人有效学习的情境,使治疗进程具有清晰的目标、帮助当事人保持积极情绪。行为治疗师会将其与当事人之间的关系作为一种社会性的强化或惩罚条件。行为治疗可以应用于儿童的部分行为问题的干预,例如对抗行为、社交功能障碍、品行障碍、恐怖症等。

认知治疗与行为治疗相似,关注个体当前的思维、行为状况而不是个人的历史。认知治疗中治疗师首先需识别具有功能性缺陷的思维模式或信念,而后帮助当事人改变或构建新的思维模式,使当事人学会更具适应性的思考、感觉与行动。认知治疗的特色包括结构化以及富有指导性、教育性等。但认知治疗的结构并不如行为疗法般显而易见。认知治疗师们认为,不应给治疗过程设定规范的标准,认知治疗应具有良好的开放性。在实践中,认知治疗通常会结合其他疗法取向中的技术来进行,例如放松训练、满灌疗法等。认知治疗主要通过治疗师与当事人之间的对话进行,对于治疗师的认知理论基础及言语能力都有较高的要求。当事人思维模式的改变并不意味着其能够改变自身在现实情境中的表现,因此认知治疗师会通过一些情景模拟或行为实验来帮助当事人根据新的思维模式调整行为。

行为—认知技术不像心理动力学治疗一样探寻内心精神世界,它关注的是儿童行为所引发的改变。行为—认知治疗过程通常有着明显的操作线索,逻辑清晰明确,治疗过程一般包括建立同盟关系、解释治疗原理、评估问题行为和认知、应用治疗技术、强化治疗成果等阶段。

（一）应用行为分析（applied behavior analysis）

应用行为分析主要指利用操作性条件反射原理操纵环境结果来控制或改变个体的行为,塑造好的被期望的行为并克服问题行为。应用行为分析法在教育、特殊教育等领域中发挥了一定作用,主要包括塑造法、代币制等。

治疗师首先需对当事人进行功能性行为评估,确定目标行为并对其进行操作定义,明确当事人所处情境中各种与目标行为有关的变量。行为定义应客观、准确,保证不同的观察者都能清晰把握,例如将儿童的自伤行为"撞头"定义为可听见声音的头部与任何固定物体的接触。目标行为的观察者可以是他人,也可以是儿童自己。观察者首先大致记录儿童目标行为在周期时间中出现的次数,而后再选择出现频数较高的时间段进行详细观察记录,也应考虑为何有些时间段中儿童并不会出现目标行为。观察者需依据一定的准则和时间频率记录下目标行为在观察时段内发生的次数,一些行为也需记录其持续时间,例如自闭症儿童"摆衣角"行为持续的时间。记录目标行为频率比较简便的方法是绘制图表。

一个儿童在课堂中吵闹令老师十分烦恼,治疗师经观察发现儿童一旦吵闹老师便立刻给予安抚,而安抚这个结果无疑强化了儿童的问题行为。治疗师运用了 ABC 行为分析法,将行为过程拆分为先行事件 A(antecedent)、目标行为 B(behavior)、结果 C(consequence)。A 指行为发生之前的事件,B 指针对此事件儿童所表现出的行为反应,C 指伴随在行为之后的事件。通过对 ABC 行为序列的记录,治疗师将了解儿童行为在环境中的功能。例如,教师认为一位自闭症儿童总是无缘无故地大叫,但经过治疗师的行为观察评估发现,其行为出现的先行事件通常是同伴攻击或因其视力缺失引起的行走障碍。因此,教师不应一味地对儿童的问题行为给予惩罚,那将造成其更为强烈的情绪困扰,而应关注教室中其他同伴的行为或是训练儿童方向感、提高其对环境熟悉度等。临床经验发现,行为功能一般包括逃避、寻求关注、寻求感官和实质刺激、表达内在需要等。

关于正强化与负强化的原理在前文中已有介绍。能够引起强化的结果称为强化物,通常是对个体有意义的事物(如表扬、关注、食物等)。对于不同个体的相同行为,强化物未必是一样的,需通过测量来确定。强化程序是给予强化的时间次数安排,分为四种类型:固定比率、变化比率、固定时距和变化时距,它们具有不同的强化效果(如表 4-3 所示)。在进行行为矫正时,往往会结合使用这四种强化程序。例如,在塑造一个新行为时可采用连续强化(即每次目标行为出现都给予强化),而后再转变为变化比率或变化时距强化程序来避免行为的消退。

表 4-3　四种强化程序类型

名　　称	操　　作	举　　例
固定比率程序	在目标行为累积到固定数量之后给予强化	工厂的计件工资
变化比率程序	与固定比率程序相似,但给予强化物前需累计的行为数量围绕某平均值随机变化	推销员打电话越多越有可能做成交易,但无法预见哪个电话会成功
固定时距程序	只在一定时间间隔之后给予强化	企业的基本月薪
变化时距程序	与固定时距程序相类似,但每次时间间隔围绕某平均值随机变化	老师不定期地抽查学生作业

如何使儿童停止干扰课堂的行为? 治疗师可能建议老师在儿童吵闹时不要给予关注,问题行为将会逐渐消退。需要注意的是,使行为消退并不意味着单纯地忽视行为,这只有在"关注"是行为的强化物时适用。行为消退的根本是停止强化。上文中的教师也可能选择惩罚儿童,如要求他离开教室独处几分钟。惩罚使行为发生的可能性减小。虽然惩罚通常具有消极色彩,但行为治疗中的惩罚并不包含报复或伤害的目的,只是为了停止

问题行为的产生。惩罚通常会使行为发生次数迅速下降，但可能对个体造成额外的负面影响如情绪困扰、逃避行为等，因此通常需谨慎使用。在实践中，惩罚一般用于迅速减少或停止具有伤害性的不良行为（如暴力行为、物质滥用等）。利用这些基本原理，治疗师可以塑造新行为、使用差别强化程序增加被期望行为频率以及减少问题行为的产生。

应用较广的代币制（token economy）通常用于治疗或教育环境中，其基本原理是：若一种中性刺激（代币）与强化物（奖励）建立了联系，则也可起到强化的效果。个体表现期望行为则得到代币，代币累计一定数目后可以换取不同程度的奖励。代币制比较灵活地结合了多种强化程序，结构严谨，较广泛地应用于儿童与青少年的行为管理，其中代币制度的设定与选择合适的监管者是关键环节。代币制操作性较高。例如，针对一名有习惯性攻击行为的儿童，治疗师安排儿童、父母、教师共同参与代币规则的制定，只要男孩在考察时间内没有出现攻击行为，便给予其一张证明卡片。当卡片累积到一定数目，儿童可以换取他喜欢做的事情，比如多睡 15 分钟懒觉或吃一个冰激凌。随着治疗的进行，儿童的攻击行为逐渐减少直至消失。

应用行为分析治疗的目的是增加期望行为频率，减少不期望的行为。治疗以一对一的方式进行，强度较大。通常家长、教师的卷入程度较高，这是由于应用行为分析十分重视环境对儿童行为的影响。相应地，治疗室外的环境也应发生一致的改变。

（二）放松训练（relaxation training）

放松技术主要应用于两方面：直接干预临床性症状或嵌入其他疗法的环节之中配合使用。经研究表明，放松技术可以比较有效地缓解一些身心症状，如高血压、头痛、失眠等。大多数心理治疗都会期望当事人在治疗过程中处于放松状态，如使用放松技术消除当事人的紧张或焦虑情绪，从而使当事人对自己的感受认识更清、更加愿意袒露真实想法等。而在系统脱敏、情绪想象等疗法中，放松技术则成为治疗的基本手段。进行放松训练时，当事人可以舒适地坐着或躺着，环境应较为安静，光线柔和。目前存在多种多样的放松技术，例如通过深呼吸、想象等，催眠诱导、冥想、瑜伽等也可帮助当事人放松。行为治疗师使用最为频繁的是雅各布松（E. Jacobson）提出的渐进放松法。渐进放松法的基本原理是，当事人在治疗师的引导下循序收紧、放松各组肌肉群最终达到全身放松，包括手臂、脸、颈部、肩、胸、腹部等。如放松脚部时，治疗师会说："现在将注意力放在你的小腿和脚部上。尽量将脚尖向上伸，这会使你的小腿肌肉感到拉伸和紧绷。你能体会到这种紧张吗？保持住。（10 秒之后）现在放松，你的腿会放松下来。感受紧张和放松的区别。"当事人可以通过比较紧张和放松之间的差异更好地认识紧张状态并学习引导自己放松。当事人也可以通过录有指导语的录音带在家自行练习。在沃尔普的系统脱敏治疗中，便是利用放松训练对抗焦虑情绪最终形成替代。放松技术操作较为简单，在学校、家庭情境中也可由老师或家长指导来帮助儿童克服焦虑、冲动、对抗等情绪。

（三）系统脱敏疗法（systematic desensitization）

沃尔普（Wolpe）提出的系统脱敏疗法是基于经典条件反射理论中的交互抑制（counterconditioning）原理发展而来的，主要针对特定情境下的焦虑症、恐怖症等。

行为心理学家认为,焦虑、恐惧等情绪也可以是一种习得性反应。例如,被狗咬过的个体可能在日后见到狗出现便会觉得紧张,虽然未必会再发生同样的被咬事件。在这里狗与被咬的危险性刺激形成了联结,使得个体在见到狗时就会产生焦虑情绪。因此,个体可以对生活中任何事物产生焦虑反应,甚至是一些并不具有危险性的物体。逐渐地,原始的刺激可能发生泛化,如个体最初是看到大狗紧张,后来发展到看见很小的狗也会有情绪反应。这样便导致了焦虑等级的分化,原始刺激引起最大程度的焦虑,而与之相差最大的刺激将引起最低程度的焦虑反应。根据交互抑制原理,焦虑与放松两种相对状态不可能同时存在,沃尔普经过动物及人类身上的实验证实,如果在使个体产生焦虑的场景中引发一种抑制焦虑的反应(如放松状态),那么这些场景与焦虑反应之间的联结可以被削弱逐渐消退。

系统脱敏疗法同样适用于有场景焦虑或恐惧反应的儿童,如社交恐惧、考试焦虑、对一些特定动物的恐惧等。假设小宇十分恐惧在全班同学面前做演讲,他只要想到会有这样的作业要求便紧张不已。治疗师首先教会他如何放松及识别自己的紧张状态,可使用渐进放松法等技术进行。之后治疗师会与小宇共同划分焦虑等级,如将在众多陌生人面前演讲设定为焦虑等级最大 100 分,而引起焦虑程度最小的独处设定为 0 分。治疗师引导小宇想象不同场景,小宇根据自身焦虑感受对此场景在 0～100 之间评分。一般来说,系统脱敏治疗师需从中选择出 10～20 个场景,这些场景的焦虑等级应尽量平均分布于 0～100之间且与儿童的问题紧密相关,如将与亲密的朋友单独交谈的场景的焦虑等级设定为 5。治疗进行时,治疗师首先要求小宇想象一或两个焦虑等级低的场景,并引导其深度放松。之后要求其想象焦虑等级稍高的场景(如在两个陌生人前讲话),这种想象应尽可能富有真实感。治疗师告诉小宇一旦感到焦虑便举起右指,这时治疗师会要求其停止想象该场景并重新想象放松的场景。当小宇不再对该场景感到焦虑,便可以进行更高焦虑等级场景的想象,如此往复直至小宇不再害怕想象自己在众人面前演讲的场景。但系统脱敏疗法最终目的是帮助当事人在现实情境中不再焦虑,因此想象脱敏结束后,治疗师需评估当事人在现实情境中的表现来考察治疗是否有效。

现实脱敏法与上述的想象脱敏法结构相类似,但想象中的焦虑场景被换作真实场景。治疗师可将当事人带到各个场景之中或者提供一些复制品,如当事人害怕蜘蛛,则可使用蜘蛛玩具作为现实场景的模拟。在治疗师的帮助下当事人逐步进入其原本害怕的真实场景,感受到场景中丰富的刺激信息,虽有焦虑、恐惧等情感体验但同时也认识到没有危险发生,自己并不会因此失去自控能力。这本身便形成了交互抑制,降低了焦虑反应发生的可能性。由于儿童较难像成人般进行逼真的想象,因此与想象脱敏法相比,现实脱敏法更加适合儿童。

（四）满灌疗法（exposure and flooding therapy）

满灌疗法同系统脱敏法有许多相似之处。满灌疗法也是利用交互抑制原理来消除个体对于特定场景的焦虑或恐惧反应。例如,让害怕猫的儿童触摸一只真实的猫。不同的是,系统脱敏疗法是采用递进的方式逐步接近最大焦虑场景,而满灌疗法中治疗师将当事人直接暴露于其中（包括想象、回忆或现实情境）。此时，个体往往会在短期内感受到强烈的焦虑冲击，但治疗师会制止当事人的回避反应，要求其继续面对场景刺激。在这种暴露持续一段时间之后，当事人的焦虑感受逐渐减轻，最终当事人能够较为放松地面对该场景，破除了焦虑感受与场景刺激之间的联结。治疗过程中治疗师需使用放松技巧，安抚当事人的情绪。

与系统脱敏法相比，满灌疗法疗程较短，几个小时的时间便可完成。研究表明，满灌疗法在治疗特异恐怖症、强迫症、创伤后应激障碍等与焦虑相关的障碍时比其他疗法更加有效。但需要注意的是，治疗师选用满灌疗法时应充分考虑儿童的承受性。因为强烈的情境刺激会对儿童的心理产生巨大冲击，如果使用不当，不仅无法消除焦虑反应，甚至会对儿童造成再一次的心理创伤。通常满灌疗法需与其他疗法相结合使用。

（五）示范技术（modeling）

示范技术来自班杜拉的社会学习理论。该理论认为，儿童可通过观察他人（包括治疗师）的行为及该行为带来的后果从而习得适应性行为来替代不适应的行为。示范技术可以是儿童观察他人榜样行为后进行模仿练习，也可以仅做观察学习却不进行模仿，例如一些不被期望的行为。示范可通过现实中真人做榜样，也可通过观看录像的方式间接进行。行为治疗强调了治疗师自身的示范作用，认为治疗师的态度、信念、行为等都可能成为当事人观察学习的对象。如果行为治疗中治疗师将其与儿童之间的关系作为治疗的因素，则更需注意自身行为对儿童起到了怎样的示范作用。而示范技术中的角色扮演法在解决人际关系问题时有着较多应用，治疗师扮演儿童或者是儿童生活中相识的人，通过模拟现实交往场景使儿童学习到新的适应性社会行为。

（六）自我管理（self management）

自我管理是指个体在治疗室之外的现实生活中实行自我指导以有效控制自己行为。自我管理策略包括自我监测、自我指导、自我强化等环节。通过自我管理，个体可以增加期望行为，减少或消除非期望行为，从而使生活获得积极的改观。这种技术通常适用于年龄较大的儿童。

首先，个体需确定目标行为，并通过自我监测（self-monitoring）寻找可能影响目标行为出现频率的因素，个体此时被要求记录与目标行为有关的情境或线索。例如，当事人通过自我监测发现听音乐增大了拖欠作业这种非期望行为出现的可能性。因此，个体可以停止听音乐，从而降低拖欠的可能。根据自我监测的结果，个体可以尝试制订行为改变计划，可结合利用奖励、惩罚等方法，如个体为自己设定如果连续一周没有拖欠作业则在周末奖励自己看一部电影。个体可以通过自我指导训练（self-statement training）来解决特定情境。治疗师首先示范给当事人正确行为，而后由当事人自行练习，如治疗师教会儿童如何拒绝他人邀请活动从而保证作业的完成，当儿童这样做到的时候便可给予自己鼓励，对自己说"做得很好"等。

自我管理技术容易出现的一个问题便是儿童因为经常完不成计划而感到沮丧。这通常是由于儿童对行为改变的速度、难易程度等评估不准，导致其在最初便设定了一个不可能完成的计划。因此，自我管理成功的关键便是制订切合实际的计划，这需要治疗师的合理指导。

（七）理性情绪行为疗法（rational-emotive behavior therapy）

理性情绪行为疗法的创始者艾里斯早年是一位精神分析师。他在临床实践中发觉，即使个体得到了领悟也未必能够适应性地生活。受到自身哲学理念的影响，艾里斯开始尝试改变当事人看待事物的态度，这后来发展为理性情绪行为疗法。艾里斯认为，引起人们情绪困扰的根本原因是根植于个体内心的不合理信念，这种非理性具有天生性，来源于人的生物性本能如追求享乐、惰性等。由于社会群体的存在，他人的评价容易影响个体对于自己的看法，一旦受到他人的批评或拒绝，个体会感到沮丧并指责自己的无能。不合理信念更像是一种儿童时期的思维，如将"想要"变为"必须"、将"愿望"变为"要求"。此外还有"必须"，如"我们必须成功、必须被公平对待"等。绝对化是不合理信念的共同特征。艾里斯认为，人们固执于不合理信念对于困境并无帮助。他会质问："对重要的考试十分紧张便能得到更高的分数吗？"

理性情绪行为疗法主要程序可被划分为 ABCDE 5 个环节。治疗起初，治疗师以类似老师的身份教给当事人理性情绪行为疗法的理论及如何识别不合理信念。当事人报告与问题相关的生活事件（activating events），包括对事件的客观描述与当事人内心对事件的认知，通常也会将后果（consequences）一起说出。例如，小学生黛西抱怨道："今天艾德没有答应和我一起玩，因为我很没趣吧。"在当事人将这句话脱口而出时，自己便会意识到这种归因并不符合治疗师所强调的"理性"，而治疗师可以反问道："艾德也会拒绝其他人的邀请吗？"黛西说："嗯，他并不是和每个人都会一起玩的。"治疗师便可以指出艾德没有必要一定要答应她的邀请，是黛西自身的"我应该被人喜欢""我一无是处才会被人拒绝"这样的信念导致她的抑郁感。这样，当事人可以识别自己的不合理信念（Belief）。理性情绪行为治疗师会准备一系列的认知、情绪、行为技术对当事人进行干预，但最主要的方法是与当事人就不合理信念进行辩论（Dispute）。可用的辩论技术很多，如针对逻辑矛盾进行的苏格拉底式对话、幽默等。在治疗室之外当事人通常还需阅读一些自助书籍或听自己的治疗录音进行反思。治疗师在治疗中将帮助当事人认识到自己对不合理信念的坚持是一种自我挫败行为，但可以建立新的信念来代替原本的不合理信念。治疗的效果（Effect）体现为当事人在现实生活中抑郁与不满的情绪得到减少，更懂得享受与知足。

（八）认知治疗（cognitive therapy）

贝克（Beck）提出的认知疗法与艾里斯理性情绪行为疗法在许多方面有着相同之处，但两者从理论上来说，贝克更为丰富了认知治疗取向的理论结构。某种意义上，贝克比艾里斯更进一步深入地探讨了个体的认知机制是如何运作的。认知治疗中治疗师的任务不再是纠正一些不合理信念，当事人应将这些信念看做一种假设，通过观察自己的行为与假设之间的关系增强对自我图式的认识，在治疗师的引导和帮助下当事人可以修改功能失调的思维方式。认知治疗注重区分不同障碍的个体拥有不同的认知歪曲和行为感受。例如，抑郁症患者习惯于回忆与自己消极想法相一致的事实却忽略违背这些想法的部分。

自动思维的产生与当事人生活经历有关，一些恐惧、焦虑的体验会使个体失去有效的信息加工能力。[①]

认知治疗中会借用许多其他流派的方法，例如行为治疗取向，当事人最终将学会用合乎实际的认知方式取代原有的功能缺损的偏差认知。认知治疗一般包括以下技术：行为练习、家庭作业、放松训练、社会技能训练、羞恶攻击练习、阅读书籍等。家庭作业的布置可以使当事人亲自体会改变了的认知模式在现实生活中的有效性，个体的参与度提高，延续了治疗室外的治疗。认知治疗中治疗师会推荐给当事人一些励志的自助书籍，促使当事人进行自主学习并借鉴他人经验。认知治疗同样具有较高的教育性。认知治疗适用于儿童及儿童家庭辅导，尤其适用于焦虑、抑郁、社交恐惧等。

特殊儿童经常会面临被外界"贴标签"的困境，一旦被诊断为特殊儿童，他们则可能就此对自己的评价严重下降，如认为"我是没有价值的""我难以做好任何事情"。认知治疗师在干预中可能使用这样的语句："你是怎么定义没有价值的？什么样子是有价值的？给自己贴标签对自己有好处么？如果你不给自己贴标签那么你会有怎样的变化？"通过这样的过程帮助儿童提高对自我的认识和控制，改善其与社会环境相互作用的模式。

三、应用及发展趋势

行为治疗强调环境对于个体的影响，认知治疗则调整了行为治疗对个体心理现象的忽视，引入了心理认知观点并促进了整合或折中心理治疗取向的发展。与心理动力学治疗不同，行为与认知取向强调理论应建立于实验研究基础之上，因此行为与认知治疗进行了大量关于临床实践技术效果的研究并积累了许多数据资料。行为与认知治疗体系发展了一系列短程且实效性较好的技术，能够在短期内有效干预特殊儿童的行为表现。行为与认知治疗的治疗师通常被要求态度认真积极并为当事人制订详细的计划，更像是一位指导者而不再如心理动力学治疗中的治疗师般被动、不提出建议或寡言少语。但行为与认知治疗对于"科学性"的过分强调，使其人性观过于机械化，尤其在面对特殊儿童时，治疗师容易忽视儿童的主体性与精神世界，部分严格的治疗过程可能会使儿童感到精神上的痛苦。这也是行为与认知治疗面临的一大难题。虽然儿童的外显行为似乎得到了改变，但其很有可能在离开治疗情境后出现反复或仍然无法控制其自身的现实生活。

行为与认知治疗很好地进入了学校情境，在特殊儿童的教育与临床干预领域有着较为广泛的应用。行为疗法的应用目前在特殊学校中极为常见。例如，在儿童表现出期望行为的时候教师会积极地给予口头表扬或奖励等。实践经验表明，行为疗法能够有效训练特殊儿童的生活技能、减少儿童的攻击行为等。认知疗法则可以用来提高特殊儿童的自信心，促进他们建立积极的思维方式，使他们认识到自己是有价值的人。

---

① 贝克. 认知疗法：基础与应用[M]. 翟书涛，译.北京：中国轻工业出版社,2001:83-101.

特殊儿童个案：

鑫鑫是一名9岁的自闭症女孩,治疗师对其进行了评估。鑫鑫有着典型的自闭症症状,并且没有语言能力。治疗师通过行为评估发现,一旦环境发生改变,鑫鑫较容易出现问题行为,如大叫、哭闹等。治疗师设计了一本图画书,试图教会鑫鑫使用图片交流系统进行社会交往,表达自己的愿望。起初,治疗师通过行为塑造强化教会鑫鑫通过拿取休息卡片表示自己需要休息,将整个行为划分为多个小的单元依次进行。例如,首先是鑫鑫在提示的情况下碰触休息卡片治疗师便给予强化鼓励。一旦鑫鑫成功完成这个行为,她便可以离开教学情境到角落去自由活动10分钟,这对于她来说一种非常有效的强化。通过这样的过程,鑫鑫可以理解其发出信号与产生的结果之间的联系。此后,鑫鑫逐渐地学会有选择性地使用休息卡,其使用的次数也受到了限制,她能够更好地参与教室中的活动了。图画书中包含有许多请求,如吃饭、去洗手间、跑步、玩玩具等。治疗师指导她的家长在家中也要求其练习使用图画书,尤其需奖励其主动利用该书的行为。最后,鑫鑫学习了一些简单的行为请求,在没有人提示的情况下,她也能够根据自己需要主动做出行为。对于这样的结果家长、教师均表示满意。

第3节　完形心理治疗

完形治疗是20世纪50年代以来由帕尔斯夫妇、古德曼等人创立的独具特色的心理治疗体系。这一理论深受格式塔心理学、勒温的场论（field theory）、存在主义、现象学的影响,强调个体与环境的整体性。近年来,经过波斯特夫妇和克拉克森等人的继续完善和革新,该理论增添了新的内容,形成了与帕尔斯时代完全不同的治疗风格。

一、完形心理治疗的基本理论

完形治疗的理论包括该学派独特的概念体系及其人格理论和心理失调理论。

（一）基本概念

1. 自我觉察

自我觉察（self-awareness）是完形治疗的核心概念。个体的自我觉察能够促进个体自发地调整自身功能。个体如果能够充分觉察,改变自然会发生。也就是说,觉察本身具有治疗作用。思姆基（Simkin）对"觉察"做了以下说明："觉察是专注与注意的能力。思考并不是觉察;感觉、感受也不是觉察,觉察乃是去接触,了解'我'正在想什么,感觉到什么……如果我不能觉察到我正在做的,我就是对我所做的没有反应。"在个体—环境的互动过程中,个体觉察到经验内在的冲突,发现真实的自我。

人与环境是一个整体,忽略任何一方的觉察都不是正确的觉察。因此,不仅要觉察自我、觉察环境,还要觉察自我与环境的互动关系。

2. 聚焦此时此地

完形治疗最大的特色是强调"此时此地"的经验,强调充分认识和感受"当下"这一时刻的意识活动，谈论过去就是对当下体验的逃避。力量存在于当下。[①] 帕尔斯1974年说："对我来说，没有超出现在的存在，当下＝体验＝意识＝现实。过去不存在，将来也不存在。"只有敢于面对那些对当下产生威胁的意识体验才能获得成长的力量。

为了帮助当事人接触当下，完形治疗师常会问"是什么"和"如何"，而很少问"为什么"。为了增强当事人对"此时此地"的觉察，治疗师鼓励以现在时态对话。他们常会问这样的问题："你在做什么？""你感受到什么？""你想要什么？"，等等。治疗师关注当事人的非言语行为，诸如姿态、呼吸、手势、表情等。在治疗中，所有的问题始终都关注当下的意识状况，治疗的目标包括帮助当事人学会用"我现在正在……"这样的表达方式，对"我"的强调意味着：当事人能够觉察到自己对于要做什么事情，具有选择权和决定权。

3．发掘未竟事务

未竟事务是完形治疗的一个重要概念。它是指在过去经历中没有得到解决的事件和没有得到充分表达的情感，包括愤怒、遗憾、愧疚、焦虑、悲伤等负面情感。这些情感在意识领域没有得到充分体验，而在潜意识中徘徊，并随时可能不知不觉地进入现在的意识当中，妨碍意识与自我、环境和他人的有效接触。未竟事务会一直持续存在着，直到个体勇敢面对并处理它。只有完成这些未竟事务，个体才能重新成为一个完整的人。

4．实现接触

完形治疗师认为，接触是发生改变和促进成长的必要条件。当个体与环境接触时，改变不可避免地发生了。接触通过看、听、嗅、尝、触摸、说话、移动七种方式完成。[②] 有效的接触是指个人与环境及他人交互作用，同时又保持个人的独特存在。它是个体不断变化、富有创造性地适应环境的过程。有效接触的前提条件是敏锐的觉察，充满活力及自我表达的能力。[③] 无效的接触是指个体的表面行为与内心想法不一致。抗拒接触是指个体采取防御机制，避免用真正的方式体验现在。在治疗中，治疗师采取不同的接触机制，帮助当事人学习如何自然、自主地与环境接触并体验接触带来的结果。

小强的案例：

4岁的小强因为经常表现出攻击行为，被带到治疗室。治疗师通过设计游戏场景来改善小强与外界的接触方式。首先，治疗师让小强重演刚刚发生的事件，并表达自己的感受；然后让小强扮演受他欺负的小朋友豆豆的角色，仔细体验豆豆的感受。于是小强感受到两个情景的明显差异，体验到一种内心的强烈冲突。本来他推了豆豆一个跟头，内心是希望与豆豆在一起玩的。察觉了这种不一致的地方，对于小强是一种全新的发现。

在治疗师的引导下，小强开始探索以新的视角来看待小朋友，看待自己的行为方式。后来，他跟小朋友交往的模式发生了改变。他学会了对小朋友表达自己的愿望，例如交换

---

① Polster E., Polster M. *Gestalt Therapy Integrated* [M]. New York：Brunner & Mazel，1973.

② 同上。

③ Zinker. *Creative Process in Gestalt Therapy* [M]. New York：Brunner & Mazel，1977.

玩具,并一起做游戏。

5. 现象场的图形与背景

完形心理学认为,有机体是通过"图形与背景"的原则,了解自身所处的环境。形成"完形"就是形成"背景—图形"。帕尔斯认为,心理问题的产生是因为个体一旦形成一种"图形—背景"就看不出其他的"图形—背景"。心理健康的人具有"完形"能力,即能够自由形成各种"图形—背景",感受现实世界,形成自己对外界的诠释。完形治疗的目标就是帮助当事人找回这种"完形"能力。

6. 担负责任

完形治疗把存在的意义——责任作为其理论的基本概念。责任意味着每一位当事人决定着自己存在的性质。进一步说,责任就是拥有自己的付出,责任就是做出反应的能力。当一个人决定、选择、行动时,他就是在实践自己的反应能力。[①] 对生活负责是健康人格的特征,否认责任意味着放弃规划自己生活的权力。

（二）人格理论

植根于存在主义哲学,现象学和场论的完形治疗人格理论认为,人必须被放在与环境之间的关系中才能被理解。人与环境是形成互动关系的整体。个体的完形包括个体,环境(个体的背景)以及两者之间的关系。

完形治疗学派认为,人是一种生物体,人的日常生活目标都是基于人的生物需要,诸如饥饿、呼吸、性、生存、居住之所等。人的社会角色和社会行为都是为了实现终极目标所采取的手段而已。不断地满足需要,实现终极目标,达到机体的平衡是人格发展的动力。如果某一终极目标没有实现,个体就会体验到一种急切的需要,有机体处于失衡状态。此时,个体会自发地进行调节,通过与环境的互动,获得某种资源并将其同化为自身的一部分,使需要得到满足,使有机体恢复平衡状态。健康的有机体总是处于这样一种自发调节的、动态的循环过程中。这种持续不断地寻求完整性的过程——完形,是帕尔斯所强调的机体维持自身完整性的特征。

（三）心理失调理论

个体与环境是统一的整体。个体在与环境的互动过程中不断地发展成长,健康自然的个体很顺利地经历这一过程最终达到成熟,即个体在互动过程中根据变化而适当的调整自身的行为,与环境形成良好的互动关系。如果个体无法适应变化,用一种僵化固着的行为与环境互动,就会导致心理失调,使发展受阻。帕尔斯倾向用"神经症"表达心理失调。他认为,导致神经症的原因是在成长过程中遭遇阻碍导致发展停滞。幼儿时期,当孩子还没有发展出能够自我支持的能力时,父母亲就撤走了孩子们需要的外部支持。例如,当孩子还没有足够的力量和平衡能力去站立时,父母却要求他站立。在这种情况下,孩子能够体验到的只有对挫败的恐惧。这种体验导致了他在成熟过程中的停滞不前。帕尔斯

---

① Perls, F. *The Gestalt Approach and Eyewitness to Therapy* [M]. New York：Bantam,1973.

认为，父母对孩子的过度溺爱是导致儿童的发展过程受阻最主要的原因。[①] 大多数父母都想给予自己的孩子他们不曾拥有过的东西，加上担心自己的孩子受到挫折，父母们会竭尽全力为孩子打造一个安全、舒适、稳固的环境；孩子也乐意接受这样的安排，让父母帮他做所有的事情，不愿意继续发展成熟，乐意保持现状不断地接受环境支持，避免自己承担生活的责任。

二、完形心理治疗技术

（一）治疗目标

完形治疗的目标是促使个体的成长和成熟。帮助当事人增强觉察能力和接触能力，通过觉察了解环境，了解自我，接纳自我，达到人格统整。帕尔斯强调，要指导当事人在当下意识中进行创造性活动，促进情感、知觉、思想和行为的整合；尤其要体验或重新经历未竟事务，接受先前被否定的经验，勇于承担自己生活的责任。

（二）治疗过程

完形治疗没有固定的流程，治疗过程更多的需要治疗师的洞察力和创造力。治疗师通过现象学视角，运用创造性活动帮助当事人获得对自我当下的觉察。

初次与当事人接触时，治疗师就会通过询问当事人当下的身体或内心感受来增加当事人与自我接触的机会，使其专注于"此时此地"（here and now）的真实经验。当事人说到过去的未竟事务时，治疗师通过角色扮演、空椅子等技术推动当事人与重要他人之间的想象性对话，展开当事人与自我角色的对话，通过夸张、扩大和细化的方法，扩展当事人的体验和感受。在这一过程中，治疗师鼓励当事人用言语或非言语的表演和动作方式表达自己的体验。当压抑的情感得到充分表达，需要得到满足时，当事人对自我、环境及二者之间的关系产生了全新的理解，并学会了新的接触方式，继而有能力、有勇气承担自己选择生活方式的责任。

（三）完形治疗常用技术

1. 热椅子技术

这是帕尔斯于 20 世纪 60 年代在加州伊萨伦学院的治疗实践中创造的治疗技术，代表着典型的帕尔斯风格的完形治疗。当事人坐在椅子上，其他人共同面对他的问题，一一进行对峙式提问，挑战当事人当下的意识倾向（意向性）。治疗师先做示范，然后团体成员轮番上阵。坐在椅子上的人往往难以应对这种对峙，剧烈的心理冲突让当事人体验到一种坐在火上烤的感受。[②]

2. 心理剧

帕尔斯将心理剧作为一种角色扮演程序引入到完形治疗。在治疗中将当事人存在状

① James O. Prochaska. *System of Psychotherapy—a Transtheoretical Analysis*, 4th Edition ［M］. Pacific. Grove,CA:Brooks/Cole Publishing Company,1998.

② 杨广学.心理治疗体系研究[M].长春:吉林人民出版社,2003:341.

态的某些方面做戏剧性的展示，使得个人生活中的未竟事务，或个人的性格特点侧面，尤其是相互对立的人格倾向特点显示出来，鲜活生动地进入当下的意识状态，成为意识聚焦的图形。在体验这种对立冲突的过程中，个体经历了一系列的面对冲突、煎熬，经受痛苦折磨，最后做出选择承担责任的过程，完成了自我发现、自我成长和自我整合的过程。心理剧的具体应用技术包括角色转换、镜像技术、大声夸张的独白、未来投射及空椅子技术等。

3. 行为指导

这一技术包括创建一个程序结构，引导当事人去发掘、显现尚未进入意识领域的行为侧面，寻找新的方法和视角重新观察原来的行为。行为指导与心理剧中的角色扮演有相似之处，但关注焦点有所不同，也更具指导性。例如，对一个总是听周围其他孩子指挥的害羞的孩子来说，治疗师设计一个他经常遇到的场景，温柔地鼓励他用一种肯定的语气大声地说话，在每次说完之后都加上一句"我就是这样想的！"这样的指导可以帮助儿童接触深层的自我意识，增强自我行动的力量，为建立新的创造性的生活打开通路。

4. 梦的整合

与经典精神分析师要求患者联想梦的各个部分不同，完形治疗师试图让当事人在治疗室中重新体验梦境的细节，甚至表演梦的内容。完形治疗师认为，梦的工作是帮助当事人挖掘真实自我，并不是要对梦做解释。他们认为当事人比其他任何人都清楚明白一切，解释只会导致认知作用的隔离，有时甚至会误导当事人。而通过让当事人直接面对做梦的经历能够发现、体验内在的自我，并导致深层次的自我整合。梦能够传达信息，是自我冲突的缩影。梦是一种对个人自我存在的反映和用来避免面对自己的方式的缩影。通过表演梦中的不同人物或事物，个人能够觉察到自我失去联系或疏远的部分然后将它们整合起来。

三、完形心理治疗的应用及发展趋势

帕尔斯时代的完形治疗非常注重运用技巧与当事人进行对质，目的是让他们体验到自己的感觉。帕尔斯极端强调个体性和自我依赖，忽略了关系和相互依赖。他非常看重治疗师本人的创造性，认为有创造性的治疗师能够帮助当事人发掘对自身的觉知。与此相比，治疗关系的和谐与否并不足以影响到治疗效果。因此，帕尔斯经常使用对峙技术挑战当事人。他的治疗风格十分凌厉、严峻，往往让人觉得难以接受。在他那个时期的完形治疗师把这种对峙技术，以及挑战当事人的治疗风格作为完形治疗学派与其他学派的主要区别。

经历数十年的发展，目前的完形治疗早已超越了早期的治疗实践。它更关注理论的指导、说明和一般的认知因素。[1] 凯恩（Cain）认为："自从帕尔斯1970年去世以后，完形治

---

[1] Yontef. *Awareness*, *Dialogue* & *Process*: *Essays on Gestalt Therapy* [M]. New York: The Gestalt Journal Press. 1993.

疗的实践开始强调治疗师与当事人的关系质量，对话，情感协调，利用当事人的智慧和资源，扩展治疗的方式，发展治疗理论尤其是场论和现象学理论的重要性。"劳拉·帕尔斯（L. Perlz 年）也认为，治疗师本人比他使用的技术更重要："完形治疗师不采用特别的技术。它可以把自己积累和整合起来的任何专业知识和生活经验应用到治疗情境中。有多少治疗师和当事人就有多少种治疗风格。正是这些治疗师和当事人发现了他们自己，发现了他们彼此，并最终改变了他们之间的关系。"当代最具影响力的完形治疗师波尔斯特夫妇也强调，治疗师要认识自己，把自己的人生体验作为治疗过程中的重要原料，使自己本身成为治疗手段。他们认为，完形是一种对话，是一种关系治疗。和谐的治疗关系对治疗效果有重要作用。

（一）针对特殊儿童的完形心理治疗

完形治疗理论的发展和应用已经渗透到针对特殊儿童的心理治疗。结合儿童发展阶段的特点，完形儿童治疗师对儿童的心理障碍产生的原因、发展变化及解决办法的理解更容易让人接受。

有这样一个儿童的个案：7 岁的安格因自伤行为被带入心理治疗室。治疗师在与安格的接触过程中了解到安格父母半年前因车祸死亡，现由姑母抚养。

前几次会面中安格一直沉默不语，表情冷漠，似乎与外界失去了任何情感和动机的联系。治疗师耐心的陪伴和关注让他感觉到安全，慢慢地他愿意与治疗师进行交流，但表情依然是冷淡的。有一次安格毫无表情地谈起了父母的死亡，就像是在谈论别人家里的事情。这时治疗师回应说："当时你真是吓坏了，根本不能思考，不知道自己究竟该怎么活下去。"这时安格的眼泪流了出来，失声恸哭。他开始诉说自己的真实感受：惊惶、恐惧、不知所措，还有莫名的怨恨。他开始接纳自己真正的情感体验，开始与真实的自我接触。一旦找到了切入点和方向，随后的心理治疗进展得很顺利。

完形治疗师使用一些非常有创意的方法帮助儿童寻找和接触到自身的真实体验。听儿童讲故事，观察儿童讲故事的方式都是了解儿童的重要途径。在儿童讲述故事时，治疗师的耐心倾听和仔细欣赏能够帮助儿童增强对自身体验的敏感性，增强自我感。成功的治疗师会抓住故事中有意义的细节，指导儿童运用表演、绘画、雕塑等形式将其扩大，让儿童在这一过程中充分体验、感受、表达。正如克拉克森所说，治疗不是要改变什么，而是重新塑造那种自然的表达，使经验恢复流动性、生动性和丰富性。[①] 儿童在流动的经验中找到自我支持的力量，与真实的自我建立良好的接触，依靠自我的力量解决心理障碍，促进人格的健康发展。

由于在儿童发展阶段中言语交流能力不足，所以完形治疗尝试采用心理剧这种团体形式治疗因发展性失调导致心理障碍和智力落后、自闭症、学习或品行不良等问题儿童。治疗师鼓励儿童在团体情境中用戏剧化形式将自己的记忆、梦、内心的想象、未竟事务等

---

① Clarkson，P. A multiplicity of Psychotherapeutic Relationships ［J］. *British Journal of Psychotherapy*，1990.

表达出来。同时，儿童在表达自己的过程中需要得到其他成员的帮助，如扮演其他角色。在与其他人的互动过程中，儿童还能够学习如何倾听，如何与他人建立良好的人际关系。在心理剧进行中，警觉敏感的治疗师会引导儿童进行更深层次的自我接触。例如，对一个正在有攻击性行为表现的儿童，治疗师会让他保持某一个动作，成为一座"雕塑"，让其他成员站在"雕塑"周围，将自己的感觉大声表达出来。其他成员的表达会让中间的"雕塑"有更多机会去觉察自己内心的感觉体验，继而他会创造性的产生一种完全不同于以往的行为表达自己的情绪。这种行为不但能让他将真实的情感表达出来，而且还得到了周围成员的理解和接受。通过接触，个体不必刻意改变什么，改变会自然发生。①

（二）对完形心理治疗的评价

受现象学、存在主义影响颇深的完形治疗理论认为，治疗的主要目标是帮助当事人获得觉察力。运用创造性方法，如心理剧、讲故事、雕塑等方式让儿童在此时此地的当下情境中接触真实的自我感觉，与环境和他人之间互动时的感受，自然地展开自我调节过程，调和自身存在的对立冲突，整合自身的各个方面，形成完形。

随着完形治疗理论近50年的发展，从只强调个体独立性到强调个体与环境的互动关系，从只强调技巧的运用到强调良好治疗关系的建立，从帕尔斯凌厉对质的治疗风格到波尔斯特夫妇温和细腻的治疗风格，当代完形治疗大师们不断完善创新完形治疗的理论与实践，使之运用的范围不断扩大，影响力也日趋深远。

在特殊儿童心理治疗领域中，完形治疗有独特的魅力。完形治疗注重非言语方式的运用，让儿童们将自己内心的体验用各种非言语形式表现出来。治疗师富有创造性的指导，能够加深儿童们在表现过程中的感受，僵化停滞的经验一旦流动起来，自我调节的过程便开始了，改变也会自然发生。

由于治疗对象的特殊性，对治疗师的要求也相应提高。除了掌握完形治疗基本理论和实践技术之外，对治疗师本人的素养也有相当高的要求。当代完形治疗依然非常重视治疗师本人的创造性能力和敏感性，治疗师丰富的生活阅历，独特的人格魅力都是保证治疗取得效果的重要因素。

 本章小结

1. 弗洛伊德开创的心理动力学派最早关注儿童的经验和无意识的心理能量。
2. 荣格的释梦和主动想象技术特别注重儿童的象征能力和超越性的整合目标。
3. 阿德勒个体心理学关注父母对儿童的影响，鼓励当事人勇敢地承担社会责任。
4. 安娜·弗洛伊德、哈特曼、玛勒、埃里克森等人代表的自我心理学派奠定了儿童自我意识分析和心理治疗的实践基础。

---

① Polster，E.，Polster，M. *Gestalt Therapy Integrated：Contours of Theory and Practice*［M］. New York：Vintage Books，1973.

5. 科胡特和科恩伯格的自我心理学由起初的性本能理论转向关注儿童早期经历及亲子关系。

6. 梅莱妮·克莱因的客体关系学派系统发展了游戏疗法。

7. 系统脱敏、应用行为分析、放松、满灌疗法、示范、认知重组、自我管理等行为治疗技术都可用于特殊儿童的干预。这些技术可以针对特殊的问题行为取得快捷的干预效果。当事人自己也可以掌握这些技巧，学会更好地管理自己，而不必依赖别人的控制。

8. 完型治疗学派强调此时此地的意识体验和自我觉察能力，利用角色扮演、空椅子、梦的重新体验和表演技术鼓励人们自觉地活在当下，具有鲜明的特色和广阔的应用前景。

9. 完形治疗注重非言语方式的运用，让儿童将自己内心的体验用各种非言语形式表现出来，治疗师富有创造性的指导能够加深儿童们在表现过程中的感受，僵化停滞的经验一旦流动起来，自我调节的过程便开始了，人格的改变也会自然发生。

 思考与练习

1. 经典精神分析、自我心理学、客体关系学派、自我心理学的治疗体系有何区别？

2. 行为-认知治疗的主要技术有哪些？如何有效地运用？

3. 完形治疗的独特之处是什么？应用于特殊儿童的心理治疗有怎样的前景？

第5章　心理治疗的体系(中)

本章讨论的心理治疗流派有：以罗杰斯为代表的以人为中心的心理治疗，甄德林的聚焦治疗，以及弗兰克的意义治疗。这些疗法的共同特点是关注个人体验和存在的意义，可以归入人本主义—存在主义治疗体系。

第1节　以人为中心的心理治疗体系

在心理治疗领域，卡尔·罗杰斯(Carl Rogers)以人为中心的心理治疗体系是弗洛伊德之后最深刻而伟大的革命。他的理论观点和临床实践影响了全世界的心理治疗、学校教育甚至包括国际政治的走向。

一、以人为中心的心理治疗的基本理论

以人为中心的心理治疗是建立在罗杰斯提出的关于自我的理论之上的。该理论认为自我是人格形成、发展和改变的基础，是人格正常发展与否的重要标志。

1. 现象场

罗杰斯认为，个体在与世界的联系中，并不是对"真实的"或者"纯粹的"世界做出回应，而是对自我体验到的现实——现象场(phenomenological field)——做出回应。个人的世界是他的现象场或经验世界。个体的现象场是独一无二的，也是他的真正现实，他的行为、思想、感受都由现象场决定。要理解一个人，必须了解他的现象场。人际沟通和理解的实质在于交流双方现象场的"重叠"或"融合"。

2. 自我

自我是个体现象场中分化出来的一部分，即个体现象场中具有核心意义的知觉经验的总体。自我包括两部分：主体自我和客体自我。主体自我是行为和心理经验的主体；客体自我是个体对自身及其与环境的关系的认识和看法，也称自我概念。所谓客体自我，即对自我的描述性觉知。心理治疗前后当事人现实自我与理想自我之间差距的缩小，标志着以人为中心治疗的有效性。

3. 经验

经验是指发生在有机体的环境中，并在某一特定的时刻可能被意识到的一切内容。对有机体的发展起作用的经验叫机体经验。个体有时会拒绝或歪曲某些经验，从而阻止这些经验进入意识，或以歪曲的形式进入意识。能够被个体意识到的有限的经验叫现象经验。当机体经验与现象经验一致时，个体会产生积极情感，有利于个体的健康发展；不

一致时则会产生消极情感,妨碍个体的健康发展。

4. 现实自我与理想自我

自我概念是个体对自身及其与环境的关系的了解和看法。现实自我是指真实存在的自我,即个体的真实状况。理想自我是指个体期望中的自我,是个体发展的动力。当个体的现实自我与理想自我之间的差距不大时,个体会感觉到幸福与满足,其人格发展是健康的;当两者差距很大时,个体感觉痛苦与不满足,人格发展遭遇障碍,引发心理疾病。

5. 有机体的整体性

人生活在一个不断变化的世界中,人是这个世界的中心。自我不是僵化不变的,而是处于过程中的结构,可以稳定也可以改变。罗杰斯用"有机体"来指全部的心理经验产生的场所。有机体包含全部的个人经验,自我就是有机体中"我"的那一部分。

6. 自我实现

罗杰斯(Rogers)认为人类有机体有一个基本的动机驱力:趋向于自我实现。这是人类有机体的中心能源。罗杰斯将这种自我实现的趋势定义为:机体的本能趋力去发展它所有的能力,在各个方面保持或提升机体自身。它不仅包括对空气、水、食物和缓解紧张、压力的生理需求,也包括性格上的一种倾向,比如通过成长来扩张自己,通过与他人的联系和创新提高自己。它还指通过对文化工具的掌握来扩展个体的作用,提高个体自身;也指人类逐渐从受外力控制转变成由内部控制自己。罗杰斯用机能充分发挥作用的人(fully functioning person)表达自我实现的理想状态。心理治疗的目标就是帮助当事人释放这种潜能,朝着积极的、建设性的方向前进,使个体的机能充分发挥作用。

7. 机体评价

机体本身能够对遭遇的一切经验做出自己内在评价,这就是机体评价。它对能够保持或提高机体自身的经验做出积极评价,对否定自身成长的经验做出消极评价。这种能力来源于机体本身,是一种机体智慧。罗杰斯指出:"人比自己的理智更聪明……我们的机体作为一种整合的存在,具有一种远远超出我们的意识思考之上的智慧和目的性……"当人的行为、思想和感受状态不一致时,机体智慧会自动进行调节,整合各种经验与自我观念,使之和谐一致。

8. 附带条件的评价

个体与环境和他人的互动中会产生他人对自我的评价。他人的积极关注和评价对机体的成长具有积极作用,不幸的是关注和评价有时会带有附加条件,这就是价值条件。例如,儿童为了获得父母的爱和关注,压抑想要到外面玩耍的想法,听从父母的安排,在家里做功课,表现得很顺从。这种体验的反复出现,使得个体将父母(重要他人)有条件的关注内化成自身的、干扰了机体智慧的准确感知和自我评价,使个人的价值体验变得固定、僵化。当机体的感受与内化的价值条件不一致时,内心就会产生冲突。当机体运用不恰当的方式来寻求内心平衡时,就会出现心理失调,导致心理歪曲,产生心理疾病。

9. 无条件积极关注

无条件积极关注对儿童的人格发展具有非常重要的意义。在他人对自己的无条件积极关注下，儿童能够建立起积极的自我关注。积极的自我关注是自信和独立感的源泉。儿童逐渐意识到自我的独特性，能够对自己的行为承担责任。正如罗杰斯所说：这个人"在某种意义上变成了对他自己能产生重要社会影响的他人"。

二、以人为中心的心理治疗技术

（一）治疗目标

以人为中心的治疗目标不是当事人目前问题的解决，而是要达到人格的转变、成长，实现深层次的整合。当个体丢弃了面对生活时的防御面具，充分体验到那些被隐藏或被否定的经验时，他就获得了成长为一个新人的力量：随着对自己机体经验的更加开放，他开始信赖敏锐的机体智慧，接受来自内部的评价，主动参与到一个流动前进的过程中，在自己的经验之流中获得新的自我的生成与变化，成为一个功能充分发挥作用的人。

（二）治疗关系

良好的治疗关系是治疗成功的关键因素。罗杰斯认为治疗是人与人的真诚相遇。正如马丁·布伯所说："与一个人真诚地交谈而不扮演某种角色，即两个人在一种深刻而有意义的水平上相会，这种深刻的相互体验有一种治疗的效果（healing through meeting）"。[①] 建立良好的治疗关系是治疗的主要任务。当这种关系建立并发挥效用之时就是治疗产生效果之时，也就是治疗结束的时候。这种被罗杰斯称为助益性关系的是指某个参与者意欲使另一方或者双方发生某种变化，使个体的潜力更多地得到欣赏、表达，更好地发挥作用。[②] 这个定义覆盖的范围极为广泛，包括所有通常用来促进成长的关系，如母子关系、父子关系、医患关系、师生关系、咨访关系。

建立良好治疗关系的条件是无条件积极关注、真诚透明、共情理解，以及当事人对治疗师所做一切的感知。

（1）无条件积极关注。无条件积极关注是指治疗师对待当事人的意向态度。罗杰斯认为，当治疗师对每一个当事人都持一种热情、积极、接纳的态度时，他们表现的就是无条件积极关注。这种关注并不取决于当事人现在的状态或过去的经历，因此是无条件的。对于创造一种助益性关系以促进当事人的自我探索和自主成长，这是一个基本要素。

（2）真诚透明。真诚透明是指治疗师的真诚态度和自身的内在评价一致。治疗师面对当事人时不加任何掩饰、隐瞒，表现出真实的自我，言行一致、表里如一。在这种"人与

---

① 车文博.人本主义心理学［M］.杭州：浙江教育出版社，2003：170.
② 罗杰斯.个人形成论［M］.杨广学，等，译.北京：中国人民大学出版社，2004：36.

人的真诚相遇"中。治疗师的真诚能够帮助当事人找到他自身的真实。

（3）共情理解。共情理解是指治疗师进入当事人的现象场，看待他面临的问题，体验他的各种情感，并即时将这种理解传递给当事人。罗杰斯曾这样描述共情理解："感受当事人的个人世界，就好像那是你自己的一样，但又未失去'好像'这一品质。它对治疗至关重要。感受当事人的愤怒、害怕或迷乱，就像那是你自己的一样，然而你却并不是在愤怒、在害怕或在迷乱……"

（4）当事人对治疗师所做一切的感知。治疗师用无条件积极关注、真诚、共情理解为当事人创造一种理想的成长环境，而当事人对治疗师所传递信息的感知，是决定是否能建立良好治疗关系的关键。

当事人越是把治疗师看做是真实的、诚恳的、共情的，对他越是无条件积极关注的，那么当事人就越可能开始远离静态的、僵化的、无情感的活动方式，发生机能的变化，趋向于流动、变化、接纳地体验高度分化的个人情感。① 这种改变使个体趋向心理健康和成熟的方向，使个体与自我、他人以及环境和谐一致。当事人在治疗师的陪伴中建立起积极的自我关注，能够倾听自己内心的情感，接纳真实的自我。"从面具后走出来，摒弃心理防御的行为，对真实的自我更加开放……变得更加自觉，更加自我接纳，较少防御，更加开放，此时的他终于可以按照人类有机体的自然倾向自由地变化与成长。"②

（三）治疗过程

以人为中心的心理治疗强调当事人最清楚自己的问题所在及解决方法。治疗师的作用是陪伴当事人发现问题、面对问题、做出选择、不断成长。在当事人转变和成长的过程中，治疗师全身心地投入为当事人打造有利于成长的环境，用真诚接纳的态度引导当事人探究生活中被隐藏、被否定的情感体验，避免对当事人提建议、做指导。正是治疗师的这种态度，引发了当事人的一系列转变。罗杰斯描述了这一转变过程：

第一阶段：当事人回避自我；否认自己的情感；拒绝与他人建立亲密关系。

第二阶段：当事人偶尔会描述情感，但是个体仍然远离自己的亲身感受；尽管程度尚浅，但开始表现出对存在问题和冲突的一些认识。

第三阶段：开始描述以前否认或隐藏的情感；能够自由地自我表达；开始对自我构想的有效性提出疑问；认识到问题是内部而不是个体之外的。

第四阶段：自由表达个人的情感，长期被否认被隐藏的情感在当下得到体验；个人构想的放松；明白自身的职责所在；他人出现在个体的情感体验中。

第五阶段：对情感的自由表达和接受；能够清楚意识到曾经被否认的情感；了解理智和情感间的冲突；明白并接受自己对问题的责任；产生一种成为真实自我的愿望。

第六阶段：坦然接受情感；体验到强烈的释放感；愿意与他人建立联系；相信其他人能够接受自己。

---

① 罗杰斯.个人形成论[M].杨广学，等，译.北京：中国人民大学出版社，2004：60.
② 同上，p58.

第七阶段：当事人可以轻松自由地体验自我；体验新的情感；现象经验与机体经验和谐一致；个体有能力核查体验的正确性。

（四）治疗技术

罗杰斯认为，治疗的重心应放在如何建立治疗师与当事人的关系，营造一个良好的治疗氛围，而不是去关注治疗技术。但因目前的心理治疗领域对他的治疗技术（如情感回应），尚存误解，所以在这里对其治疗技术做出说明。这些技术或方法中都蕴含着上文提到的罗杰斯最重要的几个治疗理念：无条件积极关注、真诚透明、共情理解。

（1）情感回应。情感回应是以人为中心治疗中的一个基本方法。该理论常常被人们误解为对当事人的情感表达做出应答或反应。罗杰斯曾专门做出解释："我并不是要对当事人的情感做出反应，而是要检验一下我自己对他们内心世界的理解是否准确，核查一下我所看到的与他们在那一刻所体验到的是否一致……我想，称作'理解检验'或'知觉核查'要比'情感回应'更加确切。"①

（2）复述。也叫"回应""准确反应""共情"，是罗杰斯在临床治疗中的一种反应技术。这也是以人为中心治疗中被人误解最多的一项技术。有些人误以为，以人为中心治疗的治疗师就是不断地重复当事人的话。其实复述并非是看上去那么简单。罗杰斯有一种超凡的能力，他总是能够体会到当事人的内在情感，像镜子一样准确反映出当事人的情感和话语中想要表达的意思。治疗师要进入他人的参照框架，冒着被改变的危险去体验他人的感受，要做到这一点首先要求治疗师做真实的自己，成为一个真正表里如一的人，接纳信任自己的体验，接纳真实的自我。

（3）表达自己的理解。罗杰斯关注当事人的话语和非言语行为。他认为，在谈话过程中对当事人未说出的感受或细微的和非言语信息所表达的情绪体验表示理解是非常重要的，这可以使当事人更清楚地感受到，他被人关注和倾听。

当事人：是的，我很生气，我很生她的气。

罗杰斯：（停顿片刻）我想你现在有点紧张。

当事人：是的，是的，我感到非常紧张。

（4）沉默。罗杰斯认为，当事人的沉默是有意义的，沉默是当事人经历艰难的心理过程的阶段。在一次 60 分钟的面谈中，罗杰斯保持沉默的次数共计 25 次，加起来共计 46 分钟。② 具有治疗效果的沉默不会让当事人和治疗师感到不舒服。善于观察的治疗师能够觉察到何时当事人在意味深长地体味重要感受和信息，所以沉默作为一种技术策略能够深刻地传达共情、耐心、信任和支持。治疗师共情的沉默带来的示范效果能够推动当事人进行认真的自我反思。

（5）自我暴露。人本心理治疗思想认为治疗是"两个人的相遇"。治疗师首先是一个

①　Barry A. Farber，等. 罗杰斯心理治疗——经典个案与专家点评［M］. 郑钢，等，译. 北京：中国轻工业出版社，2006：13.

②　同上，p19.

真实的人的存在，与当事人是平等的。治疗中恰当的自我暴露有两种作用：第一，当一方向另一方做出一定的自我暴露时，常常引发另一方做出相同水平的自我暴露。随着这一过程的进行，双方的关系变得密切。向当事人展示治疗师真实的个体形象，有利于建立良好的治疗氛围，推动治疗进程。第二，治疗师表露自己的相关经验启发当事人了解自身先前没有觉察到的部分，帮助当事人达到深层自我理解。

三、应用及发展趋势

以人为中心治疗的核心概念，如无条件积极关注、共情理解、真诚透明等深刻影响了整个心理学领域，并已渗透进当今所有的治疗流派中。与其说以人为中心治疗是一种心理治疗方法，不如说它已经成为一种被广泛接受并应用的心理治疗理念。

在 1928—1939 年间，罗杰斯在防止虐待儿童协会从事心理治疗工作，包括犯罪儿童的诊断与治疗。1939—1940 年，他担任纽约市罗彻斯特儿童指导中心主任。1939 年出版的《问题儿童的临床治疗》是罗杰斯十余年儿童指导工作的总结性著作。他提出，治疗者对求助者的态度应是：① 客观。不是怜悯和同情，而是真诚接纳，超越评判的理解。② 尊重。尊重发展中的儿童，让儿童对自己负责。③ 治疗师的个人自知。治疗师对真实自我的接纳和理解。④ 专业素养和知识。[①]

（一）在特殊儿童心理治疗中的应用

目前，以人为中心的儿童心理治疗有了进一步的发展，呈现出独有的特色。

1. 个体治疗

因心理发展遭遇障碍而被带入治疗室的特殊儿童常常表现出以下几个特点：① 被动接受治疗。产生心理障碍的儿童常常意识不到问题的存在，通常是由家长或其他成人强行带入治疗中心被动接受治疗。由于儿童缺乏对治疗过程和目标的认识，所以极易产生对治疗的抵抗。② 儿童自身发展水平有限。处于成长发展中的儿童其语言表达和理解能力以及认知水平有限，如果治疗师在与其交流过程中处理不当，会导致儿童产生焦虑感和受挫感，影响治疗进程和治疗效果。同时，儿童的人格发展具有很强的可塑性，极易受到治疗师本人和治疗关系的影响。③ 易受环境影响。环境尤其是家庭环境在儿童的成长过程中产生着重要的影响力。儿童对周围的生存环境表现出极大的依赖性。环境因素是儿童心理障碍产生和解决的关键因素。

在特殊儿童心理治疗中，以人为中心治疗显示出独特的治疗风格。

（1）安全温暖的治疗环境

面对被强行带入治疗室的儿童，治疗师言行中表达出来的积极关注和深入理解，让儿童感受到对方的尊重。这种体验逐渐消解儿童对治疗的抵抗。治疗师始终如一的态度为儿童营造出安全温暖的治疗环境。

---

① 车文博.人本主义心理学[M].杭州：浙江教育出版社，2003：171.

（2）与儿童建立良好的治疗关系

以人为中心治疗理论认为，和谐融洽的治疗关系是治疗取得效果的关键因素。这种关系本身就具有治疗作用。治疗师要结合儿童发展的特点，采用适当的方式帮助儿童表达自身的感受，对他所说所做的一切无条件的接纳，深入他的世界感受其体验，真诚地表达对这种感受的理解。当儿童感受到治疗师的真诚和接纳，他开始接纳并信任治疗师，在双方的互动过程中良好的治疗关系将贯穿整个治疗过程。

以人为中心治疗对良好治疗关系作用的强调可以从两个方面来理解。一方面，治疗关系本身就是一种特殊的人际关系。很多心理问题的产生是由于儿童在与外部环境，尤其是与他人的交流互动中出现了障碍。治疗师在治疗过程中要努力与儿童建立良好的治疗关系，让儿童产生被他人尊重、对对方产生信任、享受良好的人际互动的美好体验。这种建立良好人际关系的欲望和方法将迁移到治疗外的环境中，对儿童以后的发展起到积极作用。另一方面，借助与治疗师的特殊关系，儿童在其自我内部实现良好的沟通。当儿童能够成为他自己时，自我的力量开始增强。在这种充满活力，富有意义的关系中，情感和经验不再停滞，趋向于流动和变化。接受真实的自我使得儿童变得真实自然，不断健康成长。

（3）尊重儿童的独特性

以人为中心治疗致力于建立与儿童的良好关系并不意味着治疗师会纵容儿童的各种行为。以人为中心治疗尊重儿童作为一个个体的完整性、独立性。在这种安全、充满信任和尊重的治疗氛围中，治疗师的无条件积极关注、真诚透明、共情理解使儿童逐渐意识到自身的独特性，意识到自身拥有的能力，意识到要对自己的所作所为承担责任。

在对残障儿童亮亮进行的治疗中，治疗师试图让亮亮明白，他想获得独立感的需要以及以自己的方式使用时间的权利都得到了尊重。在前几次的接触中，亮亮因为得不到成人的帮助（指导）而不知所措，有时会用哭闹甚至敌对的行为表达自己的情绪。治疗师的无条件积极关注的陪伴使他逐渐意识到要自己做出决定，要自己安排时间。

亮亮：这么多玩具，该玩哪一样呢？（眼睛注视着治疗师）

治疗师：你想要我告诉你玩什么吗？（治疗师没有表达意见来指导他，而只对他的第二句话做出回应）

亮亮：是的，你想要我玩什么？

治疗师：亮亮，我知道你想要我为你出主意，但我的确不能，因为我喜欢的东西不一定是你喜欢的。（治疗师真诚的表达，试图让亮亮明白，要玩什么由他自己来决定）

亮亮：（低头）我喜欢变形金刚，还有海绵宝宝，先玩什么呢？（当事人表达自己的想法，但对于做决定仍犹豫不决）

治疗师：嗯，有时要拿主意真不容易。（治疗师的共情理解，引导亮亮体验内心真实的感受）

亮亮：我要玩这个。（拿起一个变形金刚，看得出他在尝试着做出决定）

治疗师：你要和它玩？（虽然是反问，但此时治疗师的语调和表情等非言语性信息传

达的不是一种质疑,而是在促进亮亮做决定的能力)

亮亮:(点点头)嗯,我要玩这个,一会儿我会把发生的事讲给海绵宝宝听。

接下来在玩耍的过程中亮亮玩得很专心,很投入,的确是像自己说的那样,又跟海绵宝宝讲故事。表达真实的感受、做出决定、按照自己的想法去做这一过程使亮亮意识到可以独立做决定并体验到一种自信和成就感,增强了自我的力量。

治疗中一些更加细微的行为也会将这种尊重的态度传达给儿童。比如,在接待时,让儿童参与和治疗有关的过程,如登记、签字、填写反馈意见表等。每次治疗后,如果儿童将自己的书面体会交给治疗师,治疗师应严肃认真的以书面形式给予反馈,这样可以让儿童感受到体贴和尊重。治疗师认真遵守预约时间,如果时间有变动,应该像对待成年人一样向孩子表达歉意并告知具体时间。治疗师的真诚态度会让孩子感觉到温暖和安全。在这样的治疗环境里,孩子可以轻松而无防御地表达自己的真实感受。

（4）让儿童主导整个治疗过程

以人为中心治疗理论认为,在平等和谐的交流关系中,儿童的心理认同感决定了他以什么样的节奏方式提供有意义和有价值的材料。在治疗的过程中,治疗师不评判儿童的言行,不替儿童做决定,不指导、不控制治疗的方向。而是用真诚的态度表达对儿童的理解,陪伴儿童在当下的存在。治疗师认同自己的陪伴作用,将治疗时间交给儿童,愿意接受由儿童选择的交流节奏,不会去加快或延缓治疗进程。

在某些特殊儿童的治疗个案中,儿童会一直保持安静、沉默,没有任何表达情感的言行,治疗师并不强制他去做些什么,只是以真诚的态度陪伴他,作为真实存在的个体给予适当地关注与理解。虽然直到治疗结束仍有可能看不到任何明显的治疗效果,但根据与儿童有关的成人的报告,能够说明治疗是成功的。

个案:

罗杰斯报告过这样一个临床个案:有一个14岁的少年抢劫行凶,毫无理由地袭击陌生人,还残忍地勒死了一只猫,破坏邻居的栅栏,表现出一系列反社会行为。他被强制带到治疗室。在整个治疗过程中,男孩拒绝与治疗师谈论任何事情,在连续15次的治疗中,大部分时间他都在看连环画,观察桌子、马桶和窗帘,或者沉默不语地看着窗外。在看似毫无收获的心理治疗结束之后,他的老师却汇报,男孩自发地表现了一次慷慨助人的行为,他用自己的印刷机为班级的溜冰舞会印了宣传单并分发给同学们,而且大家注意到他对学校生活开始产生了真正的兴趣。①

（5）多种多样的治疗形式

针对儿童语言发展和认知水平有限的特点,以人为中心治疗师采用多种多样的治疗形式,如游戏、绘画、讲故事、舞蹈、音乐等,在儿童能够理解和表达的水平上与之展开对话。治疗师利用这些非语言技巧,使儿童能够自由顺畅地表达自身感受和想法,从而避免

---

① 罗杰斯.当事人中心治疗[M].李孟潮,译.北京:中国人民大学出版社,2004:212.

了因言语交流障碍而造成的焦虑和受挫感。

2. 团体治疗

罗杰斯认为团体本身就具有治愈的力量。在以人为中心团体治疗中,治疗师的真诚、共情、无条件积极关注将尊重传递给每一位团体成员。在安全温暖的氛围中,团体治疗师引导儿童倾听他人对某种行为的理解,表达自己的观点。当儿童相互之间能够抛开评判性的态度,真诚的倾听与诉说时,个体内部的自我交流和个体间的人际交流同时发生了改变,在理解和表达的过程中儿童获得的尊重、独立、自信和被信任感使他们发生了变化,而这些都对儿童的心理问题的解决具有积极意义。

（二）对以人为中心治疗的评价

罗杰斯的心理治疗思想建立在作为一个治疗师的亲身实践经验基础上。他不断地要求用经验研究来支持他的人格理论和治疗方法。与其他治疗理论家相比,罗杰斯更注重思辨研究与实际操作研究两者之间的平衡。罗杰斯秉承严谨的科学态度,采用科学的研究方法来一一检验他的理论假设,大胆地将治疗过程作为研究的对象是对当时心理治疗的一大挑战。他的治疗理念现在已渗透到整个心理治疗领域,成为不同心理治疗流派共同的指导理论和临床实践基础。

对当事人的尊重与信任,强调治疗关系是以人为中心儿童治疗的主要特征。以人为中心治疗师认为,如果真正为孩子们提供一种真诚友好和谐的环境,治疗师的陪伴、不评判、不指导、不鼓励会让孩子对自己的言行产生一种责任感。当孩子意识到治疗师的环境与日常生活的环境有所不同时,这种意识会对自己的言行产生直接的影响。孩子正是因为受到外在环境的评判之后产生的内心冲突才导致心理障碍。因此,在治疗室中的环境会让孩子获得安全感,能够帮助他表达真实的自己。当自我力量能够顺畅流动,与外界的互动就会变得顺利。孩子获得的责任感和自我力量使他有能力采用良好的交流方式进行人际间的交流、互动,这促成了他在治疗室外的继续发展。

除却需要具备基本的理论修养之外,以人为中心儿童治疗师需要具备较高的个人修养。对儿童的亲近和耐心是所有儿童治疗师必须具备的基本素质。以人为中心儿童治疗师认为,只有儿童本人才知道解决问题的道路在哪里。在治疗过程中,非指导性原则要求治疗师克服去控制或指导儿童的欲望,跟随儿童的行进节奏,保持敏锐的洞察力和对自身变化的清醒意识。治疗是治疗师和儿童的共同变化、成长的过程,治疗师必须保持一种开放、接纳的态度,冒着被改变的危险进入对方的参照框架,才能做到真正的共情理解。而只有先了解接纳真实自我的治疗师才能做到真诚透明,作为一个真实存在的个体参与到儿童治疗中,才能真正充分信任自己的机体感觉,顺着它指引的方向前行。

（1）会心团体。会心团体是罗杰斯根据自己个人的生活经历发展出的一种通过团体进行心理治疗的形式。童年时期的封闭式家庭教育,使罗杰斯性格孤僻,不擅交际。上大学后,通过参加讲习班、俱乐部等小组活动,他体验到了良好人际关系的温暖,并成为一个乐观开朗的人。会心团体成员由背景或问题相似的人组成,促动员也叫团体领袖,是非指导性的,主要任务是促进成员间的建设性关系,建立轻松自由的团体气氛,使成员逐渐消除心理防御,建立真诚、信任、相互理解和关注的关系,每一位成员都展示真实的自己,做到全人(身体、思想感受)投入,获得自我成长。

（2）"以学生为中心"教学思想。1969年,在《学习的自由》一书中,罗杰斯表达了对现行教育体制的不满,提出应当改变当前的基本教育思想和教学方式。罗杰斯认为,学习应包括四个要素:① 个人投入性,整个人(包括情感和认知)都投入到学习活动中;② 自发性,即使学习的动力来自外部,追求发现、掌握、领会的感觉也是来自内部的;③ 渗透性,学习会使学生的行为、态度乃至个性都发生改变;④ 自我评价性,只有学生最清楚这种学习是否满足自己的需要。自我评价是使学习成为一种负责的学习的重要手段。

当学生确定哪些准则是重要的,学习的目标是什么,以及在何种程度上达到目标负起责任时,他也就真正学会了对自己及自己的发展方向负起责任。

罗杰斯强调"以学生为中心"的教学,他认为教育应该以"相信学生"为基础。相信学生能采取各种维持或提高自我的方式学习;可以利用各种资源达到这一目的,以提高自我的评价方式评价自己。教育的目标应该是促进学生的发展,只要给他们提供成长的氛围,他们就会成为能够适应变化,知道如何学习的"自由人"。罗杰斯强调尊重学生,发挥学生的主观能动性,着眼于学生的独立性,创造性的发展和人格的自我实现。虽然到目前为止,对"以学生为中心"的教育理论的研究表明,接受"以学生为中心"教学方法的学生在知识(课程知识)的获得上与"以教师为中心"教学的班级相比没有太大的差异,但前者使学生得到更多的社会性和感情的成长,帮助学生以自由平和的心情对待自己和别人,这些都是无法用考试成绩来测定的。罗杰斯的这些观点对我国教育事业的改革具有重要的启发意义。

罗杰斯的以人为中心治疗理论不仅对心理咨询与治疗产生了革命性的影响,在他后期的工作中,他还致力于将心理治疗的理念应用到社会改革(尤其是学校教育的改革)和解决国际争端问题等方面。他不遗余力的实践和贡献影响广泛,并曾获得诺贝尔和平奖提名。

第2节　聚焦心理治疗

聚焦心理治疗是由尤金·甄德林(E. Gendlin)在以人为中心治疗的基础上发展而来的一种心理治疗技术,在过去的50多年中不断发展,现在已成为一种独具特色的治疗取向。20世纪50年代,甄德林在美国芝加哥大学的心理咨询中心工作,和罗杰斯是亲密同事。罗杰斯曾公开承认甄德林在那段时间里对于自己的思想有着重要的影响。

秉承人本思想基本理念的聚焦心理治疗有其独特的治疗理念和技术。甄德林认为,人类作为一种生物体,其机体与周围的环境存在复杂的联系,身体里蕴藏的信息远比大脑里存储的信息丰富、鲜活、完整、精细、准确。遗憾的是,随着文化与语言符号的出现,身体的智慧逐渐被忽视，甚至被排除到意识之外。人类过于信赖大脑的功能，所谓的理性分析使人类背负起越来越多的枷锁，离自己的身体智慧越来越远。聚焦就是通过对身体的再次觉察，重新建立与身体的联系，对身体性感觉进行独特、精确的描述，借助与身体的对话感悟、体验，理解困扰自己的真实原因，从而能够理解、接纳真实的自我，摆脱种种束缚，体验身心一致，实现自我的超越。

一、聚焦心理治疗的基本理论

甄德林认为，在大多数的情况下，心理失调是人们对自身感悟做出反应的过程中出现了困扰所致。通常会出现下列两种极端的情况：

一种是观念跳跃：个体完全忽略自身的感受，用符号世界的理性思维来分析自己的问题，接受外界强加的解释。个体可能从瞬间的感受中退出来，进入一个已定义好的抽象的符号世界，并据此理解事件或自己。然而这种来自外部的强加的解释并没有使他的问题改善多少。虽然他能够将客观世界和自身的实际问题联系起来，但是却忽略了那些客观事件带来的体验和意义，忽略了自身的感受。注意力跳过了与迅速出现的身体感受的联系，个人由一种观念跳到另一种观念；或者由一个心理事件跳到另一个心理事件，甄德林称之为"观念跳跃的过程"。

另一种是情绪沉浸：个体沉浸在强烈的情绪体验中无法自拔，与思维的相互作用消失殆尽。人们经常被强烈的情绪所控制，深深地陷入了情绪之中无法自拔。例如，在极度愤怒的情况下，我们会对这种强烈的情绪束手无策，无法将个体感悟从这种情绪中脱离出来。当个人感受和思维之间相互作用的过程不复存在时，就会出现心理失调。

现有的语言有其约定俗成的含义。为了能够确切表达聚焦思想，甄德林主张要采用新颖的话语（discourse）来表达自己的思想。

（1）内隐/蕴含（implicit）。内隐/蕴含是聚焦治疗的哲学起源。甄德林认为，治疗中的每一个微小的步骤都蕴含着下一步发展的过程。身体性的感觉蕴含着关于周围环境的丰富而精妙的信息。

（2）意味体会（the felt sense）。意味体会是聚焦治疗的核心概念。它是指一种身体性感觉，一般是指由过去消极事件而被压抑的体验。体会总是处于意识与无意识交界的边缘地带（border zone），体会蕴含着（Implicitly contain）情绪、记忆、愿望、思想、观察、梦和情感等内容，但绝不是它们的总和，而是产生这些内容的源头。体会与情绪的关系就像是整个光谱系与可见光谱的关系，与强烈、清晰的情绪或单纯的身体感觉相比，意味体会的性质是模糊的，不强烈的，似乎是难以名状的。它并不是早已存在于某个地方的内容，如果不集中注意力，它可能不会出现或极易被忽略。意味体会是变化的，流动的，某一时刻的体会与下一时刻的体会是不同的，甚至是大相径庭的。在日常生活的词语中找不到恰当的词来描述它。当你面对一幅画作时，画面带来的那种感受，夹杂着震撼、敬畏、温暖、欢快等许多你可以说出的情感，但似乎又不是那么准确，这就是在面对画面的瞬间产生的体会。当你试图用你聪明的脑袋去寻找、理解、分析、竭力想看清楚它时，它却像只森林里的小松鼠，不停地跳着，跑来跑去，上上下下。此时，你需要静静地坐下来，关掉通向大脑的门，压制住种种想法，只是安静地看着它，等待体会的出现。过一会儿，也许只要几分钟，它就会出现在你的面前，可能是一个词或一幅图景。当这个词或图景与你想要表达的感受精确地回应时，你的整个身体或某个部位会有一种轻松的、豁然开朗的感觉。你终于理解并领悟这种感觉和它所蕴含的信息对你自身的意义，随之而来的是由这种理解和领悟而产生的行动和改变。

（3）注意力聚焦（focusing）。在治疗师的帮助下，当事人学习将注意力转向自身，关注对整个情境或事件的身体性感受。大多数情况下，这种感觉是让人不舒服的，很多当事人都试图逃避或否认这种感受。聚焦治疗师引导当事人用一种友好的态度欢迎这一感觉的到来，尝试与这种感觉进行对话。如果当事人能够做到聚焦，伴随着一种身体的放松，治疗的转变便产生了。

二、聚焦心理治疗技术

（一）聚焦过程

聚焦心理治疗认为，心理问题产生的原因是人们失去了与自身感觉的联系，过度的沉浸在对事件和环境的理性判断和由此产生的情绪中。所以，甄德林创立了一种独特的技术，帮助人们重新建立与自身感觉的联系，通过与身体的对话使人们获得对事件、环境、自我的崭新认识，产生并理解这些内容对于自我的意义，在新的意义框架中消解困扰，使自我得到发展。

甄德林强调，聚焦是一种体验性过程，这一过程是流动变化的，有自己的方向。来访者不固着于体验过程中的某一点，在身体性感受的指引下获得对事件、对自我的崭新理解。为了帮助人们学习如何聚焦，以便人们可以自由的利用它来帮助自己解决问题，甄德林将聚焦过程总结成下列六个步骤：

1. 清理空间（clear a space）

身体可以存储各种各样庞杂的情感体验。当个体纠缠在强烈的情绪体验中时，对事件的情绪体验与自我是一个整体，无法分开，由此产生了心理困扰。在聚焦治疗中，首先，在治疗师的帮助下，当事人在安静、安全的气氛中，内心里把纠结的问题列出一张清单，把产生困扰的问题一件件整理好。当事人在内部"清理出一个空间"，让自己产生困扰的事件像物品一样摆放在自己面前，与自身保持一段距离，既不会疏远，也不必担心会过分陷入。

2. 意味体会（felt sense）

体会是治疗发生转变的关键因素。面对呈现在自己面前的各种带来困扰的事件，轻轻地问自己："是哪件事让我感觉最……"在身体性感觉的引导下挑选出最让自己感到困扰的那件事，然后尝试用一种友好的态度欢迎它、感受它。当一种模糊的、微弱的、不清晰的感觉出现时，似乎它并不足以引起你的注意。这种感觉就是体会，这是体会最重要的特征之一。在很多情况下，人们会忽略它，因为它总是让人感觉不舒服。但如果你尝试着去注意它，和它静静地相处一会儿，交流就有可以出现。体会中蕴含着非常精细复杂的信息，包括整个事件对个人的意义。

3. 把手（handle）

现有的语言似乎无法精确地描述个人内在的体会。保持与体会的联系，和它静静地待在一起，这是一个寻找的过程。伴随着身体的感觉，脑子里会冒出一个词或出现一幅图像，这个词或图像的含义似乎能够表达你的理解和感受。就像你把一些东西放进行李箱，行李箱上的把手会帮你拎起所有的物品。自动冒出的词或图像充当了"把手"的作用。

当"把手"与感受的匹配达到精确的吻合时，你会产生一种"是的，没错，就是这样"的感觉，如此清晰准确，在此之前你从未体会过这种恍然大悟、彻底放松的感受。有些时候没有词或图像出现，但身体会通过姿态变化，呼吸变化，或者情绪的表达（如哭、笑等）展现出来。[①]

4. 共鸣（resonating）

找到"把手"所带来的释放感并不总是能够立刻感受得到。大多数人都需要经过不断的核对过程，才能确定其准确性。当身体呈现出某个词或某幅图像时，个人的"体会"会立即做出共鸣。这种共鸣随之表现在身体的感觉上，个人会感觉到二者之间是否匹配。有时会经过数次这样的核对过程，才能够获得那种轻松的感受，这就是共鸣。

5. 叩问（asking）

这是寻找自我感觉体验的尝试。试着轻轻地问自己："是什么让我感觉到灼热？"等待身体带来的答案。这个过程可能会需要一段时间，也可能等待很久或询问几次都没有回答。有时等待中的沉默让人焦虑不安，甚至产生逃避的念头。治疗师需要注意当事人的反应和变化，帮助当事人用一种友好的态度保持与身体的联系，感觉背后的内容最终会浮现出来。

6. 接纳（receiving）

在反复的感受、回应、叩问过程中，当事人对自身始终保持一种友好接纳的态度，保持与身体的联系，体验身体带来的各种感受，无数细小的变化的步骤产生了最终的治疗性的转变。个体在持续不断地体验行进过程中，逐渐产生、理解身体性感受中蕴含的事件对自身的意义，看清楚并接纳真实的自己。这样一来，心理发展的障碍消失了，个体带着全新的感悟继续前行。

在聚焦过程的每一步中都会有不断地反复，这种现象是正常的，这正是当事人不断学习放下理性思辨，倾听身体性感受的过程。而且要获得到事件的整体信息的精确表达也需要不断地交互回应和叩问，才能达到最终的接纳并产生新的决定和行为。在每一阶段

---

① Johanne，W. Focusing therapy：Some basic statements［J］. *Focusing and Experiential Therapy*，1995(14).

都有可能发生内部质疑与真实的身体感受的冲突。当当事人克服了内部质疑，接受身体带来的感受，接纳真实的自己，知道"要做一些什么事情"时，此时并非仅仅是问题得到了解决，而是当事人的人格发生了真实的转变。①

语言的表述和阶段的划分会导致人们的误解，认为这六个阶段"实实在在"的存在，有明显的分界。事实上，聚焦是一个不可分割的整体，当事人通过不断的练习可以使聚焦过程非常流畅，一气呵成。"清理空间"是保证聚焦顺利进行并取得治疗效果的基础。在心理治疗中，治疗师需要不断地引导、示范，以此帮助当事人。当当事人掌握了聚焦的过程，能够熟练地和自己的身体建立起真实而亲密的联系，心理的转变就会自然地发生。

（二）治疗师的作用

在聚焦过程中，治疗师的工作是帮助当事人与自己的身体发生联系。如果当事人很容易做到了，治疗师要做的就是用友善的态度去鼓励当事人接纳身体的感受及这种感受带来的转变。治疗师在适当的时候对当事人做出共鸣的回应，这种回应并不是像很多人所理解的那样，只是简单地重复当事人的话。在回应的过程中，当事人再次听到他们所说的话，就会对这些心理现象进行更正或补充，直到能够确切地反映自己真实的想法，并能更深入地体验自身的感受。

三、应用及发展趋势

（一）针对特殊儿童的聚焦心理治疗

与成人相比，儿童有着一种与生俱来的体验能力。这种能力是非言语的，与身体感觉有着密切联系。儿童擅长用身体去感受和表达。在特殊儿童的心理治疗中，很多治疗师认识到这种表达能力和表达方式的重要性，建立了种种非言语的交流方式与特殊儿童进行沟通，理解他们的世界，以期治疗能够取得期望的效果。这些非言语性的交流方式或工作方式主要以艺术治疗形式为主，有绘画治疗、戏剧治疗、舞蹈治疗、游戏治疗，等等。聚焦与这些艺术治疗形式的融合，可以让身体性的感受得到流畅表达，对源源不断的变化的身体感觉的充分体验可以使治疗取得非凡的效果。

沙拉的案例

6岁的沙拉被诊断为情绪和行为障碍。她在幼儿园里有交替的攻击行为和退缩行为，还有尿床、孤僻等表现。沙拉的父母离婚了，在她的抚养权问题上，父母有过激烈的争夺。现在，沙拉与母亲和继父生活在一起。

治疗师：沙拉，你现在有什么样的感觉？能把它画下来吗？

沙拉（画了一张表达难过的脸）：爸爸妈妈离婚时我很难过。

治疗师：你能在身体里找到那种感觉吗？

---

① Gendlin. *Focusing* [M]. New York：Bantam Books，1981：30-31.

沙拉(过了一会儿)：它藏起来了。

治疗师递给她一只毛茸茸的熊：看看它是不是藏在这只熊身上？

沙拉把熊放在她的腹部，接着又放在耳朵边上。过了一会儿，说：发生了太多的事情。

治疗师：哦，发生了太多的事情，都是些什么事情呢？

沙拉：我忘了。

儿童总是能够很容易地和身体感觉建立联系。绘画和玩具可以帮助他们表达，让治疗师了解他们的感觉。但要展开与这种感觉的对话并不是件很容易的事。儿童会极力逃避或否认敏锐的机体感觉带来的消极体验。治疗师耐心友好的陪伴为儿童建立安全温暖的治疗气氛，同时一步步引导儿童保持与这种身体感觉的联系，使其在自己的感觉轨道上行进。在进行聚焦治疗的初期，虽然儿童已经建立了与身体的联系，但对所感受到的身体性体验仍会表现出回避或否认。此时，治疗师不可强制儿童与身体感觉的对话，作为陪伴者的治疗师应顺应儿童自己的方向，只要让儿童保持这种联系，经过一段时间的练习，儿童自然会找到属于他自己的与身体感觉对话的独特的交流方式。从缓慢、顿挫到熟练、流畅，最终达到对整个事件、对真实自我的理解和接纳。

治疗师：沙拉，你可以让那种感觉只和你说话，不必告诉妈妈和我。怎么样？

沙拉：好的。

她安静了1分钟后，用手指着胃部的位置。

治疗师：那里感觉怎么样？

沙拉：砰砰乱跳，生气，它不想跟任何人说话。

治疗师：你能试着对它好一点吗？

沙拉：不！我(对它)很生气！

治疗师：沙拉的心里有很多房间用来放不同的感觉，现在这种砰砰乱跳生气的感觉可能有它的理由。

沙拉：就是那样！今天它们总是打扰我，把我推倒在地板上！

几秒钟的停顿后，她好像发现了什么，兴奋地说：可能是因为我早上没有跟妈妈说再见，这件事让我很难过。

接着她转向妈妈说：爸爸说你睡着了，不要去打扰你。

妈妈随即告诉她：妈妈会对爸爸说你可以这样做，即使妈妈在睡觉，也没有关系。

当得到妈妈的回应后，沙拉变得很开心，要求玩游戏。

在特殊儿童的聚焦治疗中，存在着一种轨迹式的发展过程。起初，儿童本身和问题是一体的，完全被问题和由此产生的情绪包围。治疗师采用绘画、游戏、音乐、舞蹈、讲故事等方式使儿童将自己的感受表达出来，使问题与自己分开，在一段距离之外感受问题及身体性感觉，对问题的感受和关于自我的感觉逐渐分开。当把问题的感觉"打包"，使其在内心得到象征性的处理后，自我感觉的体验清晰起来，治疗的转变才会出现。

在特殊儿童的心理治疗中，治疗师不需要严格按照聚焦的六个步骤进行。许多案例表明，即使只进行"清理空间"和"体会"就可以使治疗取得很好的效果。结合其他治疗形式，如绘画、游戏、音乐、舞蹈、讲故事等，清理空间可以让儿童与情绪分离，同时并不失去其情感联系。寻找并表达体会，与自己的身体对话，用一种与谈话内容并无直接联系的方式释放机体的能量，帮助儿童觉察到自身的力量，关注现在的自己，对自我感觉的体验让儿童有能力表达过去曾否认或逃避的情感，用友好、开放、接纳的态度倾听这些体验背后的声音，理解、领悟这些内容对自己的意义。

（二）父母或照料者的聚焦练习

特殊儿童的照料者，如父母、教师等，对儿童的健康成长起着举足轻重的作用。照顾成长中的幼儿需要耗费相当的精力，对于需要特殊关注的儿童，照料者面临的身体上和精神上的压力特别沉重。因此，在关注特殊儿童心理健康成长的同时，照料者的心理健康问题亦不容忽视。在日常生活中，如果能为特殊儿童创造一个安全、友好、轻松的支持性环境，对于他们建立自身友好的内部资源有重要的意义。处理好照料者自身问题以及环境中存在的干扰因素也是特殊儿童心理治疗的内容。

聚焦练习可以帮助照料者贴近自我体验，通过身体与环境的互动接触真实的自我，理解环境，使身心平衡。在一定的条件下，儿童的照料者们组成一个小团体（也可以是家庭内部）进行聚焦练习，在安全、安静、接纳的环境中与自己的身体对话，通过相互表达、回应达到理解和接纳自我的目标。

聚焦心理治疗关注的焦点是体验。身体与环境、事件、经验之间存在着千丝万缕的联系，身体性感觉中蕴含着个体对事件的感知、了解、领悟。在寻找身体性感觉的过程中，体验无时无刻不在变化，有自己的发展方向。当事人尝试表达某种体验，既是在逐渐了解、看清楚并接纳这种体验，同时也会领悟事件对于自身的意义。沿着这一轨迹，当事人接纳真实的自我，为自己解开心结。

在特殊儿童的治疗中，聚焦技术可以与其他治疗方法结合，对心理治疗有着广泛的应用前景。儿童表达内心体验的过程就是增强自我力量的时刻。

在班级或其他团体中教授儿童学习聚焦，去探察自己的内心体验的方法已得到实践证实，在教学气氛、教学质量、学生的自我成长等诸多方面都有助益。

第3节 意义治疗

意义治疗的创始人弗兰克尔（Victor Frankl）出生于奥地利的一个犹太家庭，曾经被关押在纳粹集中营，经历过严酷的身心折磨。弗兰克尔提出，现代心理治疗必须而且也应当是哲学的治疗。意义治疗，就是给面对存在的挫折并且失去了生活意义的人们提供治疗。

一、意义治疗的基本理论

"意义治疗"（logotherapy）一词中的"意义"是个人存在的某一时刻中的特殊的生命意义[①]，即是当下的具体意义。不同的个体、不同的时间，生命的意义是不同的，但在当下具体的生活实践和行为之中，又彰显着一种普遍的生命意义，一种本然的、超越性的价值。

（一）人性观

弗兰克尔认为，人有三种存在的维度，即身体、心理、精神。三个维度浑然一体，密不可分。意义治疗在整全的图景之下看待人，更加注重精神层面在人的心理健康中的统领作用。

意义治疗还从三个因素去描述人的存在的特征，即人的精神性、人的自由以及人的责任。人的精神性正是人是其所是的根本规定性。自由是指人在面对本能、遗传的性格和外部环境时是自由的。人并不仅仅是遗传和环境的产物，人最终还具有自我决定的能力；而责任则是出自人的良心。生活的选择意味着选择对生活担负责任。

（二）基本原则

三个基本原则构成了意义治疗的基础和前提，即：生命是有意义的；人是具有意志自由（freedom of will）的存在；意义意志（will to meaning）是生命的原动力。

每个人都有追求意义的意志。意义意志是存在的基本构成要素，是生命存在的原动力。凭借着意义意志，个人可以发现生命的意义。如果缺少了意义意志，个体将会体验到一种"存在的空虚感"。

每个人都拥有意志的自由。弗兰克尔在纳粹集中营的经历证明，人所拥有的任何东西都可以被剥夺，唯独人性最后的自由——也就是在任何境遇中选择一己态度和生活方式的自由——不能被剥夺。[②] 我们可以在具体的境遇之下改变心态，去决定做自己能够做的事情，生命的意义之路在当下即可展现。

（三）生命意义的探寻

意义治疗的关键是帮助当事人直接面对意义的需要。意义治疗强调个人的责任：当事人对他们有关意义探寻的生活和抉择负责。根据意义治疗，可以从三种不同的途径去发现生命的意义：① 通过做一件事情。例如，对于特殊儿童而言，意义可以在生活叙事过程的自然展开中，即在学习、游戏、做家务等活动中彰显。② 通过体认一种价值。例如，体验某件事情或者爱一个人，在尽心、知性、践行、无我之境中体验至真、至善、尽美。③ 通过忍受痛苦。[③] 忍受痛苦并不是获得意义的必要条件，但是只要痛苦中富含着意义，这种忍受则是值得的，特殊儿童自身及其父母在忍受着儿童经验的成败、各种机能的障碍带来

---

① 维克多·弗兰克尔.活出意义来[M].赵可式，等，译.北京：生活·读书·新知三联书店，1991：92.

② 同上，p56.

③ Viktor E. Frankl. *Man's Search For Meaning：An Introduction to Logotherapy* [M]. Beacon：Beacon Press，1962：176.

的痛苦。但是，这种痛苦中却富含着生命的意义，在忍受痛苦中发现生命的出路，这样生命才不再是一场一场的灾难和无穷无尽的痛苦。

法布瑞(J. Fabry)通过对生活情境的考察，总结出了五个特殊的与生命意义发现和完成密切相关的领域，在每个领域中都可能感受到超越性经验。[①] 第一个领域是发现自我。第二个领域是选择。通过选择过程，多样化的生活意义得以创生。第三个意义领域则是自身独特感的获得。第四个将意义具体化的领域是责任。意义治疗强调从人的本性来看待这一问题。它不再以"我"为中心，不再以外在社会评价为尺度，而是从人的本心出发，儿童在本性指引之下，天真地演绎鲜活的生命故事。第五个显现意义的领域即是超越有限的自我。这实际上是上述四个方面的整合。通过发现真实的自我、做出独立的选择、并为之负责，当事人由此实现对自我中心的分离与超越，从而将关注的焦点逐渐由自我转向有意义的他人、事业，并最终落脚到生活过程。

二、意义治疗技术

（一）意义治疗的过程

意义治疗可以分为症状外化、态度改变、采取行动以及丰富意义四个阶段。

1. 当事人在治疗师的指引下，将自己与自己的症状拉开距离。认识到抑郁、恐惧、强迫观念或者是身体方面的缺陷都不是自己的本性，都不是自己，它们只是自身所拥有的多个特点中的一个，发现整全的自我。特殊儿童的残疾、障碍并不是儿童的全部，转变心态，才能减少负面的情绪以及心理问题的产生。

2. 此阶段实现当事人对于自身及其处境的态度上的根本改观，进而选择新的意义取向。使当事人从依赖外在资源的状态中走出，转而相信真正的决定性力量在于当事人自己，以积极的态度投入到新生活之中。特殊儿童并不能真正去改变生存的境遇，但是仍然具有自我选择的能力，发现无限的生活可能性。

3. 促使当事人采取行动，将态度的改变落实到现实生活中，使其生根发芽，最后使当事人在精神层面的领悟透过身体得以体现。生命意义的答案在于行动，在自然的生命叙事过程之中彰显超越性。特殊儿童在自然的、日常生活实践中去践行经验的自由流动。

4. 预后阶段。治疗师通过与当事人的进一步探讨，实现当事人的生活意义空间的拓展，增强其自我调节的能力，自我选择、负责任地探寻生命的意义。

（二）意义治疗的技术

1. "矛盾意向法"

拥有焦虑神经症和恐惧障碍的当事人是被"预期性焦虑"(anticipatory anxiety)的症状或某一想法所困扰的。他们从令人担忧的未来遭遇中预见到了令人痛苦的结果，并且极力去避免这种境况，但是这种想法反而会增加关于痛苦遭遇发生的预期的焦虑。弗兰

---

① Boorstein, S. *Transpersonal Psychotherapy* [M]. Albany: State University of New York Press, 1996: 112-114.

克尔将这种从令人恐惧的境遇中逃避和退缩称之为"错误的消极性"（wrong passivity）[1]。并且在1946年提出了"矛盾意向"（paradoxical intention）法的治疗技术。当事人不再与自己的顽固的想法或症状做抗争，而是故意顺从这些想法、纵容这些行为，从而化解或消除这些症状。

在矛盾意向法中，当事人被鼓励采取一种人类所特有的且附属于幽默感的自我超越（self-detachment）能力去面对他们自己，并且试图去做他们害怕、恐惧的事情。正是这种"矛盾意向"的技术，当事人发现他们预期会出现的行为实际上并不会真正的出现。

弗兰克尔认为，矛盾意向主要是在治疗的过程中引导当事人摆脱原有观念的束缚，超越对神经性恐惧的期待，在意向发生逆转的过程中发现新的意义。矛盾意向主要应用在对睡眠障碍、语言障碍、强迫症和恐惧症等的治疗中。另外，意义治疗师也不排斥其他的治疗方法，矛盾意向法与放松训练、催眠和行为治疗等方法联合起来，取得了较好的治疗效果。但是这种方法显然并不适合所有的特殊儿童，需要引起治疗师的关注。

小雨的个案：

小雨，男，8岁，两个月前开始说话结巴。他经常受到同学的嘲笑，有时不想上学。最近，讲话结巴带来的心理问题越来越严重了。治疗师曾经运用放松疗法对其进行治疗，但是效果不明显。于是决定运用意义治疗的技术。他告诉小雨，每次说话焦虑出现之前要对自己说："我对于要发的每一个音都十分害怕。但我想，我要从头到尾背诵一遍字母表，让每个音都给我带来可怕的后果。"起初，小雨感到这样的治疗方法很夸张很可笑，但随着治疗的深入，效果显得出奇的好。小雨再也不用害怕说话了，他的心理困扰得到了解决。

2."去反思"

具有焦虑症或者焦虑倾向的当事人经常使用"错误的消极性"来战胜强迫观念和行为。而这反而加剧了病理性事件的可怕性。这是一种难以抑制的自我反思性的冲动，弗兰克尔将其称之为"过分反思"。在失眠症患者的身上，这种过分注意尤为显著。为了取代过度地、有目的性地控制强迫性行为，当事人被指导采用"去反思"的技术。改变当事人的注意焦点，使其意识朝向生活中的积极方面，鼓励当事人去想和去做问题以外的事情。

当事人用"正确的机动性"以实现个人的潜能来代替"错误的机动性"最终战胜病态的心理。譬如：对于疑病症患者，治疗师鼓励其集中注意力去助人而不去想自己的身体；对于其他的特殊儿童而言，鼓励其转移注意力，使当事人忽略自己身上的残疾、障碍，生活会发生新的转向，生命内在的经验之流得以展开流转，新的意义空间得以敞开。

三、意义治疗的应用及发展趋势

意义治疗强调真实的感受，注重生命的体验。在特殊儿童的心理治疗中，父母、孩子

---

① 杨广学.心理治疗体系研究[M].长春:吉林人民出版社,2003:319.

之间的情感流露，爱的体验，敢于选择，承担责任在治疗、教育以及训练中扮演着重要的角色。例如，父母爱自己的孩子，教师关爱特殊儿童。在日常的家庭生活与学校课堂中，家长和教师可能都会面对很多的挫折、痛苦，但是只有敢于承担责任，在真实的日常生活中体验到生命的意义与价值，才能更加坚定对特殊儿童治疗与干预的信心，最终才能真正地促进特殊儿童的身心健康的发展。

弗兰克尔对一些神经症进行了相应的存在分析，提出了自己的见解。他认为，人类的存在是由生理、心理、社会和精神四个层次构成的。与此相对应，神经症也有四种根源，分别是生理原因、心理原因、社会原因和存在方式的原因。以往的研究主要是针对前三者展开对神经症的分析，忽略了人的精神层面和存在方式对神经症所产生的影响。弗兰克尔认为，只要人了解了真实的生活任务，看到自身的精神性所在，强调自我的自由与决定能力，治疗的目标就可以实现。

弗兰克尔认为，"如果追溯到焦虑性神经症的根源，就会发现患者存在着一种存在性焦虑。"[①]弗兰克尔从存在分析的立场上研究和探讨有关焦虑症的问题。意义治疗的关键在于当事人与治疗师相互配合，利用当事人精神上的意志自由，转变生活的态度，意识到自己对具体生活情境下的独特性的、唯一性的生命任务应当负起责任，才能体验到自己存在的价值，而不是纠缠于症状。

个案：

艾立克是一个 12 岁的男孩，由于强烈地拒绝上学而被学校心理辅导员和父母带来接受治疗。他到一所新学校读 7 年级时，开始出现身体疼痛、悲伤、焦虑等不适症状。一开始上学对艾立克不是一件难事，但是过了一段时间，艾立克说自己在上课时头疼得厉害，然后艾立克就开始缺课，最后拒绝上学。[②]

艾立克对上学表现出了很强烈的恐惧和焦虑，现在已经有了躯体化的表达。意义治疗不将治疗的焦点放在艾立克的症状上，而是首先让他处在心理放松的状态，进而逐渐意识到自己是在利用身体疼痛、焦虑等将一种意志施加于学校、家庭，进而自己可以得到父母的关爱，可以不用去上学，躲避自己可以选择去上学的自由。一旦艾立克达到对自己的真诚、坦白并有所领悟时，就可能改变他的行为，症状的化解也是可以期待的。

弗兰克尔认为，强迫症不是一种心理疾病，而是一种精神的（spiritual）困扰。意义治疗并不试图去矫治强迫症的症状，而是强调当事人对自己神经症症状态度的改变。这是基于当事人拥有对神经症的精神自由，这样当事人才不会被强迫症状所利用。正是当事人害怕强迫症的观念加剧了其对当事人心灵的折磨。意义治疗力求让当事人忽略其强迫症症状，将关注的焦点转向有意义的具体生活任务，强迫观念或者行为就可以消除。拥有强迫观念的当事人可以借助"去反思"的技术达到当事人态度改变的目的，而对于拥有强

① Viktor E. Frankl. *The Doctor and the Soul：From Psychotherapy to Logotherapy* [M]. New York：Vintage Books A Division of Random House，1986：179.

② 艾里克·J.马施，大卫·A.沃尔夫.儿童异常心理学[M].孟宪璋，译.广州：暨南大学出版社，2004：252.

迫行为的当事人,矛盾意向法可能更有帮助。

意义治疗强调着对神经症的态度的转变的重要性,并不纠缠于神经症的症状,而是强调当事人的精神自由在治疗中的作用。当事人看到自身的独特性与唯一性,聚集于当下具体生活事件,展现自己的存在价值。但是,意义治疗对特殊儿童的年龄有一定的限制,如果年龄太小,治疗的实施可能会有一定的难度。针对特殊儿童的年龄和认知特点,设计活泼生动的活动形式,是治疗师要解决的难题。

 本章小结

1. 罗杰斯以人为中心的心理治疗,不是为了解决目前的问题,而是要达到人格的转变和成长:随着对自己经验的开放,个体开始信赖机体的智慧,接受内部的评价,让自己参与到一个流动的过程中,成为一个功能充分发挥的新人。

2. 建立良好治疗关系的条件是无条件积极关注,真诚透明,共情理解,以及当事人对治疗师的心理共鸣。

3. 当事人最清晰自己的问题所在以及解决的方法。治疗师的作用是陪伴当事人转变及其成长历程,探究被隐藏、被否定的情感体验。因此,必须避免对当事人直接提建议、做指导。

4. 罗杰斯常用的技术是关注和倾听、沉默、会心的情感回应、自我暴露。以人为中心的心理治疗充分地展现了现象学的方法论和人本主义的价值观。

5. 甄德林的聚焦心理治疗认为,身体蕴藏的信息比大脑存储的信息更丰富、完整。随着语言符号的出现,身体的智慧逐渐被忽视,被排除到意识之外,理性的分析使人类背负起越来越多的枷锁,离自己的身体越来越远。聚焦就是通过对身体的觉察,恢复与身体的本真联系,感悟、体验困扰自己的真实原因,从而接纳真实的自我,摆脱外加的束缚。

6. 儿童有着一种与生俱来的非言语的身体感觉的体验能力。儿童很擅长身体的感受和表达。在特殊儿童的心理治疗中,非言语的交流方式可以帮助我们更好地理解儿童的精神世界。

7. 弗兰克尔强调,要从具体而微的生活经验中,探寻生活的目的和意义,而不要停留在心理病理现象。人所拥有的任何东西都可以被剥夺,唯独人性最后的自由——也就是在任何境遇中选择自己的态度和生活方式的自由——不能被剥夺。追求意义的意志是健康的力量源泉。

8. 可以通过三种途径来发现生命的意义:① 通过努力做事来实现某种价值。② 通过体认某种价值,如体验爱的美好,发现生命的意义。③ 通过忍受痛苦,从而更懂得珍爱生命。

9. 矛盾意向法和"去反思"技术体现了意义治疗的特色。

思考与练习

1. 如何理解和应用罗杰斯所主张的治疗性关系？

2. 聚焦治疗强调对自我体验的聚焦，如何理解这种体验的治疗作用？

3. 意义治疗对你今后从事特殊儿童的心理治疗有何启示？

第6章 心理治疗的体系(下)

本章将讨论超个人心理治疗、生态化系统治疗的理论概念和方法、技术。对于一些还存在争议的话题和实验性的未有定论的治疗方法,我们需要采取审慎的开放心态,独立思考,在特殊儿童干预的实践过程中进行验证。

☯ 第1节 超个人心理治疗体系

超个人心理治疗(transpersonal psychotherapy)是当代西方心理咨询与治疗领域中一个新兴的治疗范式。它试图将东西方精神传统中的灵性体验及其践行方式与现代科学方法整合在一起,并加以创造性地综合,进而提供一种身、心、灵(body—mind—spirit)一体的架构来全面认识个体的成长,以帮助人们实现精神生活的追求。

针对特殊儿童的心理咨询与治疗所面对的对象并不仅仅是特殊儿童,而是面对特殊儿童所处的整个生态系统,包括儿童的玩伴、父母、老师,乃至整个社会环境。超个人心理治疗给我们的启示,首先是以一种超然的心态去看待特殊儿童,虽然他们不能创造出功利性的价值(外在的评价标准),但他们的生命依然存在着不可磨灭的价值,这是一种内在的、本然的价值。任何生命个体都应该得到尊重,超越功利性的评价去面对鲜活的生命存在是超个人心理治疗面对特殊儿童这一人群给出的最大先验命题。其次,儿童具有彰显自身潜能的权利,需要在日常的生活之中,体验到快乐。儿童在日常的活动中尽情投入,彰显一种"忘我"的精神,从而促进儿童身心合一地健康成长,这种境界是超个人心理治疗的追求。

一、超个人心理治疗的理论

超个人心理学(transpersonal psychology)中的"超个人"一词具有"超出""高于"的意思。因而,超个人心理学就是对超出个人日常意识经验的研究,每个人都有超越"意识自我"、超越当下现实生活境遇的纠葛、外在标准的限定而朝向更具普遍意义的、普适性的精神境界的追求。

1. 身心灵一体

超个人心理学将人看作是身、心、灵的统一体。超个人心理治疗提出了超越日常意识状态下的"我"及其心智,实现与灵性层面的融通。虽然各治疗模型在具体的治疗过程阶段、策略技术等方面存在着差异,但已经形成了一些基本假设:① 人的本性主要是超越性、精神性的。② 意识是多维的。③ 聆听内在智慧之源的指引是可能的而且是有益于健康的。④ 我们的生活和行动是富有意义的，这种意义是内在、超然的价值所在。⑤ 超个人的理论背景决定了治疗师如何看待当事人。①

2. 超越的需要

人本主义心理学的主要创立者马斯洛在其晚年将自己的需要层次理论转变为六个层次，使超越的需要居于顶层。这主要源于马斯洛认为，人类天性之中具有一种固有的精神维度，这正是人的精神性或灵性的存在层面。人的自我实现的最终目标是超越的自我实现，而不是在自我层面上的、个人意义上的自我实现。超越性的自我实现的人将会体验到一种"忘我"的精神境界，马斯洛称之为高峰体验(peak experience)。

3. 意识谱

维尔伯的"意识谱(the spectrum of consciousness)"理论将意识分为五个水平，即心灵水平(the level of mind)、超个人带(the transpersonal bands)、存在的水平(the existential level)、意识自我水平(the ego level)、角色水平(the persona level)。

维尔伯认为，最理想的意识水平是心灵水平，是无界限的境界，与宇宙一切、天地万物融合在一起的一体意识，这也正是心理治疗所要达到的最高目标。

4. 全回归

格罗夫(Stanislav Grof)通过对当事人在致幻剂心理治疗中所经历的意识领域的观察，提出了自己的意识地图(map of consciousness)理论。但是，由于致幻剂治疗的种种弊端，格罗夫运用"全回归呼吸训练"(holotropic breath work)取代了致幻剂治疗。全回归呼吸训练主要是"利用当事人呼吸的改变来进入积淀、浓缩的经验系统，并通过重新经历各种意识水平，实现心灵创伤的愈合与精神的超越"②。全回归呼吸训练体现出了很好的治疗效果。

沃西本、弗兰克尔、阿萨鸠里、荣格、塔特等人为超个人思潮的兴起，为实现心理治疗的超越性作出了贡献。

二、超个人心理治疗技术

许多超个人心理治疗的理论都是在具体的临床治疗实践中产生并发展起来的。由于精神领域的丰富性、多维性，最终到达精神超越之路的方式也必然不相同，不同趋向的超个人心理治疗师根据自己的治疗经验逐渐发展出进入精神超越之路的不同途径。

（一）主要治疗模式

1. 意识谱理论的分层治疗观

与其人格层次理论相对应，维尔伯将意识分成了不同的发展水平，并且将不同意识水平可能出现的问题与特殊的病理相对应。

---

① Cortright，B. *Psychotherapy and Spirit* [M]. New York：State University of New York Press，Albany，1997：16-21.

② 任亚辉，杨广学. 超个人心理治疗[M]. 济南：山东人民出版社，2005：73-74.

意识的不同发展水平包括三个亚阶段：

① 前个人（prepersonal）阶段：包括感觉身体水平、幻想和情绪水平以及表征心智水平；

② 个人（personal）阶段：包括规则/角色心智水平、形式—思考水平以及洞察力和逻辑的整合水平；

③ 超个人（transpersonal）阶段：包括灵性水平、奥妙水平以及原因水平。

每一个阶段都有一个发展任务，要求个体形成新的适应能力和新的适应水平。而意识则是从较狭窄向更深、更广的方向发展，从分裂走向整合，进而走向超越。

2. 艾里的治疗模式

艾里以一种特殊的方式将对象关系（object relations）理论与身体感觉（body sensing）的观点整合起来，并且融合了伊斯兰教的苏菲主义（Sufism）。艾里致力于将个人同一性从自我意向转移到存在层面或本性上来，因为本性不是抽象的东西，它是可以被感受、体验的。而自我是一种防御面具，是对本性的否定。禅宗的"无我"，庄子的"心斋"，就是去掉自我的枷锁，感受人的本性之所在。

在临床实践中，这一模式吸收了身体治疗的很多方法，治疗实践主要包括三个部分[①]：

① 一对一的个体模式，这很像对象关系框架下身体感知与聚焦取向的治疗，其目的是使个人由认同对象关系转向认同灵性的存在；

② 小型的个人成长小组，它强调成员的静修、吟唱等活动；

③ 在大规模的团体中传达这一模式的理念，然后通过练习使成员在经验层面上进行体验与感受。

3. 格罗夫的全回归呼吸治疗

斯坦尼斯拉夫·格罗夫主要是利用"全回归呼吸训练"的方法，透过拓展的意识变异状态，探索当事人悬而未决的心理困惑。当事人可以重新经验不同意识状态，真切地感悟到内在意识、能量的流动与变化，而流动是朝向个体超越性的精神体验的发展，最终实现的也是超越的精神性的整合。

（二）治疗技术

众多超个人心理治疗流派具有的治疗技术包括：冥想或静修，身体训练，身心灵一体的修炼如瑜伽术等展开的以身体为切入点、以意识变异状态为媒介的治疗；实现当下的个人成长与超越性的精神境界之间的联系所采用的主动想象、梦的工作、艺术治疗（绘画、音乐、戏剧）等；在集体游戏、体力劳动（养花、种草）等日常生活实践中展开个人生活叙事，其中处处凸显出个人精神性的存在、意识的自然流动。

而适合于特殊儿童的超个人治疗技术则主要有身体运动，艺术治疗（绘画、音乐、舞蹈等），日常生活中的集体游戏和体力劳动等。儿童以一种超然的心态开展游戏，在游戏之

---

① 杨广学.心理治疗体系研究[M].长春：吉林人民出版社，2003：393.

中全然"忘我"地投入，可以用一种物体来代替另一种物体。例如，把积木看作是卡车、房子，纸盒看作是车库。渗透于其中的假想构成了儿童的活动的展开，而活动得以展开最为根本的依据是儿童内在的动机、内在的超然心态。孩子最本然的工作就是去游戏、玩耍、运动、参与到日常生活的点滴实践之中。而其中身体是联系儿童与世界的纽带，我们感受、经验世界的最直接方式，是时刻在体验着和活动着的身体。以身体为契机，透过诸多的身体机能实践活动方式可以更好地感受到特殊儿童的心理真实。而世界则是身体的延伸（自我的界限变得流动起来）。儿童在身体参与其中的诸多活动之中体验情感、环境、他人，随后从身体、运动功能延伸到语言、符号。此时文字、语言和符号成为身体性的表达，成为活生生的身体再现，语言、文字变成了唱歌、呐喊和欢呼。

下面仅以运动训练进行说明。超个人身体治疗力图通过身体—情绪觉察，探索出一条澄清真实存在状态、回归本真生活、实现身心相贯通的优雅之路。[①] 结合音乐、舞蹈、即兴演奏、表演、运动的身体治疗在特殊儿童心理治疗中已经取得了良好的治疗效果，特别是针对情绪和行为障碍儿童、听力障碍儿童以及智力发展障碍儿童的治疗。针对特殊儿童的音乐治疗也正是考虑到了身体的维度。儿童无论是在即兴演奏、跳舞、歌唱、运动，还是在做音乐律动操，他们的整个身体都是在表达、创造和想象，进而情感得以表露，经验得以流动，实现想象与真实、内与外、精神与物质之间的意义贯通。

个案：

毛毛，女，2003 年出生，有自闭症倾向，现就读于某辅读学校二年级，确诊后毛毛主要在奶奶的陪伴下在自闭症康复机构进行自闭症的干预和康复训练，持续时间有一年半。毛毛的精细、粗大动作较差，主动性语言较少，在学校基本上不与其他的小朋友交往，长时间地一个人待着，有时情绪会无缘无故地暴躁起来，波动较大，同时伴随着手臂等其他身体部位的摇摆。经过多方面的观察了解，干预者发现她在音乐方面很有天赋，一首新歌听过几遍后，就可以准确无误地唱出来，音高的辨别能力、节奏感和模仿能力较强。平时，毛毛自己可以打开 DVD，然后放进自己喜欢的歌碟，自己边听边唱（只是声音稍小），脸上洋溢着快乐的笑容。如果妈妈在一旁的话，毛毛会主动地让妈妈参加进来，然后会让妈妈跟着唱，有时又会自己唱一会，然后让一旁的妈妈接着唱。

干预者根据毛毛喜欢音乐、唱歌的特点，选定一些毛毛感兴趣的歌曲，例如：《采蘑菇的小姑娘》《我愿做个好孩子》《童年》《蜗牛和黄鹂鸟》《赶海的小姑娘》《七色光》等歌曲。然后，让毛毛跟着 DVD 播放的歌曲一块唱。一开始毛毛只是聚精会神地盯着 DVD 看和听，没有唱出声音来，治疗师在旁边边唱边打节拍，边用温和的语气对毛毛说一些鼓励的话。而妈妈也在一旁做出相似的举动，毛毛的嘴渐渐地张开了（需要仔细地听才能听到唱的是什么）。此时，治疗师立即鼓励、表扬毛毛唱得很好，并和妈妈一起为其鼓掌加油。这样大概过了 10 分钟的时间，毛毛的声音变得大了（可能的原因是妈妈在旁边和毛毛一起

---

① 任亚辉，杨广学.超个人心理治疗[M].济南：山东人民出版社，2005：105.

唱了起来，带给毛毛很大的鼓励和支持，毛毛与妈妈的关系很亲密），而且和大家一起拍起了手（拍得很有节奏）。毛毛的脸上洋溢着快乐的笑容，而且在唱到某一首歌曲时，毛毛从沙发上站了起来，自己摆动着身体，跳了起来（妈妈说这是毛毛自己编排的舞蹈）。最后，在一次治疗的后期，毛毛突然对治疗师说："我自己唱！"紧接着毛毛就自己唱了，声音比往常更响亮、更清楚。

音乐成为毛毛表达自我的一种途径，成为一种与他人沟通、活动的媒介，毛毛在身体参与其中的音乐活动之中更多地感受到快乐、正向的情绪体验，而这种情绪状态直接影响其成长和能力发展的方方面面。毛毛在活动中的主动性、功能性语言能力方面出现改善的迹象，而且自己的身体还舞动了起来，跳起自己创作的"舞蹈"。虽然家长、治疗师目前还不能完全去理解"舞蹈"所表达的意义，但是可以试着去创造一种宽松、积极、支持的外部环境，为毛毛探索出一种可以健康成长的方法与途径。

三、应用及发展趋势

经过50年的发展，有关超个人的理论和实践已经有了很大的发展。拥有一大批卓有成效的治疗模型和治疗方法，但是无论是超个人心理治疗的理论、具体的治疗技术和方法，还是其实践领域等都有很多值得继续深入探讨的地方。

针对特殊儿童展开超个人心理治疗是一个不应被忽视的实践领域。心理治疗充分利用孩子的想象能力，在干预的过程中利用想象、意向、操作化的手段对不可控制的情景做一种可控的、事先的演练。为真实的生活情景做好一种预先的铺垫，使儿童逐渐获得自我意识，获得一种对自我的支撑，可以为自己的生活做主。

心理治疗借助于特殊儿童身上可供发现的干预切入点，最终实现其全方位的成长与发展。特殊儿童的心理治疗促使意识之光照亮了人格更多的层面，个体诸多层面可以较好地被整合在一起，失落的能力尽可能地聚集在一起。最终，每一个特殊儿童都可以去体验自身存在的独特的意义之感以及生命因存在、感悟与体验而得到的幸福感。这样，各种局限就可以超脱。

🌓 第2节 精神综合疗法

意大利精神病学家阿萨鸠里（Roberto Assagioli）认为，对人的全面的观照除去精神分析中的本能、驱力、情结等无意识内容外，还应当包括对更高层面的探索——人的创造性、灵性或精神性的洞察以及高层价值，例如：爱、同情、快乐和智慧，以及人对意义的存在性探索。

相对于精神分析的"深度潜意识"，阿萨鸠里提出了"高度潜意识"的概念。阿萨鸠里将超越性的理念应用在对人性的理解和具体的心理治疗实践之中，综合了人本心理学、荣格心理学和东方精神传统，原创性地提出了超越性的心理治疗理念和方法——精神综合（psychosynthesis）的治疗模型。这是超个人心理治疗领域第一个完整的治疗模型，倡导在不断提升的层面上理解人性,试图建立一种完整理解人性发展的模型。

一、精神综合疗法的基本理论

（一）人格理论

精神综合疗法注重个人内在潜力的唤起以及增强其积极的、内在的乐观品质。该理论认为,一个健康的、功能健全的个人应当是这样的:具有整合的人格;心理功能协调、平衡发展;对人与人之间互相联系可以很好地觉察,尤其注重个人自我管理及责任。精神综合疗法理论认为,精神性的指引内在于我们的内部,这种高层的精神性超越了日常意识、超越了自我驱动。此时的我是一种"真我""高层自我",从"真我"中去找寻生命的意义、存在的价值,而意义和价值都等待着自我去实现,去探寻我们是谁?我们将向哪里去?生命的价值是什么?精神综合疗法理论认为,儿童的身上已经显示出了纯真、自然、好奇心、对美的感知、创造性的积极、乐观的品质。

阿萨鸠里提出了人格发展的个人—超个人模型。个人维度的发展主要通过意识"主我"的发展达到次级人格的整合、控制和平衡,实现个人层面上的综合。在超个人(精神性)的维度上,实现的是"主我"与作为创造性精神能量的"超意识"相互作用,进而实现高层"真我"的发展,以及伴随而来的人格的整合。

（二）心理治疗观

精神综合疗法中治疗师和当事人是相互配合、缺一不可的治疗关系。精神综合不仅仅是拥有一系列治疗技术的方法,更是一种态度、取向和思想。它更强调当事人的成长和成就,注重个人的快乐。该疗法的目的是,让特殊儿童自身的内在潜力被发掘,使其可以良好地发展、快乐地成长,始终怀抱着自然、纯真、好奇、自由、全然投入的生活态度。

精神综合疗法主要在三个层面上展开治疗:过去、现在、未来。过去层面主要是针对无意识中的心理冲突所形成的消极叙事风格,进而以一种弥散性的方式影响着当事人当下的情感体验和行为;现在层面关注的是当事人的"主我"在现实生活中的真实体验,从而感悟到自己本真的存在,为实现创造性精神能量的流动,进而为进入生活世界做好准备;而未来层面指的是当事人超越对自身个体的认同,看到自身的潜能,最终实现与精神性能量的互动。

儿童生命的价值是超越好坏两分法的。儿童精神生活的展开、情感的自然流露与表达,本身便具有经验自身的结构和意义。针对特殊儿童的精神综合疗法主要围绕过去和现在展开工作,儿童由于自己的残疾或障碍而在潜意识之中将自己完全认同于产生负性情绪或是心理问题的亚型人格层面。治疗主要是利用儿童内在的精神性资源,对其亚型人格进行无鉴别、无评判的意识观照,澄清自己的心理结构。治疗有利于儿童自我意识的觉醒,亚型人格之间实现整合、和谐共处。

二、精神综合疗法技术

（一）精神综合疗法的过程和策略

在长期临床实践过程中，精神综合疗法积累了丰富的治疗经验，并逐渐形成了自己的心理治疗阶段。戴安娜·怀特摩尔（Diana Whitmore）在 2000 年出版的《精神综合治疗实践》一书中，将其归纳为三个阶段：初始阶段、中间阶段和收束阶段。

1. 初始阶段

初始阶段依据当事人的具体情况和问题的性质的不同而有所不同，次数也不尽相同。初始阶段主要有两个目标：第一，治疗师和当事人形成稳固、相互信任的治疗关系。第二，鼓励当事人在个人成长的方向进行积极的探索。[1]

初始阶段主要围绕着以下三个方面展开工作：当事人渐成的生活模式（chronic life patterns）、次级人格的冲突与角色认同的有限性以及自我认同与心理自由。

2. 中间阶段

中间阶段是将当事人的心理冲突置于个人和超个人两个层面上加以探讨，进一步促成主体意识，即"主我"的发展以及其与高层"真我"的联系。通过各种方式促成当事人内部的觉醒，使其变得更加自主，实现自我指导以及内在的整合。这一阶段可以使用精神意象、自由绘画等治疗技术。

3. 收束阶段

收束主要是使当事人不再依赖外在的帮助而能够独立实现心灵的自我疗愈。当事人越来越信任自己的内在资源与潜力，对应付眼前的生活充满了信心。在时机成熟、治疗双方达成一致意见后，收束阶段治疗即开始进行。[2] 治疗的最终目的是让当事人可以更好地面对现实生活，自己去发现、探索，寻找到自身问题的特定答案，为进入现实生活做好准备。为了巩固治疗的效果，可以让当事人对整合的治疗过程进行回顾，并给自己的治疗经验画上一个句号。

（二）基本技术

在精神综合疗法的治疗过程中，提供了许多简单、易操作的练习和技术，它们充满了生气和乐趣，强调创造性的表达，使儿童充分参与到令其兴奋的练习之中去。[3] 许多不同的治疗媒介都被充分地利用，例如，绘画以及其他艺术材料，主动性的想象，与他人展开语言的或非言语的互动，集中精力去书写和思考，在内心创造心理现实，使用舞蹈、运动，运用不同感官功能表达自我，等等。精神综合疗法同时结合这些材料形成了自己的治疗技术。适用于特殊儿童的治疗技术主要有心理日志、自由绘画、精神意象等。

---

[1] 任亚辉，杨广学. 超个人心理治疗［M］. 济南：山东人民出版社，2005：197.

[2] 同上，p204.

[3] Diana Whitmore. *Psychosynthesis in Education a Guide to the Joy of Learning* ［M］. Wellingborough, Northamptonshire：Turnstone Press Limited，1986：15.

1. 心理日志（psychological journal）

心理日志是借助于当事人书写心理日志的方法来促进当事人自身的心理和精神成长。当事人在重新书写自己故事的同时，也在记录内心的每一步变化。这样，当事人日渐增加对自我的觉知，看到内在经验的流动，清晰地感受到自己的思想与情感。同时，在故事书写的过程中，当事人还可以从原有的困境中走出，看到新的出路，有利于当事人负面情感体验的宣泄。在具体的实施过程中运用了主体反思与创作的办法，使当事人的意识"主我"的感受更加澄明。

将心理日志应用到特殊儿童的心理治疗领域时，可以采用灵活多样的方式去展开具体的操作。儿童可以将自己的故事"书写"出来，也可以通过语言将自己的故事"讲"出来，也可以运用身体性的舞蹈、戏剧将故事"演"出来，在故事的重新书写中发现生活的新的意义空间。但是，这一技术需要当事人进行一段时间的反思与内省，它可以经由当事人自行操作，无须治疗师过多干预；但是此技术对于有着强迫症倾向的当事人要慎用，因为当事人很可能陷入毫无成效的过度写作（over-writing）状态之中。

2. 自由绘画（free drawing）

自由绘画主要是指当事人通过选择造型、线条、颜色并最终形成图画的过程，将自身无意识中的真实状态自由表达出来，从而在意识"自我"与无意识内容、在理性心理与其无意识直觉因素之间架起了一道桥梁，有助于实现个人与其精神层面的贯通。另一方面，绘画还为当事人释放压抑的内在能量提供了一种途径。

在治疗过程中，自由绘画主要采用自发性的、象征化的艺术活动两种方式。运用自由绘画这一技术时，对绘画并不要求精细的加工、润饰，也不需要对绘画本身有多么高的艺术审美要求。儿童并不是在创造艺术品，绘画只是一种创造性的表达，表达本身就是有价值的活动。儿童在活动之中，经验得以流动、生命的剧本得以继续上演。

绘画还可以促进儿童自我意识的发展，提高自我形象、自尊及其自我价值感。斯特艾撒（Strazisar）对有学习障碍的儿童实施个体和团体的绘画干预后发现，干预中儿童与同伴通过互动、发展社交技巧，最终提高了自尊。[①]

而对自闭症儿童进行的团体绘画心理干预则证明了绘画有效地促进了儿童社会技巧的改善，使儿童可以获得良好的人际关系和持久的友谊。在绘画促进语言发展上，尤本科斯（Eubanks）认为，艺术是视觉语言，有助于学童发展言语性语言。他提出："绘画将学生们的思想以视觉形式呈现出来，将语言画出来，这促使学生有机会寻求与情绪相关的新词汇，用其来宣泄其攻击和敌意的感受。"[②]特殊儿童的绘画心理治疗之所以主要采用自发的形式，主要因为绘画等艺术表达方式可以越过特殊儿童有缺陷的话语机制，从而更好地实现自我表达，可以为自己寻找到一种与外界沟通、交流的媒介。

当然，对于无法运用蜡笔与纸张的当事人，如残疾人、色盲者，这一技术的应用会受到

---

① 杨东.艺术疗法——操作技法与经典案例［M］.重庆：重庆出版社，2007：181.

② Eubanks, P.K. Art Is a Visual Language ［J］. *Visual Art Res*，1997：23（1）：31-5.

限制。而对于那些直接语言交流能力和顿悟力有限的孩子，则可以在增进表达和联系能力方面起到一定的作用。

3. 精神意象（mental imagery）

精神意象是指当事人借助想象的方式将自己内心真实的想法表达出来，即实现无意识内容的真实表露。想象的内容可以是妖怪、魔鬼、天使或者自然景观，等等。想象的形式不一定符合现实和逻辑。儿童可以在与无意识沟通、交流的过程中感受到自己的心理冲突与整合，促进积极的改变。

精神意象与特殊儿童的幻想是不能分开的，可以借助儿童的幻想，利用故事、图画、雕塑等适合儿童自身的身体机能、发展水平的媒介，将其呈现、表达、映照出来，我们可以更宏观地体验到儿童内在的心理真实世界。此时，意识之光进行当下的观照，内在生命空间扩展，精神得以自由流动，具体的生活问题迎刃而解。

这一技术对于精神病和边缘性人格障碍患者应慎用，因为他们现有的人格结构尚不完整，缺少整合能力。

三、精神综合疗法的应用及发展趋势

儿童在前个人水平、理性意识发展之前的状态里，他们的精神绝对不是白板一块，他们一样具有人所特有的所有本能以及一切高级功能的各种先验基础。[①] 从婴儿在懵懵懂懂中用了不太长的时间就学会了直立行走、手的解放、语言等这些基础性的工作中就可以看出儿童身上所带来的祖辈印记。

精神综合疗法也看到了蕴藏在儿童身上的精神性，认为他们具有天生的内在资源：创造性、好奇、敢于迎接挑战、直觉力、想象力等都体现在日常的生活之中。而特殊儿童的这些能力可能只是暂时性的丢失，但是他们的身体感受能力、运动、幻想、游戏、表演等能力却可以成为心理治疗善加利用的资源。

精神综合的治疗技术如自由绘画、心理日志、精神想象等都可以发挥作用。虽然特殊儿童的意识和自我意识水平低下，自控力缺失，但是他们的精神是整合的，游戏、写作、绘画、想象可以使个体内在的精神潜能逐渐现实化，在活动进行与开展的过程中，伴随着的是儿童自身消极情绪的释放、受到阻碍的无意识的经验能够重新萌芽以便继续成长。

精神综合疗法利用适合于特殊儿童表达、参与的活动以及艺术形式去探索一条适合于特殊儿童心理治疗的道路。而考虑到儿童自身的特点，这一疗法并不适合所有的儿童，治疗师万不可以将其生搬硬套地应用在所有的儿童身上。治疗的基础是治疗师与儿童良好的治疗关系的建立，在充分尊重儿童的前提下，相信儿童自身的自愈能力、内在的精神性资源。随后治疗围绕着儿童渐成的生活模式、次级人格的冲突与角色认同的有限性，以及自我认同与心理自由展开。最后，当事人的个人成长是一个持续终生的过程，不可能仅

---

① 刘晓东.儿童精神哲学［M］.南京：南京师范大学出版社，2003：367.

仅凭借短短的几次治疗就可以完成。治疗在适当的时机就应当选择结束，而治疗完成的关键在于当事人治疗之初呈现的问题是不是得到了完全的、圆满的解决。而在整个的治疗过程中，当事人的"主我"意识的形成和发展可能要伴随着治疗过程的始终。

围绕特殊儿童展开的治疗，应当主动去发掘儿童内在的精神性。儿童往往将自己认同于"我就是一个残疾小孩""我有着各种各样的障碍"等消极的次级人格，从而将其泛化到生活情景之中，形成特定的行为反应方式。治疗师借助绘画、故事、幻想等途径使儿童认识到自己认同于某一特定人格所带来的对人格疆界的限制，进而逐渐接纳自己的次级人格，接纳然后才可以实现人与问题的分离，进而实现问题的转化。儿童与自己的想法、观念、情绪、身体等"去认同化"（disidentifying）的整个过程，就是寻找本性的过程。① 这使得他们不与次级人格的某些特定方面，特别是已经成为引发心理问题的因素相认同，而看到丰富的意义选择，达到次级人格的整合。并不是人有问题，而是有问题的人，问题只是我的诸多次级人格的一个方面。用发展的视角看待特殊儿童的特殊需要。伴随着儿童自身的成长、心智的不断成熟，他们的意识"主我"渐渐呈现，进而与具有创造性精神能量的"超意识"相互作用。在实现次级人格整合的同时，达到超越性的发展维度，此时的个体不再以旧有的视角看待身体、功能上的诸多障碍，使儿童不仅仅生活在过去，而是更加注重此时此地的生活感受、真实的生活经验，更加期待将来诸多可能的生活境遇。使其超越自己所一贯认为的自己所是，发现自身隐含着的长处，敢于去挑战自我的生活潜能。

精神综合疗法具有许多针对超越性的练习，例如积极的自画像②：

通常情况下，儿童会失去与自己的积极品质的联系，并且需要我们去提醒他们看到这一点，对于肢体残疾、听力和视力障碍、言语和语言障碍的特殊儿童更是如此。要得到真实的自我镜像，其中必须包含着积极的成分。通过这一练习，参加者有可能变得对自己的积极品质更加的明确，同时让其自然地显现出来。

适用年龄：12岁至成人

时间：40分钟/每人

练习：我希望你可以花费几分钟的时间去思考一下自己。我们正在试图去探寻、去日益亲近我们的积极品质。思考所有你喜欢的有关你自己的事情，然后准备将这些品质写下来，列出一个条目或清单。写出至少10个你所喜欢的有关自己的品质、事情、快乐的体验等。

现在组成小的团体（团体人数可以限制在6～10个人）。每一个团体成员都有机会去经历、体验这样的过程。当轮到你的时候，你将自己的品质分享给团体中的其他成员，而分享的方法可以有很多种，画一幅画、唱一首歌、讲一段故事，等等。你很快就可以看到现

---

① 米杉.由心咨询：心理治疗中的超个人范式［M］.倪男奇，译.北京：中国轻工业出版社，2009：7.
② Diana Whitmore. *Psychosynthesis in Education a Guide to the Joy of Learning*［M］. Wellingborough, Northamptonshire：Turnstone Press Limited，1986：192.

实中积极的自我。

　　每一个人在"映照、反观"他人分享给自己的品质、特征的时候，都可以对其他的成员表达出一些自己的感想。用身体、面部表情去表达、感受。如果他们对你的描述、反馈不正确的话，你可以再次排列你的品质，并且使他们按照你所希望的方式去完整地描述你自己。

　　此时的你，是一个象征性的、由团体成员绘出的你。你可以感受得到其他的成员的存在以及参与，团体成为一个紧密的结合体，你可以告诉每一个成员：我是……（无论积极的品质或特征是什么）。

　　完成练习后，每一个人都可以与他的团体成员分享在自己面前看到、体验到的积极的自我是什么样的。你是如何拥有并保留这样的积极的品质？有没有什么方式可以增强这些特征，并且将它们更多地表达出来？

　　心理日志、自由绘画等技术也可以实现负性情绪能量的转化。如果儿童具有某种程度的情绪与行为障碍，儿童自己的绘画作品正是其内在情感、无意识的显现。有一些儿童的画看起来很紧张，表现出指向他人或自己的愤怒（如图6-1所示）。①

图6-1　一个抑郁症男孩画的"凶手"

---

① Cathy A. Malchiodi. 儿童绘画与心理治疗：解读儿童画[M]. 李甦，李晓庆，译. 北京：中国轻工业出版社，2005：162.

男孩正是透过自己所绘画的"凶手"才将隐含的情绪、丰富的内在经验表达出来，同时如果再进一步地询问儿童，也许可以得到一些对其真实内心情境的深度描述。绘画中直观地体现出暴力、毁灭的主题，斧子最终的指向是谁？自己或是某个他人？诸多的问题都需要进一步的探索。

对于语言交流能力有缺陷和感悟能力较差的特殊儿童，比如对于自闭症儿童、言语/语言交流障碍的儿童、学习障碍儿童而言，艺术治疗具有良好的治疗效果。例如，卡特尔（Carter）和米勒（Miller）1975 年对 8 个 7～10 岁的学习障碍儿童进行了为期 6 周的创造性艺术治疗。结果显示，在视知觉任务方面，每一个儿童的收获都很大。[①] 自由绘画技术可以成为艺术治疗的形式之一。通过绘画，儿童表达出自己的感受。透过图画的颜色、造型、线条和影像等都可以增强儿童的自我意识，不断地进行自我反观，他们的感受也会逐渐地发生变化。这样，儿童的作品本身成为儿童展示自身、发展自己才能的一种途径，同时也成为确立个体同一性、增强自我效能感的手段。此外，身体治疗对语言/言语交流障碍的特殊儿童、自闭症儿童的干预具有良好的效果。超越语言的身体成为干预的契机，与儿童之间的推拉、拥抱、身体的滚爬成为超越语言、符号之外的有效交流途径。唱歌、祈祷、呼喊以及游戏互动中的种种表现成为语言、符号，成为身体性的表达。

☯ 第 3 节　生态心理治疗

心理治疗中的生态化倾向反映了当前心理学发展的一种新趋向，即将人与环境（包括物理环境与精神环境）看做一个整体系统，注重人与其环境之间的相互作用。虽然生态心理治疗在 20 世纪 40 年代后随着生态心理学的出现而逐渐在心理咨询领域崭露头角，但从其理论传承及哲学渊源来看，它继承了人类自古便有的原始朴素的生态系统情怀。它试图在人对环境的改造以及环境对人的影响中，寻求两者的平衡点，关注这个双向互动过程中个体主体性及精神感受和创造的作用。通过评定、调整、创设更利于个体成长的生态环境，来达到治疗个体心理障碍的目的。目前，生态心理治疗仍处于不断发展及完善的过程中，治疗师在实践操作中秉承生态学的观念，将个体治疗、团体治疗、家庭治疗等多种技术融会贯通，正在逐步形成一套富有创新性的咨询模式。

一、生态心理治疗的基本理论

环境与人是共生的。生态心理治疗在生态学整体观、系统观的指导下，将心理现象与生态环境看作是一个整体的有机组合。在和谐、均衡、统一的天地之间，强调健全个体与自然生态的交互作用。生态心理治疗的核心理论就是人与环境的和谐与互动。

---

① H. Thompson Prout, Douglas T. Brown. 儿童青少年心理咨询与治疗[M]. 林丹华，等，译. 北京：中国轻工业出版社，2002：484.

（一）生态心理治疗的理论根源

生态心理治疗的基本理论的发展，受到以下几个方面的影响。

1. 现代科学研究和后现代观念

受传统科学观中包含的还原论及元素论影响，认知心理学、行为主义等将人类的心理与行为过程解释为某种固定程序或划分为不同的因素，如刺激—反应模式、信息加工模型等。然而，即使是坚持经典科学主义的心理学家也不得不承认，这种研究模式无法良好地解释个体差异及人类的意识问题。爱因斯坦等人的新科学观则认为，科学研究应对整体进行考察，而不是孤立地分析其中各个组成部分。生态心理治疗师对还原论（reductionism）与元素论持批判态度，整体性乃是生态心理治疗最重要的原则之一。

2. 生态学研究的兴起

生态学是研究有机体及其周围环境之间相互作用的科学。起初，生态学的提出是源于人们对自然生态环境的研究工作，后来生态学的范围逐渐扩展，人及其环境所组成的系统也被纳入其中。[①]

3. 哲学与心理学思想的影响

生态心理治疗的理论思想主要是受到现象学及格式塔心理学的启示。现象学主张关注事物的整体，对现实进行直觉性的观察和体验。这种思想鼓励心理学研究者关注复杂的现实生活，不应局限于已被控制或简单化的实验室情境，也不应忽视个体丰富的生命存在现象。现象学是格式塔心理学的哲学理论基础，格式塔心理学著名的知觉整体性研究为整体主义提供了现实依据。此外，精神分析、超个人心理学等思想也被生态心理治疗师吸收并发展。值得一提的是，中国传统哲学中"天人合一"的思想意味着人与自然和谐统一的关系，这与生态心理治疗有相似之处。

（二）生态心理治疗发展过程

近年来，在生态化运动的推动下，生态心理治疗体系得到了迅速的发展。作为一门由生态学与心理学交叉产生的边缘学科，生态心理学不仅继承了心理学研究及传统治疗中的优点，更多的是将生态学的观点以及理念带入了心理研究及心理治疗中。

追溯生态心理治疗的发展源头，应该是在20世纪40年代，心理学家勒温（K. Lewin）第一次使用"生态心理学（psychological ecology）"这个概念。勒温认为，当时的心理学包括心理咨询在内，过多地偏重个体行为实验化因素的探究，而忽略了实际环境所提供的心理场的作用。所以，勒温认为应该强调在现实环境中考察个体的行为，探寻行为、心理以及环境之间的互动关系，与实际环境割裂的心理现象都是不真实的，缺乏"生态效度"。

1947年，巴克（R. G. Barker）和赖特（H. F. Wright）建立了中西部心理学田野研究站（The Midwest Psychological Field Station）。经过25年的运作，对小镇内100多名儿童的日常心理行为进行抽样记录，并据此提出了行为背景理论。行为背景理论注重考察现

---

① 秦晓利. 生态心理学[M]. 上海：上海教育出版社，2006：44.

实生活中个体的行为与环境之间的关系。这为后来的生态心理治疗技术，即通过调整环境系统及系统间的关系来调节个体心理，提供了最初始的理论支持。

布朗芬布伦纳(Bronfenbrenner)将生态心理学的理念引入个体发展，尤其是儿童发展心理学中。这为生态心理治疗理论与实践的创新展开了全新的一页。通过他拓扑式的生态系统结构，生态化的理念与实际的生存系统有了联结，个体与周围各个系统层面的联结也变得清晰起来。这使得通过调控系统及彼此间的关系来治疗个体的心理疾患成为可能。

（三）生态心理治疗基本概念

1. 生态系统(ecological system)

布朗芬布伦纳在 1979 年出版的《人类发展生态学》一书中，对个体与其所生存环境的关系进行了深入的研究。他认为，个体生存在一个层层镶嵌的同心生态环境中，每一层都镶嵌在相邻的层次里面，圆心是发展的个体。他将这个镶嵌的结构依次分为：微观系统（micro-system）、中观系统（meso-system）、外观系统（exo-system）和宏观系统（macro-system）[1]，如图 6-2 所示。

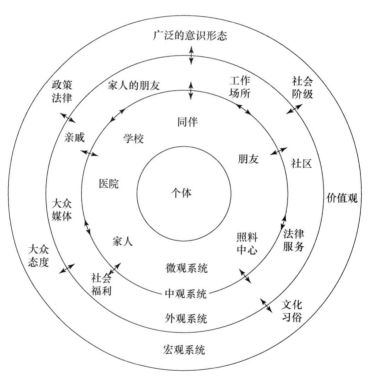

图 6-2　布朗芬布伦纳生态层级结构图[2]

①　Bronfenbrenner，U. *The Ecology of Human Development*［M］. Cambridge，M. A.：Harvard University Press，1979：14-27.

②　Shaffer D. R. *Developmental Psychology：Childhood and adolescence*，6th Edition［M］. Brooks：Cole Publication，C. A.，2009：60.

其中微观系统中包含的是个体及与其发展直接关联的人或物；中观系统中包含的是个体所直接参与的两个或两个以上的微观系统；外观系统包含的是那些可能影响个体中观系统，但又未一定与个体直接接触的社会系统；宏观系统包含的是社会、文化、价值观、意识形态等较高层次的影响因素。

2. 生态潜意识（ecological unconscious）

生态潜意识指的是人的心理与自然之间存在的一种与生俱来的"情感联结"。它是一种人类先天秉承的情感联结，是人类固有的天性，也是个体进化的产物。从某种意义上来说，它类似于荣格所说的"原型"，也就是那"包含着人类的心理和命运的原初意识，它是一种无数次出现在我们先人传说中的痛苦或欢乐的遗迹"。[①] 生态心理治疗师认为，生态潜意识不是一种理论假设或逻辑推理，它是一种早在史前就已经植根于人类心底，潜沉在人类记忆中的一种人与自然既斗争又统一的生存发展关系。深层的生态心理治疗师认为，生态潜意识是一种狭隘的自我观念在心理上扩展的结果，这种狭隘的自我观念被埋藏在分离的本我中。通过与全人类的认同，最终成为一种与生态系统和生物圈的认同和相互渗透的自我意识。[②]

生态潜意识在其发展或表达过程中，由于一方的突然变动或是双方互动的不协调而受到了阻碍，即个体与周围环境的联结无法一致，出现断裂或被过度抑制时，人的情感便会受到影响，产生一系列的负面情绪淤积在断裂处，从而进一步阻碍人与环境的情感流动，使得各种心理疾病产生。必须打通个体与自然、环境各系统之间的联结，使人类与生俱来的生态潜意识在和谐的人与环境互动中流动。出生在以研制原子弹而著名的"原子城"的美国科学家墨利·布朗（Molly Brown）在《从文化的恍惚中醒来》中提到，广岛和长崎的原子弹爆炸对她的童年带来了巨大的心理压力，也给当地的居民造成了生理的伤害和广泛的心理恐惧。她一直在寻求心灵的逃避和解脱。但发现她所生长的整个城市从普通民众到政治经济结构、文化模式都在潜移默化地对其心理施加压力，使其对原子弹爆炸和人类毁灭产生强烈的担忧和恐惧。环境实际是一个非常广泛的概念，可以上升至整个人类世界的大环境，包括文化信仰和世界观。[③]

3. 生态自我（ecological self）

来自整个生态系统的压力使得处于系统中心的个体不堪重负。要改变这一状况，从生态系统的角度来看，是要调整各系统间的运行方式，使它们能够更加和谐有序；而从个体来看，就是要建立强大的生态自我。

生态自我指的是那个更适合也更容易与自然融为一体的自我，它具有更强的环境适应性和融合性。一个完善的生态自我能够促使个体更积极地去调整与环境的关系，并且主动地改造环境，为进一步的生态化发展创设更有利的条件。形成这样的主动观念，不仅

---

① 卡尔文·S.霍尔，沃农·J.诺德拜.荣格心理学纲要[M].张月，译.郑州：黄河文艺出版社，1987：123.
② 雷毅.深层生态思想研究[M].北京：清华大学出版社，2001：46.
③ 刘婷，陈红兵.生态心理学研究评述[J].东北大学学报（社会科学版），2002（4）：83-85.

能够缩小人与自然的疏离感，同时也是个体对生态系统建立认同的过程。[①]

心理学家认为，"荒野"在生态心理治疗和心理调适中具有重要的治疗价值。荒野可以促进自信的再次建立、缓解压力、消除紧张、促进个体对自身和对整个系统的反思，最终形成心智健全、精神健康的生态自我。回归荒野、回归自然，才能唤起人类潜藏的生态意识，重塑生态自我，使精神世界不断得到丰富、健全和完善。[②]

4. 生态可供性（ecological affordance）

生态可供性最早由生态知觉心理学家吉布森（J.J. Gibson）在 1979 年提出，指的是环境中会直接影响个体行为的特性。个体可以直觉地"知道"环境为其提供各种行为的可能性。例如，空气为动物提供赖以生存的氧气，为植物提供进行光合作用的二氧化碳，还能够有效防止太阳的直射。家庭的气氛为家庭成员提供多种可供性，包括愉悦的心境，释放压力的途径，以及稳定的人际支持。精神内涵丰富而敏感的人，能够更好地利用生态可供性来创造性地工作以造福人类。

二、生态心理治疗要素

（一）生态心理治疗的操作技术

1. 鉴定与评估

在对儿童进行鉴定与评估时，评估人员可能会发现，儿童在不同情境中的表现会有差异。根据巴克的行为背景理论我们得知，此时应对环境差异处格外关注，这就要求治疗师能够仔细观察儿童与环境之间的相互作用。例如，某个自闭症儿童在看到某位老师时便有逃避行为，原因却可能是他不喜欢这位老师经常穿的红色外套。而儿童在家庭与在学校中的表现往往也会有差异。布朗芬布伦纳的生态发展模型也提示治疗师在考虑特殊儿童的问题时不能忽视其所处环境的状况，需要考察家庭、学校、社区等环境结构及父母、教师等人员与儿童的互动关系。

2. 临床干预

治疗师可以通过多种方式对特殊儿童进行干预，主要目的是增加环境中可以提供给特殊儿童的自然学习或发展机会，为他们创造适于发展的环境。给特殊儿童更多或更加适宜的机会，这就对特殊儿童形成了环境的补偿。生态取向的心理治疗并不局限于某一种疗法，它是开放的，可以融入其他疗法之中。例如，针对自闭症的地板时光疗法（floor time）的治疗师，教给父母如何在日常生活中尽量增加与儿童互动的机会，这样儿童在家庭生活中也可以得到训练和康复。

3. 外观系统或宏观系统的干预

生态取向的心理治疗特别关注宏观的环境改变。虽然生态取向的心理治疗师会从事

---

① 刘婷，陈红兵.生态心理学研究评述[J].东北大学学报（社会科学版），2002(4)：83-85.
② 秦春.走向深层的生态心理批评[J].黑龙江史志.2008(16)：86-87.

家庭治疗的微观环境干预,但他们也会致力于推动社会环境的变更,对社会政策、管理等方面提出建议,改善特殊儿童所处的学校、社区环境,考虑更加合适的安置方式,致力于社会环境和福利政策的改革。

生态取向的心理治疗富有特色的一种干预方式便是直接建立一种经过高度计划和设计的生态环境,然后让当事人进入这种生态环境之中生活,待其得到自我成长之后,当事人再回到现实生活环境中去。这种方法源于反精神病学运动。研究者们创建了这样的机构,精神病人在其中得到充分的尊重和关怀,他们被当做正常的具有自己思想的个体对待,结果发现在这样的环境中他们的病症得到了很大的改善。有治疗师选择将山中或海边的别墅作为治疗场所。特殊儿童在那里度假,治疗师及助手们努力营造一种自由的、适合自我探索的气氛,儿童在这里可以无拘无束地进行自我表达。治疗师们与儿童生活在一起也可以随时灵活地给予他们所需要的专业化的帮助。

国外有些寄宿制学校,在专业人士的指导之下,对特殊儿童及青少年的心理障碍进行干预。例如,美国的村舍制度(The Cottage System)让有品行障碍的儿童或青少年在乡村学校中与农民一起生活。① 管理者同时分担治疗师的责任,他们可能通过谈话等方式帮助学生摆脱消极情绪,也会与学生建立起良好的关系,甚至扮演类似父母的角色。研究表明,这样的学校使学生感到被接纳、被理解,起到了治疗的效果。

国外部分社区开办了相关的青少年中心,成为社区干预的成功案例。上海的一些社区开办了"早教中心",也为特殊需要儿童提供服务。

国外在精神病康复治疗中也有类似的尝试。对于康复期的精神病人来说,最困难的任务是重新回归家庭,回归社会,适应环境。许多精神病患者出院后,并不能顺利地回到家庭和社区,恢复正常生活状态。他们面临着大量的难题。这对于他们的家庭来说,也是严峻的挑战,沉重的负担。很多家庭因此而陷入困境。在那些无家可归的流浪者中,有一部分就是没有得到适当照料的(前)精神病患者。当代社会并没有特别有效的专业服务来解决这个普遍的问题。有研究者提出建立中途站,作为解决精神病患者社会康复问题的一种选择。所谓中途站,就是介于精神病院和家庭之间的一个过渡环节。美国精神病学家鲍德威提供了中途站(halfway house)的范例。他领导的"飞马计划"(the Windhorse Project)积累了成功的经验。② 中途站配备类似家庭的生活设施。每一个病人都配备1名心理治疗师,4名志愿者或者研究生,1名护理员(负责日常家务和具体事务管理)。每个成员同时参加另外一个小组(交叉组成团队)。每3个小时轮换值班人员。除了团体治疗活动外,每周提供2~3次个别心理治疗。团队成员与病人之间的密切关系,成为治疗的关键要素。而参与日常的生活起居和家务杂事,也成为治疗的必要环节和组成部分。

---

① 刘强. 美国犯罪未成年人的矫正制度概要[M]. 北京:中国人民公安大学出版社,2005:165.
② Podvol, E. *The Windhorse Project*[M]. New York:Wiley,1990.

（二）生态心理治疗的注意要点

生态心理治疗需要涉及整个生态系统,需要动用很多资源,环境系统的调节和创设需要多方面的协作。

1. 当事人的意识观照和自主抉择功能

著名的现象学哲学家和精神病学家雅斯贝尔斯(Jaspers)在《普通精神病学》一书中[①]曾讲过这样一个事情:20世界初,德国莱比锡一个名叫埃米尔·斯达特梅耶(Emil Staudmaier)化学教授,为了"彻底地"研究精神病的规律,通过一系列实验,用他能够想到的各种办法来强化自己的幻觉和想象,从而主动进入精神病的迷幻状态。结果他的自主意识完全失去控制,陷入了纷纭紊乱、纠缠不清的妄想之中,让自己真的变成了一个精神病患者。后来,他依靠自己的心理康复能力恢复正常。他的结论和告诫是:任何人都可能变成疯子,所以千万不要让自己去故意尝试这样的试验!这个忠告可能显得很滑稽:没有人愿意把自己变成精神病患者。但是,我们现在可以肯定,在精神病的发生过程中,个人的动机和愿望的的确确发挥着某种致病作用。而康复过程更离不开个人清醒的意识功能的参与。个人的意志和能力毫无疑问是心理疾患治疗和康复过程的最重要因素。

2. 心理疾病患者的康复潜能

与一般人的刻板印象相反,大多数患者在大多数时刻都具有比较清晰的理性认识和调节行动的能力。即使是严重的精神病人,也会有意识清醒的时刻或者相对完整的心理功能(moments or islands of clarity),这是使治疗发挥作用的关键点。美国电影《美丽的心灵》中数学家纳什最终明白了自己关于间谍的固执和纠缠,乃是完全的幻觉作用。他说:"这个女间谍为什么从不增长年龄呢?"从此之后,他可以有能力对现实和幻象做出区分,于是便能够比较好地调节和管理自己,过相对正常的生活。心理治疗能发挥作用,就在于它对当事人的潜在能力和追求康复的动机有深入的了解和合理的利用。

在康复过程中,环境的支持尤其是重要他人的关怀和理解,是最关键的、不可缺少的治疗因素。美国的心理治疗师古雷非斯夫妇1994年曾经治疗过一个非器质性癫痫患者。吉米在癫痫发作时脑电图并没有出现相应的病理指标。医生感到很困惑。住院几个月,药物治疗毫无效果。患病的诱因完全是心因性的。他小时候住在纳车兹城,常常被人欺负,父亲忍不住把那些流氓打了一顿,因此被警察带走,差一点要坐牢。从此,那个城市成了他一辈子埋藏心中而不敢触及的伤口。最近,妻子要照顾年老的父亲,提议全家搬到纳车兹去住;而到那个小城生活的前景引发了吉米的症状发作。通过他个人和家庭的心理治疗,很快他的病全好了,搬家的事情也不再对他形成任何困扰。由此可见,在致病和康复的道路上,早期经验和环境的影响固然重要,但是当事人自己对于事件的情绪感受和意义解释是最为重要的环节。与重要他人的对话和交流,是当事人观察自己、审视环境、达

---

① Jaspers,K. *General Psychopathology*［M］Chicago:University of Chicago Press,1962.

到领悟的必要条件。

3. 治疗环境的创设与运用

生态治疗强调人类存在的物质—文化介质的重要的作用。就像鱼生活在水中，人是生活在物质—文化的介质之中的。在我们的生存环境中，影响身心健康的积极的或负面的介质有很多。地理环境、气候、声音与色彩、建筑、居住条件、衣服饰物、起居饮食、人际交往的机会，等等，都是直接影响我们心境和功能的要素。这些似乎是客观外在的东西，其实具有各种各样的意义，因此也就具有心理治疗的作用。无论我们对这些介质的知觉是有意识的还是无意识的，都会受到十分微妙而又切实的影响。

根据特定的心理学理论和心理治疗技术，精心安排并合理运用具有治疗作用的环境来进行心理治疗，可以收到很好的效果。

自 20 世纪 60 年代以来，"去机构化"（deinstitutionalization）运动蔚然成风。"疯人院"（asylum）的糟糕状况越来越不能被公众所容忍。一些精神病患者康复以后，著书立说，简述了自己的经历和感受。著名的学者，例如法国的福柯（Foucault），对于精神病患者的悲惨遭遇，对于人类历史上关于精神病问题的愚昧的观念和残忍的做法，进行了尖锐而深刻的批判。从此，对于精神病患者的社会歧视和隔离制度遭到毁灭性的抨击，导致社会融合的理念开始深入人心。强迫住院收治、禁闭和锁链、电击治疗、滥用药物等做法受到了强烈的质疑和广泛的抵制。

作为生物模式的替代，非侵入性（noninvasive）的心理干预和精神病康复模式，开始得到广泛的注意。在欧美等国家出现了一些基于家庭、中途站、学校和社区的环境治疗的探索性试验，积累了许多有益的经验。在我国，至今还没有引起足够的注意。我们大声呼吁、积极探索新的更合理、更有效的治疗方法和模式。

三、生态心理治疗的发展趋势及应用

（一）心理治疗的生态学理念

个人与环境密切联系、互动互渗的生态系统思想，并不是一种全新的观念。世界各国的文化中都有强调完整性、一体性、和谐性的理念和生活实践。我国传统文化中的儒释道三家，对于人生和宇宙、生死祸福、自我与他人的关系，都有许多独到而高明的见解和丰富而有效的修养方法。这些都值得我们认真学习和借鉴。

在西方心理学界，尤其是心理治疗领域，不少理论体系具有生态思想的基本特点。

（1）心理动力学的母婴关系理论：弗洛伊德的俄狄浦斯情结；梅兰妮·克莱因的客体关系学说；玛格丽特·马勒的自闭、共生、分化三阶段母子关系理论；海因兹·科胡特的自恋-理想-转化心理学；约翰·鲍尔贝的依恋理论，等等，都十分重视母亲与婴幼期孩子紧密关系的特殊意义。[①]

---

① 　西蒙诺维兹·皮尔斯.人格的发展[M].唐蕴玉，译.上海：上海社会科学院出版社，2006：1-35.

（2）埃里克森的人格发展8阶段理论：关注社会文化影响和个人原始情绪冲动之间的矛盾运动，描述了人格发展的不同课题，以及任务失败和发展停滞会造成的后果。

（3）以人为中心和存在主义的心理学理论和心理治疗取向：罗杰斯的"价值条件"假设理论认为，社会环境对于个人的规范性要求和个人趋同化的倾向，是造成压制个人的创造性和真实觉知能力的元凶；宾斯万格、罗洛·梅、弗兰克尔等存在治疗大师认为，人的"在世存在"（being-in-the-world）并非只是屈从和无奈，而是经历无知、反叛、常态、创造等发展阶段，最终成为自己生命的主人。

（二）社会变迁和心理适应的困境

生态心理学和心理治疗，作为一条贯彻人类发展进程始终的文化脉络，为什么今天受到特别的关注？简要地说，就是因为我们人类已经进入了迅速而急剧的社会大变动时代。传统的家庭和个人的适应方式开始失效，接下来的新生代会遭受严峻的心理适应的挑战，人格缺陷和身心症状等问题层出不穷，急切需要寻找有效解决问题的思路和方法。

工业化进程和生活方式的变动，造成传统农业文明、家庭生活方式，尤其是母婴关系模式急速的变化。大量女性走进工厂和办公室，母婴分离状态成为生活的常态。丹麦的研究发现，女性外出参加工作达到普及之后的5～20年间，儿童和青少年的人格障碍、自我认同障碍、抑郁和自杀、自伤、退缩、攻击、成瘾、多动、心因性免疫缺陷等问题明显加剧。从1985到1999年的14年间的官方统计表明，社会性情绪障碍的特殊儿童在校人数增长了3倍。丹麦3岁前的幼儿15%有轻度的营养不良和环境剥夺，表现出对环境的不适应和不安全感。1/3的高中毕业生认为自己的教育失败。有5%的丹麦儿童有严重的依恋缺陷，受到过忽略、暴力和性虐待，具有情绪困扰和人格发展障碍。[①] 依恋缺陷儿童会面临感知和概念形成的缺陷，以及情感冷漠和人际关系障碍。与新生儿分开的母亲通常会体验到焦虑和内疚，与婴儿开始疏远，觉得不安全，尤其是对理解孩子的需求和表达觉得力不从心，母子双方的互动会产生隔阂。我国近年来大量农村人口流入城市，留守儿童中有大量婴幼儿是由祖父母或者委托人来照顾的。母婴密切连接的文化传统遭受严峻的挑战，面临巨大冲击。这种变动对于新生一代的身心健康和人格成长的影响会是重大而深远的。

文明间的冲突和社会歧视，也是一个突出的心理压力源。爱斯基摩（Eskimo）人和印第安人部落被迁移到城镇生活之后，出现很高频率的适应不良问题，酗酒、精神疾病、身份认同障碍、抑郁和自杀成为普遍性的趋势。战争和自然灾害也是儿童心理健康问题的重要影响根源。荷兰家庭收养的罗马尼亚战争孤儿中，有半数出现严重的依恋障碍（Hoksbergen，2004）。

对于婴幼儿的心理发展来说，母亲的作用是不可替代的。对婴儿身心需求的细心呵护是孩子健康成长的最重要条件。关心、支持、均衡、灵活的环境支持会导致良好的学习

---

① Rygaard，N. P. *Severe Attachment Disorder in Childhood：A Guide to Practical Therapy* [M]. New York：Springer-Verlag，2006：10.

与适应。而被人忽视、排斥，遭遇挫败和虐待，则会导致退化、防御、攻击、依赖等病态行为。严重而长期的感觉剥夺、接触剥夺、情感交流剥夺、心理需求不能满足的缺失和挫折感，会导致严重的不可逆转的身心发育障碍。儿童如果处于低级需要的控制之下（如饥饿、寒冷、黑暗、噪音、不适、孤独、单调等），一切冲动和能量都会指向这些基本的生理和心理缺失。他们的安全感、兴趣与探索、冒险、试验、好奇心、注意力、分辨力、目标取向的学习和探索行为，都会受到阻碍。为了促进儿童的健康发展，对早期环境的优化和补偿是最关键、最有效、最人性化的干预。

环境治疗适应了时代的需求，应用前景十分广阔。对于新生一代的健康发展，其潜在价值和历史使命值得我们特别关注。

（三）特殊儿童的环境治疗

1. 环境治疗的基本假设和原则

环境治疗（Milieu Therapy）中的"环境"具有特殊的含义，指的是环绕我们周围的一切介质，包括物质的环境、人际关系的影响、特定的文化语境（context）和社会的时代精神（ethos），等等。总之一切关联到我们生命存在的外部要素，都是环境的构成部分。

环境治疗是通过环境结构和交往模式的直接改变和特殊安排，影响儿童的身体功能和情绪活动，促进其身心发展的干预方式。治疗一词 therapy 源自于希腊语 Theraps，原意为"服务"。所谓治疗，就是创设一个特殊的环境，服务于儿童的身心发展。这里所说的"环境"，是由儿童本人直接感受、知觉、体验的经验世界。学会读懂每一个儿童的精神世界，是治疗师修养的第一课，也是最重要的专业素养。有经验的母亲，训练有素的教师，都知道要针对每个孩子的特点提供合适的帮助。根据一定的理论和目标，由专业人员精心设计和安排的环境治疗，是对日常经验和知识的提升和操作的系统化。专家与家庭成员的合作，是实施环境治疗的最便利、最有效的途径。

环境治疗与传统心理治疗有一定区别。传统心理治疗的基本前提是：

（1）当事人意识到问题并有改变的动机。

（2）治疗师与当事人能够形成治疗关系。弗洛伊德所说的"移情"，即指当事人将自己的爱欲客体投射于治疗师身上，可见治疗情感关系乃是心理治疗的基础。

（3）心理治疗通过社会性的接触，在个人心理层面起到引发转变的作用。

与此相对比，环境治疗有三个基本假定：

（1）当事人并不一定具有自己清楚的人格边界。婴幼儿的自我与环境尚无明显分隔，或者说其自我尚未发生作用，因而也是无法改变的。

（2）婴幼儿与治疗师之间难以形成治疗关系。

（3）因此，应该对环境的结构和功能进行直接干预，从生理、情绪、心理（意识）多个层面渗透，修补儿童的身心缺失，进而克服其社会交往的困难。

2. 环境治疗的实施原则

首先，直接干预和改变环境。不必经过符号和概念的中介，不必利用记忆和思维，而是在儿童当下的身心经验中产生直接的影响和感应作用。因此，环境治疗必定是长期的、缓慢的、渐进的，而不像成人那样，可以依靠启发和顿悟。就如同母亲与婴儿之间的互动过程一样，治疗师在环境治疗中精心安排婴儿的生存环境，来影响其行为和感受，逐渐养成模式化、习惯化的经验秩序。

其次，遵循"回归"（regression）治疗的原则。回归，就是回到原始起点的意思。根据儿童的心理水平和需求，有针对性地过滤、聚焦、组织儿童需要学习的课题，呈现简单、稳定、易于理解、容易完成的任务，减少儿童的挫折，保证成功的机会。概括地说，就是要回到起点，降低要求和难度，小步慢走，逐步提高。

最后，以儿童为中心、经验为中心来组织社会支持和专业服务系统的网络，是环境治疗的最大挑战。家庭、幼儿园、学校的他人都要充分给予关照、辅助和支持，形成网络和合力。

3. 环境治疗的 5 个层面和发展的方向

环境治疗根据儿童的五个发展层面的递进关系，为诊断和干预提供了清晰的视角：

（1）机体—生理的层面：生理生化系统的平衡和自调节功能。例如，婴儿的饥饿感与喂奶行为之间的互动，就发生在这个层面。

（2）情绪—感受的层面：刺激信息的分辨与适应系统的整合。亲子之间身体的抚触发生在这个层面。

（3）知觉—运动的层面：知觉—运动系统的目标指向与操控。例如，游戏活动就发生在这个层面。

（4）想象与概括的层面：语言，概念思维，象征系统。语言、手势和图画的交流都发生在这个层面。

（5）人格与社会性的层面：情感、动机，价值，自我同一性，人际关系。例如，同伴间的合作或竞赛就发生在这个层面。

环境治疗过程中主导性的活动模式需要一个明确的方向转变。这是设计干预目标和实现途径的基本线索：从整体的身心一体的活动，转变到心理功能和人格结构的逐渐分化；从无意识的行动，转变到有意识的反思；从被动接受影响，做出反应，转变到主动而灵活的自我调节。这个过程就是自主意识增强和自我效能提升的转变，是真正意义上的心理发展。

在环境治疗过程中，治疗师或其他人的影响作用，也会发生方向引领性的变化。例如，母亲与婴儿的互动是"一体同在"的关系；孩子的依恋和情感都投注在母亲身上，自己完全是被动和依赖的。而学校中的师生互动，则具有规则指导性和工具辅助性的特点，情感上具有一定的独立性和分化性。而在儿童与同伴交往中，平等和相互性开始占有突出的地位。这些不同类型的关系模式，对儿童的自主性和独立性的要求不断提高。治疗师需要特别注意把握好的一个分寸，就是要确保治疗的进展速度和难度一定要适度。如果遇到困难就需要返回较低的水平，重新开始能力和信心的积累，这就是"回归"的本来意义。

4. 早期发育与环境治疗的任务

产前预防及孕妇教育，包括孕妇营养、作息、心理调节、怀孕和育儿知识的学习等。当代社会中压力过大和环境污染等问题需要引起高度关注。

婴幼儿（出生至 3 岁）早期干预，包括一系列的营养和照料措施，如提供共情的触觉经验，平衡适度的身体刺激；宽松、平和、安宁的氛围；母亲在抱孩子、喂奶、抚摸、按摩、摇晃、洗浴时对孩子的细心体贴，特别重要。营养不良、感觉过度和感觉剥夺，都是导致问题的根源。身体运动技能、视觉和听觉技能、亲子情感互动与语言交流的培养，都是十分重要的课题。

学前（幼儿园）阶段的环境治疗，需要确保儿童的基本生理和心理需要得到满足，尤其要关注具有特殊需要的孩子在情感世界的饥渴和社会性发展的缺陷，为他们提供安全和鼓励性的氛围，降低他们的焦虑反应，保护免疫能力，奠定心理和人格发展的基础。有些孩子社会性和情感发展滞后，学习能力欠缺。例如：角色表演有困难；不能担负责任；言行不一；不适应变化的情境；无同伴朋友；容易与人发生冲突，不能合作；缺乏信任；不知危险，不懂得愧疚，欠缺反思能力；过于敏感，责怪他人，防御过多；不能从经验中学习；不会总结和变通；表现出注意力缺陷和多动特征；不想从事重复性的工作；缺少自我评价的能力。在这种情况下，老师可能需要承担起母亲的部分功能，要在更加基本的层面进行教育干预，而不仅是关注知识的教学。

治疗师可以采用镜像示范和教练模式，进行有效干预。具体步骤如下：

（1）首先实现与儿童的接触，引起注意。可以利用表情、动作、手势、实物等发起互动行为。

（2）使用动作的示范，言语的提示和简洁明确的要求："穿上背心"。如果儿童还有理解的困难，就直接帮他穿上背心。

（3）反复练习，直到儿童做出成功的行为，并重复完成多次。

（4）等儿童活动熟练或习惯之后，逐渐减少动作的干预，仅仅使用言语提示来完成任务。

（5）逐渐把已经学会的行为融入日常生活的秩序之中。

在干预过程中，治疗师需要把握以下几个要领：

（1）聚焦于儿童的活动。

（2）始终保证人际关系的积极品质。

（3）关注儿童身心机能的发展，而不是无关紧要的知识和技能。

（4）坚持有效务实的工作模式（不是说教！）：执行一个此时此地的行动计划，不要与儿童讨价还价。

（5）确立一个权威人物，例如孩子的母亲，其他人都只起辅助的作用。避免成年人之间的争论干扰到孩子的互动。

（6）干预者是儿童生活的中心参照，一定要保持坚定、平静、有效、讲求实际，担负起领导者、决策者、指引者的角色。

（7）争取各种必要的支持和专业的帮助，让自己始终充满爱心、信心和活力，避免挫折和倦怠。

生态化的环境治疗近年来受到普遍的关注。生态心理治疗期望通过恢复人类与自然隔离已久的接触，促使个体自身获得超越性体验，感到自身与世界真切统一的联系，超越现实生活给人精神的枷锁。

在国外，生态心理治疗已经开始应用于学校、职场和医院等康复机构。卡普兰德（Kapland）在一项调查中发现，办公室有窗户可看到自然风景（如树木、草坪）的员工，比那些办公室没有窗户的员工在工作中感到更少的挫折感和更高的自信。[①] 艺术治疗应用精神病患者的康复也已经得到初步的肯定。美国针对品行障碍青少年设立的荒野生存活动项目，进行高山行走、野营、攀登悬崖等活动，也有社区活动项目。参加活动的儿童或青少年通常先接受基本技能的训练，而后以集体或个人的形式体验荒野生存或者社区服务任务的挑战，事后进行效果评估和体验交流。有研究表明，通过荒野体验活动，当事人可以学习到新的生活技能、增强了自身的存在感。对自然环境的探索使他们增强了洞察力和专注力，处于与外界隔离的环境中使来自现实生活的压力得到消解，个体自我体验的机会增多，参与者感到了自我实现的力量，重新充满自信。

生态化环境治疗从评估到临床干预的一系列思想和方法，超越了传统心理治疗的框架，为特殊儿童的心理健康工作提供了极有潜力的干预途径和方法。

 本章小结

1. 超个人心理治疗追求超越个人"意识自我"的日常经验的范围，超越当下生活境遇的纠葛、外在标准的限定，而迈向更具普遍意义的、普适性的存在境界。

2. 超个人心理治疗的技术有：冥想或静修，身体训练，身心合一的瑜伽术，以意识变异状态为媒介的治疗，主动想象，梦的整合，各种艺术治疗（绘画、舞蹈、音乐、戏剧治疗），精神综合治疗的自由绘画、心理日志、精神想象等。

3. 虽然多数特殊儿童的意识发展水平较低，但是他们具有潜在的整合能力。在集体的游戏、劳动等日常活动中展开个人的生活叙事和对话，以及运用音乐欣赏、即兴演奏、文体表演、运动竞赛活动，释放负性情绪，体验生命的力量，促进特殊儿童的心理健康，具有良好的前景。

4. 生态心理学的理念与中国传统的"天人合一"思想，都主张人与自然密切联系，和谐共生。

5. 吉布森所说的"生态可供性"，是指环境会直接影响个体行为的特性。人可以直觉地"知道"环境为其提供的各种行为的可能性。根据生态治疗的理念，精心安排环境，可以有效地实现心理治疗的目标，如保持敏感性，增长自主性和自发性。

6. 国外的荒野生存活动项目、村舍制度和中途站的实践表明，整体环境的改造是心

---

① 俞国良，王青兰，杨治良. 环境心理学[M]. 北京：人民教育出版社，2000：261-266.

理干预的最佳方案。

7. 生态治疗的关注点可以从机体生理、情绪感受、知觉运动、想象与概括、人格与社会性等 5 个层面,循序渐进,层层深入。

 思考与练习

1. 应该如何运用超个人心理治疗的思路和方法来帮助特殊儿童?

2. 精神综合疗法的治疗阶段及其治疗技术有哪些?

3. 设计一个生态化环境治疗的方案,并在课堂上交流。

第7章 特殊儿童心理治疗主要技术(上)

特殊儿童尤其是幼儿的身心特点,要求心理治疗工作者掌握特别具有针对性的有效的干预技术。本章主要就特殊儿童的游戏治疗、戏剧治疗和团体治疗展开讨论。

第1节 游戏治疗

作为一种独特的心理治疗技术,游戏治疗始于特殊教育,在特殊教育领域发挥着重大作用。游戏治疗为治疗师和儿童建立了一个十分方便的互动平台,可以有效地帮助儿童解决心理发展的难题。

一、游戏治疗的基本理论

游戏是儿童接触社会和自然、促进发展的最重要途径。年幼的儿童通过游戏的形式与他人沟通,并逐渐适应周围的环境与文化。在游戏中,儿童能够自由地表达自己的思想,不受限制地与他人交流,并勇敢地探索崭新话题,学会表达自己的意愿。

游戏治疗将儿童置于舒适的游戏环境下,让他面对阻碍自身发展的问题,并在治疗师的陪伴下,获得解决问题的力量和方向。

(一)游戏治疗的概念及原理

游戏治疗(Play Therapy)是指在心理治疗理论指导下通过游戏活动而建立人际关系并帮助当事人成长和发展的专业帮助过程。[①]

游戏的治疗作用可从游戏与儿童发展的关系中发现。奥康纳(O'Connor)认为,游戏对儿童发展所起的四种功能可揭示游戏治疗的机理[②]:

(1)生物性功能。游戏可以促进儿童生理的发展。首先,通过游戏儿童可以掌握各种基本技能。其次,游戏使儿童宣泄能量并得到放松。再次,游戏为儿童提供了运动刺激,使其感知能力得以发展。

(2)心理功能。游戏的个体内功能可以使儿童体验到自我功能感、环境控制感和冲突控制感。自我功能感是指个体在游戏中能够做某些事情,使"人类必须从事某些活动"这一功能得以实现。环境控制感是指儿童通过游戏了解到自己能够控制周围的环境,并

---

① Karla D. Carmichael. 游戏治疗入门[M]. 王瑾,译. 北京:高等教育出版社,2007:1.

② O'Connor, K. J. *The Play Therapy Primer: An Integration of Theories and Techniques* [M]. New York: John Wiley & Sons, Inc. , 1991:2-3.

在游戏中探索周围的世界。冲突控制感是指儿童在游戏中可以模拟现实中的冲突并在安全的环境下体验并应对冲突。

（3）人际关系功能。游戏的人际关系功能包括两个方面。第一，儿童通过游戏学会如何脱离看护者，独立完成任务。第二，儿童通过游戏学会必要的社交技能，例如如何共享、如何与他人互动。

（4）社会文化功能。儿童在游戏中能够学会其所在社会的文化和习俗，并了解周围的人们所扮演的社会角色。

游戏治疗并不是一种单一的治疗技术。在游戏治疗中可以涵盖多种儿童临床工作的技巧。游戏治疗师往往会采用其他方法配合进行治疗，例如绘画、作业、艺术等疗法，对这些疗法本书也会进行介绍。因此，游戏治疗对游戏治疗师提出了严格的要求，治疗师不但要掌握游戏治疗的各种技巧，还要熟悉儿童临床工作中，全面的专业技能和知识，并灵活运用这些技能和技巧。

（二）游戏治疗的主要取向

1. 游戏治疗的起源——精神分析学派

游戏治疗从儿童的娱乐活动发展成一种心理治疗技术，历经了许多游戏治疗师的尝试和创新，其中精神分析学派贡献良多。

游戏与儿童心理咨询的首次结合，源自1909年弗洛伊德的第一例儿童心理分析案例"小汉斯和大坏蛋"。[①] 面对患有恐惧症的儿童，弗洛伊德以游戏方式去除他内在的恐惧感。弗洛伊德认为，游戏和其他的心理事件一样都受快乐原则的驱使。游戏能够满足儿童的愿望，使儿童掌控创伤事件并使受压抑的冲动得到发泄。

弗洛伊德之后，精神分析学派的心理学家都相继将游戏纳入儿童心理咨询中。1919年，胡格-赫尔姆斯（Hug-Hellmuth）首次正式在心理治疗中运用游戏，她通过游戏与儿童接触和建立咨访关系，并在游戏中与儿童的潜意识进行交流。其后，安娜·弗洛伊德在咨询的准备阶段使用游戏，并通过在游戏中与儿童的互动来建立彼此之间的工作联盟（therapeutic alliance）。克莱恩（Klein）则将游戏作为一种治疗方式在对儿童的心理治疗中直接使用。她视游戏为儿童潜意识的一种表达，透过此种与"自由联想"相类似的形式，治疗师能对儿童进行治疗。

2. 其他游戏治疗取向

20世纪30年代至50年代，是游戏治疗发展的黄金时期。游戏治疗领域呈现了百家争鸣的局面，众多崭新的游戏治疗方法和理念不断被游戏治疗师创造并运用到心理治疗中。其中包括结构游戏治疗、关系游戏治疗、阿德勒游戏治疗和儿童中心游戏治疗。

（1）结构游戏治疗。结构游戏治疗师更加主动地参与到游戏之中，通过游戏治疗有目的地指导儿童。1938年，莱维（Levy）提出了释放疗法（Release Therapy）。该疗法为患

---

① 王国芳.儿童精神分析中的游戏治疗概述[J].心理学动态,2000,8(4):29-33.

有应激障碍的儿童提供材料以及玩具让其重建应激场景，帮助儿童反复模拟和重现应激事件，其目的在于宣泄并去除儿童的负性思维和情绪。同年，所罗门（Solomon）提出了积极游戏疗法（Active Play Therapy）。在积极游戏疗法中，治疗师通过与儿童的互动指导儿童，并注重发展儿童适宜的行为。同时，他强调塑造儿童的时间流动观念，促进现实生活和过去的应激创伤事件的分离。

（2）关系游戏治疗。关系游戏治疗（Relationship Therapy）是与结构游戏治疗同一时期出现一个游戏治疗流派。关系游戏治疗的理论来自兰克（Rank）的出生创伤论。出生创伤论认为，出生时所带来的应激和创伤使个体害怕个性化（Individuation）的发展进程。关系游戏治疗认为，治疗师与儿童之间的关系本身就有治疗的作用。治疗师通过与儿童之间建立紧密的关系确保儿童能在安全的环境下走向个性化，从而达到治疗的目的。

（3）阿德勒游戏治疗。阿德勒游戏治疗始于阿德勒的个体心理学。个体心理学理论认为，每个个体都是根据人生过往的经历和经验而对所遭遇的现实做出解释。因此，阿德勒认为，儿童可能会因为过往经验不够而采用不正确的方式看待既定的现实。相应的，游戏治疗师需要在游戏中帮助儿童从新的角度来看待问题，从而改变不利于其自身发展的停滞的观点。

（4）儿童中心游戏治疗。儿童中心游戏治疗源自人本主义心理学家罗杰斯（Rogers）的当事人中心理论。该疗法起初被称为非指导性游戏治疗（Nondirective Therapy），创始人是罗杰斯的学生亚瑟兰（Axline）。亚瑟兰认为，游戏治疗存在两种模式，指导性游戏治疗和非指导性游戏治疗。指导性游戏治疗强调对儿童的心理指导而忽略自我成长的力量；非指导性游戏治疗对自我成长的力量给予了肯定，并认为游戏治疗师应为儿童提供一个温馨的发展环境。基于非指导性的思想，在儿童中心游戏治疗过程中，治疗师需要将儿童在解决自己的心理和情绪问题时所遭遇的阻碍降至最小，并通过对儿童的无条件积极关注来营造宽松且有利于儿童发展的治疗机遇，让儿童自己解决发展中所遇到的问题。当代游戏治疗大师兰德雷斯在《游戏治疗》一书中准确而全面地概括了儿童中心的理论和实践，是一部权威性的专业著作。①

时至今日，游戏治疗已经发展为重要的儿童心理治疗技术之一，并成为一门独立的专业治疗手段。1986年，美国游戏治疗协会成立，该协会的成立标志着游戏治疗步入了一个全新的发展阶段，游戏不再局限于扮演儿童心理干预中的辅助角色，而是成为儿童临床干预的主要手段。随着更多儿童发展领域的心理工作者对游戏治疗予以重视，游戏治疗变得更加专业化，游戏治疗师职业规范也应运而生，这些都为游戏治疗的发展带来了广阔的前景。

二、游戏治疗的操作要领

游戏治疗要求治疗师在一个安全舒适的治疗环境下，采用最适合儿童当前心理及生

---

① 兰德雷斯.游戏治疗[M].雷秀雅,等,译.重庆：重庆大学出版社,2013.

理状态的方法，帮助儿童克服目前发展上的障碍，重新获得健康成长的机会。为了确保治疗的顺利进行，治疗师需要关注很多的细节，把握住每一个能够使儿童从治疗中得益的机会，及时有效地开展对儿童的干预。

（一）游戏治疗的要素

1. 游戏室的布置

游戏室是游戏治疗的物理环境，游戏治疗师应在已有条件下最合理地布置自己的游戏室。游戏室对特殊儿童而言应当是一处安全、舒适的场所。一个布置妥当的游戏室可以为游戏治疗的开展带来便利，使得治疗更顺利地进行。另外，同一间游戏室应保证游戏治疗师可随时接待不同的儿童，并适应不同的治疗需要。

游戏室的大小应当适宜。太局促的游戏空间会让儿童在做一些肢体活动时碰撞到周围的家具或设备，对儿童的安全造成威胁。太大的游戏室则会让儿童感觉到孤单，并很易脱离治疗师的控制范围。

游戏室内部的布置需要遵循安全的原则。例如，电源需要装有安全装置；游戏室的窗户最好是不易撞碎的材质；家具要有防撞的护角；较高较重的家具要确保放稳而不会因为儿童的攀爬或冲撞而倒下；游戏室内的木质家具或者地板上没有突出物，像钉子、木刺等；室内的电器也要确保安全。

2. 玩具的选择

玩具是游戏治疗的重要组成，对玩具的选择是游戏治疗师在开始游戏治疗之前必须做的准备。

首先，玩具与儿童的情绪有着明显的关联。很多情况下玩具能够使儿童表达出自己的情绪情感，是治疗师了解儿童情绪的捷径。例如：

蒙蒙是一个有情绪障碍的男孩，他不知道如何表达自己的愤怒情绪。在一次治疗中，他对治疗师的行为感到怒不可遏。于是他走到一个玩具电话前，拿起电话的一个听筒，并将另一个听筒递给治疗师。他对治疗师说，"我说'叮铃铃'时，你要接电话。"治疗师照做了。当治疗师拿起电话并说"喂"的时候，蒙蒙"砰"的一声挂断了电话。

其次，玩具与特殊儿童发展水平的关系也应在游戏治疗中得到治疗师的关注。玩具被认为与儿童的发展水平存在双向的关系。[①] 一方面，儿童通过在游戏中玩不同类型的玩具来学习和巩固相应的经验和知识并得到发展。另一方面，不同发展水平的儿童对某一特定类型的玩具在游戏中的使用都各有不同。因此在选择玩具时，治疗师需要清楚什么样的玩具适合当前儿童的发展水平并对儿童的发展有针对性的促进作用。

3. 设定限制

对游戏治疗设定限制是每一次治疗中都须执行的步骤。比克西勒（Bixler）认为在游戏治疗中不能给予儿童完全的自由，治疗师必须设定限制以维护自己并顺利推进治疗。[②]

---

① 约翰逊，等.游戏与儿童早期发展[M].华爱华，等，译.上海：华东师范大学出版社，2006：197-198.

② Bixler, R. H. Limits are Therapy [J]. *Journal of Consulting Psychology*, 1949, 13(1)：1-11.

通过设定限制，治疗师将儿童的游戏局限在既定的游戏空间内，并对自己以及其他的物品都做出了事先的保护。而对儿童而言，一个设定了限制的游戏才更符合现实生活，儿童能够将游戏中的规则泛化到治疗之外的场景中，这对他的发展有利。

兰德雷斯（Landreth）认为对游戏治疗的设定限制的目的在于：[①]

（1）确定治疗师与儿童之间治疗关系的范围。

（2）在生理和心理上给儿童带来安全。

（3）表达治疗师希望儿童安全的意图。

（4）让游戏治疗与现实接轨。

（5）保护治疗师，并让治疗师对儿童保持一个积极、接纳的态度。

（6）使儿童不会在发泄负面情绪后受到伤害或报复。

（7）确保治疗师和儿童之间的关系稳定持久。

（8）让儿童体验到更强烈的自我控制感和自尊感。

（9）确保儿童的情感体验通过符号表达得到更好的抒发。

（10）保护游戏材料和游戏室。

（11）确保治疗遵守法律、道德标准和职业规范。

在儿童违反了既定的规则时，治疗师应采取各种措施应对。首先，治疗师应以严肃的语调反复提醒儿童，但是不能带有恐吓性的语句。其次，治疗师要不时地明确规则，提醒儿童遵守。再次，直接的眼光对视和身体接触也是指导儿童遵守规则的好办法。最后，如果儿童仍然反复出现违拗的情况，治疗师应酌情中断游戏并带他离开游戏室，但在将儿童与游戏隔离时需要注意儿童的抵触情绪，以免破坏与儿童之间的联盟关系。

（二）游戏治疗的实施

游戏治疗是一个完整有序的过程。游戏治疗师在开始治疗时应当充分考虑各方面的问题，确保特殊儿童的安全和治疗的有效性。在治疗开始后，如何采用不同的技术达到治疗的目的考验着每位治疗师的专业水准。在治疗将要终结时，治疗师需要自然而然地结束与特殊儿童的工作同盟关系，并且调整自我进入下一个儿童的治疗关系之中。

1. 治疗的导入

治疗的导入（Intake）指治疗师第一次接触儿童与儿童的家长，并建立初步的关系。治疗的导入是治疗的前奏。在这段时间内，治疗师所做的工作都是为后继的治疗做铺垫。在治疗导入的过程中，治疗师需要尽量收集关于儿童的信息并与儿童和他的父母或其他监护人建立关系，让他们对自己产生信任感。

（1）电话沟通

电话沟通是治疗师与儿童当事人的家长或监护人取得初步联系的过程。在电话中，治疗师需要向家长介绍自己治疗的基本情况（如自己的姓名、诊所的地址、工作的时间、收

[①] Landreth, G. L. Therapeutic Limit Setting in the Play Therapy Relationship[J]. *Professional Psychology：Research and Practice*，2002，33(6)：529-535.

费标准等），并着手收集关于儿童的一些基本信息（如性别、年龄等）和所遭遇的问题。

在电话沟通中治疗师应妥善处理与家长的对话。首先，治疗师需要耐心聆听家长的话语，重复其中的重点，表示自己正专心地接听电话。其次，治疗师需要对家长的负面情绪做共情和疏导，表达出对家长和儿童的关切之情。再次，在沟通中，治疗师需要处理好一些不可避免的言语挑战。最后，治疗师应选择合适的时机邀请家长携自己的孩子来诊所面谈，以更深入地了解情况。

（2）面谈

治疗导入阶段的面谈是治疗师与儿童及其家长第一次面对面地交谈，彼此了解对方，共同寻求解决问题途径的过程。对整个游戏治疗而言，面谈起到承上启下的作用。

① 与家长的面谈。与家长的面谈提供了治疗师与家长面对面详细讨论问题的机会，治疗师应在面谈中全面地收集关于儿童的信息，详细地了解关于儿童及其家庭的情况。在询问儿童的情况时，治疗师关注的焦点不能只集中在儿童身上，而要同时顾及儿童成长发展的背景信息。

在与家长的面谈中，治疗师还应了解家长对治疗结果的期望。前来寻求帮助的家长，总是对治疗存在特定的期望，他们想通过治疗使儿童的某些问题得到改善。这些期望往往是笼统或者不够现实的。治疗师需要与家长作进一步的沟通，告诉他们什么是自己能够做到的，什么是做不到的，需要家长予以何种形式的合作，等等。

② 与儿童的面谈。治疗师与儿童的首次见面交流对治疗而言相当重要。在治疗导入阶段与儿童面谈的主要目的是通过会面，与儿童建立初步的治疗关系。

在面谈中，治疗师需要向儿童解释自己的工作，并消除他的疑问和戒备心。例如：

治疗师："你好，我是你的治疗师。"

儿童："你好。"

治疗师："小朋友，你知道爸爸妈妈为什么会带你来我这里吗？你猜猜我是干什么的？"

儿童："不知道。"

治疗师："你看，如果我们生病的时候会干什么？"

儿童："吃药。"

治疗师："对，你真聪明，还有呢？吃药之前，爸爸妈妈要带我们去哪里啊？"

儿童："医院。"

治疗师："很好，在医院可以看到谁？"

儿童："医生。"

治疗师："对了，其实我也是医生，不过我是心理医生。"

在面谈过程中，治疗师难免会遇到儿童情绪不佳或不愿意配合治疗所带来的阻力。此时，可暂时停止目前的话题。因为，目前讨论的内容可能是儿童不希望谈论的，或者儿童还没有找到和治疗师互动的节奏。治疗师应通过找到儿童自己喜欢的话题，让他主动加入到谈话之中，并慢慢在谈话中寻找自己希望得到的信息。通过更换提问的话题寻找儿童感兴趣的内容从而作为交流的切入点，并且吸引儿童的兴趣。此外，在与儿童的交流中，治疗师并不需要每次都得到儿童的回答，只要达到吸引他的注意，共同关注某一话题的目的即可。

总之，在与儿童的面谈中，无论遇到什么样的情况，治疗师都应该以双方之间的关系为主，尽力建立并维持良好的关系，为下一阶段的治疗打下基础。通过面谈所了解到的信息，治疗师可以初步对儿童的情况做出评估，并有针对性地确定治疗目标和制订治疗计划。

2. 治疗目标的确定和治疗计划的制订

治疗的导入阶段旨在通过与儿童及家长的初次接触与他们建立一定的关系并收集治疗所需要的信息。一旦这些信息收集完成，治疗师便须着手确定治疗的目标并制定治疗计划。

（1）确定治疗目标

游戏治疗旨在通过治疗帮助儿童摆脱过去生活对其带来的负面影响，抑或将这种影响降至最低，并使儿童走上健康发展的道路。在这个共同目标之下，治疗又因各自的实际情况而衍生出一些特定的目标。这些目标有两大来源：其一来自治疗师所收集到的信息；其二则来自家长对治疗师和游戏治疗的期望。

在确定治疗目标时，治疗师还须考虑到各种现实因素对儿童的影响，保证目标在治疗中务实可行，并且能够为家长和儿童所接受。

（2）制订治疗计划

治疗计划是治疗的预设，其中包括了将会使用的治疗措施、治疗进度，每次治疗的详细安排，等等。制订治疗计划的原则是周详且有针对性。计划中应考虑到各种影响治疗的因素，并增加有利因素的影响，削弱或者消除不利因素的影响。以下罗列了计划制订中需要考虑的因素：

① 治疗的模式。计划中要决定为儿童进行单独游戏治疗还是团体游戏治疗。在单独游戏治疗中，儿童和治疗师独处，治疗师以儿童为中心进行治疗。团体游戏治疗重视儿童相互间的沟通，有多个儿童与治疗师一同进行游戏，每个儿童都或多或少存在着心理上的问题，治疗师的关注分散于参与治疗的每个儿童身上。决定治疗的模式应根据儿童个人的情况以及实际的治疗条件，治疗师需要确定既定的模式能够使治疗更为经济有效。

② 治疗的结构。计划中要决定对儿童进行的治疗是结构化的，还是半结构化的，抑或是全开放性的。在结构化的治疗中，由治疗师掌握治疗的进程，并决定所使用的玩具、何时与儿童进行沟通及如何沟通；在半结构化的治疗中，儿童能在有限的范围中选择玩具；在开放式游戏中，儿童可以选择任何他希望玩的玩具并且决定怎样与治疗师互动。治疗的结构与儿童的年龄和发展水平有很紧密的关系，一般对于年龄越小的儿童越应该制订更加结构化的游戏。

③ 与其他服务机构或个人的协作。除了接受游戏治疗，儿童可能在自己的学校中接受另一项治疗项目或者儿童的家长会同时为儿童找另一种不同的治疗方式，这种情

况尤以在特殊儿童身上经常发生。在治疗的导入阶段,治疗师就需要了解这方面的情况,并在治疗计划的制订中,考虑到这方面的因素,积极地与有关治疗师、医生或教师进行配合。

一旦治疗计划制订完毕,治疗师应将完整的计划告知儿童的家长,并详细向家长解释其中的步骤和家长的配合方式。在计划得到家长或监护人的认可和同意后,治疗师便可开始治疗。

3. 治疗的开展

治疗的开展是游戏治疗的核心阶段。在这个阶段中,治疗师需要根据自己制订的治疗计划,运用自己的专业知识和技能,与儿童建立良好的关系,一同在游戏中找到解决儿童目前问题的方法,趋利避害,让儿童的发展重回正轨。

（1）与儿童建立关系

与儿童建立良好的咨访关系（治疗关系）是整个游戏治疗的基石。游戏治疗中,无论治疗师采取何种方法或技巧帮助儿童解决问题,其第一步都要与儿童建立彼此信任和友善的关系。这样,治疗师的治疗计划才能不受阻碍地实施,儿童也能够在一个被无条件接受的环境下自由地表达自己的感想,宣泄负面情绪。

亚瑟兰指出,在游戏治疗中治疗师要做的工作有[1]：

① 必须与儿童发展出一个温暖友爱的咨访关系。与儿童建立良好的关系始于治疗师感同身受地理解儿童。这种理解分为两个方面,一是对儿童生理情况的理解;二是对儿童心理情况的理解。

贝贝是一个5岁大的女孩,来到游戏室后她有点紧张和不安。

（治疗师将她带到游戏架前,轻声地告诉她）

治疗师："欢迎你来我这里玩,贝贝,我想你一定在猜我们要干什么。你看,这里的所有玩具你都可以玩,而我在旁边看着,如果你有什么需要我帮助的就叫我,好吗？"

贝贝："不,我不想待在这里。"

治疗师："为什么呢？是什么让你不舒服了？能告诉我吗？"

贝贝："我想妈妈,我不想一个人。"

治疗师："原来是这样,我想要是我一个人在这里的话我也会很怕的,我也会想我的爸爸妈妈的。"

贝贝："真的吗,可你是大人,你羞不羞呀。"

治疗师："大人也会害怕呀,但是一个勇敢的孩子,就不会那么怕了。"

贝贝："我想做一个勇敢的孩子。"

治疗师："噢,你就是一个勇敢的孩子,你看我们两个说了那么多话了,这说明你变得越来越勇敢,我们做朋友好吗？这样就可以一起玩了,大家也不会害怕了。"

---

① 崔光成,张嘉玮.儿童中心游戏治疗[J].中国心理卫生杂志,1994,8(5)：234-236.

在游戏开始时,治疗师通常可以通过游戏规则的介绍及确认与儿童建立初步的互动关系。通过适当的自我暴露对儿童的情绪做出共感。同时,对儿童努力参与游戏的表现给予肯定,这样有助于关系的进一步建立。

② 无条件地接受儿童所经验的一切。治疗师需要容忍儿童的行为。在治疗中,为了维护与儿童之间的关系并保证治疗的顺利进行,治疗师需要对儿童的某些行为持容忍的态度,并尽量避免使用惩罚和批评。

佳佳在治疗师的陪伴下玩积木,他将所有的积木搭成一个正方形。以下是他与治疗师之间的对话。

佳佳:"你看,这是一个游泳池。"

治疗师:"嗯,是的,是不错。"

佳佳:(找来一桶水,并将水倒入积木中间):"我要为游泳池注水。"

(水冲散了积木,并把地板弄湿了)

治疗师:"哦,太糟了,你失败了,我为此感到难过。你看现在怎么办?"

佳佳(做思考状):"嗯,是的,我失败了,也许是我倒得太快了。"

治疗师:"你说的没错,也许慢慢注水会好一些。现在我们把地板清理干净,再试一次吧,我相信你会成功的。"

佳佳:"好的。"

③ 建立良好的咨访关系,使儿童可以自由地表达自己的感受。治疗师通过对儿童参与行为的肯定,使儿童感受到自己在被关注,这有助于双方进一步的交流。在游戏时,儿童可能遭遇失败,治疗师需要及时地表达自己的情绪,同时引导儿童对面临的问题进行思考与探索,寻找解决问题的方法。适时地重复游戏规则并鼓励儿童反复尝试,有助于儿童更好地与治疗师合作以完成游戏。

（2）初次治疗

初次治疗是治疗的开端,儿童第一次真正接触游戏治疗,治疗师应引导儿童逐渐适应治疗的过程,给予他一定的时间习惯治疗中的做法。

当儿童首次进入游戏室进行游戏时,总会带有忐忑不安、不适应、害羞、焦虑等情绪。治疗师需要在首次的治疗中重视这些问题,设法平复他的情绪,使儿童自然地参与到游戏之中。

4 岁的女孩乐乐第一次来到游戏室,她显得有些紧张。

治疗师:"乐乐,这是我们的游戏室,你可以用很多自己喜欢的方法去玩玩具。"

乐乐:"嗯,好吧。"

（她曾经一度伸手想摸玩具收银机,但又把手缩回来。）

治疗师:"乐乐,你在想是不是可以玩那个? 你可以玩任何一个,只要你喜欢。"

乐乐:"我真的可以玩任何一个吗?"

治疗师:"是的,当然。"

（乐乐捡起一些洋娃娃,开始游戏。）

治疗师："乐乐，你决定玩洋娃娃了！我可以过来一起玩吗？"

（乐乐拿起一只玩具小狗，看着治疗师走到她的边上，并举起玩具凑到治疗师的面前）

乐乐："你好，我是小狗乐乐"（发出"汪汪"的声音）。

治疗师："你好！小狗乐乐！"

乐乐："你能带我去散步吗。"

治疗师："哦，是吗，小狗乐乐，你想去哪里呢？"

如果儿童在游戏中遇到挫折，治疗师不仅要给予鼓励，同时也要对儿童的紧张情绪给予及时地同感。恰当地共情能够支持儿童进一步的探索和尝试。此外，在与儿童交流时，可以适当采取儿童熟悉或惯用的方式回应他，从而拉近彼此的关系。

在团体治疗中，初次的治疗也是参与治疗的儿童彼此熟悉和适应的过程，治疗师需要在这个过程中起到调节和控制的作用，在建立与儿童的关系时也让孩子们之间的关系更融洽。

治疗师："容容，维维，欢迎来到我的游戏室，现在你们可以找自己喜欢的玩具玩了。"

容容（跑向玩具柜）："我要玩玩具士兵。"

治疗师："好的，容容，看来你喜欢这里并找到了自己想干的事情。"

（此时维维则站在门口四处张望）

治疗师："维维，你是不是在想这里是什么地方，为什么有那么多玩具，对吗？"

（此时维维没有回答，而是走到玩具柜的后面在地上坐了下来。容容抓起一条玩具橱上的玩具枪，并跑到维维的身边，把玩具指向他的脸颊，维维把身体蜷缩起来，以躲避容容）

容容："快站起来，我们一起玩。"

治疗师："容容，你很想让维维成为你的好朋友和你一起玩对吗？但他想要告诉你他不喜欢你的做法，他很想让你停下来。"

（容容拿着玩具枪跑到治疗师的面前，拿着玩具顶在治疗师的胸口，做命令状）

容容："那你陪我玩！"

治疗师："哇，我本来很想陪你的，可是你现在拿枪指着我，我很不舒服，我不想那样。"

容容（放下玩具）："那好吧，我现在不那么做了。"

治疗师："这样很好。"

（维维这时坐在地上，靠近玩具柜，从玩具柜的缝隙中看着治疗师和容容对话）

治疗师（将身体转向维维）："维维，看来你还没有想好要做什么，你打算一直坐在那里吗？"

（容容独自跑到玩具架前，拿下了所有的玩具士兵，并自言自语）

容容："我要带这些家伙去打仗。"

治疗师（对容容说）：嗯，看起来你想领导一支军队了！

（维维从地上站起来，加入容容的行动，开始和容容一起排列玩具兵）

容容（对维维说）："这个你来放，那个我来。"

治疗师："维维，你决定要跟容容一起玩了。看来容容也喜欢和你一起玩。"

容容（抓到了一个玩具盒子）喊着说："这是一个炸弹。"

（把盒子高高举起，然后丢在地上，维维刚排好的士兵全倒了。）

治疗师："容容，你这样做你的好朋友就不能玩了，你说是吗？"

维维（拿起游戏室里的积木）："我要盖一个城堡。"

容容（在玩具柜上又找出一些军事玩具）："他们可以保护城堡。"

治疗师："很好，看来你们两个人要搭建一个很高的城堡，是吗？"

两个儿童同时说："是的！"

当有多个儿童共同参与游戏时，治疗师需要表达对他们的共同关注，使他们感到自己是受到同等重视的。对于儿童间的沟通与互动，治疗师需要在自然情景下给予他们引导。在游戏中治疗师可以刻意地安排一些矛盾场景来引发儿童间的问题，然后通过良好的示范与疏导，帮助儿童认识到矛盾的起因，从而自发主动地解决问题。这种方式不仅使问题的出现显得自然，而且能让儿童在自我探索和相互交流中寻找问题的解决方法，对于儿童能力的培养以及之后的迁移具有重要的意义。

（3）参与游戏

治疗师在治疗过程中应适时有效地参与儿童的游戏，并通过游戏中的互动对儿童进行干预。

治疗师应避免过多地主导游戏或者完全不参与儿童的游戏。过多的参与会使对游戏发展进程的控制权从儿童的手中转移到治疗师手中，这样游戏的过程和结果都不再具有观察和治疗价值。而完全不参与游戏的游离态度会导致儿童的游戏过程失去了应有的治疗效应，儿童的表现和言语都得不到治疗师的关注，儿童与治疗师的关系也会受到影响。尤其在团体治疗中，治疗师应注意不能顾此失彼，冷落任何一个参与游戏过程的儿童。治疗师在治疗的初期可以视情况较少地参与儿童的游戏。而在治疗的中后期，治疗师应多以辅助者或共同游戏者的角色参与儿童的游戏。①

（4）对话技巧

治疗师与儿童的对话是游戏治疗的一个重要组成部分。与儿童的对话在治疗中主要有两种作用：其一，通过对话治疗师可以深入地了解儿童；其二，通过对话治疗师可以引导儿童，施加对儿童的影响。在对话中治疗师需要注意：

① 选择适当的表达方式。治疗师在治疗中不可避免地要通过语言向儿童表达自己的想法，此时治疗师要注意自己的表达方式和语气。如果治疗师受到儿童的攻击或挑衅，要保持平静，帮助儿童平复情绪，并探究更深层的原因。

---

① 梁培勇.游戏治疗的理论与实务[M].广州：世界图书出版公司，2003：16-65.

② 选择合适的时机交谈，避免打扰儿童的游戏。在与儿童的交流中，治疗师除了掌握适当的表达方式外还需把握合适的时机，尤其在儿童专心游戏时治疗师要尽量避免打扰到儿童。治疗师应以辅助的姿态陪伴在儿童身边，在儿童需要得到帮助、鼓励和指导时才与儿童交流。

③ 了解儿童的用语，避免对儿童的误解。儿童的用词往往会出乎成人的意料，年龄较大的儿童更有着一些自己发明的语言。所以，治疗师在交谈中要了解这些词语，避免对儿童的言语理解错误，要尝试使用儿童熟悉的"小孩语言"。

④ 正确应对儿童的沉默。沉默是指在与治疗师的对话中儿童突然中断对话并长时间保持静默。沉默具有两种意义：其一是正面的意义，表明儿童正回顾并思考之前与治疗师的对话。此时治疗师不宜打破儿童的沉默，而要给予儿童一定的思考时间。往往在这种沉默之后治疗会有突破性的进展。其二是负面的意义，表明儿童对治疗师存在怀疑、阻抗、不满、回避等负面的情绪。这时治疗师应采取恰当的方法打破沉默，并重新考察与儿童的关系。[①]

4. 治疗的终结

治疗的终结阶段是治疗的一部分，需要治疗师有技巧地完成。在治疗师觉得治疗目标已经达到，或者对儿童的治疗需要告一段落时，就需要开始计划治疗的结束，并确定结束的日期。

提前告知儿童治疗的终结日期非常重要。对于年龄越小的儿童，结束日期就越需要准确。以下是一些治疗师用以结束治疗的方法：

（1）在游戏室中挂一副挂历，用醒目的颜色圈出结束的日期，并在每次结束后，将过去的日子标上记号，时时提醒儿童治疗将要结束。

（2）买一些点心或巧克力，数量应该和剩余的治疗次数相同。每次治疗结束后，就给儿童吃一个，并告诉他剩下多少点心就意味着还有多少次治疗。

（3）在临近结束的几次治疗中，向儿童展示一个小礼品，并告诉他结束那天，这个礼品会送给他，作为他一直参加治疗的奖励和纪念。

另外，在治疗结束时，和儿童一起总结治疗的过程也相当重要。治疗师可以挑选一个临近结束的时间，与儿童一起回顾过去的时光，并尽量提及其中的重要时间点和重要经历，加深儿童对这些经历和体验的印象，巩固治疗的效果。

三、游戏治疗应用于特殊儿童心理治疗

（一）游戏治疗与特殊儿童

游戏治疗最早的发展便起源于针对智障儿童进行的干预。至今临床工作者已经对特殊儿童的游戏治疗进行了较多的研究，认为游戏治疗能帮助特殊儿童克服自身的障碍，并

---

① 梁培勇.游戏治疗的理论与实务[M].广州：世界图书出版公司,2003：43-72.

获得更广阔的发展空间。

1. 游戏治疗对特殊儿童发展的意义

游戏治疗师加利（Garry）说："玩具是孩子的词汇，游戏是孩子的语言"。[①] 游戏活动几乎贯穿于儿童生活的方方面面，成为他们与外界交流、互动的主要方式。然而，游戏治疗不同于平常的游戏活动。在游戏治疗中，治疗师通过一定的治疗手段与技能，帮助儿童解决其面临的困难，获得成长与发展。

然而，考虑到特殊需要儿童与普通儿童的差别，针对特殊儿童的游戏治疗又呈现出一些特别之处。在起初，游戏治疗在特殊儿童的干预方法中并没有占据重要的位置，这是因为人们对特殊儿童参与游戏治疗的能力存有质疑，例如曾有学者声称相对于智力正常的儿童来说，存在同等的心理障碍问题的智障儿童会更少地选择游戏治疗作为治疗方法。[②] 此外，人们对特殊儿童心理干预的目标也存在偏差，特殊教育工作者及日常看护人员更加看重儿童智力水平、学业表现方面的提高，因此对游戏治疗的干预效果存在质疑。然而托马斯（Thomas）等人的研究显示，儿童的智力水平并不会影响其与他人互动的质量，这也为智障儿童参与游戏治疗的能力提供了依据。[③] 苏（Sue）于 2000 年总结了 182 篇有关游戏治疗的研究报告，结果发现，游戏治疗适用的范围极其广泛，不仅对儿童的精神障碍有较好的疗效，也适用于多动症、学业困难、情绪行为障碍、智障儿童等特殊需要儿童。[④] 而刘敏娜等对 24 例 ADHD 儿童进行结构式游戏治疗，结果发现儿童的生活质量评分明显提高，负性情绪减少，社交技能也有改善。[⑤]

可见，游戏治疗是一种适用于特殊儿童干预的方法，其能够帮助儿童克服行为上的困难，矫正问题行为，减轻心理上的创伤。虽然特殊儿童前来接受心理治疗往往是由父母决定的，但治疗师在治疗过程中应注重儿童的主体性，提供技能与经验，帮助儿童学习自我调节，从而适应当前环境。在游戏治疗中不应以一种教条式的规矩教导儿童，应遵循他们的天性，真诚地接受儿童的经验不足及淘气、顽皮、会犯错误等。这样，特殊儿童在治疗情境中能够表现出他们的自发性与创造性，从而使治疗师可以深入了解儿童的想象和愿望。[⑥]

2. 游戏治疗与艺术治疗结合

特殊儿童由于自身存在的障碍，可能面临低自尊、低自我效能感等问题，这会严重地

① Garry，L. L. *Play Therapy—The Art of the Relationship* [M]. P. A.：Accelerated Development Inc. 1991：10-11，21-26.

② Kessle，J. W. *Psychopathology of Childhood* [M]. Englewood，N. J.：Prentice-Hall，1966.

③ Thomas，L. Morrison，M. Duane Thomas. Judgments of Educators and Child-care Personnel about Appropriate Treatment For Mentally Retarded or Normal，Overactive or Withdrawn Boys [J]. *Journal of Clinical Psychology*. 1976，32(2)，449-452.

④ Sue，B. Dee R. What the research show about play therapy [J]. *International Journal of Play Therapy*. 2000 (9)：47-88.

⑤ 刘敏娜，王敏，黄哲，高雪婷. 结构式游戏治疗对注意缺陷多动障碍儿童生活质量的干预研究[J]. 中国儿童保健杂志，2010,1,18(1)，30-32.

⑥ Karla，D. Carmichael. 游戏治疗入门[M]. 王瑾，译. 北京：高等教育出版社，2007.

阻碍特殊儿童的社会融合。研究发现，单纯的游戏治疗虽然在儿童的行为改善方面有着较好的效果，但对其自我效能感及社会性的提高仍存在一定限制。[①] 同时，大量关于艺术治疗对特殊儿童干预效果的文献表示，在促进儿童的社会融合方面，艺术治疗是一种有效的方式。这便要求治疗师不应将游戏治疗局限于在游戏室内使用玩具作为沟通手段，也应包括绘画、音乐、舞蹈、戏剧、运动、歌谣等，即做到游戏治疗与艺术治疗的有机结合。事实上，对于儿童来说，"游戏"与"艺术"活动本就融为一体，难以精确分辨。马修（Matthews）通过观察儿童作画并发现儿童结合声音、运动的创造行为中充满了探索性游戏。[②] 斯托尔（Storr）认为游戏与艺术有着许多共同点，因为这些活动都需要儿童主动参与。[③]

　　游戏治疗与艺术治疗的结合尤其适用于特殊儿童。一些高功能自闭症者和学习障碍患者在康复之后的自我描述，以及各种特殊儿童身心发展和临床心理的研究，均表明很多特殊儿童对于外界环境的感受与常人有很大的差异，并且表现出一些心理隔离与自我同一性混乱的倾向。艺术治疗便能够提供一个特殊儿童与人交流信息、共享经验的互动平台，从而为他们的心理健康发展提供机会。游戏治疗中的艺术活动不是日常的艺术教育。艺术教育是以清晰目标为指向，教育儿童掌握技能，以完成的作品来作为其成就评价。然而艺术治疗很少强调技能的掌握，而是更加关注情绪与情感的交流。[④] 与使用玩具作为媒介相似，通过艺术活动儿童能够学习认同感受并识别自身与他人的情感，提高成就感与自我认识。而提高自我效能感和自我存在感无疑有助于特殊儿童适应学校与社会环境，增加与外界良好互动的机会。此外，特殊儿童可能存在语言障碍，因此与特殊儿童进行情感交流便往往需要教师找到其他方法替代语言交流，艺术治疗活动不依赖于语言交流或认知功能，因此适用于交流。值得关注的是，个别儿童的创造力亦可能在这样一种治疗情境中得到展现。在教育过程中，人们往往过于关注外化表现，忽视儿童的内在体验与情感。温尼科特（Winnicott）在对婴幼儿的观察发现，游戏与艺术有着紧密联系，两者都是主要的创造性活动，是婴儿感知自我的基础。[⑤] 游戏与艺术治疗这种想象活动可以引发儿童的好奇与探索，使他们体会惊讶、神秘感、超越体验，从而创造性地表现个人内心深处的想法。[⑥] 利尔曼（Lealman）扩展了这个概念，认为创造性有助于儿童体验自我，创造能够使动态经验与事实信息交汇，引导儿童了解象征，而象征具有超个人的功能，儿童的创造性将在治疗过程中得到发挥。因此游戏与艺术治疗的结合将为特殊儿童的身心全面发

① Marijane Fall，Linda F. Navelski，Kathleen K. Welch. Ootcoms of a Play Intervention For Children Identified For Special Education Services [J]. *International Journal of Play Therapy*. 2002，11(2)：91-106.

② Matthews，J. *The Art of Childhood and Adolescence* [M]. London：Falmer Press，1999.

③ Storr，A. *The Dynamics of Creation* [M]. London：Penguin，1972.

④ Jan Osborne. Art and the Child with Autism：therapy or education? [J] *Early Child Development and Care*，2003，173(4)：411-423.

⑤ Winnicott，D. W. *Collected Papers* [M]. London：Tavistock，1958.

⑥ Beesley，M. Spiritual Education in Schools [J]. *Pastoral Care in Education*. 1993，11(3)：22-28.

展提供契机。

虽然游戏治疗与艺术治疗在临床研究中呈现出很好的干预效果，但在现实的特殊学校情境中应用较少，以儿童的心理和需要为中心的教育观仍然不是特殊教育的主流。其主要原因包括缺乏具有资质的治疗师及学校资源的短缺。在特殊学校中，一般采用集体教学，而临床干预活动也倾向于采用小组治疗。这是因为，教师们认为让教育更加具有治疗意义需要耗费大量的时间与资源，特别是采用一对一的治疗要求教师有较高程度的情感卷入。而教师也认为他们缺乏必要的知识与技能来胜任治疗师的工作。

3. 特殊儿童游戏治疗的分类

针对特殊儿童心理问题的游戏治疗是帮助特殊儿童走出心理困境的重要手段。研究表明，特殊儿童会因自身的障碍而产生自卑、焦虑、自我效能感低，社会技能缺乏、问题行为等各种心理问题。[①] 这些问题来自儿童无法调和自身障碍与生活环境所产生的矛盾冲突，对儿童的生活和学习有巨大的影响。针对特殊儿童心理问题的游戏治疗注重于儿童的情感、社交、行为等问题，旨在通过改善儿童的心理，促进儿童精神层面的发展，使儿童重获健康成长的机会。

针对生理问题的游戏治疗是将特殊儿童置于游戏中边娱乐边康复的治疗方法，其强调游戏对于儿童生理障碍的康复功能。儿童的生理障碍会为儿童的日常生活带来不便，使儿童进一步出现逃避、退缩及不主动的行为。在针对特殊儿童生理障碍的游戏治疗过程中，治疗师通过设计的游戏使儿童认识到障碍对自己的影响，并帮助儿童克服不良的影响，找到消除或削减障碍带来的负面影响的方式，并帮助儿童开发自己的潜能，最终达到改善儿童现有生活质量的目标。

（二）游戏治疗在特殊儿童心理治疗中的运用要点

对游戏治疗师而言，将游戏治疗运用于特殊儿童的心理治疗是一种挑战。治疗师应对治疗过程中的各种阻碍有充分的认识。治疗师在为特殊儿童开展游戏治疗中应减少儿童障碍对治疗的影响，同时也应避免为儿童增加额外的负担（例如，将自己的负面情绪或态度暴露给儿童，使儿童无法信任治疗师并全身心投入游戏中）。

1. 儿童的障碍类型对治疗的影响

每一种障碍类型的特殊儿童在进行游戏时都有一定的共性，其自身的障碍会为治疗的实施带来各种影响。例如，有听觉障碍的儿童可能会因为生理条件的限制而无法参加诸如需要音乐的游戏。在对特殊儿童实施游戏治疗时需合理把握特殊儿童的特点，应针对儿童的个别情况设计治疗的内容，以保证儿童障碍对治疗的影响被降至最低。

（1）肢体障碍。身体残疾会导致儿童很难参加范围广、活动量大的游戏。需要很多精细动作的游戏也可能会受制于身体的障碍而无法开展。相比涵盖很多行动的游戏，肢体障碍的儿童更适应安静且动作较少的游戏。儿童行动不便对游戏的影响可以通过增加

① Marijane Fall，Linda F. Navelski，Kathleen K. Welch. Outcomes of a Play Intervention for Children Identified for Special Education Services [J]. *International Journal of Play Therapy*，2002，11(2)：91-106.

治疗师的帮助、配备必要的辅助器材（例如轮椅或助步器）、降低游戏的运动量等手段克服。

（2）感官障碍。视觉障碍或听觉障碍会导致特殊儿童的学习、社交能力发展远远滞后于正常儿童。有着感官障碍的儿童进行社会性、探索性的游戏有自己的困难，他们无法采用有效的游戏技能在游戏中与他人沟通或是对他人的言语行为做出及时的反应。通过设计多种感官刺激形式的游戏、配以手语或者助听器等器材的手段，治疗师可以减少感官障碍对游戏产生的影响。另外，在游戏治疗中还可以加入感官训练的内容，对儿童进行康复训练。

（3）智力障碍。智障儿童在认知能力方面与正常儿童有着巨大的差异，他们无法参与那些需要抽象思维或复杂社会认知的游戏。通常含有较多探索行为的游戏比较适合智力障碍儿童。治疗师可采用增加游戏前的练习、用简单易懂的词语构成指导语并增加指导语的重复次数、分解游戏并配以治疗师的演示等方法，克服智力障碍给游戏和儿童带来的困难。

（4）言语语言障碍。言语语言障碍的儿童不能适应社会性的游戏，因为他们难以采用正常的沟通方式与同伴或治疗师分享游戏的体验和想法。对语言障碍的儿童而言，如何表达自己是最大的挑战。治疗师可以向儿童提供适合的交流模式（例如通过图片或者手势语），并在治疗中鼓励儿童积极与他人互动。

（5）自闭症。自闭症儿童最大的特征是他们无法进行象征性的游戏。一些刻板、重复性的游戏可能会受到这类儿童的青睐。在面对自闭症儿童时，治疗师需要以极大的耐心与信心寻找每一个可以介入干预的机会，以儿童为中心开展相应的治疗活动。

（6）情绪障碍。对于情绪障碍的儿童，治疗一开始的设限非常重要，治疗师应在治疗中反复强调设定的规则。因为，儿童的情绪与攻击行为可能会对治疗室中的设备以及治疗师本人带来危害。对这类儿童而言，团体治疗或者家庭游戏治疗有不错的效果。

2. 家庭的参与

家庭对儿童产生的影响是巨大的，家庭的参与能够使治疗更加顺利并达到更好的效果，因为对儿童最了解、最亲密的人无疑是儿童的家长和其他家庭成员。在家庭参与的游戏治疗中，父母或家庭成员经常会以支持者和鼓励者的身份加入其中。治疗师通过家庭来培养儿童的自信心，消除儿童因障碍而产生的自卑情绪。儿童在父母的陪伴下，会更加积极地参与到游戏之中。父母的赞扬和鼓励都会在每次的治疗中为儿童带来自信和勇气，使治疗增益良多。

治疗师还应充分考虑到家庭的加入对治疗带来的巨大挑战，并妥善处理好可能出现的问题。例如，治疗师、家长和儿童三者间如何沟通等。

3. 治疗师的态度

治疗师要避免对儿童过分的关爱，因为这往往会导致过犹不及、适得其反的治疗效果。例如，治疗师为了表达对儿童的关注，在每次治疗结束以后都会拥抱孩子。然而这种行为极有可能间接地误导儿童，让他以为拥抱是一种打招呼的方式，并将这种行为用于其他场合。

治疗师还应注意在治疗室中对儿童的辅助和奖励手段的运用。在游戏中设置辅助和奖励措施是为治疗服务的，目的在于能帮助儿童更好地参与游戏活动。如果过度使用这些措施会使这些手段直接影响到儿童游戏的质量甚至阻碍游戏的进行。

治疗师在治疗中必须随时观察儿童对自己的情感反应，例如喜爱、怜悯、厌恶、不耐烦等。专业的临床工作者要能够调节自身的情绪和认知对治疗过程的影响。

（三）两种特殊儿童游戏治疗技术

下面介绍两种有效干预特殊儿童的游戏治疗技术，儿童主导的互动（Child-Directed Interaction，CDI）和地板时光游戏（Floor Time）。

1. 儿童主导的互动——对智障儿童的游戏治疗

儿童主导的互动（CDI）来自艾伊伯格（Eyberg）与博吉斯（Boggs）的亲子互动治疗（Parent-Children Interaction Therapy）。CDI 是指，在一个儿童拥有主导权的游戏中，父母运用有效的技巧与儿童互动，从而达到修补以往不良的亲子关系，帮助儿童更好发展的治疗目的。CDI 技术对智障儿童非常有效，其技术能够改善儿童的社会交际能力，增加家长与儿童的相互关系。

（1）治疗的过程

CDI 的治疗过程大致分为指导家长、辅助治疗、布置家庭作业三个部分。

治疗之初儿童并不参与治疗，治疗师将 CDI 的互动技术以及其他有关的内容介绍并教授给家长。在这个维持几周的学习时间中，不断的示范和彼此的沟通能够帮助治疗师与家长建立紧密的合作关系，并使家长在熟练掌握相关技巧之余具备更多的信心来面对自己的孩子。

辅助治疗过程中治疗师不直接参与游戏，而是在观察室或游戏室的一角辅助家长开展治疗。当游戏治疗结束时，治疗师与家长进行沟通，并就治疗中的情况给予家长反馈。

另外，治疗师在每次治疗结束后要向家长布置家庭作业。家庭作业一般要求家长每天留出 5～10 分钟的时间与儿童进行游戏。在这段时间内，家长应确保不受干扰地与儿童相处。每次家庭作业完成后都需要进行记录，以便在下一次见到治疗师时进行讨论和改进。

（2）三"不要"

在 CDI 中治疗师需要教授家长的核心技巧包括了应避免的行为（三"不要"）和应增加的行为（五"要"）。

其中"不要"的行为包括：

① 不要命令（No Commands）。对儿童的命令可以分为直接命令与间接命令。例如，"坐下"是一个直接的命令，而"你能不能坐下来"是一个间接的命令。无论直接命令或者间接命令，在 CDI 中都要求避免。因为，命令都会影响儿童在游戏中的主导性并引起家长与儿童之间的不良互动。

② 不要发问（No Questions）。问题可以分为开放式的问题（例如，"你想玩什么"）和

闭合式问题（"你想玩这个布娃娃吗"）。治疗中应尽量避免各种类型的问题，尤其是过多地提问。因为问题是一种变相的命令，在提问的同时家长也从儿童的手上夺回了游戏的主控权。此外，过多闭合式的问题会得到儿童否定的回答或者忽视，这会使儿童与家长之间产生冲突，对治疗中的亲子关系带来危害。

③ 不要批评（No Criticism）。批评的语句往往带有一些否定的词汇和不信任的态度。例如，"你不是一个好孩子""你这样做不对""停下来，你再这样做就会失败！"，等等。诸如此类的批评会导致儿童的自尊心下降，并同时影响到家长与儿童的关系。CDI 建议家长采用指导而非批评的方式来应对儿童的错误。例如，不要说"这样做不对"，而要告诉儿童怎样做才正确。

（3）五"要"

CDI 中，"要"的行为包括：

① 赞扬（Praise）：是指家长在治疗中更多地称赞儿童，尤其是采用明确而具体的赞扬。

② 反映（Reflect）：是指家长对儿童的话语或者行为进行重复或释义。

③ 模仿（Imitation）：是指家长在游戏的过程中，模仿儿童的游戏行为或者配合儿童一起游戏。

④ 描述（Description）：是指家长描述儿童的适当行为以增强这些行为的持续性。

⑤ 热情（Enthusiasm）：是指家长需要通过自己的身体语言和口头语言表达出自己的热情和对儿童的关爱。

（4）实例

（儿童从玩具架上找到了蜡笔盒）

家长："对，那是蜡笔，你决定要画画了。你真棒，妈妈也来帮忙。"

儿童："好的，妈妈，和我一起玩。"

家长："画画要一张白纸。"

（治疗师将白纸递给了家长，用手势提醒家长让儿童主导游戏。）

家长："我帮你拿了白纸。"

（儿童拿起了蜡笔盒内的蓝色蜡笔）

家长："那是蓝色蜡笔。"

（儿童又拿起了红色蜡笔在纸上涂画）

家长："那是红色的蜡笔。你在涂红色。"

儿童："红色？"

家长："是的，红色的，你说的对。"

儿童："我要画红色的太阳。"

家长："嗯，你真聪明，太阳是红色的。"

（儿童用红色蜡笔画了一个圆）

家长："哇，一个很漂亮的红太阳，你画了一个红太阳。"

（儿童放下蜡笔，转而拿起一支黄色蜡笔并抬头看向妈妈）

儿童："黄色的。"

家长："对，黄色的。你真聪明。"

2. 地板时光——对自闭症儿童的游戏治疗

地板时光（Floor Time）是格林斯潘（Greenspan）根据心理发展、个别化、关系三原则（Developmental，Individual difference，Relationship-based，DIR）而开发的自闭症儿童治疗技术。[①] 地板时光是一种综合的、系统的干预技术，强调治疗师、家长或教师应根据自闭症儿童个人独特的功能发展阶段，调整人际互动的具体方式，重建儿童与人沟通及建立关系的发展，基本目标是促进互动关系中温情、亲密和愉快感觉，而并不仅仅在于教导特定的技能。地板时光强调有特殊需要儿童的功能情感发展和平衡，特别适用于自闭症儿童早期干预。

（1）地板时光的实施原则

地板时光强调了治疗者是游戏的间接参与方而非直接干预。在游戏的过程中，儿童应当带领游戏的发展方向，而成人是陪伴儿童游戏并促进儿童发展的照料者。地板时光的实施原则包括：

① 抽出不受干扰的时间陪伴儿童。每次的地板时光都需要持续 20～30 分钟，而在这段时间内，治疗师或家长都不能受到外界的任何干扰而停止或中断游戏。

② 保持耐心和轻松的心情。儿童的游戏或许是幼稚和枯燥的，但一旦治疗师和家长决定陪伴儿童，就必须确保自己的心情轻松愉快，而不带有被迫或不情愿的想法参与游戏。因为儿童能够从各种细节上了解成人是否愿意陪伴他。

③ 与儿童的情绪状态产生共情并保持同步。理解儿童的情绪和想法是与儿童有效互动的基础，也是跟随儿童节奏进行游戏的必备条件。治疗师和家长需要随时关注儿童的情绪状态，并做出适时合适的反应。

④ 觉察自身的情绪体验。知彼还要知己，治疗师或家长应当随时了解自身的情绪体验，并根据游戏的需要调整自己，避免负面情绪的不良影响。

⑤ 调控自己的声调和肢体动作。治疗师和家长的语气声调以及肢体动作是儿童窥视成人对自己态度的最佳途径。因此，治疗师和家长在游戏中要随时注意自己的声调和动作，要让儿童时刻体验到成人对他的支持和关注。

⑥ 跟随儿童的带领并互动。地板时光强调儿童在游戏中的主导地位，跟随儿童的意图引领和互动游戏并未否定治疗师和家长在游戏中的作用。恰恰相反，在儿童引领的游戏中，成人只要抓住儿童关注的每一个内容，都能够找到干预和治疗的契机。

⑦ 调整活动以适应儿童的多层次发展。儿童的发展是多层次和多方面的。治疗师和家长可以在地板时光游戏中，找到各种方式提高儿童在注意力、行为、语言、情

---

① 杨广学，尤娜. 自闭症地板时光疗法（Ⅱ）：象征与逻辑[J]. 中国特殊教育. 2008，11：61-65.

绪等方面的发展。

⑧ 避免伤害。治疗师和家长要注意儿童的伤害行为，避免在游戏过程中儿童因为兴奋或者情绪的波动而产生自伤或他伤。

（2）建立亲密关系

地板时光共有四个层层递进的治疗目标，第一个是建立亲密关系。地板时光通过成人与儿童的共同游戏促进儿童的成长和发展。在这个过程中，儿童需要建立与成人的亲密感，接受成人在游戏中的参与，并进一步喜欢有成人加入的游戏。为了建立与儿童亲密的关系，治疗师或家长需要做到：

① 找到共同的活动乐趣。

② 找到适应儿童心情的活动契机。

③ 经由儿童的感知来引起儿童的注意力。

④ 迎合儿童的优点以克服他的障碍。

⑤ 从孩子身上获取线索。

⑥ 采用各种方法使难以接近的儿童参与游戏。

⑦ 透过儿童的情绪建立亲密感。

⑧ 设计满足儿童需要的地板时光。

（3）形成双向沟通能力

双向沟通能力是比建立亲密关系更高一个层次的目标，一旦达成建立关系的目标，治疗师或家长就需要扩展治疗的范围，帮助儿童形成双向沟通能力。形成双向沟通能力的途径可包括：

① 通过面对面互动进行直接的沟通。

② 通过复杂的姿势和动作进行交流。

③ 利用各种策略与不愿沟通或者抗拒型的儿童交流。

④ 与同伴一同游戏。

（4）学会象征性的意义表达

在完成了上述两个目标后，需要将治疗聚焦到帮助儿童学会象征性意义表达之上。在这个阶段中，成人需要利用象征性的游戏帮助儿童学会表达自己并理解其生活的社会环境。完成这个目标需做到：

① 采用象征性游戏并帮助儿童学会如何进行象征性游戏。

② 通过游戏协助儿童在真实生活中表达自己的情感。

③ 借助游戏增进儿童情感表达的深度和广度。

④ 扩展主题和情绪的范围。

⑤ 将行动表达情感转为语言表达情感。

（5）发展逻辑智慧

地板时光治疗最后的目标是发展儿童的逻辑智慧。这是整个治疗中最高阶段的目标，在这个阶段中，治疗师或家长要帮助儿童以合乎逻辑的方式表达和表现自己的想法和感受。这个阶段需要成人完成的事项有：

① 完成象征性的沟通。

② 建立观念之间的意义联系。

③ 在游戏中创造复杂的角色。

④ 帮助儿童掌握自我情感表达的逻辑。

针对自闭症儿童的游戏治疗，要注意下列技巧和策略的运用：

① 引发注意与反应。在游戏开始阶段就要切实得到儿童的注意，并引起他们的反应。成功地吸引自闭症儿童的注意力，哪怕是只有几秒钟的短暂时间，也具有特殊的意义。与同龄人相比，自闭症儿童实际上一直在极力地避免与他人分享空间，将自己封闭在自我的世界中，以此来抵制与他人进行眼神接触、身体接触以及交互作用等可能引起的不适感。在游戏中，治疗师鼓励自闭症儿童来分享他们的注意，让他们体验到交流沟通过程的愉悦和挑战。通过建立沟通渠道并维持互动关系，可以让儿童表达自己的需要和情感，理解他人和环境，缓解他们的焦虑情绪。

② 分享意义空间。治疗师和自闭症儿童的注意力在同一时间都固着在相同的事物上，两者都可能正在经历相同的反应，并且都明白彼此共同参与其中。分享空间不仅指分享相同的身体体验，而且是同时分享彼此联结的注意、情感和理解。

③ 激发交流的动机。应对自闭症儿童进行细致的观察，找出最容易接近他们的时间段。在儿童放松、愉快，并且愿意看着治疗师或者父母的时候，就是介入的最佳时间。这个时间段对于每个自闭症儿童来说都是不一样的，关键在于根据每个孩子的特点找出相应的时间段。要随时寻找合适的时间段，抓住机会进行干预训练。

④ 扩展活动的链条。治疗师对儿童的交流和反应逐渐熟悉之后，要寻找更多途径来扩展活动的范围，增加活动的内容和意义的联结。找到有效的沟通途径后，可以把它们作为连接其他活动的纽带，来联结更多的事物，在更大的范围内与儿童实现互动。

⑤ 游戏中的角色转换。儿童心理理论认为，自闭的儿童可能缺乏理解他人的愿望、意图和信念等心理状态并依此对行为做出解释和预测的能力。针对这种状况，可以通过对自闭症儿童进行象征性游戏技能的训练，帮助他们学习和练习假装、模仿行为，从而站在他人的角度来思考体验他人可能产生的心理状态，提高他们的社会交往能力；让他们明白"他人"是真实地存在的，"他人"的存在和体验与他们自己的存在和体验是不同的。

游戏治疗由于其灵活的特点和媒介性的特征，在自闭症儿童的治疗中具有广阔的应用前景。目前，我国自闭症儿童康复治疗机构严重不足，因此在家庭的自然背景下对自闭症儿童进行早期的干预，十分必要。可以由专业人员对父母进行培训和指导，让家人成为主要的治疗者，对患儿进行更加具有情感性、更加人性化的干预。游戏治疗应该得到更广泛的应用。

（6）案例

6 岁的毛毛是一个自闭症患者。他最喜欢的玩具是一架玩具直升机。他喜欢长时间地玩直升机的螺旋桨，用手拨动螺旋桨转动似乎给他带来了无限的乐趣。他不主动与治疗师交流,也没有与他人的目光接触,仿佛他的世界里只有那个直升机玩具。治疗师决定加入毛毛的游戏,他伸出手放在了螺旋桨上,于是螺旋桨不转了。毛毛尖声叫了起来,使劲把治疗师的手拉开,用身体护住直升机,不允许治疗师靠近。治疗师又尝试了几次打断毛毛,他发现没有效果。于是治疗师改变了方式,他找来一支笔插入旋转的螺旋桨中,一旦螺旋桨停下来,他就把笔拿开。第一次,毛毛在螺旋桨停下后,抬起头看了治疗师一眼,接着继续转他的螺旋桨。反复几次后,毛毛注意到了治疗师的存在。之后,每次互动中合作成功,毛毛都显得非常开心。他等着治疗师把笔伸向螺旋桨,并抬头冲着治疗师高兴地笑起来。显然,共同合作的游戏活动成为治疗师走进毛毛心理世界的一个途径。

🌀 第2节　戏剧治疗

戏剧治疗(drama therapy)区别于一般的戏剧教育(educational drama),也不完全等同于心理剧(psychodrama)。它旨在运用戏剧的形式和要素对儿童进行心理治疗,使儿童通过戏剧创作和表演,整理自己的独特经验,解决角色所面临的困境与问题,从而增进自我体验和洞察能力,了解人际关系,促进身心发展。

一、戏剧治疗的理论

戏剧治疗,是有目的地运用戏剧活动,促进参与者心理变化与发展的有组织、有步骤的进程。其技术源于戏剧,其目标设定源于心理治疗。[①]

戏剧是一种具有生命活力的有意义的模拟行动,又是一种具有独特魅力和诗情画意的艺术作品。戏剧使虚构和现实找到了最佳的结合点。演员和角色,表演者与观众,人格与面具,真实与幻想,身体体验与符号象征,心理距离与共情理解,等等,种种矛盾的辩证运动,使戏剧可以成为心理治疗的一种绝佳形式。

戏剧治疗的主要元素有:人物角色及相关的体验;道具和象征的运用;身体模仿和表演的活动;剧情或故事的演绎和表现;情绪释放或净化作用;仪式化行为的超越性作用。[②]

戏剧能够净化心灵,释放情绪,并具有心理治疗的功效,因此用于特殊人群服务有广阔前景。特殊儿童的戏剧治疗始于英国现代戏剧教育的先驱彼得·施雷德。他在20世纪30年代用儿童戏剧协助心理发展迟滞和学习困难的儿童,促进了戏剧治疗在特殊教育和相关服务领域中的应用。

（一）戏剧治疗的目标设定

目前,通常意义上的戏剧疗法是指,运用戏剧过程来达到症状的减轻、情感的整合及个人成长的治疗目的,可以运用角色扮演、戏剧游戏、模拟笑剧、木偶剧和其他即兴表演技巧。戏剧疗法是一种十分灵活而富有主动探究精神的临床干预方法,通过让治疗者讲述

---

① Emunah, R. *Acting for Real*[M]. London: Psychology Press, 1994.

② Jones, P. *Drama as Therapy*[M]. London: Routledge, 2007.

自己的故事来帮助他们解决问题，使冲动得到宣泄，扩展内部体验的深度和广度，增强个人应对社会情境和自我洞察的能力。

心理剧和戏剧治疗有共同的来源，但形式和方法不完全一样。戏剧疗法倾向于创造性及表达性学习，心理剧则倾向于实验性学习，包括特定情感的、认知的、人际的、行为的与非特殊问题的工作。[①] 心理剧有强大的处理效果，能够迅速开启强烈的情感体验；而戏剧治疗更接近戏剧的原始意义。心理剧往往着眼于一位主角的故事；戏剧治疗则着眼于整个团体，与现实有更远的距离、更低的结构，以及更不明显的治疗企图。[②]

（二）戏剧对特殊儿童的独特价值与意义

戏剧治疗是治疗师引导参与者去想象、经历且反省自己的生活经验。可以说，戏剧本身并不是为了治疗，但戏剧历程包含治疗。目前，儿童经常接触到的是各种知识类课程，而与"个人情感、经验或生活"有关的心理成长往往被忽略。借助戏剧这一媒介，可以与潜意识和情绪历程产生联系，可针对这个最具个别化、最真实具体的层面进行引导和探讨。

戏剧强调"经验的统整与内化"，注意对个体经验具体地回唤、反思和重构。戏剧中的"经验"内容是通过个体主动参与而借助感官知觉及情感互动为儿童留下深刻印象。一些潜藏的记忆、生活中已有的经验，即席地在戏剧互动的情境中重新复现。在戏剧所创造的"替代情境"中，在治疗师的用心把握之下，儿童得以统整旧经验去面对戏剧中设置的新困境，感受角色内心深处的情感——如害怕、喜悦、悲伤与愤怒，捕捉感官所带来的感受，接纳他人的观点与感受，并在一种虚拟的世界中克服团体面临的问题与挑战。由于在戏剧这种特殊的表达形式中，个人的关系与困扰大多数都被导入创造力当中，没有与（过去）负面的记忆与经验（如：遭受攻击）正面交锋，儿童由此避免直面个人的创伤事件所带来的二次创伤。

戏剧为儿童提供了全方位学习与成长的机会。在戏剧情境中，治疗师利用各种技巧引领儿童运用自己的身体、动作、声音和语言去表达自己的想法和感觉，并想象另一个人的感受和处境。

在戏剧表演和观赏的活动中，虚构和现实、体验和象征、行动和反思可以找到最佳的结合点。当戏剧这种艺术特性借由治疗进入儿童的视野，会给儿童带来一系列深刻的影响：① 当儿童发现自己的身体与声音可以创造出新的世界，自身想法和感受能完整地被接纳与认同时，其自我概念会得到提升。② 儿童将自身情绪投射于新的情境与角色上，借此重新认识自己的情绪，能够与人分享各类情绪，接纳自身情感。③ 由于时常站在角色的角度看问题，可以培养儿童的同理心，使他们能从他人的角度看事情。④ 分享、轮流、接纳、沟通等社会技巧得到增强。在戏剧活动中，儿童需要加入团体，与他人一起计划、组织、分工、合作、解决由于观点不同产生的冲突，由此提高社会技巧。⑤ 作为戏剧工作一员的儿童创造了一个虚构与现实结合的世界，极大激发了儿童的创造力。⑥ 儿童认

---

① 熊莉.心理剧与戏剧疗法之比较[J].黑龙江教育学院学报，2007，26：3.

② 刘慧兰，缪绍疆，童俊.戏剧治疗在心理治疗病房运用之初探[J].心理咨询与治疗，2005：2.

知能力得到提高,语言能力改善,肢体动作感知与表达趋于娴熟。

（三）戏剧教育的形式

长期以来,在戏剧教育领域一直存在"工具论"取向和"本质论"取向之争。"工具论"取向认为,戏剧是一种教学媒介（Medium）,其教育目标通常为传递知识、激发兴趣、解决问题和改变态度。这一取向最早运用于语言教育领域中。而"本质论"取向则认为,戏剧是一种艺术,其教育目标是培养审美和认识戏剧本质。目前,西方儿童戏剧教育"本质论"取向并未表现出成规模的具体形态,而"工具论"取向的具体形态则异彩纷呈,有以下几种。

1. 创造性戏剧（Creative Drama）

创造性戏剧是一种即兴自发的教室活动。其重点在于参与者经验重建的过程和其动作及口语"自发性"表达。在自然开放的教室气氛下,由一位领导者运用发问、讲故事或道具引起动机,并透过肢体律动、即席默剧、五官感受及情境对话等各种戏剧活动来鼓励参与者运用"假装"（pretend）的游戏本能去想象,且以自己的身体与声音去表达。在团体互动中,每位参与者必须去面对、探索且解决故事人物或自己所面临的问题与情境,由此而体验生活,了解人际关系,建立自信,进而成为一个自由的创造者、问题的解决者、经验的统合者与社会的参与者。①

2. 治疗性戏剧（Remedial Drama）

心理剧由莫雷诺（Moreno）在 20 世纪 20 年代创立。来访者将自己的心理问题通过表演的方式展示给治疗师,表达出自己的内心感受,从中培养、提高自己的洞察力,借此走出心理困境,实现自我整合和人际关系和谐。1911 年,莫雷诺曾用它对儿童进行心理疏导。心理剧适用于儿童、青少年的心理治疗。

3. 教育戏剧（Drama-in-Education）

此名称是创造性戏剧的英国版本。英国儿童戏剧学者多西·海兹考特（Dorthy Heathcote）是此流派的创始人。② 即兴表演是其主要形式。通常历史或社会人物及事件是教育戏剧的题材来源。教育戏剧有"教师入戏"和"教师出戏"的概念,即教师在表演中担任角色;当需要理清思路或引导儿童进行思考时,教师可随时中断表演并与儿童讨论相关议题,然后继续即兴表演。而创造性戏剧中教师一般不会中断儿童的表演。

4. 剧场教育（Theatre in Education）

剧场教育是英国戏剧教育的一种流派,也可翻译作教育剧坊或教习剧场。剧场教育包含剧场各种特殊效果,如灯光、音效、布景与道具,希望借此扩大戏剧的张力与人物冲突。教育目标为帮助儿童理清人际关系,发展健全人格并增进个人理解力。演员常以教师或领导者的角色出现,观众也常以剧中人物的身份参与戏剧呈现,且观众必须参与讨论、反省与合作,具有决定剧情发展的权利。剧场中所有的人,都是戏剧活动的主人。

---

① 林玫君.创造性戏剧理论与实物——教室中的行动研究[M].台北:心理出版社股份有限公司,2005:5-6.
② 同上:p27.

5. 参与剧场（Participation Theatre）

由英国的彼得·史雷（Peter Slade）首创，后有代表人物布瑞恩·维（Brian Way）。它属于新兴剧场的一种。儿童观众可以作为参与者投入到舞台表演中；戏剧随着儿童的参与、创造而变化，但不脱离原有的戏剧情景和角色；戏剧的文本经过修改以适应儿童参与的需要；它的目的不是娱乐，而是鼓励儿童思考问题、亲身感受各种情感。[①] 座位的安排也依据观众参与的程度而规划。这类剧场多呈现给 5～8 岁的儿童，且年龄越小的观众越能投入到戏剧的互动环节中。

在我国儿童教育中，"戏剧"在教育方面所具有的巨大价值还未得到应有的重视和开发。大多数与戏剧相关的活动仅停留在角色扮演和故事表演层面。值得一提的是一种具有中国特色的戏剧类教育活动：戏曲主题活动。出于弘扬传统文化、培养儿童民族感情和增加儿童艺术素质等各种目的，我国越来越多的幼儿园、小学将其提上日程，甚至还出现了以戏曲为办园特色的幼儿园。目前，大多数现有的戏曲主题活动中，其教育重点多为了解戏曲艺术、戏曲欣赏、学习戏曲表演的唱腔及台步，也就是多限于突出戏曲本身的艺术价值，而忽略了戏曲作为戏剧活动所具有的治疗和教育潜能。

（四）戏剧治疗的主题来源

主题是治疗中所要讨论的中心话题。主题选择的好坏直接关系到戏剧治疗的治疗关系和疗效。因此，选择的主题要符合儿童的年龄水平和实际特点，参加的人数要适宜。角色间要有适当对话，更要给儿童留有想象空间。针对不同种类儿童进行的戏剧治疗自然需要治疗师精心选择不同的主题。比如，创伤后应激障碍的儿童需要能安抚其心灵、安定情绪并对未来充满希望的题材；发育迟缓的儿童需要活动量较小、能帮助其树立自信并符合其言语智力发展水平的主题；听力障碍儿童需要表意清晰、形象性强并贴近其生活的内容。

只要是能激发儿童创作戏剧兴趣的一切资源都可以成为主题来源，因为儿童才是戏剧的主人，他们有能力从所看到的、听到的、想到的一切事物中创造戏剧[②]，并由此最大限度地投入治疗、积极想象从而整合自身经验直至最终使自身能量达到升华。概括起来，戏剧治疗的主题来源可包括儿童文学、音乐作品、儿童影视、美术作品、生活事件、孩子们当下的想法等。

1. 儿童文学

儿童文学的范畴很宽泛，包括经典童话、神话、历史故事、民间故事、寓言故事等。儿童戏剧研究者布斯（Booth）认为，在选择故事时，应以有趣且包含不太复杂的情节、动作角色与对话的故事为主。这类故事较能提供儿童在自然情境中自由表达的机会。另外，故事架构最好具备基本的戏剧架构——起、承、转、合[③]，具有鲜活的人物和冲突的情节可供儿童大胆表现。

---

① 张金梅. 幼儿园戏剧综合课程研究[M]. 南京：江苏教育出版社，2005：51-52.

② 同上，p35.

③ 老舍. 儿童的语言[M]. 北京：人民文学出版社. 见《老舍文集》第 16 卷：69.

在选择儿童文学素材时需注意动作和言语的比例,在表达形式上做适当调整。[①] 还要注意故事与儿童已有经验的联系。

2. 音乐作品

音乐对人起着直接的影响作用。一些模拟大自然或人类生活声音的音乐,容易激起儿童的兴趣。治疗师可以通过手鼓、木鱼、三角铁等打击乐器制造出一定的节奏。在制造节奏时,开始时通常都以稳定的节奏引导主题的展开;继之以具有变化的节奏来介绍不同的人物;接着再以急促渐强的声音来创造紧张的场面;最后以舒缓的节奏结尾。[②]

3. 生活事件

生活事件是指人们在日常生活中遇到的各种各样的社会生活的变动,如结婚、升学、亲人亡故等。重大生活事件会造成心情紧张、精神压力。将生活事件作为戏剧治疗的主题来源是很常见的。通过治疗师的引导和关注,儿童可以在一个安全的氛围中直接将自己的生活事件或自己感兴趣的事作为戏剧创作的素材。这一过程也使儿童得以将自己的经验世界在虚构的表演创作中重新建构,避免了直面事件所带来的心理冲击。

4. 儿童的想法

儿童的想法天真烂漫,他们会思索"真的有灰太狼吗?""可以把月亮和地球粘在一起吗?"从想法发展而来的戏剧具有更多的游戏成分,或者说是从戏剧性游戏向戏剧逐步发展的过程。从儿童的想法中发掘主题,需要治疗师进行两点努力:一是善于发现儿童的想法,并从中筛选能够发展成戏剧的想法;二是善于从儿童的游戏中引导出戏剧。

此外,利用一些经典儿童影视,像《三个和尚》《神笔马良》来生发出新的剧情,引导儿童感受创作乐趣的同时探索、解决故事人物或孩子们自己所面临的问题或情境。情节性较强的美术作品,如漫画、生活照片,也可加以合理利用。

二、戏剧治疗的操作要领

治疗师介入的方式对于戏剧治疗的氛围营造最为关键。

（一）治疗师在戏剧治疗过程中的定位与作用

戏剧治疗对治疗师有着特殊的要求。

1. 治疗师定位

治疗师应努力激发儿童独立发出自己的声音,避免预设,避免用自己的价值观来判断儿童的对错,更要改变目前教育界存在的"我讲你听""我说你做"的威权式说教模式。许多教育者拒绝儿童的参与,害怕现场秩序失控。其实,尽管儿童与成人相比显得幼稚和单纯,但其未来发展具有无限的可能性。同时,儿童与成人一样,是有鲜活生命、完整个性、能生发思想的个体。教师没有理由害怕自己的学生。

治疗师应本着这样的原则:"儿童是儿童问题的专家",没有人能比儿童自己更能把

---

① 张金梅.幼儿园戏剧综合课程研究[M].南京:江苏教育出版社,2005:64.
② 林玫君.创造性戏剧理论与实物——教室中的行动研究[M].台北:心理出版社股份有限公司,2005:64.

握自己的经历和感受。应该让儿童自己决定戏剧活动的主题来源、时间、地点和开展方式；与他们共同商量剧情的每一步走向，讨论角色的处境；购置道具时尽可能采纳他们的意见；接纳儿童自主确定的合作伙伴以及具体安排。另外，儿童话语权的核心就是儿童的多元表达，儿童的多元表达不仅仅是在活动中能听见儿童的声音，还要能看到儿童能用有声语言、文字和前语言的方式去表达自己的思想和感情，去认识和规划自己的世界。[①]

治疗师可参与整个戏剧工作的任何环节，既可以是导演、道具师、化妆师，也可以是剧场管理者、演员。如果治疗师仅作为"旁观者"从旁进行口头指导或暗示，儿童会把戏剧创作的方向转为迎合治疗师的期待，并极力掩饰自己的不足，甚至暗中讨好治疗师。[②] 治疗师应当与儿童一起面对创作中的挑战，使儿童感到自己的工作受到信任和重视，同时多数儿童也往往乐于和成人在同一项活动中一起承担一定任务。比如，治疗师和儿童一起把文学作品转化为剧本；一起讨论演一出戏需要什么道具，然后一起制作道具、舞台背景和寻找服装；一起创编动作对话和表情。

2. 治疗师入戏

治疗师入戏是指，治疗师以戏剧内部的角色身份参与戏剧治疗的过程，以情节需要的角色动作和语言来适度引导并配合儿童在治疗中感情的自然流露，借此提出要求、建议，以达到发展剧情或探索重要议题的目的。

戏剧活动中治疗师入戏的优点在于，可以控制治疗环境下的戏剧节奏和探索深度。由于治疗师本人一直身处戏剧的表演中，给儿童以安全的支持，保持双方沟通语言的同质性，不会由于突然的语言介入而显得突兀；治疗师要小心地待在儿童选择的隐喻中，让儿童在角色表演中感到安心，并能表达其态度和观点。

治疗师入戏的角色有五种类型：① 权威角色：利用剧中角色赋予的特权对其他角色提出要求、建议，以此控制戏剧的气氛和调整戏剧前进的方向，如国王、巫婆、校长等。② 次要领导：它不像第一类角色有着那么大的权力，但它依旧有引导参与者的功能，如宰相、秘书等。③ 普通一员：让儿童觉得治疗师与全体成员立场相同而易于被接纳，如金鱼群中的一条小鱼。④ 挑战者：代表另一种声音，运用对立角色或立场来适度增加戏剧张力，迫使儿童及早面对问题或障碍，如起义者、外族人等。⑤ 弹性角色：自创角色以适应剧情需要，随时出入戏剧情境，以协助儿童澄清、决定或结束某些行动，如教师扮演一只突然飞来的八哥鸟传递国王的旨意，从而瞬间改变剧情发展。[③]

（二）戏剧表达形式的分类

在儿童不同的发展阶段，戏剧表达的形式会有所不同。如何依据儿童的发展水平选择合适的戏剧活动形式，这是本节要讨论的主题。

---

① 陈世联.从教师话语权到儿童多元表达——基于多元文化观的探讨[J].理论建设,2004：7-8.
② 张金梅.幼儿园戏剧综合课程研究[M].南京：江苏教育出版社,2005：116.
③ 林玫君.创造性戏剧理论与实物——教室中的行动研究[M].台北：心理出版社股份有限公司,2005：178.

1. 儿童的戏剧行为萌芽

在 1 岁半到 2 岁之间，儿童最初的装扮动作便出现了。[①] 在不睡觉的情况下，儿童会把小脸蛋枕在妈妈的怀里装睡；在不喝水的情况下，拿着空杯子做出喝水的动作。

随着儿童想象力的发展，2 岁以后开始大量出现自发性戏剧游戏。自发性戏剧游戏又称社会戏剧游戏、象征性游戏、假扮游戏、角色游戏等，指的是幼儿借助自己的身体或其他物品，来再现不在眼前的事物和生活情景。例如：张开双臂，说自己在"开飞机"；拿棍子当"马"骑；等等。3 岁以前，儿童的自发性戏剧游戏中往往没有角色之分，只有动作的象征。3 岁之后，游戏中开始出现角色的分化。比如：幼儿之间的"过家家"；模仿警察抓小偷；等等。

随着能力的发展，儿童开始利用想象虚构出一个世界，并和小伙伴合作共同进行一个情节性更强的游戏。早期的象征游戏到了 3 岁后，会逐渐增加持续性、社会互动、口语沟通等特质。[②] 此时的儿童在一个"假装"的自设情景中，在玩耍的同时还会试着揣摩各种角色不同的想法、言语和行动。他们也在经历着不同事件的开始、过程与结束，并遭遇各类人际沟通、合作及冲突。[③] 也就是说，在自然发展状态下，儿童已初具进行戏剧活动的能力，他们的活动中包含有创作、演出、设计、导演等多种戏剧要素。

2. 儿童戏剧心理的发生

儿童戏剧心理发生的标志是观众意识的产生。虽然在自发性戏剧游戏中有角色扮演和初步完整的情节，但只要不存在观众意识，就与儿童戏剧艺术存在一定距离。自发性戏剧游戏是幼儿自己"自娱自乐"的活动，心目中并没有"观众"，他们也根本不在乎"观众"。[④] 儿童的观众意识也是从自发性戏剧游戏中发展出来的。最初，往往是把观众从演员中分离出来，即一部分人当演员一部分人当观众。后来，儿童会邀请与游戏无关的他人作为观众来观看自己的表演。观众意识的出现说明自发性戏剧游戏已经向戏剧艺术发展。

3. 戏剧表达形式的选择

儿童的总体戏剧能力随年龄增长而增强。随着年龄的不同，儿童的专注力、社会技巧、基本戏剧表现方式都会有所不同。[⑤] 年龄小的儿童动作表现能力高于语言表达能力，年龄大的儿童这两方面能力持平。年龄小的儿童合作能力不及年龄大的儿童，专注力也有限。依据儿童的不同戏剧能力发展阶段选择适合于他们的戏剧表达形式，是一个值得治疗师思索和研究的问题。

成人的戏剧创作总是以剧本先行，根据现成的剧本来选择演员、设计舞台美术和音乐

---

① 华爱华.幼儿游戏理论[M].上海：上海教育出版社，1998.

② Smilansky，S. *The Effects of Sociodramatic Play on Disadvantaged Preschool Children* [M]. New York：Wiley，1968.

③ 林玫君.创造性戏剧理论与实物——教室中的行动研究[M].台北：心理出版社股份有限公司，2005：167.

④ 刘焱，朱丽梅，李霞.幼儿园表演游戏的特点、指导原则与教学潜能[J].学前教育研究，2003：6.

⑤ 张金梅.幼儿园戏剧综合课程研究[M].南京：江苏教育出版社，2005：124.

音效以及最后的剧场合成及演出。而儿童则是从美术、音乐音效逐步完善剧本，并向剧场方向发展。成人和儿童的发展方向恰恰相反。所以，不可把成人创造戏剧的经验"照搬"过来对儿童进行指导。

年龄很小的儿童适合集体表演。集体表演没有各种戏剧工作的分工，可以让所有的参与者经历整个戏剧过程，获得戏剧完整情节和所有角色的全部体验和感受。它适合于儿童集体体验的需要及表演水平。随着儿童的成长，他们会更乐于扮演某个角色和某个情节，或和某个儿童演对手戏，这些都促进了角色之间的分化和角色间的配合。年龄越小的儿童也越喜欢在音乐伴奏下边歌边舞，喜欢富有韵律的动作表演。

另外，应根据儿童动作和语言的发展程度来选择合适的戏剧表达形式：幼儿动作和言语表达发展不均衡，初期主要依托于动作表现。随着年龄增长，儿童的动作和语言能力随之提高，其表演也逐步从歌舞式转向简单的朗诵式的语言，能够表现比较复杂的性格化人物。

主要的戏剧表达形式有：

音乐剧，适合相当于处在幼儿园小班水平的儿童。音乐剧具有很多舞蹈的成分，以音乐和舞蹈表达人物情感、故事发展和戏剧冲突，有时语言无法表达的强烈情感，利用音乐和舞蹈表达反而更容易，符合幼儿动作表达优势。儿童最初的音乐剧可以有简单的故事、音乐、歌曲和舞蹈的元素来组成。

默剧，适合相当于处在幼儿园中班和大班的儿童。默剧是一种不用台词而以动作和表情表达剧情的戏剧，也可以是治疗师用旁白口语的方式带出剧情，并引导儿童通过动作呈现戏剧情境。[①] 它重视语言理解和动作表现，并要求动作更具情节性和节奏感。儿童不必受限于语言运用的局限，可增强其对动作的表达。默剧可采用集体表演的形式，也可令戏剧能力较强的儿童独立扮演角色，使角色从表演中初步分化出来。

木偶剧，适合相当于处在幼儿园中大班以上的儿童。由于木偶造型逼真，可以表现模式化的动作，容易满足儿童的好奇心和幻想。对于敏感、羞怯、不善于面对别人表达自己的儿童，这是练习表达力的好办法。常用的木偶教具有影偶、线偶、手偶、手套布偶、细棒偶。[②]

话剧，适合相当于处在幼儿园大班及以上水平的儿童。话剧对儿童的言语和动作表现力及戏剧的合作水平都有很高的要求。[③] 尤其是角色对话能力的提升标志着整体戏剧表演能力的较高水平。

（三）戏剧治疗的操作流程

根据对各类文献资料的分析和总结，本节提出如下5个阶段的戏剧治疗流程。

第一阶段：导入。

引人入胜的导入能激起儿童的参与动机，使其集中注意力并有助于形成团体氛围。

---

① Kase-Polisini，J. *The Creative Drama Book*：*Three Approaches*［M］. New Orleans：Anchorage Press，1988.

② Heining，R. *Creative Drama Resource Book for Grades K-3*［M］. Englewood Cliffs，N. J.：Prentice-Hall，1987.

③ 同上。

在此有三种可利用的技巧：① 激发动机。可利用发问、讨论、音乐或小道具（如图画、一颗种子、一段视频）来引入将要进行的戏剧活动的主题。② 暖身活动。多借助一些肢体活动或声音表达。例如：年龄小的儿童可以进行"听节奏踏步走"；年龄稍长的儿童可以进行"想象中的球""猜猜它是谁"、镜子游戏、捉迷藏等活动。③ 介绍故事。可以利用讲故事、儿童歌谣等方式引入。

第二阶段：发展。

引导儿童发展故事的情节或角色内容，鼓励儿童分享个人看法。此阶段是影响整个故事发展的关键阶段。在经过开放性的讨论和练习后，儿童更有自信以自己的方式来表达和创作，且更能把握团体的节奏。待真正演出呈现时，他们对自己想要扮演的角色以及如何进行心中已有初步的想法。

对于开放性讨论的内容，可从下列方向用开放式问题引发儿童思考：① 人物。包括人物的年龄、家庭、长相、动作、做事情的方式、心情等加以练习变化。② 时间。事情的发展或动作的发生会随一天中的时间变化或季节更替有不同的表现方式。③ 地点。利用故事中不同的场景变化来讨论。④ 关键情节用自己的创意解决情节中的危机与问题。⑤ 也可讨论如何用道具或音乐来增强戏剧冲突的效果。①

此阶段可组织不同形态的戏剧活动。若故事的行动较多，可考虑使用"默剧活动"，例如用动作创造一个想象空间、静态照片、群体雕塑、机器人动作、情绪气泡游移、活动的镜子等。若故事中对话较多，可利用不同的口语活动，如"说服""辩论""采访"等方式进行，也可以让儿童利用布偶来进行会话。例如，儿童借着维尼熊的口说："维尼今天很难过。"之后接收到别的布偶的回应，如米老鼠回应说："是的，我感觉到了。你今天一直低着头。"由此，儿童愈来愈能够体察自己的感觉对别人的影响，进而发展理解他人的能力。通常第一次会先以简单的动作及口语预演为主。到了第二次戏剧活动，则进入较复杂深入的探讨，如人物情绪、感受或自发的多人或双人对白等。

第三阶段：分享。

经过前两个阶段的准备，此阶段要将故事完整地呈现出来。在呈现之前，先计划角色的分配：依据剧情和儿童需要来决定谁演哪个角色、每种角色的人数；大致地点位置，各个角色开始的定点、出场和退场的相关位置；流程，指戏剧如何开始、过程及结束的部分。可以让儿童自己决定自己的"位置"或如何开始及结束等活动进行的顺序。

根据儿童戏剧研究者林玫君的整理，有以下几种呈现的方式：

（1）单角口述默剧：由一个儿童或治疗师旁白故事，全体儿童担任同一种角色，通常单角故事适合此类呈现。

（2）双角互动：治疗师扮演其中一种角色与全部儿童扮演另一种角色互动；或治疗师旁白故事，把儿童分为两大组互动。

---

① 林玫君. 创造性戏剧理论与实物——教室中的行动研究[M].台北：心理出版社股份有限公司,2005：235.

（3）多角互动：治疗师扮演其中一种角色与多组幼儿互动；治疗师旁白，多组不同的幼儿扮演各种角色自行互动；治疗师旁白，每个儿童的角色各不相同，依剧情的发展互动。

第四阶段：回顾、反思与讨论。

演出后，儿童分享他们的心情、经验和体会。这时，治疗师要协助儿童对自己的表演和创作进行反思，并引发儿童分享的动机。例如，儿童可以把球丢给团体中的一位成员，对这个人说出在戏剧过程中想对他说的话，或表达感谢，或提出建议，或给予支持和赞扬。在儿童做反省时，观众身份和角色身份会有所不同。以观众身份，他们较能以第三者的眼光来分析事理；而以角色身份，他们较能从个人的感觉及主观想法来表达自身感受。同时，治疗师也要思考自己的引导、参与情况，是否指导性过强，是否参与不足，等等。[1]

第五阶段：再创作。

此阶段进行二度的计划和表演。治疗师引导儿童重复以上计划，对反思的成果进行再创作，借此让带有新创意的剧情不断生发；也可把重点放在不同的角色或故事情节上，也可再重复加强第一次演出的部分。治疗师可根据治疗目标和实际情况，多次地进行再计划和再呈现。

以上5个阶段，前后有序。在实际操作时，也可因儿童的临场反应或突发状况而灵活变通。

三、戏剧治疗在特殊儿童心理治疗中的应用

本小节将结合案例的具体呈现，讨论如何促成戏剧团体的形成，介绍治疗师如何与特殊儿童一起工作。

（一）戏剧团体的成长过程

戏剧团体的形成和成长在戏剧创作的过程中占着举足轻重的角色。在组团之初，治疗师就应考虑到将年龄相仿、文化社会背景相近的儿童组合于一起。其次，应把握团体气氛。这种气氛关乎儿童彼此之间的融洽度、儿童与治疗师之间的默契、所有人之间互动的模式、开放及合作的态度。治疗师需提供机会让儿童得以在戏剧活动中共同解决问题，以加强儿童彼此间的联结，透过合作的关系促进戏剧团体的发展。

那么，如何定义戏剧团体的成长？戏剧团体最终的成长目标又是什么呢？那就是通过儿童戏剧经验的成长，让儿童在团体营造的创造戏剧的过程中不断发现问题，修补简单表演的不足，最终经由戏剧综合，在治疗师的帮助下将舞台美术、音乐音响、剧本等戏剧元素逐步从最初笼统的演员表演中分离出来，并把演员、舞台美术师、剧作家、观众、剧场这些戏剧要素统整到剧场经验中，最终成为演员、剧作家、道具师、舞美师、作曲家、导演，也由此成为自信、乐观、善于表达自己的人。在此过程中，治疗师也作为戏剧工作中的一员参与到整个活动中。当然这里的"剧作家""作曲家"并不是真正意义上的

---

① 林玫君.创造性戏剧理论与实物——教室中的行动研究[M].台北：心理出版社股份有限公司,2005：222.

专家，"舞美师"和"导演"也并非具有职业能力的成人社会中的专业人士。这些称谓指的是儿童顺应自身戏剧经验的成长，选择分工，并按照戏剧艺术的要求在活动中完成个人的阶段性成长。

从戏剧团体成长的角度看，儿童戏剧能力的发展一般需要经过下列5个阶段：

（1）演员要与观众分化。儿童在有了观众意识后，想要表演给观众看，并得到肯定和回应。

（2）演员的表演需要剧场效果。道具、服装、化妆及舞台美术、烘托表演情境和情绪的音乐音响，都是重要的因素。化妆师、道具师、音响师需要与演员的角色分开。

（3）剧作家从演员分离开来。儿童的即兴表演发展到一定程度后，儿童不再满足于这种简单的表演形式。为了使表演更加完整、有条理，他们产生了剧本意识。但剧本对于儿童初期的戏剧创作并不太重要，因为已有的童话、事件、想法构成了初期的现成剧本。

（4）为了使各个戏剧活动统整到一场戏剧演出中，导演要与剧作家分化开来，以协调演员与剧作家、道具师、化妆师等各方不同的工作。[①]

（5）根据剧场演出的需要，另设售票员、引座员、现场互动主持人等角色。这样，一个完整的戏剧团体便形成了。

在戏剧治疗的戏剧活动中，儿童最终能够找到自己的位置，让自己投身于一项有意义的戏剧工作，或是导演，或是道具师，或是演员。即使是观众，那也是一种特定的位置。这正是借助于戏剧所具有的不同类型工作为不同类型的儿童提供了成长机会，最终每个儿童各尽其职。例如，"演员"工作是善于展现自己的活泼型儿童的首选，也可由有主题愿意和大家分享的儿童担当；需要专注力及有一定手工能力的道具师工作，被那些较为专心、活动水平不高的儿童所喜爱；能够反映出组织才能的"导演"工作可以由那些乐于指挥的儿童承担；"售票员"等剧场管理工作，没有过多的展示自身的需要但却不乏社交能力的体现，可以让那些害羞胆怯的儿童来尝试。

以戏剧为手段，以促进儿童整合经验为目的，儿童不再只是"被动的被治疗者"。他们从"被治疗者"发展为演员、观众、导演、剧作家、舞台设计师、评论家等。在这个过程中他们努力使自己的想法转变为行动，通过戏剧的方式实现人生意义。在这种戏剧工作式的环境中，分工与合作、共性与个性、集体与个人最终得到了统一。

（二）幼儿戏剧活动设计和戏剧治疗案例

1. 活动设计："小甲虫"

活动目标：增进语言和肢体的表达能力，树立创造性解决问题的信心。

流程：引入情境，激发动机。介绍"个人努力"的意义，引进主题，并制造情境，引发儿童参与讨论。

---

① 张金梅.幼儿园戏剧综合课程研究[M].南京：江苏教育出版社，2005：213.

"小甲虫过腻了树林里的生活,他想飞到高山上去,他要做些什么努力呢?"

朗诵童谣"小甲虫"

小甲虫,摔跟头,六脚朝天真难受。

它把嗓子哭哑了,还是没人把它救。

小甲虫,不再哭,自己努力去奋斗。

又蹬腿,又扇翅……翻过身,站稳喽!

张开两对小翅膀,"扑"地飞进云里头!

表演童谣

引导儿童表演小甲虫的各种动作,并改变童谣中的用词,配合语调的变化,反复练习。

提出问题,集体讨论与动作练习

如果你是小甲虫,想找蝴蝶做邻居,会用什么样的声音说话?

如果你是蝴蝶呢?

小甲虫是怎么摔倒的?

小甲虫摔倒时怎么哭?

小甲虫怎么翻身? 怎么扇翅?

如果有两只小甲虫都摔倒了,他们的心情如何? 害怕的时候会怎样?

只剩下一只甲虫,躺在地上,翻不过身来,它怎样办才好?

想一想,甲虫还会遇到什么事情呢? 它会怎么做?

设计脚本,角色分工和演出准备

四至五人一组,设计自己小组的"脚本",准备在班级里上台演出。

老师可以加入讨论,帮助他们解决角色分工、背景音乐、台词与动作等难题,但不要替儿童决策。

观赏演出并分享感受

不仅要保证演出活动顺利完成,而且需要培养儿童的演员与观众的分化意识。

鼓励儿童自由发表评论和感想,培养儿童聆听他人发言的习惯。

延伸活动

活动结束后,可以鼓励儿童自己想象故事情境的进一步发展,改编童谣内容或者创造自己的"作品"。

2. 特殊儿童戏剧治疗案例

遭受虐待的儿童往往表现出愤怒、自伤、注意力不集中、自责、耻辱感、羞愧等情绪问题。团体戏剧治疗可以让儿童感受到来自同龄人的支持,减少孤独的感觉,同时也可以学习到新的与他人建立关系的模式,从而修正甚至抛弃旧有的不适宜模式。团体的安全情境也有利其尝试不同的行为模式。但需注意,在进行团体治疗前,应着重考虑团体成员选择是否需要同质;如果不同质,有哪些方面需要提前有所准备。例如,一些遭受性虐待的儿童和单纯学业不良的儿童组成团体就不适宜。因为,不同的创伤经历会导致儿童之间的不理解甚至敌意。小心地构筑团体,在经过一段时间,建立了较为牢固的信任感后,再进行痛苦情绪等议题的处理。团体的结束也同样要有一个安全、包容的处理方式。

对8名受虐儿童（四男四女）所进行的为期12周的戏剧治疗。儿童年龄约在8～10岁左右。每周的治疗历程遵循"暖身""演出""分享"的三阶段模式。但每周进行的戏剧内容均有变化，且允许儿童进行修正和改良。治疗师及儿童均操纵布偶进行活动。布偶的选择由儿童自行决定。

首先，由儿童们讨论出戏剧团体的名称，如"友好队列""轻松之旅"等，然后在大纸上写下团体的规则及签名。治疗师也同样签名。然后可以建议大家讨论出团体的口号，如"我可以更好！""看啊，我多么勇敢！"等等。之后的每次活动开始及结束时可以呼口号，同时每次活动均把大纸贴在墙上。

将捉迷藏游戏作为暖身部分的主导游戏。一个儿童扮演"狼"，去抓一群"羊"。通过这样的游戏，儿童开始放松地投入表演。

然后大家围坐下来，谈谈各自手中的布偶。比如说："布偶今天的心情怎样？""小A，我记得你的小熊上周觉得自己有点心慌，那么这一周呢？"由此儿童可以将自己的情绪投射在布偶身上，以此描述出和释放出一些自己的情绪。在戏剧治疗的任何环节，如果儿童提出要更换布偶角色，都是被允许的。同时可以询问，是什么让他想换一个布偶。

进入演出的准备部分。大家一起讨论今天的主题和剧本，并动手制作道具。道具可以多种多样，比如准备一些橡皮泥供儿童捏制出各种餐具及家具；准备一些长围巾、帽子、袜子、手套、小配饰，供儿童自由选用；也可以使用报纸，凭借想象制作出各种衣饰。

演出部分。此处仅呈现一次戏剧治疗团体中的主题。在对剧本的讨论中，所有的儿童均表达出对于施虐者的愤怒和亲人未能保护好自己的不满。根据"三只小猪"的故事，进行改编。在这个治疗剧本中，野狼先生是猪妈妈邀请到家里来的，而猪妈妈是听信了野狼先生的谎话。在猪妈妈出去购物时，野狼先生对小猪们非常残暴，而小猪们开始时并不敢反抗。在猪妈妈回来后，小猪们告诉她野狼先生的恶行，可猪妈妈并不相信，这令小猪们非常失望。后来小猪们设计让野狼先生和他们一起盖房子，在房子盖好时大家齐心协力把野狼先生锁在里面，并让它亲口向猪妈妈承认了自己的恶行。猪妈妈也向孩子们表达了自己随意听信谎言的歉意。

可以让儿童用纸盒、橡皮泥等做砖房，用乒乓球做从烟囱里投向野狼先生的炮弹。这些可以任由儿童想象。治疗师在此过程中不要有太多的干预和固定的要求。

每次治疗的结束部分都要分享今天的感受。可以让儿童将球丢给另一个人，同时对这个人说出自己在这次活动中最想对他说的感谢的话，比如"你很认真地听我讲话""支持我的创意"等等。也可以选择由一个儿童投球，由接到球的人说出今天的感受。

在12次戏剧治疗结束时，为儿童们举行一个小小的告别聚会，让他们能安全地将整个治疗过程中的收获整合到自己的生命中，同时安全地离开这个治疗团体。

❋ 第3节　特殊儿童的舞蹈—运动治疗

舞蹈—运动治疗是以舞蹈—运动作为主要交流媒介和表达手段，让特殊儿童通过舞蹈和运动这一媒介进行非言语的表达，在治疗关系中促进当事人健康和成长的心理治疗方式。[①]"运动"是从事一项有目的活动的一连串行动；舞蹈是一种抒情而连贯的动作表达形式，它的任务是使舞蹈者充分体会自己的运动以及动作如何流畅链接，个体可以充分理解并表达意义。[②]

一、舞蹈—运动治疗的起源与发展

舞蹈—运动治疗的产生和发展有三个来源：现代舞蹈、动作分析和心理治疗。

舞蹈—运动治疗的直接理论和实践源于现代舞或自由舞（创造性舞蹈）运动。20世纪20年代，现代舞蹈的先驱邓肯（Isadora Duncan）等人把舞蹈看做是一种个人表现的艺术形式，创建了以强调自身意识、自发性、创造性和个性为特征的现代舞蹈。[③]

现代舞蹈理论之父鲁道夫·拉班（Rudolf Laban）对舞蹈—运动治疗研究有突出的贡献。他对动作分析和动作表现的研究影响很大。

心理治疗中尤其是注重身体和情绪动力的治疗理念，如威廉·赖希（William Reich）对身体治疗的探索，为现代舞蹈—运动治疗奠定了早期的基础。

德国的精神运动学创始人基普哈特（E. J. Kiphard）认为，儿童的感觉、情绪以及各种精神体验会在运动行为中表现出来，其著作《运动治疗——对发育滞后的儿童进行的精神运动学训练疗法》开创了精神运动学领域，即"以儿童为中心的运动治疗"。他认为："以通过运动来培养儿童身心和谐且稳定的综合人格为目的，以游戏的形式调动儿童的积极性，在小组中进行一些运动练习，来训练他们的感官知觉、身体感、空间感、谨慎感、节奏感、乐感以及自制力和身体表达能力。"[④]

二次大战期间，美国舞蹈家玛丽安·雀丝（Marian Chance）开始运用舞蹈—运动治疗来治疗美国军人的心理问题和情绪困扰，是舞蹈—运动治疗首次应用于大规模的临床实践。雀丝被认为是现代舞蹈—运动治疗的奠基人。同时，舞蹈运动疗法在治疗中风病人以及帕金森综合征方面取得了明显的疗效。20世纪60年代，高夫曼（Erving Goffman）等致力于研究体态表情学（kinesics），注重人们面对面的非言语的体态交流，让非言语表达和人际互动关系的研究受到重视。到了20世纪80年代，西方学者普遍认为，身体不仅是行为的表达，更是内在心灵的具体呈现。透过身体向内心探索，运动成为身体与心灵和谐

---

① Suzi Tortora. The Dancing Dialogue [M]. MacLennan，Brookes，287-291.

② Payne Helen. *Dance-movement therapy*：*Theory*，*Research and Practice* [M]. New York：Routledge，2006：171-175.

③ 周红. 舞蹈—运动治疗简介[J]. 中国心理卫生杂志，2004，18：804-805.

④ 雷娜特·齐默尔. 幼儿精神运动学手册[M]. 蒋丽，唐玉屏，王琳琳，译. 南京：南京师范大学出版社，2008：3-24.

沟通、意义表达的空间，舞蹈—运动治疗也发展到成熟的阶段。近年来，我国的专业人员也开始关注这个领域的理论研究和实践探索。

二、舞蹈—运动治疗的理论与技术

舞蹈—运动治疗的理论源头很庞杂，主要有现代舞蹈理论、身体治疗理论、身心合一的现象学观念，以及团体动力学理论。舞蹈—运动治疗的技术则主要体现在身体治疗和舞蹈运动两个流派的实践活动之中。

（一）舞蹈—运动治疗的理论

1．现代舞蹈理论

（1）身心相互影响，动作显露人格。健康的人是身心协调、内外统一的。

（2）人可以成为自己行为和情绪状态的观察者。我们通过外部的线索对自己内部状态的了解提供参考。不同的身体表情动作总是与特定的情感体验相联系，于是我们可以传递自己的情感和知觉自己与他人的情感。

（3）创造性的动作表现使内在冲突外化。艺术是身心合一的生命活动，透过即兴创作的艺术表达性，本身就是一种自然的治疗。任何人都能用艺术的不同形式来表现自己，其中舞蹈是最直接的。创造性舞蹈透过身体的移动、跳跃、伸展、流汗和呼吸等运动形式，帮助人们突破和超越特定情绪的局限，从而感受到生命的本真存在。[①] 创造性舞蹈重视情绪的释放。通过动作和想象、情感与身体融合一体的即兴舞蹈创作，可以表现个人深层的存在体验。儿童不经学习也可以在即兴游戏时通过身体动作来实现自我展现和自我知觉。[②] 个人内在的冲突通过舞蹈动作的外部化过程，使消极性、破坏性得到消解，压力得到舒缓；通过对自己舞蹈动作的知觉和主动调节，达到对个人内心世界的有意识控制。

2．动作分析模型

动作分析模型由拉班提出。他认为，表现性动作对外界事物没有明显的目的性，主要源于内心的冲动。舞蹈动作基本上属于表现性动作。人体动作不仅具有外部的空间形态，而且有其内在含义。人体动力模型的核心，是通过动作所显示出来的身心关系来改造人，进而改造人类社会。舞蹈者接受力效训练，能够使心理的、生理的矛盾冲突获得缓解和协调。因而，舞蹈训练对人格的发展具有重要意义。[③]

拉班的分析模型包括四个核心概念：身体（body）、空间（space）、努力（effort）以及关系（relationship）。身体是在解剖学与人体运动学层面来描述运动行为的；空间是从几何学上描述运动的，包括运动的平面、空间大小、路径（方向和运动方式）、移动以及向空间延伸程度的变化；努力是定性的分析运动动作，即一个人如何集中精力来从事一个动作，它

---

① Vassiliki K., Patricia S. Report: Theories and Assessment Procedures Used by Dance/Movement Therapists in the UK [J]. *The Arts in Psychotherapy*，2001(28)：197-204.

② Sandy D. H. The Use of Dance/Movement Therapy in Psychological Adaptation to Breast Cancer [J]. *The Arts in Psychotherapy*，2000，27（1）：51-68.

③ 郝琦.舞蹈—运动治疗：从身体到心灵[J].医学与哲学，2005，26：61-62.

包含四个连续体，即：自由—束缚、强—弱、敏捷—保持、直接—间接。[①]

（1）身体

身体部位的功能：

身体的哪个部位在运动？

运动是从身体的哪个部分发起的？（在身体的中央部分还是外围部分）

身体的某一部分是持续地有控制地运动吗？

这些身体部位是同时工作还是先后继时工作？

身体活动：正在从事什么运动？（行走、跑步、跳跃、踮脚、跺脚）

身体形态：此刻身体正保持什么形态？它是如何保持的？

（2）空间方位：身体如何运动？

方向：身体向哪个方向进行？

幅度：运动的范围。

路径：身体在空气中或地板上活动的模式？（水平的、弯曲的、之字线条的、螺旋的、无规则的）

水平：运动处于什么水平？（高处、中间、低处）

焦点：眼睛聚焦于何处？（往前看、往角落看、往一边看、看同伴）

维度：单维运动：例如水平移动、垂直移动、前后移动；二维运动：垂直面、水平面、矢状面；三维运动：螺旋运动、对角线运动、立体运动。

（3）努力：身体如何运动？

这一部分与使用能量的多少有关，以及能量是如何释放的。努力有四个组成要素：力量、空间、时间以及流动。

流动：关系着运动如何持续下去，从跳跃式流动到自由流动的连续，即自由—束缚。

跳跃式流动：此时能量有限制地释放，运动很容易停止，例如摆放一个花瓶。

自由流动：此时能量自由释放，例如伴随音乐纵情地跳舞。

力量是一种从重到轻的连续体。

强烈的力量：例如，用脚压扁一只蟑螂。

轻微的力量：例如，轻轻地从一个熟睡的人身边走过而不吵醒他。

平静的力量：能量的缺失。例如，完全放松地躺在地板上。

空间：关于直接运动与间接运动意向的连续体。

直接：看到某人站在街道的另一边，径直走向他们。

间接：闲逛，没有目的地也没有时间。

时间：关于一项运动的关系或者运动的一部分转向另一部分。

均匀性：运动的速度。

---

① Susan O. Cohen; Gary A. Walco. Dance/Movement Therapy for Children and Adolescents with Cancer [J]. *Cancer Practice*，1999，7：34-42.

持续时间：运动持续多长时间。

（4）关系：通过运动产生的关系框架

个体与群组以及与环境之间的关系。包括：靠近—离开、环绕、穿越、在中间、前后、快慢、异同。

身体各部分之间的关系：身体各部位与其他部位相关的方式。

个体与个体之间的关系：接近他人、与他人一起运动但无接触、与大家同步运动。

与客观事物的关系：例如使用道具。①

3. 身体治疗理论

心理治疗师赖希认为，身体能显示出童年创伤的痕迹。观察人的身体可以发现心理发展的面貌。早期母婴间的互动经验，对人格的形成尤为重要。行动是个人内心世界的直接表现。身体记录了个体丰富细致的生命经验和转变轨迹。

赖希在"肌肉铠甲理论"中指出，长时间的身体紧张对个体情绪表达与转换起阻碍作用，这种被阻滞的情绪与内在冲突就好像凝固住一样，形成了一种僵化的人格。只要身体紧张、僵化状态存在，我们就无法突破这层铠甲而实现体验及相关情感的变化、流动。

身体是内在情感世界的反映，经由身体察觉和操练唤起内在的康愈能量，实现个体更好的存在，无论我们的"自我"多么有力量，我们的意志选择能力多么强大，最终都是要经由我们的身体展现出来。我们把身体活力的恢复与展现看做心灵疗愈的基本道路，不再把身体看做是一个被动的附庸，也不再以解除个体无意识中受压抑的情感内容、自我的和谐完善作为身体践行的唯一目的。透过身体，我们看到的是个人充分展现自身、实现精神成长的愿望。通过身体—情绪觉察，探索出一条回归真实存在状态、实现身心贯通的优雅生活之路。

身体训练是对由身入心、以实现精神成长的众多个人身体疗法的总称。受赖希"肌肉铠甲"理论的影响，身体训练的目的即是要解除习惯性的肌肉紧张，以此实现内在能量的流动、心灵生活的丰富和生命活力的扩展。之所以选择由身入心，是因为这些疗法都主张个体对经验反应的身心一致性，相信情感深植于身体；身体存在的僵化形式与内在消极情感体验具有同步性，是身体中生命能量凝固、萎缩的结果。因此，身体训练的首要目的是帮助当事人找到与消极体验相关联的生命能量固着之处，然后通过放松收缩着的身体关键部位，使被压抑、阻滞的能量恢复循环流动。②

4. 身心合一的现象学

身体动作的改变导致个人意义和意识态度的重建。玛莉安·雀丝认为，任何人的动作都包含动作元素，舞蹈中存在的元素如时间、空间、力量、流动和关系提供了一种组织和

---

① Kim Dunphy, Jenny Scott. *Freedom to Move：Movement and Dance for People with Intel Lectual Disabilities*[M]. MacLennan, Brooks. 2003：19-25.

② 任亚辉，杨广学. 超个人心理治疗[M]. 山东：山东人民出版社，2005.101-123.

结构。经验可以通过这些动作元素的动态组合而得到动态的表达。① 舞蹈—运动治疗的体验式或现象学的（Experimental or phenomenological）治疗观强调，身体动作的体验可以导致心理生活和个人经验的深层改变。

丰富的经验可以增进意识体察的能力：个人觉知到自己是经验的中心；体察从行动转换到知觉流动的意识状态；能够放松并将注意力聚焦于身体感觉；观察从身体动作表达转变到想象和语言的表达。表达形式的转变把身体动作经验带到意识层面，并转换为语言的描述。因此，身体的自发性表达，便成了进入内心世界的媒介。意义是建构而成的，当我们改变了主观知觉的焦点时，便自动地改变了主观世界。无论我们的经验是什么，觉知本身有助于形成被觉知的事件，并且成为该事件的一部分。舞蹈—运动治疗的观点认为，身体是动力、思想和心灵的整合。因此，身体结构和身体运动就像一张心灵图表。语言的思考和身体的智慧相得益彰。身体的改变也会影响心理。治疗师可以经由动作测验而了解特殊儿童的情绪状态，再由动作引起心灵的深层改变，进一步达到治疗的效果。

叙事治疗理论认为，个人的经验或生活故事会通过其语言和动作表达出来。在表达过程中人们一方面使情感得以宣泄，更重要的是得以审视和反思自己。在多次尝试中，人们的表达方式会逐渐发生变化，而表达的经验的性质也会发生变化。特殊儿童的叙事是心理治疗的核心环节。当个人的经验表达朝着积极方向发生改变时，治疗目标就已经蕴含其中了。

5. 团体动力学

通过身体动作来协调人际交流，可以促进和谐人际关系的建立。运用身体建立互动关系是舞蹈—运动治疗最特殊的贡献。在治疗过程中，治疗师通过对儿童动作的映照（reflection）和自身动作反应（response），与儿童互动。许多难以用口语治疗介入的特殊儿童，肢体动作能打破他们的防御、孤立和界限，进而增进彼此配合的对话关系。

团体活动比一人独自舞动更具有感受力和安全性。身体节奏可以将个体的行为组织起来，并创造出一个更团结的感受和分享的感觉。节奏是沟通关系和身体自觉的治疗工具。团体的节奏性帮助特殊儿童觉察自己身体的活动力和变化性，并学习分享动态感觉，看到不同个体的情感和身体模式的并存和对照。②

团体舞蹈—运动治疗可以帮助良性社会情感的发展。团体舞蹈的魅力在于能提供安全、接纳和支持。当大家一起跳舞时，能够明显减少孤独和不安。舞蹈运动越是具有创造性，其激励作用就越是明显。那些通常不敢主动表达自己的人，也能借助团体活动的方式增进表达的勇气。

（二）舞蹈—运动治疗的进程

1. 活动实施的流程

（1）预热（warm up）：做好心态与身体的准备，以便参与即兴式活动或表演性舞蹈

① 王宇赤，施铁如. 叙事心理辅导中的舞蹈—运动治疗[J]. 广州教育学院学报，2005，25：7-11.
② 周红. 舞蹈—运动治疗简介[J]. 中国心理卫生杂志，2004，18：804-805.

运动。

（2）融入（immersion）：沉浸在运动—舞蹈或音乐的结构之中，身心流动，融入团体活动的节奏和气氛。

（3）发现（discovery）：当事人形成新颖的看法或洞见，看清了以前未能看到的东西。

（4）评价（evaluation）：当事人对自己、他人、关系做出评价，是主体性力量发展的标志之一。

舞蹈—运动治疗的过程通常取决于特殊儿童所患的疾病和治疗类型。特殊儿童在治疗前需向治疗师进行相关咨询，并就治疗目标、治疗期限、治疗性质等问题达成一致。若舞蹈—运动治疗的类型是个体治疗，在治疗期间，舞蹈—运动治疗师会观察特殊儿童的动作，鼓励他（她）用动作来表达自己的情感，并且会不时地模仿特殊儿童的动作，与特殊儿童建立起一种相互信任的友善关系，使特殊儿童感到被接纳。治疗师会尽力帮助特殊儿童把情感、记忆等与动作联系起来，而最终促使他（她）用动作表达出内在情感，达到心智与身体的整合。与此同时，舞蹈—运动治疗师会对整个治疗过程进行评估，以此来检测是否达到了预期的治疗目标。这类评估主要采取定量的方式，即关注治疗过程中的非语言交流、行为的改变、特殊儿童参与治疗的程度等。

团体舞蹈—运动治疗注重建立良好的治疗氛围，包括以下几点：安全、充满关爱、能激励团体成员互动的环境；尽量简单的动作活动；活泼的、节奏性强的音乐；不同的小组划分；有受过专业训练的、热情的、能够认识和接受所有成员现状的舞蹈—运动治疗师。换言之，友好、开放的氛围才能创造一个积极的学习环境，才能激励小组成员通过舞蹈动作进行创造和自我表现，才能促使各成员之间产生积极的互动。团体舞蹈—运动治疗正式开始后，其活动内容大致可分为三个阶段：第一阶段是热身练习，让特殊儿童轻轻地移动、舒展身体等；第二阶段是创造性的舞蹈探索活动，包括让特殊儿童通过自由风格的舞蹈动作来探索不同的舞蹈概念（如与舞伴、组员间的关系），通过手势和身体动作进行模拟表演，运用各种小道具（如小地毯袋、球、弹性地毯）表演某个主题等；最后的阶段是运用各种技巧进行放松练习。与个体舞蹈—运动治疗类似，舞蹈—运动治疗师也要对团体舞蹈—运动治疗进行评估，如成员之间如何互动、如何通过舞蹈动作来分享情感等。

2. 舞蹈—运动治疗的技术

舞蹈—运动治疗主要有以下 6 类技术：

（1）调和动作疗法。治疗师以非语言的同步和相应方法与特殊儿童建立信任和同感关系。

（2）反映、对照动作疗法。以语言及非语言的模仿性反映及对照技巧，帮助特殊儿童建立自我感觉意识。

（3）交流动作疗法。帮助特殊儿童建立表达能力、对应能力、物我交流的敏感度。

（4）真挚和创造性的动作疗法。以自发性和创造性动作体验，培养特殊儿童内省能力，建立自然和真挚的表达能力和习惯。

（5）动作质量的训练疗法。改善特殊儿童的表情动作在张力、空间、力度和时间上的素质，从而调整并提高生活中各种相应的行为能力。

（6）群体动力疗法。通过群体动力的体验，化解特殊儿童的交流障碍，提升人际关系处理的能力。

3. 技术应用的要点

在舞蹈—运动治疗的组织过程中，需要确保以下4个要点的落实：

（1）确立安全环境：信任与安全的关系，平和亲切的团体氛围。

（2）镜像与印证：通过治疗师的形象反馈，使当事人看清自己的身体姿态以及对应的心理状态。

（3）探究与面对：治疗师主动探究、提出关键性的问题，促进当事人面对自己的存在处境和人生态度。

（4）情绪释放：当事人通过相对强烈的身体运动明确地释放自己的某种情绪，以促成当下经验与人格的整合，即通过动作表现和强烈的体验来达到情绪、认知、身体以及社会性的整合。

以上4个技术要点并不是各自孤立的，而需要在整体运作中连贯实施。治疗师可以有所侧重，根据治疗进展情况的分析，灵活调整自己的干预技术，突出不同阶段的活动重点。

在为不同的人群选择舞蹈时，一般考虑以下4个要素：

（1）患者功能高低。

（2）患者的兴趣及能力。

（3）患者与治疗师以及同伴的交往能力。

（4）治疗师的技能。

一般说来，需要更多支持的患者采用一般性的舞蹈疗法，而相对更有独立能力的患者更适用于创造性的舞蹈，智商处于临界点的患者大多则采用团体舞蹈治疗。[①]

还应该考虑用音乐为运动舞蹈伴奏。年幼儿童和特殊儿童通常会对欢快的、节奏感强的乐曲感兴趣，因此，要尽量选择那些音律及节奏简单并且是用单一乐器演奏的音乐。

三、舞蹈—运动治疗在特殊儿童心理治疗中的应用

舞蹈—运动治疗可以弥补传统的谈话式心理疗法（talking therapy）的不足，使患者通过动作这一非语言的方式实现情感表达、使自我意识趋于完整，实现与环境的协调。在临床实践中，应用舞蹈—运动治疗可以帮助患有情感性精神病、情绪和行为障碍、焦虑与恐惧症、创伤后遗症等的儿童和青少年实现康复。

舞蹈—运动治疗对慢性精神分裂症患者精神症状的缓解、社会功能的恢复及康复

---

① Kim Dunphy, Jenny Scott. *Freedom to Move：Movement and Dance for People with Intellectual Disabilities* [M]. MacLennan, Brooks, 2003：14.

治疗均有积极意义。① 在医疗实践中,应用人体动作和舞蹈—运动治疗可治疗多种心理病症。舞蹈—运动治疗训练能使儿童身心发展更加协调,让儿童的生活更具有美感和愉悦感。舞蹈—运动治疗通过帮助个人形成新的调节能力,增进自我效能感,有效地调整情绪,促进整合性的心理发展。舞蹈—运动治疗能培育美感,能提高舞蹈者整体素养和社会适应能力。②

　　研究表明,舞蹈—运动治疗能改善特殊儿童诸多的感觉不适与功能紊乱。例如,帮助视觉障碍儿童通过身体和触觉活动学习空间动作,能改善学习障碍儿童的运动技巧,能帮助受虐儿童重获对自己身体的控制感和自主感,能明显改善特殊儿童的肌肉控制、平衡能力和空间意识。舞蹈运动治疗的作用体现在：调动特殊儿童的内在动力,改善其心理状态和行为模式,消除或减轻负面症状;使特殊儿童通过非语言的创造性方式表达情感;促进特殊儿童自我意识和身体意识趋于统整,提高其自尊心和主动性;增加特殊儿童的肌肉协调性以及动作能力和张力的释放;使特殊儿童身心放松而获得愉悦感;促进特殊儿童的社会融合。

　　早在19世纪初,法国医生让·伊塔德(Jean Itard)和教育家艾多尔·西昆(Edouard Seguin)发明出一套针对智障儿童社会能力、文化知识、语言能力和运动技能的教育训练体系,包括多学科综合的教育方法、小规模课堂、经过专门训练的特殊教师等要素。用音乐、舞蹈—运动治疗进行训练和干预,形成了广泛的影响,智障儿童学校普遍使用钢琴和打击乐器。各种运用艺术活动促进创造性表达的心理治疗方法,也逐渐成熟起来。智障儿童的教育训练质量的提高,与艺术媒介运用的流行有密切的关系。③ 目前,音乐和舞蹈—运动治疗在对智障儿童教育中的应用发展十分迅速。在美国大约6％的注册音乐治疗师是在智障教育领域工作的。④ 在自闭症、情绪和行为障碍儿童的干预方面,音乐和舞蹈—运动治疗具有巨大的潜力。

　　运动总是具有意向性(intentional)的心理现象,儿童通过运动表现自己,其象征行为往往表现出其意向性的结构。也就是说,我们可以通过运动来了解儿童的心理倾向,通过运动帮助儿童获得心理成长。儿童具有障碍性质的行为,被看做是表现自己问题的一种方式,是儿童传递给他人的一种特殊形式的信息。如果成人能够正确分析这类信息,并且成功地将儿童与他的生命和行为联系起来理解,就能找到合适的方法,与儿童共同解决这些问题。精神运动学领域的研究和临床实践,已经对生理或智力发育有缺陷的儿童进行临床治疗,开发了一系列诊疗方法,如跳床协调测试和儿童身体协调测试。⑤

　　① 刘淑华.对慢性精神分裂症患者辅以音乐舞蹈—运动治疗的疗效观察[J].黑龙江医学,2002,9(26)：675.

　　② 李晓君.舞蹈心理医疗与心理康复[J].中国临床康复,2005(9)：135-136.

　　③ 姚聪燕.音乐治疗在智障儿童教育康复中的作用[J].中国特殊教育,2007(5).

　　④ Eisenstein, S. Successive Approximation Procedure for Learning Music Symbol Names [J]. *Journal of Music Therapy*, 2001, 13：173-179.

　　⑤ 雷娜特·齐默尔.幼儿精神运动学手册[M].蒋丽,唐玉屏,王琳琳,译.南京：南京师范大学出版社,2008.

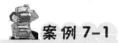

案例 7-1

德国精神运动治疗家齐默尔①，曾经治疗过一个叫尼尔的9岁男孩。尼尔有语言障碍，他不能通过语言来表达自己，发音不准而且有很多错误，因而他不愿意说话。治疗师让尼尔扮演"吸血鬼德古拉伯爵"，吸血鬼可以从高高的楼塔上飞到地上，寻找并捕获猎物。通过这样的游戏动作来表达自己的欲望和需求，尼尔觉得很开心。靠动作来完成游戏，渐渐成为尼尔习惯性的活动方式，并具有象征性的个人意义。这个平时怯懦拘谨的男孩找到了与其他孩子交往的途径。每当他扮演"吸血鬼德古拉伯爵"的时候，周围的每个人都毕恭毕敬地配合他。当尼尔面目狰狞、声音恐怖地喊着"德古拉咬人啦"而慢慢靠近时，其他孩子会兴奋地投入表演，感觉既有趣，又刺激。他们追逐德古拉，然后又一哄而散。他们藏起来，然后喊他的名字，让他来抓捕，接着又迅速跑开。大家玩得很开心。在扮演德古拉这个角色的过程中，尼尔做出了很多他自己本来无法用语言表达而且也不愿意表达的事情。他试着跟人们接触，敢于冒险去做一些在现实生活中没有信心去做的事情，从而收获大家的好评，这让他鼓起勇气去不断克服交流障碍，慢慢地开始融入群体之中。

案例 7-2

丹尼尔，六岁半，无法适应小学的学习。主要表现为不适应集体生活，注意力低下和运动笨拙，对于群体游戏活动不感兴趣。他总是说："上课真无聊！我们不能干点别的吗？烦透了！"虽然他愿意来训练机构，但他经常无故大声喊叫，并不断地对成人抱怨。他常常躺在地上抗议，或者无端地侵犯别的小朋友。起初，他对治疗师的问话也不感兴趣，不做任何反应。后来治疗师发现，他喜欢跟建筑有关的事情。于是，治疗师建议与他合作，为开板车的司机建一个隧道。他开始思考这个建议："这不行嘛，这里根本没有可以建隧道的东西，这些东西都是小孩子的玩意儿。"治疗师领他进了器材室，让他来挑选建隧道需要的材料。他选了两架高高的人字梯，治疗师建议在所有东西上搭一块大幕布，这样"汽车"就可以从幕布下面的通道开过去。"对了，隧道里也是这样，很黑暗，什么都看不见。"然后他坐到了隧道前面，拦住了入口。每个通行的司机必须付给他10块钱。每个小朋友握一下手，表示付费。小朋友们都很喜欢这个隧道，也一并接受了向丹尼尔付"过路费"的游戏规则。

第二个星期，丹尼尔提前10分钟到场。他提出的第一个问题就是："我们今天要建造什么呢？"在运动干预的过程中，丹尼尔开始投身于建造的工作，干扰其他小朋友的行为也明显减少了。他很满意治疗师给他的头衔，将来长大要做一个"建筑大师"。他在小组里的地位很特殊，越来越得到大家的赞赏。②

---

① 雷娜特·齐默尔.幼儿精神运动学手册[M].蒋丽,唐玉屏,王琳琳,译.南京：南京师范大学出版社,2008：52.
② 同上,2008.

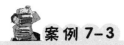案例 7-3

本书作者指导的一项研究,①对山东某辅读学校10～15岁的中度和轻度智障儿童,进行了三个月的舞蹈—运动干预教学实验。每周安排两节舞蹈—运动心理干预教学课。根据智障儿童注意时间相对较短的特点,每节课35分钟,内容为在音乐背景中的韵律性舞蹈动作为主的运动。

每次训练课干预分为三个步骤:第一,通过伴随舒缓节奏进行简单的身体舒展、移动等,为舞蹈运动进行热身;第二,让智障儿童在有主题的舞蹈运动中进行手势和身体的模拟表演和舞蹈动作的展示;第三,运动结束前的放松和总结。

实验分为三个阶段,逐步深入,形成比较稳定的活动结构。

第一阶段:通过伴随着具有鲜明节奏的儿童歌谣(如《小白兔》)进行有节奏的舞蹈运动,让智障儿童建立节奏感并伴随节奏进行简单的肢体运动。

第二阶段:歌曲舞蹈—运动训练。要求每个成员在歌曲中按歌词内容(如《找朋友》)做舞蹈动作,在促进运动能力的同时,激发个体对集体活动的主动参与。由老师示范儿童模仿,进而由某成员单独或集体表演出歌词内容的动作,其他人模仿。其目的在于促进儿童的互动意识、模仿能力和运动控制能力。歌曲的选择是从节奏舒缓到节奏相对欢快,是一个音乐节奏有相对变化的舞蹈运动过程。这些歌曲的节奏比较鲜明,内容通俗易懂,儿童比较喜欢,可以增强儿童参与舞蹈运动的积极性。

第三阶段:乐曲伴奏的舞蹈—运动训练。运用纯音乐作品(如莫扎特《G大调弦乐小夜曲》)带领儿童进行舞蹈运动。这些音乐作品在儿童古典音乐欣赏中较为常用。伴随着乐曲进行的舞蹈运动,儿童对舞蹈动作进行模仿。通过身体的运动,智障儿童可以放松身心、调整情绪,对音乐进行自我展现和表达,最后形成自主的舞蹈运动。这个阶段的基本原则是引导儿童形成基本的舞蹈动作(如伸展手臂、摆动躯体、腿脚运动等)并加以巩固。

研究发现:(1)舞蹈运动可改善智障儿童的情绪。(2)舞蹈运动可以促进智障儿童的适当行为,减少不当情绪的发生。(3)舞蹈运动实验教学能够改善智障儿童的行为表现。

随着干预的推进,智障儿童在训练课上的情绪表现进步很快。平静愉悦的情绪比例从41%提高到71%,而不当兴奋和不当低落的比例从16%和21%减低到4%和3%。三个月中每周2节的运动—舞蹈干预,效果是明显的。

对实验现场的行为观察以及对学校老师的访谈表明:智障儿童上学的意愿和在校的状态有明显改善:孩子们表现得活泼、愉悦。参与活动(如课外游戏)的自主意识增强,与同学和老师的交往和接触更加密切,在同学中要好的伙伴增加,上课时注意力集中的时间也延长了。

其中有个叫小辉的孩子,实验前后发生了明显的变化。他在舞蹈—运动治疗中经常摆脱对教师动作的简单模仿,自己伴随着音乐旋律主动进行肢体运动。尤其是在音乐节奏相对舒缓时,经常会随着音乐节奏摇摆身体重心,并伴随着手臂的晃动,陶醉在舞蹈运动的乐趣之中。他显得更喜欢上学,在学校的情绪明显改善,自伤行为也明显减少了。

---

① 黄爱文.辅读学校智障儿童舞蹈运动干预教学实验研究[D].鲁东大学硕士学位论文,2008.

案例7-4

阿力，三岁半，被诊断为广泛性发展障碍，他拒绝与同伴一起玩耍，并将自己孤立起来，仅仅具有有限的口头语言能力，对于环境变化非常敏感，拒绝更换睡衣与衣服，对于音乐录影带和CD非常痴迷，并能够以一种着迷的方式将一段音乐表现出来，而当音乐停止时感到非常不安。阿力拒绝生活中的任何改变，包括上车、穿衣、去商店、进入一个新环境或者停止一个活动，他的固执往往会演变成暴怒，如尖叫、摔倒、打滚。

舞蹈治疗师最初采用蹦蹦床对阿力进行训练，阿力喜欢在跳跃过程所体验到的节奏感以及感官刺激，他对这种有节奏的持续的跳跃非常着迷。治疗师站在阿力前并扶住他的腰，随着阿力的节奏弯曲膝盖，治疗师打破单一的节奏，帮助阿力跳过治疗师的头顶并且越来越高，在这个过程中寻找阿力的目光接触来继续。阿力非常享受这种额外的重量感，阿力通过看治疗师来表达自己想要共同继续这个活动的愿望，这个活动虽然简单但对阿力却意义深远。此时，他认识到通过持续的目光接触与他人进行交流的价值，为阿力表达自己的需求与愿望打开了一条通道。

在另外一个活动中，阿力看似在游戏室中漫无目的地乱跑，治疗师则与阿力相向而跑，每次他们都在中央相遇，阿力渐渐对这种社会互动产生了兴趣。当治疗师离他越来越近时，阿力放慢速度看着治疗师，并伸展胳膊与其接触。同时，阿力也表现出十分强烈的乐感，他能够回忆起自己以前学过的舞蹈动作，这是首次由他自己完成的动作。在此过程中，运动不仅仅使阿力的肌肉放松，更重要的是为他的运动赋予了意义，使其对自己的身体有了控制感，更重要的是为阿力与外界的交流提供了一条重要的通道。①

英国治疗师朱丽叶·阿尔文等人②运用即兴（improvisation）的音乐演奏和儿童的感知-运动活动，激发孩子们的情感和动作反应，来整合他们的听觉、视觉和触觉经验，激活儿童认知和情感活动的动机和体验，帮助自闭症儿童建立有意义的人际关系以及与环境互动的秩序，从而跨越了语言交流的鸿沟，实现了成人与自闭症儿童之间的分享和交流。

本章小结

1. 游戏治疗（play therapy）是指在心理治疗理论指导下通过游戏活动而建立人际关系并帮助当事人成长和发展的过程

2. 儿童主导的互动游戏和地板时光游戏治疗是特殊儿童心理治疗的典型例子。

3. 戏剧治疗（drama therapy）区别于一般的戏剧教育（educational drama），也不完全等同于心理剧（psychodrama）。它旨在运用戏剧的形式和要素对儿童进行心理治疗，使儿

---

① Tortora，S. *The Dancing Dialogue*［M］. Baltimore，M. D.：Paul H. Brookes Press，2005：287-291.

② 阿尔文·沃里克. 孤独症儿童的音乐治疗［M］. 张鸿懿，高多，译. 上海：上海音乐出版社，2008.

童通过戏剧创作和表演，整理自己的独特经验，解决角色所面临的困境与问题，从而增进自我体验和观察能力，了解人际关系，促进身心发展。

4．戏剧是一种具有生命活力的有意义的模拟行动，又是一种具有独特魅力和诗情画意的艺术作品。戏剧使虚构和现实找到了最佳的结合点。演员和角色，表演者与观众，人格与面具，真实与幻想，身体体验与符号象征，心理距离与共情理解，长青的主题与无尽的变化，等等，种种矛盾的辩证运动，使戏剧可以成为心理治疗的一种绝佳形式。

5．在戏剧治疗中，儿童用自己的身体与声音创造出一个鲜活生动的生活世界，从而提升自我概念。儿童将自身情绪投射于情境与角色，重新认识自己，与人分享，增进社交沟通技能。戏剧治疗的团体活动，为儿童提供了积累经验的成长机会，每个儿童都能在活动中找到自己的位置（导演、演员、剧务、观众），投身于一项有意义的工作。

6．舞蹈—运动治疗是以舞蹈—运动作为主要交流媒介和表达手段，让特殊儿童通过舞蹈或者运动这一媒介进行非言语性表达，在治疗关系中促进当事人健康和成长的心理治疗方式。舞蹈—运动治疗的理论源头有现代舞蹈理论、身体治疗理论、身心合一的现象学观念，以及团体动力学理论。

7．舞蹈—运动治疗主要技术有：调和动作疗法；反映、对照动作疗法；交流性动作疗法；真挚和创造性的动作疗法；动作质量的训练疗法；群体动力疗法。

8．舞蹈—运动治疗的组织过程要确保以下要点：确立安全环境；建立信任与安全的关系；通过治疗师的形象反馈，提供镜像与印证；促进当事人探究与面对自己的存在处境和人生态度；释放情绪，促成经验与人格的整合。

9．舞蹈—运动治疗的实施包括预热、融入、发现、评价四个活动阶段。

10．舞蹈—运动治疗可以弥补传统的谈话式心理疗法的不足，调动儿童的内在动力，改善其心理状态和行为模式，消除或减轻负面症状；使特殊儿童通过非语言的创造性方式表达情感；促进儿童自我意识和身体意识趋于统整，提高其自尊心和主动性；增加儿童的肌肉协调性以及动作能力和张力的释放；使儿童身心放松而获得愉悦感；促进特殊儿童的社会融合。

 思考与练习

1．特殊儿童游戏治疗有哪些典型技术？
2．戏剧治疗和传统的心理剧及戏剧教育有何不同？
3．治疗师如何把握戏剧治疗过程中的介入？
4．舞蹈—运动治疗的理念和实施策略是什么？

第8章　特殊儿童心理治疗主要技术(下)

本章讨论针对特殊儿童的团体治疗、家庭治疗和叙事治疗。由于特殊儿童的心理特征具有自己的独特性,我们在讨论中将结合案例重点论述治疗方法和技术的运用策略。

第1节　团体治疗

团体治疗,又称群体治疗或集体治疗,其主要特色是在群体互动关系的动态形成和改组过程中探究和分享生活经验,学习处理心理压力和人格成长的问题,培养当事人的信任感和归属感。团体的类型、形成及解体的过程和规律,各种人际互动关系的心理效应,是团体治疗理论研究与实践探索的焦点。

一、团体治疗的基本理论

(一)团体治疗及其历史发展

1. 团体与团体治疗

两个或两个以上的个体彼此互动、互相影响便形成团体。一个有意义或有功能的团体,必须由两个以上的人组成,其成员应有共同的目标、理想、兴趣和价值取向,且成员之间存在互动,互相影响,逐渐形成团体规范和凝聚力。

按照不同的标准可以将团体分为不同的类型,雅各布(Jacobs,1995)等人按照团体的功能将其分为教育团体、讨论团体、任务团体、成长团体、咨询与治疗团体、支持性团体和自助团体等七个类型。[①]

(1)教育团体:通过提供信息和团体成员分享来实施教育功能,进行有效的训练教学。例如:在残疾人康复过程中帮助其学习使用假肢、轮椅等各种辅助设备;帮助学生克服考试焦虑,提高学习效率;等等。

(2)讨论团体:如时事团体、读书俱乐部、特殊生活风格(如同性恋者)团体等,通常就大家共同关心的问题或话题,为参与者提供交流信息和表达观点的机会。

(3)任务团体:该团体目标非常明确,即完成特定的任务,如讨论决策、制订计划等。团体通常只会面一次或少数几次,通过团体成员讨论和相互配合与行动完成任务,最终解散。例如,运动会团体操表演队、暑期社会实践调查小组。

---

① 罗伯特·马森.团体咨询的策略与方法[M].洪炜,译.北京:中国轻工业出版社,2000:7.

（4）成长团体：常在社区中心和学校举办，成员可由那些希望对自身了解更多或希望体验置身于团体中的感觉的人群组成。团体成员通过分享和倾听，可以更好地认识自己和他人、改变生活风格、改善人际沟通。

（5）咨询与治疗团体：成员由于生活中的某些问题或心理困扰而加入这个团体，以通过团体动力获得帮助。治疗团体是为那些有严重问题的成员提供帮助，如：慈善机构里的青少年；被诊断患有情绪障碍的人。

（6）支持性团体：有共同之处的人群可以组成支持性团体，通过专业人员的领导彼此支持，交流思想和感受，帮助解决问题和忧虑，提高面对困难的信心和勇气。如：绝症患者小组、问题青少年父母小组、贫困生支持小组等。

（7）自助团体：由一两个有经验的非专业人员来领导的一种较为普遍的团体形式，如戒酒者匿名协会。在团体中，老成员向新成员提供经验，帮助他们学会有效地和别人交流；通过团体内逐渐形成的生活观和应付日常情况的法则来指导成员们生活。

团体治疗与个别治疗不同，它是在团体情境下提供心理帮助与指导的一种治疗形式，即由治疗师根据求询者问题的相似性，组成课题小组，通过共同商讨、训练、引导，解决成员共同的发展或心理障碍。① 它是通过团体内人际交互作用，促使个体在交往中通过观察、学习、体验，认识自我、探讨并接纳自我，改善与他人的关系，学习新的态度与行为方式，以发展良好的助人过程。

2. 国外团体治疗的发展

心理治疗起源于欧美，团体治疗作为其中的主要形式之一，在第二次世界大战期间及之后得到迅速普及和发展。最早将团体形式用于治疗的是美国内科医生普拉特（J. H. Pratt），他被称为"团体治疗之父"。1905 年，普拉特在波士顿行医时招集无药可治而意气消沉的肺病患者数十人，采取讲课、讨论、现身说法等形式开展团体治疗。

1910 年前后，一些欧美医生也先后采用该方法治疗精神病。1909 年，精神科医师兼传教士的马士（L. C. Marsh）以住院精神病患者为对象，模仿普拉特的做法对病人进行团体治疗。1919 年，美国精神病学家拉扎尔（E. Lazell）在华盛顿的圣·伊丽莎白医院为精神病患者开办学习班，亲自讲课并鼓励患者进行讨论。

1920 年，维也纳精神科医生莫里诺（J. L. Moreno）首创了以现实生活为基础的心理剧（Psychodrama）团体治疗形式。1925 年，精神分析学家布罗（T. Burrow）开始尝试对神经官能症等心理障碍程度较轻的外来门诊病人进行团体治疗。1928 年，奥地利阿德勒（A. Adler）的同事开始实践以阿德勒个人心理学为理论基础的团体与心理治疗技术。20 世纪 30 年代初，斯拉夫森（S. Slavson）在纽约运用组织团体游戏的方法，为诊断治疗有行为问题的青少年做出了开创性的工作。

第二次世界大战期间及结束后，团体治疗作为一种经济高效的治疗手段被用于治疗

---

① 樊富珉.团体咨询的理论与实践［M］.北京：清华大学出版社,1996：2.

饱受战争创伤的士兵精神病患者或心理障碍者。1940年,英国精神病学家福尔克斯(S. H. Foulkes)最先提出并实施团体分析治疗,并率先用于患病士兵。20世纪40年代的实践者还有创立交互分析治疗的美国精神科医生艾利克·柏恩(E. Berne),成立团体人际关系技术训练实验室的勒温(K. Lewin),还有首先将弗洛伊德的经典精神分析理论应用于团体心理治疗的美国精神病学家沃尔夫(K. Wolf)。

20世纪50年代,美国心理学和精神病学家拉扎勒斯(A. Lazarus)首先将以学习为基础的行为治疗应用于团体心理治疗。60年代兴起的人本主义心理学被称为心理学的第三势力。以马斯洛、罗杰斯等人倡导"人类潜能运动",其核心概念是人的自我实现。罗杰斯大力提倡的会心团体(Encounter Group)受到了社会的广泛欢迎。而认知行为治疗在70年代以来的团体治疗中起到重要的作用。

3. 团体治疗在中国

香港地区的心理治疗在20世纪70年代开始受到重视。80年代是台湾地区团体治疗迅速发展的时期,发展最活跃的地方是大学,而在中国内地的起步与发展也是从80年代开始。团体治疗在我国的发展前景非常广阔,有关研究也已经开展起来。

（二）团体治疗的主要理论

作为特殊背景下的心理治疗形式,团体治疗与团体发展的理论、人际互动的理论及社会影响的理论有着密不可分的联系。一些直接运用于团体治疗并影响着治疗效果的理论对团体治疗的发展作出了重要贡献。

1. 团体动力学

团体动力学(Group Dynamics)也称群体动力学,旨在探索团体发展的规律。它研究团体的形成与发展,团体内部人际关系及对其他团体的反应,团体与个体的关系、团体的内在动力、团体间的冲突、领导作用、团体行为,等等。[①] 团体动力学由德国心理学家勒温于20世纪30年代创立于美国。其理论基础是勒温的场论(Field theory)。

2. 社会学习理论

社会学习理论(Social Learning Theory)最早由米勒(C. H. Miler)和多拉德(J. Dollard)在1941年提出,着重阐明人怎样在社会环境中互相影响并促进学习。该理论认为,个人的行为是由个人与环境的交互作用决定的。人的行为受到内在因素与外在环境因素的交互作用影响,行为与环境、个人内在因素三者交互构成一种三角互动关系。后来,班杜拉(A. Bandura)发展了社会学习理论的观点,把依靠直接经验的学习和依靠间接经验(观察他人而产生的学习)综合起来说明人类的学习,成为现代社会学习理论的奠基人。

3. 人际沟通

人际沟通(Interpersonal Communication)是指,人与人之间运用语言或非语言符号系

---

① 樊富珉. 团体咨询的理论与实践[M]. 北京：清华大学出版社,1996：58.

统交换意见、传递思想、表达感情和需要的交流过程,是人们交往的一种重要形式和前提条件。[①]

人际沟通为个体适应环境和社会生活,承担社会角色、形成健全个性提供了有利条件;其不仅有传递信息和心理保健的功能,还促使人们的自我认识和人际协调。

4. 人际相互作用分析

人际相互作用分析(Transactional Analysis)也称交流分析,由美国精神分析家柏恩创立。相互作用分析包括构造分析、交往分析、竞赛分析和脚本分析 4 部分。柏恩认为,人的三种自我状态(即父母、成人和儿童状态)存在于所有人身上。父母状态是所谓父母或父母型人物的行为内化为"必须"和"应该"式的强迫思维。成年状态则是"逻辑""理智",不受父母和儿童状态的干扰,能够站在客观的立场上冷静地分析问题并解决问题。儿童状态则常常凭感觉,以"情绪""冲动""自发"为特征。[②]

5. 个人中心治疗

个人中心治疗理论(Person Centered Approach)在 1940 年由美国人本主义心理学家卡尔·罗杰斯创立,并奠定在罗杰斯人性观的哲学基础上,即人具有自我实现的内在动力。罗杰斯深信,人最基本的生存动机就是全面地发展自己的潜能,以使自己成长并达到自我实现;个体能对感知过、经验过的事情赋予一定的意义,而这些知觉和意义的整体构成了个人的现象场。其中与我们自身相关的知觉和意义所构成的现象场的一部分就是自我,它是一套有组织的、为自己所意识、与自己有关的知觉整体。

(三)团体治疗的类型

团体治疗理论的发展为其类型的划分奠定了基础。根据众多的心理及团体治疗理论流派及其实践与方法的发展,可以将团体治疗分为:精神分析团体治疗、行为取向团体治疗、认知—行为团体治疗及会心团体治疗。

1. 精神分析团体治疗

精神分析团体治疗是将精神分析的理论、原则和方法应用于团体成员的一种形式。其目的在于揭示团体成员的核心冲突,使之上升到意识层面,以促进成员的自我了解,认识并领悟自己被压抑了的种种冲动和愿望,最终消除症状,较好地适应和处理各种生活情境与挑战。

2. 行为取向团体治疗

行为取向的团体治疗是指把行为干预理论用于团体治疗,在治疗过程中针对成员的外部行为或症状本身,对适应不良行为和新行为进行客观的测量与评估;用行为干预的具体术语来阐述问题,确定治疗目标;采用学习原则促进团体成员的行为变化。

3. 认知—行为团体治疗

认知—行为团体治疗是指,在团体情境下将认知治疗与行为改变治疗相结合,帮助团

---

① 樊富珉.团体咨询的理论与实践[M].北京:清华大学出版社,1996:74.

② 杨广学.心理治疗体系研究[M].长春:吉林人民出版社,2003:124-125.

体成员产生认知、情感、态度、行为等方面的改变。错误的思维方式以及对现实的错误的感知导致个体产生心理障碍和行为问题，要尽可能有效地改变个体不适应的行为，必须先帮助个体学会辨识并改善不合理的信念、价值观、感知、归因等认知及其过程。

4. 会心团体治疗

会心团体（encounter Group）治疗源于个人中心的治疗理论。会心即交往，心与心的交流。广义的会心团体包括敏感性训练团体、T—小组、格式塔专题讨论会、心理剧等集中的团体体验。

此外，根据治疗所遵循的模式及目标可以将团体治疗分为：发展性团体治疗、训练性团体治疗和治疗性团体治疗。根据治疗的活动方式可分为：家庭治疗和心理剧治疗。其他不同类型的团体治疗还有结构式与非结构式团体治疗、开放式与封闭式团体治疗、同质与异质团体治疗等。

（四）团体治疗的特点

团体治疗中的团体不同于社会上的团体，一般社会团体都有其团体的目标，而团体治疗没有团体目标，有的只是成员的个人目标，它重视的是每个成员的成长与发展，帮助指导的对象是每一个成员。团体只是成员学习新行为、改变旧行为的一种环境。

团体治疗与个别治疗联系密切，都以帮助个体自我指导与自我发展为目标，援助个体接纳自己，增强自信；全力为个体的要求、兴趣与经验服务，强调提供接纳的、自由宽容的气氛。二者的联系还体现在对治疗师的技能要求及探索个人情绪与生活的变化等方面。但团体治疗不是个别治疗在形式上的简单演化和扩展，其自身的独特性具体表现在下列四个方面：

1. 疗效容易巩固

团体治疗把患者同问题产生的人际交往环境紧密结合起来，为患者提供了一个现实社会的缩影，并提供与他人交往的机会，使其获得他人对于行为交互作用的反应与启示。团体治疗的内容容易贴近生活的实际需要，成员在团体中的言行反映了他们的日常行为，更容易把在团体中学到的知识运用于现实生活。

2. 效率高，省时省力

团体治疗中一个指导者可以同时指导多个求助者，既可以缓解人员不足的矛盾，又节省了治疗的时间与人力。此外，团体治疗的目的不仅仅是补救，而是更着重于预防和发展，防患于未然；其费用也远远低于个别治疗，为低收入的参加者提供了解决问题的良好途径。

3. 感染力强，适用范围广

团体治疗不是治疗师和参加者之间的单向或双向沟通过程，而是多向沟通过程。每一个成员面对多个影响源，不仅可以得到接纳、援助，并且对于别人也给予援助，这种合作的、参与的关系促进成员互相教育模仿、互相表明感情，使感情的意义明确而影响其行为，从多个角度洞察自己。团体治疗不仅适用于各种年龄段的不同群体，也广泛应用于教育、心理、职业指导及医院、戒毒所等不同的领域和机构环境。

4. 尤其适用于人际关系适应不良的个体

团体治疗对于人际关系适应不良的个体有其特殊的功效。青少年大多缺乏社会经验，在学校或社会里常发生人际关系方面的冲突或躲避与人接触；因心理问题或精神疾患而缺乏信心的人，缺少社会行为技巧；有些人因为不能客观地评价自我、过分依赖或武断、缺乏对他人的信任感，难以与他人建立并保持和谐的人际关系；等等，都可以采取团体治疗的方法解决问题。

复杂的过程和较多的影响因素使治疗师难以控制各个筹码，团体治疗的局限性便显示出来。在团体情境中，每个成员都必须为团体的利益做出让步，有些心理问题不能单为某个成员做深层探讨；个体差异难以照顾周全，成员的个人特殊需要不能全部得到满足，由于时间的限制，个体的问题有时不能得到适当的处理；团体的压力可能导致人们在还没有准备好之前就可以采取某些行动或自我封闭；治疗过程中个人隐私可能会无意中被泄露，保密工作比较困难，有的成员还可能会受到伤害；团体治疗对指导者要求高，指导者面临的问题非常复杂，不称职的指导者带领团体会给成员带来负面影响。

团体治疗并非适合于任何人，过度自我的自恋型人格障碍、极端内向的社交障碍者都不宜参加。在实际的操作与运用时，团体治疗也有一定的困难与限制。譬如，如何在短期内找到一群适当的对象等。

因此，团体治疗的指导者必须掌握各种理论与技巧，在以团体治疗为主的同时，适当结合特殊的个别治疗，充分尊重每一个人，进而发挥团体治疗的优点，并将其局限性降至最低。

二、团体治疗的流程与操作

（一）团体治疗的机制与原则

治疗性改变是一个非常复杂的过程，且随着人类群体内复杂的相互作用而产生，这种相互作用称为"治疗因素"（Yalom，1975）。主要的治疗因素有：希望重塑，普遍性，传递有用信息，利他主义，修正情感体验，提高社交技巧，人际学习，团体凝聚力，宣泄，为自己的存在负责。

其中，人际学习和团体凝聚力是重要且复杂的因素。人际关系理论是心理治疗中不可缺少的部分，人与人之间的相互需要是基于生存的与生俱来的需要，是社会化和追求满足感的需要。团体凝聚力指人际关系中精神重叠的维度，既是团体聚合性的象征——团结精神；又指团体对个人的吸引力。[1] 它不仅仅本身是一种强烈而有效的治疗力量，也是其他治疗因素运转良好的必要条件。

采用团体的形式进行心理治疗时，不仅要把握团体互动过程中独特的治疗因素，还必

---

[1] 雅乐姆.团体心理治疗——理论与实践[M].李鸣，译.北京：中国轻工业出版社，2005：32.

须坚守民主、共同、启导、发展、综合和保密的治疗原则。民主平等有助于轻松有序的团体气氛的创设。治疗的根本任务是助人自助，必须针对成员共同的志趣和问题，运用发展变化的观点，综合选取多样有效的理论、方法和技术。要鼓励个人与团体互相关注，尊重他们保持共同的信念、利益和目的，重视团体内的交流与各种反应；同时尊重每一个团体成员的权利与隐私，真正实现有效的人性化干预。

（二）团体治疗的领导者

合格的团体领导者必须具备对团体动力过程的把握、熟练的治疗技能、有督导的临床团体经验。团体领导者是专业的助人者，在团体治疗中具有多重角色，对团体治疗的效果有十分关键的影响。

1. 领导者的人格特点

领导者的技术与个人价值观和生活经历等人格特点是分不开的。要让成员自我开放、坦诚、接纳自己和他人，促进成员的发展和成长。领导者必须做出榜样，具有专业方面的能力和态度，不但要用语言向成员探索、澄清、解释，还要在互动过程中及时用适当的情感反应和具体行动以身示范。领导者一定要有自我反思意识和不断超越自我的勇气，具备良好的人格特点，主要体现在以下几个方面。

（1）人格力量（personal power）：十分自信并能意识到自己的影响力。

（2）存在勇气（the courage to be）：与成员交流时，领导者要随时显示个人的存在勇气，能够冒险、探索、挑战并不断超越自我。

（3）真诚一致（sincerity and authenticity）：领导者在治疗中不能带着人格的面具，必须尽量减少防御和投射的心理作用，内外一致，真诚表达自己的感受。

（4）共情能力（presence）：能够感受到别人的心情，被别人的情绪所感染。

（5）统合感（sense of identity）：领导者必须和谐统整自己内在的价值观与生活风格，帮助成员去探索他们自己，具备引导团体成长的力量。

（6）热情投入（emotional involvement）：领导者的信心和热情是团体成功的重要因素。只有领导者全身心地热情投入，才能让团体成员真正相信团体的价值并从中受益。

2. 领导者的功能和技巧

领导功能和团体疗效有直接联系，适度地发挥功能是促进团体运作良好的基本保证。领导者的功能主要有五种：（1）挑战、对峙、敢于冒险并做出示范、高度的自我暴露等方面的情感唤起；（2）提供支持、表示友情、表扬、保护、给予温暖、接纳、真诚等关心；（3）解释、澄清、诠释、提供人格改变所需的意义框架、表达感情和体验的意义建构；（4）设置限制、规则、规范、目标，调控时间；（5）掌握活动的发起、停止、调节，提供操作的程序和标准等管理功能。

成功的领导者除了需要具备良好的人格特点外，还需要有特殊的领导技巧，包括需要经过系统的学习和训练才能掌握的专业技巧。与个别治疗相比，团体治疗最大的不同在于，团体内所自然呈现的人际互动。团体经验的关键也在于促进团体成员之间的互动，促进团体成员互动的技术较注重从整个团体层面与人际层面考虑作必要的介入，并促进团体动力的发展。因此，团体治疗在除了倾听、同理心、解释等基本技术之外，还要求领导者具备特有的技巧。即团体的组成、起始、过程、结束和追踪的技术。具体而言：

（1）引导活动：促进成员参与，引导团体朝特定的方向发展。

（2）促进交流：使团体交流更清晰自然，让成员感觉自己能控制团体方向。

（3）设置目标：设计团体的具体目标，帮助成员确定明确的个人目标。

（4）评价：对团体过程、成员表现和团体动力进行评价。

（5）提供反馈：互动中提供及时、具体而又坦诚的反馈。

（6）自我暴露：表露自己对团体过程中当下关注事件的反应、感受及其意义的解释。

（7）树立榜样：通过自己的具体行为为成员树立榜样。

（8）联结：把共同问题联结起来，突显中心问题，增加团体凝聚力。

（9）阻止：对团体中具有攻击性、破坏性的行为进行干预。

（10）结束：结束团体的每次活动，结束整个团体的使命。[①]

（三）团体治疗的组织与发展

团体治疗的目的不是为了治疗，而是促进个人成长、发展和自我实现。团体治疗过程中领导者对整个团体能够高效地组织起来，并将治疗计划实施，创设有利于融洽、真诚、信任、理解关系的氛围促进团体的健康发展。

1. 团体治疗的组织实施

（1）确定团体治疗的目标及活动名称

领导者首先应根据自己的能力和资源，明确团体的治疗目的、类型、具体目标和规模。通常情况下，较大的团体（10人以上）适合权威信息的发布，知识的传授讲解；较小的团体（9人以下）适合灵活的人际互动，充分而自由的个人表白与内心探索。小团体更适合心理治疗的目标。

集中或分散的团体治疗组织方式都是可行的。集中治疗一般不超过一周，3～5天最好。成员在安静的活动场所同吃同住同活动。分散团体每周1～2次，每次1～2个小时。团体治疗的时间安排要适当，时间过长易产生疲劳，使注意力分散；时间过短则难以充分交流。治疗师应遵循幽静、舒适、清洁的原则，治疗室的温度和照明度也要合适，使来访者进入治疗室后心情很快平静、放松。

（2）确定团体类型

领导者应首先考虑团体是同质的还是异质的，即成员是类似的还是不同的。组建同质团体时要注意成员的心理年龄、文化水平、性别及所要解决问题的性质。团体类型分开放性和封闭性，封闭式团体是指一个团体从第一次聚会到最后一次活动，其成员保持不变，一起进入和结束团体；开放式团体指成员不固定，成员不断更迭，新成员有兴趣可以随

---

① 杨广学.心理治疗体系研究［M］.长春：吉林人民出版社，2003：422-425.

时加入。此外，从结构式与非结构式的角度来看，结构式团体治疗是事先做了充分的准备，安排有固定程序的活动让成员来参加；非结构式团体治疗是指团体的活动没有固定的程序，活动弹性大。

（3）成员的选择

成员的选择受到团体目标和类型的直接影响，并非所有有心理障碍的人都适合做团体心理治疗。领导者会有目的地根据参加者目前的心理状况和其主动性两个基本要求来选择能够受益的参加者。以生物学因素为主要病因的病人和人格障碍患者，如大脑损伤、妄想症、有自杀倾向的人、严重的精神病患者等完全不适合团体心理治疗，或只能以团体治疗为辅助手段；参加者还必须怀有自我改变和发展的强烈愿望并自愿报名。

领导者可以通过面谈、心理测验和书面报告等三种形式对参加者进行筛选。通过面谈，了解参加者的人格特点、动机、问题类型；帮助参加者认识并克服错误或不现实的认知与期望。[①] 心理测验可以预测个别成员可能出现的行为，不仅可以评价参加者是否适合参加团体，还可以作为组建团体的参照。书面报告则将参加者书面回答的一些问题作为筛选的依据，如：你为什么想参加这个团体，你对团体有什么期望，等等。

2. 团体的发展阶段

团体不断发展变化的各个阶段是团体治疗全过程的连续体，每一阶段既是前一阶段的延伸，又是后一阶段发展的基础，参加者从互不相识到相互理解、相互促进，从而取得治疗的效果。根据以往的研究，我们将团体发展历程概括为五个阶段，即团体的创始阶段、过渡阶段、成熟阶段、效果阶段、延迟和结束阶段。

（1）团体的创始阶段

在这个阶段中，大家走到一起来组成一个团体。各成员开始接触交往并了解团体的规则，但这种交流往往是浅层的，也是谨慎的、试探性的，仅仅是确定在团体中表达自己的想法和情感是否安全的初步尝试。例如，试探自己是否被别人接受，探查别人是否可靠；考虑别人是否喜欢自己，自己在团体中处于什么位置等问题；不愿意和别人分享，不会轻易暴露自己，而是被动地等待治疗师的指导，这正是他们内心一种泛化焦虑的体现。

使成员相互间尽快熟悉，建立信任感是团体进一步发展的先决条件。领导者本人必须相信自己，也相信团体成员，做到开放、倾听、接纳、积极关注、真诚，处理好成员关心的问题，增强团体安全感，为治疗性的行为树立榜样，使成员充满希望，进而能够主动投入。

（2）团体的过渡阶段

即团体的动荡风暴期，这一时期团体内会出现有关控制、支配、权利等问题及各种不同形态的抗拒心理。每个成员努力去认清自己并建立团体规范，相互间影响很大，表现出更强的焦虑和自我防卫意识，甚至出现对领导者的言语攻击和挑衅。成员的矛盾

---

① Yalom, J. A. *The Theory and Practice of Group Psychotherapy*, 2nd Edition[M]. New York: Basic Books, 1975.

心理也比较普遍，既想为追求安全而包裹自己，又想自我暴露而跃跃欲试。成员摇摆于争斗与融合、自我肯定与退缩之间，在自我保护和避免威胁的试探过程中，团体的规则和凝聚力也开始萌生。

领导者要表现出一种开放和真诚的态度，提供鼓励与挑战。鼓励强化有利于团体成长的行为，如接纳和尊重其他成员、有效的表达反馈、自我暴露和探索等行为；让成员充分表达、面对且有效地解决他们的冲突和消极情绪，使团体进步到彼此有效地建立关系。

（3）团体的成熟阶段

又称工作阶段，是团体治疗的关键时期。这一阶段团体的凝聚力逐渐加强，团体的规范开始固定下来。成员开始真诚地自助和助人，有一种很强的相互依靠的感觉。大家表现得更加负责、开放，勇于冒险，更多地自我暴露；内心的秘密开始说出来，相互关心；在团体中说"咱们"的感觉开始建立，奠定了团体的基础。在接纳、信任、团结的气氛中，团体成员开始更进一步深层次地审视自己的心理问题。

领导者必须发展更高水平的当下意识和对峙能力，激励团体继续成长；在充满信任、理解、真诚的团体气氛下促进成员更深层的自我探索，并帮助他们把这种经历内化，促进成员之间相互坦诚支持，尝试新的行为。

（4）团体的效果阶段

团体在前面三个阶段成功发展后，便会顺利达到效果阶段，此时成员表现出更高水平的自我暴露、真诚、接纳和责任感，相互支持并鼓励他人的改变；更少依赖领导者的指导，主动性更强，乐意尝试新的行为和态度；学会很有分寸地表达自己的敌意和愤怒等负面情绪。这个阶段有时会出现向早期阶段倒退的现象，这种反复与当前的进步相互制衡，使团体真正成为改变成员行为和人格的有效场所。领导者应该促进对问题的充分讨论，提出各种可能的选择，并及时对选择的后果加以检验。同时，还要帮助成员把所学的东西在实践中加以泛化。

（5）团体的延迟和结束阶段

团体的结束可能是早先预定好的也可能因小组已经实现全部的目标而终止。在结束阶段到来时，成员们可能会不再讨论新的问题，尽量彼此保持距离，也不过早地对离别感到悲伤。小组不再像刚开始那样起作用，但强烈的团体认同感和亲密的人际关系可能使成员们仍试图聚集在一起。一个成功的治疗团体结束后，团体的经验可能会伴随成员终生。

此时团体的主要任务是使成员能够面对即将分离的事实，并帮助团体决定该做些什么事情来做一个"收束"，协助成员整理归纳在团体中学到的东西，并鼓励他们将所学的东西应用于日常生活。领导者作为团体的榜样，必须拿出足够的时间来处理成员间未完成的问题，自己暴露分离的情感，从而顺利结束团体的使命。

在实际的操作中，团体的发展会受到前置因素（团体前的准备、团体成员因素和领导者因素等）、中介因素（团体过程及团体发展阶段因素）和后效因素（成员行为改变）的影响,其实际历程和理论描述不可能完全一致。团体治疗过程中的各阶段没有明显的界限,可能常出现重合或倒退现象。但只要领导者及时营造信任、接纳的氛围,有目的、有计划地进行团体干预,准确预感可能出现的危机和矛盾,及时把握时机,便能更好地解决冲突,促进团体及成员的转变。

（四）团体治疗的评估

团体治疗是否达到预期目标,今后可以做哪些改进;团体成员的反应是否满意,合作是否充分;领导者的技巧使用是否恰当等,这是团体治疗结束阶段不可或缺的重要工作。团体治疗评估是指,通过不同的方法,搜集有关团体目标达成的程度、成员在团体内的表现、团体特征、成员对团体活动的满意程度等资料,帮助领导者及团体成员了解团体治疗的成效,是一种长期性、系统性、持续性的动态历程。①

根据不同的标准可以将团体治疗的评估划分为不同的类型。根据评估的对象可以分为对团体领导者的评估及对团体成员的评估;根据评估的方法可以分为客观评估、主观评估;根据评估的工具可以分为影像评估、问卷评估和自我报告;根据评估的形式可以分为口头评估和书面评估;根据评估的侧重点可以分为过程评估和结果评估;等等。一个比较完整的团体评估至少应该包括对团体计划、团体过程、团体效果等方面的评估。

1. 团体计划评估

团体计划是治疗的总纲,计划是否翔实将对团体的成败有着关键影响。评估团体计划是否完善,首先要核查计划相关的资料和信息来源;通过面谈、查访、信函等方式,事先征询团体预备成员的意见与看法,如他们参加团体的意愿和动机等,以便评估需求;团体计划评估中最核心的问题是确定团体目标是否清晰,团体中个人目标是否明确,因此应给予成员机会以澄清其独特的个人目标。

2. 团体过程评估

团体过程评估即在团体治疗进行过程中所作的评估,包括团体的关系、气氛、计划执行、事件处理和结束是否妥当等方面。在团体治疗进行过程中,通过观察、问卷等方式,了解成员的表现和团体特征,可以确定团体治疗应该终结还是延续。根据评估情况,可以选择有效的方法改善团体过程。此外,对团体领导功能的评估是过程评估的重要内容,有助于领导者了解自己的领导类型、功能、角色,以便加以改善。

3. 团体总结性评估

这是团体治疗结束时的一项必需的工作,常采用领导者事先设计好的评估表或事先选定的测验等来进行。在治疗结束时让团体成员填写并进行分析,了解成员对团体的满意程度、看法、感受及行为变化状况,以便客观评定疗效,为改进工作奠定基础。领导者也可以利用自己参与观察的方式,分析团体互动的情形;还可以请团体成员写总结感想,以此评估团体效果。

---

① 樊富珉.团体心理咨询[M].北京:高等教育出版社,2005:307.

4. 团体效果评估

团体效果的评估主要包括以下四个层面：反应层面、学习层面、行为层面和结果层面。反应层面包括内容、领导者、方法、材料、设施、场地、招募的程序等；演示、讨论、角色扮演等都可以作为学习体会分享的评估方法；行为的评估主要是观察团体成员的表现，可以是来自领导者或督导的评价，也可以是来自成员之间或成员自我的评价；等等。在团体治疗结束后，通过一些可测量的指标，如自信心、学习态度、学习成绩、工作业绩、家庭关系等，与成员参加团体治疗前进行对照比较，通过结果层面的评估反映团体治疗效果。

三、团体治疗在特殊儿童心理治疗中的应用

心理障碍和残疾对于个人精神的烙印，往往带来严重的社会歧视和排斥。特殊儿童群体的社会支持和人际关系适应，乃是十分困难而又最为关键性的课题。团体心理治疗为解决特殊儿童的情绪问题提供了重要的帮助。这些问题包括：生活的过渡，存在问题和偏见等。团队成员可以分享他们的想法和恐惧，并从有类似焦虑的其他个体身上得到支持和信息，诸如自我形象的变化，病人如何消磨时间，如何面对死亡，等等。

（一）团体治疗与特殊教育

团体治疗应用在特殊教育领域，体现出更为明显的教育、发展和预防功能。首先，团体治疗的过程本身就是通过成员之间相互作用，来增进他们自我了解、自我抉择、自我发展，进而自我实现的一个学习过程；成员间的交流与反馈有助于特殊儿童社会经验的获得，以及社会规范、适应社会生活的态度与习惯的学习及社会性的培养。其次，团体治疗的教育内容更多地针对符合成员本身特点的特定问题，其重点之一是发觉内在的力量源泉，挖掘成员自身的优势，从个体优势出发以促进整体发展。此外，特殊儿童在和其他成员进行团体互动的过程中，容易暴露自身存在的诸多问题，团体治疗是发现特殊儿童各种成长问题的最佳策略。团体互动提供充分的交流空间和机会，训练特殊儿童对各项问题的处理能力，培养所有成员对心理治疗的正确认识和积极态度，这样就可以预防儿童其他问题的发生或减少心理问题发生的概率，起到了预防的作用。

（二）团体治疗在特殊儿童心理治疗中的应用

大多数特殊儿童因其自身缺陷而存在或轻或重的社会适应问题，障碍或残疾造成许多适应的困难和心理压力，往往因人际关系、学业和未来就业等问题而产生焦虑，甚至因绝望而自伤。特殊儿童的心理问题十分突出，需要细致而长期的悉心关注和有效干预。

1. 特殊儿童团体治疗的价值

团体治疗能够充当促进改变的载体，对团体成员产生强烈的影响。团体治疗所提供的人际互动贴近日常生活的真实情景，对特殊儿童的社会化发展有很好的促进作用。在团体互动过程中，成员之间彼此鼓励、相互接纳，助人自助，实现潜能开发和缺陷补偿的功能。

第二次世界大战之后，团体治疗开始应用于精神和心理创伤及终身残疾的人群。团体治疗的成本低、效率高，为残疾人提供了缓解压力的有效应对策略。对智力障碍、脑外

伤及心理障碍患者,团体治疗可以提供有效的社会技能训练。团体治疗也有助于当事人克服自我同一性混乱状态和学会应对变化多端的现实挑战。

针对特殊儿童群体的团体治疗,可以促进人际关系的建立,促进儿童情绪的宣泄,帮助儿童形成领悟和理解力,为儿童提供思考和行动的实验场所,提供社会化发展的途径。提供信息,带来希望,培养利他主义精神,发展成熟的社会行为,对于特殊儿童尤其具有特殊的针对性。

2. 特殊儿童团体疗法的组织实施

特殊儿童团体治疗与普通团体治疗在实施步骤上相似,在具体治疗的组织与实施过程中领导者需要根据儿童的特殊性对操作的细节加以调整。

（1）特殊儿童团体类型

针对轻度的各种特殊儿童团体及其困扰情况,领导者需要确定具体的团体类型。

以困境为中心的团体:协助儿童面对困境,如学习困难、父母离异、情绪焦虑等。通过让成员分享彼此相似的处境和感受、澄清或挑战扭曲的认知和错误的想法,进行正向行为模式的实作演练,协助儿童改正偏差的信念,减弱孤单或悲伤自责的情绪影响,进而习得适应行为。

以危机为中心的团体:针对儿童在学校生活情境中所出现的危机情况而创立。团体以友好相处为目的,来促进成员间互相沟通、化解矛盾,重归和睦。

以支持为中心的团体:提供安全接纳的和谐气氛,帮助儿童自省,探讨个体情绪、想法和行为,以发展出自我管理的能力面对共同挑战。例如,针对酗酒家庭儿童、复合家庭儿童、单亲家庭儿童和双职工家庭缺人照顾儿童的支持团体,以及儿童生气控制与冲突管理团体、悲伤和失落应对训练团体、社交技巧训练团体、压力管理团体、提升自尊团体,以及多元特殊成员组成的支持团体等。

根据不同的活动进行方式,领导者还可以从游戏团体、活动团体、辅导团体、口语互动团体、心理剧团体、艺术与运动团体、亲子团体等来考虑。游戏和活动团体适用于心理年龄在学前及小学阶段的特殊儿童,在团体互动中一起游玩各种玩具,或由治疗师事先根据的趣味性和认知性设计好一些互动游戏活动,在团体暖身后带领成员投入完成活动,并就活动过程的体验和心得,引导成员进行交流和分享。心理剧团体是通过参与演出自发性戏剧的过程,协助儿童倾听并和他人合作,表达情绪感受,进行幻想,并将现实和想象结合演出及参与口头讨论的团体。治疗师通过协助儿童辨识主题、角色,揣摩他人的动作和心思,进而建构出主角的人格形态和情绪,幻想各种互动和改变的可能,实际地加以演出,并讨论演出经验和个人的心得感受。这种团体有助于儿童建立良好的同伴关系,提高儿童的口语表达能力、创造力及处理个人情绪的能力。[1] 艺术与运动团体均适用于心理年龄较小、不善于自我表达的特殊儿童。在艺术治疗团体中,儿童在治疗师的示范和指导下,

---

① 廖凤池.儿童咨询团体理念与方案[M].北京:世界图书出版公司,2003:11.

以绘画、雕塑或音乐等的艺术形式，表达个人的冲突情绪，如针对自闭症谱系障碍儿童的绘画和音乐治疗。在运动治疗团体中，治疗师教导儿童从事身体的律动、舞蹈或某种特殊的运动，通过觉察、表现和体验，增强儿童的自尊心和自信心，并促进和改善其与同伴的关系。

（2）需求评估

对特殊儿童团体的需求进行评估，了解儿童的需要是建立特殊儿童团体的基础，通过对个案的困扰问题加以评估，确定团体治疗方式是否较个别辅导有更佳的成效。比如，以小团体方式对人际关系欠佳儿童进行社交技巧训练时，有更丰富的人际互动和模仿及演练的机会，容易获得显著的成果，而运用个别治疗的技术和方法则较难施展。另外，对家长和教师进行访谈或者问卷调查，也可以找出他们所关切的儿童适应问题，并就评估征求家长的同意，避免产生不必要的误会或困扰。最有效的需求评估方式是对儿童的社会行为等进行直接的观察或评价。比如，运用各种统计与鉴别量表对儿童的认知和社会适应进行测量。

（3）确定团体性质与治疗模式

找出儿童的需求之后，应对儿童适应困难的领域及其适应状况加以了解，以确定团体性质与治疗模式。领导者应先确认问题的性质和可能成因，并通过文献查阅进行治疗和干预策略与计划的制订。例如：人际关系欠佳儿童虽然在测试中同样出现偏低的社会关系指数，但原因却各不相同，有的因内向退缩而受到忽略，有的却因经常攻击他人而受到排斥；而学校焦虑则可能包括课堂上的自我焦虑、学业成就焦虑和人际交往焦虑等多种类型。不同的适应问题有不同的成因和治疗模式。相同的适应问题也可能来自不同的原因。例如，人际关系欠佳儿童可能起因于自卑的人格，也可能起因于社交技巧的欠缺。不同团体治疗模式的基本理念和反应方式均有所不同，团体领导者应对问题的成因仔细区分，详加探讨，整合领会。然后，针对儿童的特殊状况，规划出最适当的团体干预和治疗方案。

（4）环境创设与时间安排

在团体环境的需求与布置上，要符合特殊儿童的身心特点。对能够运用语言沟通的儿童，适当的书面资料及海报教具的应用可以丰富活动内容，增添活动的吸引力；而低心理年龄层的特殊儿童团体人数应较少，空间不宜太大，放置少量必要的玩具尚可；要进行儿童心理剧必须有演出的舞台、音响和布偶等有助于情绪宣泄的工具；进行艺术治疗需要有乐器、图画纸、颜料等艺术用具；运动治疗则应具备活动需要的足够宽敞的空间。

特殊儿童注意力集中的时间长度有限。如果聚会时间安排不当，聚会时间间隔太长或是聚会次数太少，都会影响团体的治疗效果。为避免产生排斥等副作用，聚会时段的挑选要考虑到儿童的身心特征、体能负荷及心情感受。通常心理年龄在 5～6 岁的学前儿童，每次聚会的时间长度以 20～30 分钟为宜；心理年龄在小学或稍高阶段的儿童，每次聚会时间可延长到 40 或 50 分钟。长期及每周的聚会次数可以根据团体性质和成员问题灵活安排，但要注意团体的延续性。

（5）撰写团体计划，记录团体活动过程

在确定了团体性质和具备了团体的基本要素后，领导者应该开始撰写团体计划，以便为今后具体干预治疗的展开提供书面指导并随时加以修订和完善。还要注意的是，在治疗的互动过程中为团体过程留下完整而详细的记录，这既迎合了特殊儿童身心发展的特殊性，又可以帮助领导者积累组织和管理经验。

一般而言，较具结构式的团体计划内容应包括团体名称，团体领导者、督促员及观察员，拟招收成员的性质、人数及筛选方式，团体聚会时间的安排，团体的理念，团体目标，团体评价计划，团体历程摘要，团体单元计划和附录等十项内容。撰写团体计划时，领导者一定要将各次聚会的单元名称、单元目标、预定进行的活动名称摘要列表，具体详述每次聚会的单元名称、目标、时间安排、预定活动内容、步骤、方式及所需器材，并将团体文宣品、参与团体契约书、团体评价工具作为附录收藏。

对团体过程记录最详尽的方式是采用实况录像的方式，让有经验的摄影人员将领导者和每一个成员的动作和声音都实况摄录下来，之后再通过撰写文字稿或者绘制成员互动历程图的方式，加以书面呈现并进行分析。和全程录音的方式相比较，此种方法可更明确地呈现成员的非口语表现及成员互动的细节，而对特殊儿童来讲，非言语表现和成员互动的细节往往具有不可忽视的价值，因此全程录像的记录方式往往比录音更为可取。

另一种方便实用的记录方法，即设计良好的团体单元记录表。完整的团体单元记录表内容包括对活动的概括、成员座位图、成员参与情形、重要事件及处理、观察员见闻及评论意见、领导者自我评论、督导意见等多方面内容。领导者应记载团体互动气氛的演变及个别成员在团体中的表现情况。对于未投入或特别投入的成员应加以特别描述，对于团体中偶然发生的重要事件，例如团体冲突，个别成员的攻击他人、哭泣或退缩等行为，或某些成员重大的行为改变，均应加以描述并说明采用的干预处理方式和成果。

2. 案例

对特殊儿童的团体治疗方案必须有针对性才能取得好的效果。不同类型的特殊儿童，具有自己不同的特点，应该采取不同的处理策略。团体领导者必须在充分了解特殊儿童的身心特质的基础之上，设计具体有效、动态的活动方案。比如，具有攻击倾向的儿童往往缺乏正向的人际互动技巧，判断他人意图时线索应用不足，自我情绪表达不恰当，在日常生活中较为活泼好动，很难静下来听别人说话，而且缺少耐心。领导者应着重考虑成员社会交往、情绪辨识和冲动控制等技巧的提升；还应该在带领团体之初即和成员约定团体契约，建立尊重他人、温暖平和的团体气氛，培养自我约束的能力。此外，每一次活动可以包含一个有趣的游戏，以引起儿童的兴趣。

这是一个由 6 名具有较高功能自闭症儿童及其家长组成的团体，领导者通过对父母的问卷访谈，并运用高功能自闭症系列筛检表等对报名参加者进行各项评估，发现自闭症的三大核心特征在各个儿童身上均有所体现。其中，社会交往障碍尤其明显。经过周密策划,领导者决定以在团体聚会时让所有成员参与互动过程,提高自闭症儿童社会交往的意识功能为目标;每周聚会 2～4 次,每次聚会时间 50～60 分钟。

在团体开始之初的聚会上,领导者安排大家搬小凳子围坐成圈,每一位家长坐在孩子的后面。领导者在介绍团体的性质和目的之后,通过自由聊天的方式让家长畅所欲言,时间控制在 15～20 分钟。

小丫妈妈:送孩子去上学,对我而言太痛苦了,我很厌恶在公交车上或大街上很多人都看着我,还有我的孩子。

可可爸爸:是啊,那也是我的感受。有时候我宁愿待在家里。送孩子上学的路上,看到别的小朋友在爸爸妈妈面前活蹦乱跳,我就无法忍受。

叮当妈妈:对的,我最讨厌有的家长高傲地说自己的孩子如何优秀,如何讨人喜欢。听到这些声音我就想找个地缝钻进去。

领导者:听上去大家所说的都是在送孩子上学时最困难的事情,就是面对他人觉得抬不起头,我想知道这里的其他家长是不是也有类似的感受。

孩子面临着共同的问题,面对他人自闭症儿童家长觉得抬不起头或者对不起孩子的焦虑心理,一次次相类似的求医经历,成为团体平等交流的平衡点。领导者作为其中的一员,在积极倾听与观察每对家长和孩子的基础上,寻找适当的切入点,不断加强反馈和提问,并有意识地巧妙运用映照技巧,这便鼓励了其他成员认识到他们类似的感受并对此作出反应。

领导者主张,家长要带动孩子向对方家长或者孩子打招呼。讨论结束后,领导者便对家长共同的心理焦虑和每个孩子身上存在的主要问题有了大致的了解。接着,领导者通过击鼓传花和木头人的游戏,轮流让自闭症孩子介绍自己和家长,并向其他成员问好。游戏和自我介绍的过程是每个儿童向其他成员逐步展现自我的过程,而领导者从观察中所得到的信息就成为下一步治疗的主要依据,尤其是从才艺表演中发现的儿童自身的优势。介绍开始和结束后,领导者根据儿童的表现引导大家给予掌声鼓励,并配合以适当的社会表扬,如说"你真棒!"以及竖大拇指、拥抱等。

聚会的最后环节是找朋友的游戏活动。领导者将《找朋友》的儿歌配上肢体动作,鼓励小朋友在表演的互动过程中彼此认识,且保证每位小朋友与其余的 5 个小朋友均有碰面。最后,第一次团体活动在小朋友和家长一起表演的《去郊游》歌伴舞中结束。领导者及时询问家长和小朋友对本次聚会的感受,鼓励大家勇敢地面对问题,树立坚持到底的决心和勇气。

在连续几次促进互动的相识、相知聚会之后,领导者收到了孩子家长的良好反馈,并在具体的聚会过程中体会到家长的支持,观察到了儿童的良好反应。

领导者合理运用技术,例如倾听和追随主题的提问,可以增进团体成员的自我暴露和自我表达;互动过程中团体成员之间的关注和支持,不仅为团体发展奠定了基础,还促进了个体社会交往中主动性意识功能的发展。领导者有计划地设置目标、促进交流、提供反馈、树立榜样,根据团体发展过程的不同阶段来组织活动,使团体治疗真正发挥其互动性环境的有效影响,促进整个团体的成长和儿童个体的心理发展。

☯ 第2节 家庭治疗

一、家庭治疗的基本理论

家庭聚焦的咨询流派最早可以追溯到 20 世纪 30 年代的北美,而真正在咨询领域开始扎根是 20 世纪 50 年代之后。1962 年,"家庭治疗"(Family Therapy)作为一个专业术语被学术界正式认可。同年,第一份学术刊物《家庭进程》(*Family Process*)创刊。经过半个多世纪的发展,家庭治疗法融合了心理动力、行为主义、人本主义以及后现代等众多咨询流派的技术和方法,逐渐成为当代心理咨询中非常重要的一种咨询模式。美国心理咨询与治疗专家、加州大学著名教授杰拉德·科里(Gerald Corey)曾高度评价家庭治疗,认为它代表着一种咨询和治疗模式的转变,可以被称为是继心理动力学、行为主义和人本主义之后,心理咨询和心理治疗领域的"第四势力"。[①]

本节将主要介绍家庭治疗的基本理论、原则、常用技术及其在特殊儿童心理治疗领域的应用,通过典型案例分析展示家庭治疗法在特殊儿童心理治疗中的应用。

(一)家庭的界定

家庭系统是一个由相关个体参与的动力系统。个体通过一定的关系实现联结,并在长期的互动中形成相对稳定的交流方式和关系。

家庭系统是一个活的机能单位,它不仅仅是各成员角色的综合或叠加。在实际生活中,家庭系统始终处于一个不断改变但又相对稳定的动态平衡状态。个人的问题往往会与其他家庭成员有关,是家庭成员之间相互作用的结果。

(二)家庭治疗的定义

家庭治疗是指,在家庭系统内部通过有规划的接触与交流,促进成员间的互动与谅解,增进情感交流的治疗方法。家庭治疗可以使家庭成员了解家庭病态的结构,帮助他们纠正各自的病态心理,改善家庭的动态平衡和发展性功能。

在家庭治疗中,虽然需要处理的问题一开始可能在某一成员身上凸显出来,但实际上并不是个人的问题,而是家庭结构和功能失调的问题。在家庭治疗的术语中,不出现单独个人的病症,而是生病的家庭关系或模式。

(三)家庭治疗与个别治疗的区别

家庭治疗是从个别心理治疗发展而来的,但它是对心理治疗模式和理念的变革。

个别治疗具有以下三个特点:第一,个别治疗将心理问题看作是个体心理作用的产物,个别治疗工作的焦点就是对个体病态症状的分析、诊断和干预。第二,个别治疗非常

[①] Gerald Corey. 心理咨询与治疗的理论及实践(第七版)[M]. 石林,等,译. 北京:中国轻工业出版社,2004:286.

注重治疗师与来访个体之间良好私密关系的建立,强调咨访双方一对一的治疗关系,力图在咨询室内建立一个无干扰、无压力的放松环境,将来自环境及周围人际关系的压力尽可能地阻挡在咨询室之外。第三,绝大多数的个别治疗都是从心理病理学的角度去剖析当事人,以寻找精神病理症状发生的原因为目标,以消除这些原因为最终目的。这种对当事人症状的关注,使当事人关注自己的症状,也使心理治疗的路越走越窄。[①]

家庭治疗并不会像个体治疗那样运用一系列测量评估工具对个体进行诊断与评估。家庭治疗师会尝试去探究个体所在家庭的整体发展历史及各家庭成员之间所建立的系统规则,时常会借助家谱图或关系图来呈现来访家庭的内在结构。

家庭治疗把个体的问题放在一个系统的环境中来理解。对于与个体问题行为有关的家庭关系,治疗师都会进行关注,即便这一关系并不是直接与个体有关。例如,一个孩子的学校恐怖症,可能与他父母婚姻关系的不协调有关。在家庭治疗中,治疗师会直接对父母的婚姻关系进行干预,同时也对孩子与父母的关系进行调整,这可以说是一种治标又治本的干预。

家庭治疗则要对于问题行为相关的各种家庭关系进行干预,无论发生问题的家庭成员是否处于这些关系中。在个别治疗中,治疗师改变的是当事人应对环境的态度和方法;而在家庭治疗中,治疗师同时还试图改变问题行为发生的家庭人际关系情境。二者的区别见表8-1。

表 8-1　个别治疗与家庭治疗的区别

	个别治疗	家庭治疗
咨询模式	一对一的个案咨询	以家庭为单位接受咨询
问题根源	当事人本身	家庭成员间的互动
探讨重点	当事人的经验与观点	影响家庭系统内互动的观念
咨询目标	根据症状对当事人做出诊断	寻找家庭的生活经历与制约条件
干预目标	当事人的适应	家庭系统内部的协调

（四）家庭治疗的主要模式

家庭治疗在50多年的发展中,创造性地汲取了各种治疗流派的精华,形成了众多风格各异的理论及治疗模式,包括系统式家庭治疗、代际式家庭治疗、沟通式家庭治疗、经验式家庭治疗、结构式家庭治疗、策略式家庭治疗。[②]

1. 系统式家庭治疗

系统式家庭治疗是最早出现的家庭治疗模式,被视为现代家庭治疗的奠基石。其主要代表人物有阿尔弗雷德·阿德勒和鲁道夫·德瑞克斯(Rudolf Dreikurs)。

①　N.佩赛施基安.天堂与地狱:积极家庭心理治疗[M].杨华渝,译.北京:社会科学文献出版社,2000:121.
②　Irene Goldenberge, Herbert Goldenberg.家庭治疗概论[M].李正云,等,译.西安:陕西师范大学出版社,2006:245-312.

在 20 世纪 30 年代的心理咨询领域，传统的精神分析大行其道，而阿德勒却独创性地将家庭构成的概念引入对儿童心理的分析。阿德勒发现，家庭气氛和出生顺序对儿童的发展具有极大的影响作用。所谓家庭气氛，就是所有家庭力量的组合存在于家庭成员之间互动关系的气氛。而出生顺序就是指个体在家庭中不同的出生顺序。阿德勒认为，虽然出生顺序对每个子女在家庭中的地位具有恒常性的影响，但是个体对于这种地位的认识以及自觉地扮演相应角色的行为，是其对自己出生顺序的行动解释。在这种取决于出生顺序的家庭系统组成中，儿童的所有行为都是有目的性的，而这一目的性是与其在家庭系统中地位的归属有关。虽然有时候儿童的行动是无效或是错误的，但他仍会根据固有模式去行动。这是因为他的这些行动已经在家庭系统中得到了确认，符合其所属的地位。

德瑞克斯最大的贡献在于他将阿德勒关于家庭治疗的方法进行整理、组织和改良，创造出了一套早期的家庭治疗系统疗法。作为阿德勒晚年最重要的一位志同道合的合作伙伴，德瑞克斯坚持对儿童所处的家庭环境进行研究。他认为，儿童和家长长期被限制在重复而又消极的交互关系中，这使得儿童容易患精神疾病。在德瑞克斯关于家庭的系统治疗中，大量使用了对家长进行培训的方法。因为他认为，通过培训家长的领导能力，可以调整家庭互动中的错误目的，改变亲子间的交互关系，发展有效的教养方式，从而帮助儿童获得对积极的人际关系体验的方式。

2. 代际式家庭治疗

代际式家庭治疗，也称多代式家庭治疗或历史派家庭治疗，属于家庭治疗模式中最重要的主流派别之一。由于其理论根源来自精神分析，因而也有人将其归纳为精神分析取向的家庭治疗。此疗法的主要代表人物是默里·鲍恩（Murray Bowen）。

鲍恩被认为是少数高关注度家庭史的先驱之一，有学者评论他的理论模式是所有家庭治疗学派中就人类行为及人类问题而言最为完整和全面的方式。[①] 他认为，从家庭三代甚至更多代的观点分析时，家庭成员间的关系才能够得到最好的理解。因为，人际关系的模式是在家庭中被一代一代传承的，而这种传承的关系具有连接跨代家庭成员关系的作用。那么，要弄清个体障碍问题的成因，就必须将家庭角色看成一个情感单元。鲍恩认为，在一个家庭单元中通常母亲与子女大都会保持一种强烈的情感联系，他将其称之为情感过渡融入。鲍恩发现，这种情感的过渡融入会极大地限制个体的自我选择和自我判断能力的发展，使得人际间的界限变得模糊不清。

鲍恩关于代际式家庭治疗的核心概念有：自我分化、三角关系、核心家庭的情感系统、家庭投射历程、情绪结断、多代传递历程、同胞出生顺序影响以及社会性退化，其中自我分化是代际式家庭治疗的基石。自我分化就是个体要适时地从与家庭成员，尤其是母亲的过渡融入状态中摆脱出来，能够形成自己独立而坚定的信念和立场。鲍恩认为，自我

---

① 王娜娜，汪新建. Bowen 家庭治疗模式评析[J]. 医学与哲学，2005，8（26）：61.

分化不成功的个体就会陷入家庭的三角关系,这是人类面对焦虑时的一种自然倾向。尤其是在家庭环境中,当两个人的关系模糊不清并且面对压力时,他们会很习惯地将第三者扯进来,并把情绪和压力引向第三者,从而使得第三者与前两者的关系出现压力。随后他们会循环利用三角关系的原理,将压力和情绪继续向外波及,最终形成了家庭内部错综复杂的人际关系影响圈。借用中国社会中最常见的例子就是,亲子关系的压力引发了夫妻矛盾,夫妻矛盾又触发婆媳关系的紧张,婆媳关系的紧张影响了祖孙隔代的互动,祖孙隔代互动的变化再次改变亲子间关系。在这样一个涉及三代人的家庭人际圈中,相互影响的基本理论就是三角关系。有研究者指出,鲍恩这种关注家庭内多代之间关系的治疗在中国这样重视家族观念的国家里,具有强大的生命力和广阔的应用前景。①

鲍恩认为,由于家庭系统中这种三角关系传递链的存在,很容易将父母不成熟或缺乏分化的状态传递给子女,同时在与祖辈的三角关系传递中得到肯定,从而巩固了家庭内部这种不恰当的情感或关系应对模式。鲍恩坚持认为,个体情感上的病症必定是超越个人而归结于家庭的。② 多数孩子从家庭的系统中传承了与父母相似的自我分化程度。这种传承并不是发生在两代人之间的,而是在多代之间遵循着"类基因模式"的传递。

因此,鲍恩的代际式家庭治疗关注的是家庭间人际关系焦虑的缓解,以及个体自我分化程度的提高。治疗师首先通过对家族关系的收集,获取多代间家族系统的人际交往信息,运用家族谱或家族图来呈现多代家庭系统间的人际交往,寻找出在家庭系统内表现出主要症状的三角关系,以及具有相似症状的三角关系。通过治疗师的中立性参与帮助家庭成员调整原有的三角关系,使得整个家庭系统进入一个良性的循环。

在经典的家庭治疗理论中,鲍恩的理论具有举足轻重的地位。对于初学者而言,他的疗法似乎过于庞杂,可操作性不强,不易掌握。但鲍恩认为,他的家庭疗法的精髓不在于技巧,而是对于家庭系统中多代关系的把握。鲍恩本人也非常推崇对各类咨询技法的灵活使用。

3. 沟通式家庭治疗

沟通式家庭治疗的典型是萨提亚(Virginia Satir)家庭治疗模式。创建于 1983 年的沟通式家庭治疗强调家庭成员之间的联系与沟通,通过沟通与交流建立家庭成员间的支持性关系,从而改善家庭关系。萨提亚和鲍恩等人一样都被视为家庭治疗的先驱,美国的第一代家庭治疗师。她的沟通式家庭治疗在整个国际心理治疗领域具有广泛而深刻的影响。

---

① 易春丽,钱铭怡,章晓云. Bowen 系统家庭理论及治疗要点介绍[J]. 中国心理卫生杂志,2004,18(1):53-55.

② Bowen. *Family Therapy in Clinical Practice* [M]. New York:Aronson,1978:384-421.

　　萨提亚被认为是一个极端的人本主义者，不过她并没有套用人本主义的技术，而是自己发展了一套相当完整的理论以及深具个人魅力的实务运作方法。萨提亚认为，所谓人本主义，关注的应该是"我们"，而不是自私自利的"自我"。萨提亚认为，每个人都是独特而不可以复制的，本就应该以自己的方式去生活，只是在我们生活的时候，需要懂得对所有生命的尊重，相信生命是可以改变的，这样每个个体才能以更好的方式生存于世。

　　源于这种以人为本的信念，萨提亚在治疗时非常在意每个家庭成员自我的表达。在长期的实践中，她发现家庭治疗中的重要力量来自家庭成员在交互作用中的沟通。萨提亚会在与当事人的交流中或是倾听当事人之间交流的过程中，寻找他们的自尊反应。她认为，个人自尊的提高、沟通的改善可以使得他更"人性化"，从而协助个体和家庭由负向成长转向正向成长。

　　萨提亚的治疗并不只是关注症状的消除，她将治疗的最终目标定为"身心整合，内外一致"的达成，也就是个人潜能的最大限度发挥。这一目标远高于单纯的症状消除，它引导当事人在治疗师的带领下，肯定自我、提升自我。从这个角度来看，萨提亚的沟通式家庭治疗不仅能为那些存在沟通障碍和关系紧张的家庭带来治疗性的改善，更能为家庭成员的个人成长、家庭人际互动提供一个良性的交流模式。美国《人类行为杂志》曾经评价萨提亚是"每个人的家庭治疗大师"。

　　作为沟通式家庭治疗的创始人，萨提亚本人具有高超的沟通能力，她的人际交往直觉非常敏锐。这可能是她誉满全球，受人尊敬的重要原因之一；但也成为后人想要效仿她最难实现的一点。萨提亚认为，功能良好的沟通应该具备以下几个特点：必须是独立性与集体性兼具，既不能过分孤立的以自我为中心，也不能缺乏自主的附和；良好的沟通应该是一种灵活可变的互动关系，而不是紧张单一的互动；互动应该具有自由、弹性和开放的特征；两性的沟通应该可以允许并期待着改变的随时发生，而不能固守一成不变的思考方式；在良好的沟通中个别差异应该被视为成长的机会，而不是恐惧的来源。

　　在家庭治疗中，萨提亚开发出了许多特别的活动，包括家庭雕塑、影响圈、交换座位、团体测温等方法，灵活地将行为塑造、心理剧以及当事人中心等传统心理治疗技巧融会贯通。其中，家庭雕塑可算是当前萨提亚治疗模式中最受追捧的技术之一。这是一种通过具体造型，生动形象地重新展示家庭成员关系的技术。家庭雕塑象征着每个家庭成员的心理位置，显示了他们在家庭中的相互作用。[①] 家庭雕塑可以由家庭成员依次设置，也可以由某一个家庭成员安排。这种行为技术具有很大的灵活性，可以使儿童和说话少的家庭成员也能充分的参与，有表达自己对家庭关系看法的机会。

　　萨提亚再三强调，人际关系与沟通是家庭治疗的关键。她认为，家庭治疗的技术的重要性要次于治疗师与家庭发展起来的关系；而沟通是关系建立的最主要因素，它能决定个体与别人的关系，以及周围世界是怎样对待他的。反观萨提亚的众多治疗技术，其实最终

---

　　① Satir.萨提亚家庭治疗模式[M].聂晶,等,译.北京：世界图书出版公司,2007：87-110.

的落脚点还是家庭成员间的沟通与交流。再以家庭雕塑为例，当所有家庭成员的雕塑都设置完成后，萨提亚会带领雕塑的创建者与雕塑中的每个成员进行交流，而萨提亚家庭治疗的效果常常就是在这一交流过程中产生的。交流的双方会对自己在雕塑中的位置、姿态进行讨论。这种讨论会对双方的情绪有很大的触发，使得他们能形象地看到对方眼中的自己。这对于家庭成员的自我调整和互动调整具有积极的促进作用。

4. 经验式家庭治疗

经验式家庭治疗也被称为经验—符号性治疗或经验—象征性治疗，是一种通过自由直觉的方式帮助家庭打开交互作用渠道的治疗模式。经验式家庭治疗与存在主义、人本主义及现象学哲学密切相联。卡尔·维特克（Carl Whitaker）是这一治疗模式最重要的代表人物。

经验式家庭治疗理论认为，改变家庭的是经验，但绝大部分的经验都发生在潜意识层面，对于这些经验最好的体察方式就是运用象征性的展现，而最终可以对家庭起到改变作用的也就是这些象征性的经验。每个人都希望能够根据自己的意愿改变自己的经验，成为他们想要的自己。但是，在同一个家庭系统中，家庭的需求时常会压抑个体化和自我表现，也就是要求个人的经验要与家庭经验在某种程度上相符。这个时候就会出现家庭成员自主性和归属感的矛盾。那么，治疗师的作用就是要和家庭一起来唤起他们真实与象征性的经验，共同创造一个他们满意的经验情境。这个情境并非完全的从无到有，而是通过对家庭原有经验的重新修整组合而来。对于这一点，经验式家庭治疗的假设是，对于同一经验可以找出多重的意义，不同的意义会带来不同的家庭交往模式。要达到这个目的首先就要让每个家庭成员都产生真实互动的意愿，解除家庭成员间伪装的面具，使个体能够恢复其本来的面目，用本来的面目来创造彼此间的新经验。

维特克认为，家庭治疗并不是对概念的刻板理解和运用，而是要通过情感的体验和领悟来完成。因此，关系要比技术来得更重要。他没有提出一套治疗的技术方法，而是强调了治疗师的投入。他认为，治疗师应该将焦点放在每位家庭成员在家庭中主观的需求上，这样才能促进成员间的有效互动。维特克是一个以务实著称的家庭治疗师，在他的咨询生涯中，绝大部分的时间都是在与家庭会谈。不过他的家庭治疗通常会由他本人和另外至少一位治疗师共同参与，维特克将此称为协同治疗。之所以采取这种方式，是因为他认为多名治疗师的共同参与可以有效地预防治疗过程中负向经验的反移情，避免治疗师陷入家庭不恰当的经验矛盾中。同时，多名治疗师的共同参与可以有效地为家庭成员提供互动的示范或是成为家庭成员互动的镜子。

维特克强调在治疗时当场对家庭成员现状的自发性直觉反应，通过治疗师的反馈来提高家庭成员对自己内在潜能的觉察。维特克相信，如果家庭中的个人能够增强他的觉察力和体验的深度，就能够很好地促进家庭关系。为了最快速地帮助家庭成员提高领悟能力，维克特非常善于在与家庭的交谈中觉察和捕捉矛盾的家庭关系或是家庭成员所表现出来的不合理之处。通常他在给予家庭成员这种觉察的反馈时，会尽可能地将不合理之处予以放大，使之达到荒谬可笑的地步。因为维克特认为，夸张的表现能够引起家庭成员对自己的言行举止的反思,这有助于他们觉察力的提高和自我体验的深入。

5. 结构式家庭治疗

结构式家庭治疗指的是,将发生在个体身上的问题放在家庭的关系中来分析和理解。通过对家庭结构的重建、对人际界限的澄清,使得家庭成员能够以自由、良性的模式进行沟通的一种治理模式。它的出现在 20 世纪 60 年代。代表人物是萨维多·米纽琴(Salvador Minuchin)。

结构式家庭治疗的重点是在家庭的结构上,包括家庭结构的组织、各结构间的关系、家庭成员的角色与权利等。一般而言,家庭的结构都是为了满足其当前重要家庭功能的执行而建构起来的,基本上它就代表了一个家庭内部交往规则的总和。一个家庭的问题通常是由于家庭结构的功能缺失或不恰当的等级关系所造成。

作为一个有层次的结构,家庭在多年来的生活和繁衍中形成了一套相对固定的交往规律,这一规律支持着家庭结构的稳定以及当前功能的执行。处于这个结构中不同位置的家庭成员扮演着不同的角色,行使着不同的权力,彼此间保持的不同的关系。当角色、权力和关系遇到变动时,家庭结构的稳定性就遭到了考验。如果家庭结构内部的交往规则僵化、缺乏操作性,就会使得结构的变动无法进行,从而无法适应关系的变化,最终影响家庭的功能。米纽琴认为,在个体的症状能够得到缓解或消除前,家庭内的结构一定会发生变化,必然会有新的更灵活的家庭交往规律的出现。

米纽琴认为,影响家庭交往规律是否僵化的重要因素就是家庭成员间的联结。在这里他的观点与代际式家庭治疗很相似,认为自我界限划分不清的家庭成员,缺乏各自独立的角色,在遇到问题时容易形成联合体共同对抗变化的发生,从而使得规律僵化。这类似于代际式家庭治疗中所提到的三角关系。不过,代际式治疗关注的是家庭关系在代际间的传递,而结构式治疗更关注当前的家庭结构,它也不关心家庭的历史。同时,在对僵化规律的描述中,结构式家庭治疗采用的这种对空间和组织的隐喻也是其有别于其他家庭治疗的特色之一。

在米纽琴的治疗模式中,他会同家庭成员一起对家庭中失调的交往规律进行修正。帮助粘连的家庭成员找到各自的界限;帮助角色扮演欠妥的个体,根据当前家庭结构的要求,重新认识和定位自己的家庭角色;从而使得家庭能够重新具有相应的功能。

6. 策略式家庭治疗

策略式家庭治疗是一套非常讲究实效性的家庭治疗模式,它将焦点集中于当前问题的解决,能够灵活地组织各种行为策略,来应对当前迫切需要解决的问题。这一治疗模式的开创者是杰·哈利(Jay Haley)。

哈利认为,所有的临床症状都是特定情境的产物,在人际关系中的某种特定行为模式的背后,必然隐藏着一个谋求控制权的过程。一个人表现出某一行为,实际上是其试图在人际关系中掌握支配地位的一种手段和策略。也就是说,家庭中某些症状的出现,意味着某个家庭成员试图改变家庭内部权力关系的欲求。因此,在哈利的治疗中非常关注与权利分布有密切关联的家庭结构。但是,哈利并不关注家庭结构形成的历史,他只关注当前家庭中的互动关系及现实问题。他认为，现实的症状是对当前家庭系统功能不良的一种隐喻，是由于家庭成员间无效的潜意识交流方式所造成。要改变这一交流模式，光靠对症状的理解和顿悟是没有用的，必须要找出问题的关键环节。如果解决了现在的问题，那过去就不再是问题了。

为了尽可能全面地了解家庭目前的真实情况，在治疗开始的阶段哈利总会非常投入地与整个家庭会面，或是与尽可能多的家庭成员见面。因为他相信这是决定策略性家庭治疗是否能够成功的最关键步骤。在这一过程中，治疗师就像一个人类学家，要尽可能仔细地去发掘家庭内部存在的各种权力、利益、控制、等级关系以及其运作模式。只有充分掌握了现实问题赖以存在的现实情境，策略式干预才能根据当事人家庭目前的具体情况，制定出明确的目标并设计出一套干预措施，有针对性地实施治疗策略。

在策略式家庭治疗模式中治疗师处于权威的位置，他可以下达指令要求家庭根据他的策略来执行新的互动关系。也就是说，治疗师对全局具有掌控权。因此，使用策略式家庭治疗对于治疗师的直觉性、责任性以及灵活性具有很高的要求，他要能够对家庭的改变负起全部的责任。

虽然策略式家庭治疗能够快速有效地解决许多家庭中的现实问题，受到了广泛的欢迎，但是其暗含的一些理念和一些干预方法也受到了不少的质疑。例如，有研究者认为，策略式家庭治疗如果运用不当很可能跌入"为达目的不择手段"的陷阱。

二、家庭治疗的原则与技术

家庭治疗对于治疗技术大都持有灵活和包容的态度。比如，萨提亚和维特克都指出，家庭治疗中技术并不是最重要的，而在与来访家庭关系建立时，能够对技术的灵活使用才是家庭治疗的关键。家庭治疗中各类技术是彼此相通的。在这一部分，将着重介绍在各类家庭治疗模式中常见的治疗技术及原则。

（一）家庭治疗的原则

虽然家庭治疗的许多技术是从个别治疗中借鉴而来，但在家庭治疗中它们所面对的是一个家庭系统，要解决的是家庭成员间的关系问题，而不同于一般个别治疗中是协助当事人寻找适应方式。因此，在使用治疗技术的时候必须遵循一些特定的原则，其中最基本的有三条原则：中立原则、建立假设和循环提问。[①]

（1）中立原则。心理治疗要求咨访双方建立良好信任的关系。但由于在进行家庭治疗时，治疗师面对的是一个存在问题的家庭系统，因此要与每位家庭成员都保持这种良性的互动关系。通常在个别咨询中，为了建立良好的咨访关系，我们非常强调与当事人的共情，在咨询的开始阶段会尽可能地与当事人站在同一角度去体验他的感受。但对于家庭治疗而言，在一个家庭系统中虽然不一定存在绝对的对立，但每个家庭成员之间多少都存

---

① 钱铭怡.心理咨询与心理治疗［M］.北京：北京大学出版社，1994：72-89.

在着观念的差异，尤其是对于一个存在"关系问题"的家庭来说，这种差异可能更加明显。在咨询时，家庭成员都会希望治疗师能够站在自己一边，认同自己的看法。在这种情况下，如果治疗师依旧像处理个别咨询时那样对每位家庭成员进行共情，那么很容易使自己陷入矛盾的境地，并给家庭成员带来不诚实的印象。因此，在家庭治疗中要求治疗师对所有家庭成员保持中立态度。这种中立态度必须贯穿于整个咨询过程。

（2）建立假设。在家庭治疗过程中，治疗师应尽可能多地使用一系列的假设来对家庭成员的关系及其所面临的问题进行探索。因为在处理家庭系统问题时，由于参与的人员较多，涉及方方面面的因素。因此，对于同一个问题而言，不同的情境组合就能给出不同的假设。例如，对于患有选择性缄默症的儿童而言，可能是由于基因的遗传问题，也可能是由于早期家庭照料时，亲子互动的问题，还可能是由于某些创伤性体验导致。在进行家庭治疗时，治疗师可以将这些假设都提出来，与父母一同分析各因素在此问题上的影响程度，从而决定治疗干预的主要方向。

（3）循环提问原则。在家庭治疗的过程中，治疗师运用各种技能将问题反复抛向来访家庭，在这种对问题的不断触及中引发来访家庭的思考。循环原则并不同于循环提问，不是将同一问题反复问出，而是通过不同的组织方式，运用不同的提问策略，将治疗师希望当事人思考的问题要点反复地抛向当事人。在家庭治疗中，循环并不是一种原地绕圈，而是一个螺旋上升的过程。通过一段时间的交流沟通，来访家庭内部的关系可能得到了重组。此时，治疗师将关键问题再次提出，能够引导出家庭成员间新的思考与反馈。

（二）常见的家庭治疗技术

本节主要介绍在家庭治疗中常用的评估和干预技术。有兴趣的读者可以参考更详细的文献。[1][2][3]

（1）循环提问（Circular Questioning）。这是家庭治疗中较常用的一种访谈技术，也被人称为"循环催眠"。就是同一个问题，轮流反复地请每一位参与治疗的家庭成员回答。问题可以是让他们表达对另一位家庭成员行为的观察，也可以是对另两个家庭成员关系的看法，还可以是对两个家庭成员各自行为之间的关系的看法。这种提问方式会在家庭内部制造差异，从而引发家庭成员对差异的比较和思考，具有较强的启发性和暗示性。该方法可以运用于治疗初期对于家庭信息的收集阶段，也可以用于后期的反思领悟阶段。例如，"在孩子哭闹时，父亲通常的表现是什么？""父母之间关于孩子康复训练的态度有什么差异？"等等。

（2）差异提问（Difference—making Questioning）。这也是咨询中信息搜集的一种重

---

① Philip Barker. *Basic Family Therapy*, 3rd Edition ［M］. Great Britain：Blackwell Scientific Publications. 1992：172-197.

② Michael P. Nichols, Richard C. Schwartz. 家庭治疗的理论与方法［M］. 王慧玲，等，译. 台北：洪业实业有限公司，2002：167-172.

③ 杨眉. 系统家庭治疗家的提问技术［J］. 中国心理卫生杂志，1995，9（4）：183-185.

要提问技术。指的是向各位家庭成员询问，家庭问题出现前后在时间、场合、人员等情境方面的差异。因为通常在家庭出现问题时，人们总是会很自然地将注意力都集中在症状上，关注到问题的消极面，而忽略了积极的方面。但事实上，症状的出现是有其时间、场合、人员等方面的条件的。差异提问就是要帮助来访家庭意识到问题发生所需要的条件情境，提醒他们看到问题积极的一面。也就是通常所说的"寻找例外"。然后再比较差异出现的条件，寻找问题出现的环境因素，根据比较结果为症状的消除创设或调整相应的环境。例如，"孩子有没有相对听话一点的时候？""孩子对父亲的反抗情绪更重一些，还是对母亲的反抗情绪更重？"等等。

（3）假设提问（Hypothetical Questioning）。治疗师根据对家庭关系及背景的了解从不同角度对家庭的问题提出假设，而这种假设通常是指向过去。通过这种提问，治疗师能够为来访家庭展开另一扇门，提供看待问题、思考问题的多重角度。假设提问的内容大多是围绕家庭问题的明显症状，而家庭成员对此的反馈应该在咨询过程中不断得到验证或修订。运用假设提问一方面可以帮助治疗师理清症状与家庭成员关系之间的联系，另一方面也可以促进家庭成员换位思考。例如，"如果当时孩子没有去参加那个康复训练，那你们会做些什么？今天又会发展到什么地步？""有没有设想过，要是从小开始父亲每天都能够有一小段时间与孩子相处或一起玩耍，那今天孩子对父亲的感情会有怎样的不同？"

（4）前馈提问（Feed-forward Questioning）。是一种指向未来的积极性假设提问。通过刺激家庭构想关于未来的人、事、行动计划等，引导家庭用积极健康的生活模式来替代原有的家庭结构。这种提问方式能够非常有效地帮助家庭制订改变计划，并且明确在条件具备的情况下该如何具体的一步一步执行才能使症状消除。同时这种提问也可以帮助家庭对一些诱发性情境有所预防。很多时候，家庭成员对前馈提问的回答能够成为"自我应验的语言"。例如，"如果孩子康复了，你们的生活会是怎样的？""下一次如果孩子还是采取这种方式寻求满足，你们会采取一些什么方法应对？"等等。

（5）家庭图谱（Family Diagram）。这是一种用来直观表现家庭内部成员之间关系的技术。可以将来访家庭希望解决的问题与家庭成员之间的关系通过图形线条的方式进行展示。家庭图谱通常是由治疗师和家庭一起完成的，应该是得到所有家庭成员认可的家庭内部组织关系图。如果家庭成员间对某些关系或问题存在差异，也可以邀请他们各自描绘家庭图谱，而图谱与图谱间的差异往往就是问题的核心。一般而言，家庭图谱可以包括这些信息：家庭成员之间的联系、亲近程度、重大转折（如出生、死亡、结婚、离婚等）、家庭的重要特质（如家庭的文化传统、宗教信仰、社会经济地位、种族、受教育情况等）。

（6）积极赋义（Positive Connotation）。是一种用来改变家庭看待事物的认知和观念的技术。积极赋义主要针对那些当前被家庭成员看作是消极的或破坏性的症状。治疗师通过与家庭成员一起对现象进行系统的重新描述，挖掘其积极的、发展的一面，放弃挑剔、指责的态度，以家庭目前的情境作为背景为现象重新赋予积极的含义。它的基本理念，是虽然家庭的情境是客观的,但是它对于每个家庭成员的意义却是主观的。从不同的角度看待就会有不同的认知,从而形成不同的处事方式,而家庭的矛盾就是由于看待问题角度不同而产生了认知和观念上的差异。有时候一些中性或者负性的现象,由于某些的观念和态度,而被赋予了消极的意义成为家庭问题的重要症状,最为我们熟知的就是"塞翁失马,焉知非福"的典故。可见,改变观念和态度是消除这类症状的重要方法之一。例如,缺乏言语系统的儿童的哭闹,就是他们表达自我不舒适的一个重要信号;儿子与父亲言语上的对抗,是其寻求与很少在家的父亲情感碰撞的一种方式。

（7）消极赋义(Negative Connotation)。这是与积极赋义相反的一种技术。其基本理论基础与积极赋义相同,只是在操作时是对当前家庭成员看作是积极的行为进行分析和重新描述,结合目前的家庭情境,找出积极行为的消极面,对其进行重新赋义。通常进行消极赋义的现象或行为是容易被来访家庭忽视的,是他们自认为积极正确的,但治疗师通过分析与判断能够发现其在家庭问题中所起到的消极作用。此时就必须对来访家庭成员的认知进行调整。帮助他们意识到一些他们惯以为是好的东西,其实才是问题的症结。例如,父母对于特殊儿童的过度保护,在父母看来是为了保护孩子,但实际上是对孩子可发展的潜能的限制;而另一个极端就是父母对于低幼年龄儿童的过度民主,在父母看来是让孩子自由的不受约束的发展,但实际上在儿童基本道德礼仪没有形成时很容易养成儿童专横跋扈的性格。

（8）去诊断(de-Diagnosing)。也称为去标签或软化症状,是将原本家庭中被诊断为病态的家庭成员从其病症中解脱出来,帮助他在家人面前、在自己心中除去病人的角色。治疗师通过一系列的认知调整、情境分析来改变家庭对病症的看法。把消极的病症从一个较难改变的位置放到一个存在变动可能的位置上。在这个过程中,治疗师要调节好家庭其他成员与症状表现个体之间的关系。不仅要帮助个体从病症的束缚中解脱,同时也要在家庭系统中消除自己作为病人的形象。只有这样才能为之后积极行为的出现创设良好的环境氛围。

（9）悖论干预(Paradoxical Intervention)。也被称作针对症状处方,是一种"以毒攻毒"的治疗方法。治疗师会要求家庭在出现症状时,故意保持或"加重"症状行为。这种故意的夸大有可能使得不恰当的症状迅速得到控制。因为通常在家庭问题行为出现时,当事人和家庭成员都会非常关注问题现象,并且反射性地去试图消减症状,但往往越是想消减越是无法消除。而当治疗师采用夸大细节的方法故意引导当事人和家庭成员聚焦于症状本身时,当事人能够有机会对自己的行为产生反思,常常会让他们自己都觉得荒谬可笑,因而产生了领悟,起到根除症状的效果。例如,儿童耍赖哭闹,家长不是一味呵斥他不要哭闹,而是让他继续哭。当儿童发现哭闹无法达成愿望时,他便会自己停止哭闹,进而有可能反思自己的做法。

（10）家庭雕塑（Family Sculpting）[①]。这是家庭治疗中较为常用的一种技术，是用空间、姿态、距离、造型等非言语的方式，通过具体造型，生动形象地表现家庭中的人际关系。由一位家庭成员或每位家庭成员"轮流"做导演，安排家庭中每个人物的位置、关系。这种家庭雕塑事先可以不作计划，仅用治疗时的创造性和自发性来激发家庭成员间的情感，促进相互的交流与理解。家庭雕塑并不是简单地将家庭图谱用人物造型的方式表达出来，它具有更强的治疗意义。通过家庭雕塑的安排可以促进家人的沟通，不仅可以对目前的家庭关系进行雕塑，也可以对所期望的理想的家庭关系进行雕塑。通过形象的改变，使每个家庭成员都能直观地看到关系的变化以及变化需要经历的过程。

（11）单双日作业。这是一种常见的家庭治疗任务。治疗师建议家庭成员各自在每星期的单日和双日做出截然相反的表现，观察在不同的行为出现时，家庭成员间的关系有怎样的变化。有时候，这种治疗任务类似于角色互换，希望家庭成员能够在转变行为或者转变角色之间发现两种情况对家庭症状的不同影响。换位扮演可以帮助家庭成员体验他人的感受，从另一个角度思考自己的行为；而反差行为的应对也可以帮助家庭成员，从问题的另一面去观察，发现同一事件的不同方面，从而澄清矛盾症结所在。例如，家长和孩子之间单双日的角色互换；或是单日家长对于孩子的违拗行为保持关注并要求纠正，但双日家长则对此不予关注。

（12）记红账（Keeping Merit-account）。这是改变家庭成员对症状关注点的一种有效技术。治疗师通过要求家庭成员记录与问题相关的积极方面或改进部分，来调节家庭成员对问题的过分关注。这种记账任务通常有数量上的要求，在两次咨询之间必须记录一定数量的优点，才可以预约下次咨询。这对于家庭成员来说是促使他们关注问题的积极方面而对于相关的家庭成员来说则是激励他们尽可能地表现出家庭系统所期望的行为。通过记红账的方式也可以在一定程度上调解家庭系统对个体的要求，使得双方能够更好地相互协调。

三、家庭治疗在特殊儿童心理治疗中的应用

从家庭治疗的适用范围来看，它最适合用于那些存在功能缺损的家庭（如单亲家庭或隔代抚养家庭等）及存在共同困难的家庭（如遭遇严重事故或家庭变故等）。而大多数的特殊儿童家庭都兼具上述两种特质。

（一）家庭治疗对特殊儿童的适用性

每一个家庭都有其独特的家庭结构，这种家庭结构是根据家庭成员的特点及彼此关系建立起来的。当家庭中出现一个新的成员或是某个成员发生改变时，家庭中的其他成员就会依据他的新特征调整与他的关系，从而保证家庭内部关系的平衡性。这就是家庭系统中的动态平衡自调节。虽然每个家庭中或多或少都存在着一些需要调节的关系，但

[①]　Satir.萨提亚家庭治疗模式[M].聂晶,等,译.北京：世界图书出版公司,2007：134-141.

是一个结构和功能健全的家庭能够在发展过程中自动调节，并确保每位家庭成员的健康发展。功能不健全或者关系受到严重破坏的家庭可能就无法自我调节了。例如，家庭中出生了一个特殊儿童，那么家庭的平衡必然会因为这个特殊成员的出现而发生改变，不仅是家庭中长辈与这个孩子的关系会与其他家庭不同，由于孩子的特殊性，长辈之间的关系也会发生微妙的变化。这些变化都为这个特殊儿童创设了一个不同于一般家庭的成长环境。在这样的环境中许多问题都容易凸现出来。围绕孩子的问题包括对孩子的教养态度、未来期望、发展目标等，围绕家庭的问题包括家庭的组织重心、成员间的协调合作等。如果家庭系统能够根据儿童的特点做出积极的应对调整，就能够尽早地对儿童开展康复训练，弥补缺陷，发挥潜能的，那么整个家庭系统的循环也将是积极的。如果家庭在应对儿童特殊性方面的任何一个环节出现了不协调，就容易使儿童的发展受到影响，或是使家庭陷入困境。解决这一问题的有效手段之一就是采用家庭治疗的方法。

首先，家庭治疗可以淡化个人问题，关注家庭关系的根本出发点，能够帮助家庭成员站在一个更客观的位置看待儿童的功能不足。通过家庭治疗，家长们会发现原来孩子确实存在一定的缺陷，但是家长的处理方式和家庭环境却是触发这种缺陷变为现实障碍的催化剂。通过改变环境和改变家庭关系能够对儿童由于缺陷而引发的问题起到良好的调节作用。

其次，在家庭治疗的核心理念中注重"去标签"。无论是哪个流派的家庭治疗，都会倾向于在治疗的初期对家庭成员进行"去标签"的处理，这一方面是淡化个人问题的重要手段，另一方面也体现了特殊教育的核心理念。在对于特殊儿童的心理治疗中，家长或儿童本人常会陷入以个体障碍为中心的怪圈，认为一切问题都是由于儿童的障碍导致，因为孩子智力落后或是有自闭症，而使得家长要多操心，使得家庭陷入疲惫和绝望。如果儿童的病症消除了，那么家庭一切问题都能得到解决。其实这是家庭治疗中所要清理的一种非常武断的观念。与之前提到的个人问题焦点相似，儿童的病症可能由于生理或基因问题客观存在，但是使得家庭或个人问题的出现并不仅仅是个体的内因，环境有很强的催化作用。家庭治疗的"去标签"就是要消除对个人内因的极端归因。

最后，在家庭治疗中治疗师运用各种技术和方式，调动所有家庭成员让他们共同参与。例如，家庭游戏、家庭雕塑、家庭关系图的绘制等，这些方法对于特殊儿童来说具有较强的可操作性。在由父母共同参与的游戏活动中能够使特殊儿童相对较自由地运用肢体、行为或其他方式表达意愿，比起传统的会谈方式更好。同时在家庭完成治疗师布置的作业时，治疗师也可以通过对家庭在完成任务时的具体表现、人际互动的观察，客观地了解成员间的相互关系。

家庭治疗师还要关注家庭结构、家族史、家庭功能、个人心理发展水平以及家庭交流和改变的能力，并进行系统而不断深入的评估。干预的目标和效果是否令人满意，以及成员间意见的表达和不同立场的协调，都是循环往复的螺旋式递进过程。反复提问和澄清的过程需要治疗师的专业技巧，也需要当事人整个家庭的情感投入和主动参与。

(二)特殊儿童的家庭治疗流程

对于特殊儿童家庭心理治疗的实施步骤,有三个阶段。

1. 准备性会晤阶段

家庭通过预约与治疗师见面,为治疗进行准备性会晤。在这个阶段治疗师需要对家庭的结构、特点及家庭成员间的相互交流相互作用的方式有详细的了解。这一阶段的会晤可以是治疗师与所有家庭成员的整体会晤,也可以是个别会晤。需要注意的是,要让每个家庭成员都能够有机会表达自己的看法。在此阶段,治疗师除了需要收集与特殊儿童病征有关的资料(如发病时间、病症表现、医学诊断、接受过的干预等)外,还需要特别关注与特殊儿童病症有关的家庭信息。例如,发现儿童障碍时的家庭背景,家庭成员对儿童障碍的态度及其转变或发展过程,家庭成员对于儿童障碍康复的态度,儿童的障碍对家庭成员自身带来的变化(包括家长的工作等),儿童障碍给家庭成员关系带来的变化(包括家庭责任的分工等)。

2. 正式治疗阶段

在正式治疗阶段,要尽可能地邀请所有的相关家庭成员都参与到治疗中来。治疗师与家庭成员商讨确认心理治疗的目标,将家庭的焦点从特殊儿童的障碍上移开,将目标定在家庭成员关系与家庭环境的构建上。确立咨询目标后,治疗师运用准备性会晤阶段收集到的资料,与来访家庭共同创建其家庭图谱。帮助家庭将需要处理的问题以直观的形式表现出来,同时将与这个问题相关的家庭关系一同呈现,让家庭成员能够觉察到问题所存在的家庭环境。有时候家长自认为对特殊儿童关怀备至,从来不打不骂,应该会培养出同样温柔乖巧的孩子,但结果老师却反映孩子喜欢在学校里欺负其他同学。分析后发现,孩子的父母间经常吵架,同时母亲与祖辈间也长期存在矛盾。虽然孩子自身感受到的是母亲的温柔,但是母亲脾气暴躁的一面,印象可能更深,并产生潜移默化的影响。

除了家庭图谱的澄清之外,家庭成员的坦诚交流也是这一阶段的重要工作。治疗师运用各种技术引导家庭成员进行真实的表达,包括家庭中的特殊儿童。治疗师要尽可能地协助他们独立地、自主地表达自己的意愿或情感。例如在咨询中,当治疗师让一些社会性退缩的儿童表达自己想法时,家长总会插话或是包办,"你看,他就是这样子!""其实她想说的是……"显然家长的过度参与是加剧孩子退缩的重要因素。因此,治疗师在正式治疗开始时,必须要进行一些设置,包括不允许插话与代替孩子回答,允许孩子用行为、图画或是其他方式表达。

治疗师可以进一步挖掘家庭成员间的互动特点,帮助家庭将问题和关系都暴露出来。然后,在此基础上治疗师就可以开始协助家庭共同设计和制订改变方案或家庭作业,促进家庭的互动模式发生改变。

3. 巩固治疗阶段

一般短程家庭治疗的疗程是6~10次。由于是对长期生活形成的家庭固有结构模式的改动,因此在改变发生后,必须坚持治疗以巩固疗效。治疗师可以通过定期回访或布置巩固性家庭作业来实现这一点。这一阶段的回访不需要每周一次,可以是一个月一次或是数个月一次。当家庭成员间发展出稳定有效的新交互关系，也就是新的家庭平衡形成时，就可以考虑结束家庭治疗。需要提醒一点的是，即便在巩固阶段，特殊儿童家庭治疗的目的也不是消除其障碍，而是要为特殊的家庭成员建立适合他们的家庭平衡系统。

家庭凝聚力提升和对咨询师的依赖性减少，是考虑结束治疗的重要指标。

（三）特殊儿童家庭治疗案例

家庭治疗适用于各类特殊儿童及其家庭，特别是对于因家庭因素导致的儿童心理和行为问题具有很好的效果。

1. 结构式家庭治疗：ADHD儿童的家庭治疗案例

来访的家庭是祖孙三代，包括被诊断为ADHD（注意缺陷与多动症）的皑皑，他的父母，以及同住的奶奶。

皑皑，男，10岁，一年前被诊断为ADHD。目前在学校学习成绩较差，上课时无法集中注意力，容易影响课堂纪律，与同学打架，是老师眼中的问题学生。但他非常喜欢体育运动，在跑步方面有优势。这学期由于经常在学校打架，被老师要求家长到学校协助处理多次。

皑皑的父亲负责采购业务，经常出差。皑皑的母亲工作时间固定。奶奶退休在家照顾皑皑。据母亲和奶奶回忆，皑皑幼儿阶段最大的特征就是爱哭闹，不太会吃奶。两个大人经常围着哭闹不停的皑皑，手足无措。有时皑皑半夜突然大哭大闹，第二天要上班的母亲会无法忍受而骂他打他，但皑皑依旧哭闹不止。虽然奶奶不会打他，但也对他无计可施。到了5~6岁阶段，皑皑非常喜欢到处乱跑，用奶奶的话来说就是"经常在外面乱疯"。皑皑比较惧怕父亲，但由于父亲经常不在家，而母亲和奶奶都管不住他，所以皑皑经常会在邻居小朋友之间闯祸，不是抢了别人的玩具，就是把别的小朋友推倒，还经常会发生自我伤害事件，如跌倒、撞伤等。对此，母亲每次都会口头教训他一顿，并吓唬他"再不乖，过两天爸爸回来，让他打你！"

对于现在孩子越来越叛逆，并且打人行为越来越严重，奶奶认为是母亲的教育方法有问题，母亲认为是由于一直缺乏父亲的管教，而父亲也部分赞同母亲的看法并对自己在孩子教育上的欠缺表示内疚。

皑皑自己知道不应该打人，应该上课听讲，但有时候觉得很烦躁，控制不住就会去打同学。

通过访谈与对家庭关系的了解发现，家庭中三位家长对于孩子的教养态度是不一致的。奶奶处于一种无助状态，不直接责备孙子，而是怪罪母亲；母亲处于一种责任分摊状态，责备儿子，并暗中责备父亲不管教儿子；而父亲处于自责状态，同时他也责备儿子不听话。那到底应该怪谁呢？在咨询中父母和奶奶都会习惯性地问治疗师一句"你说，我说的对吗？"希望得到治疗师的赞同。治疗师坚持中立的态度，不给予评判，但会将每个家庭成员的主要观点重复一遍给所有的家庭成员听，然后征询大家的意见"刚才奶奶（妈妈/爸爸）说的是这个意思吧？"通过这种方式将一个家庭成员的态度和想法传达给每一个家庭成员。在这个过程中治疗师鼓励家庭成员发表不同的看法。可以看出一家人对孩子管教的职责问题非常关注，但彼此间的责任界限很不清晰，而对于孩子所说的"觉得烦""没法控制"并不在意。治疗师引导家长放弃争论，而来关注孩子，这时家长都沉默了。

治疗师开始尝试和家庭一同去了解孩子的特点，寻找孩子发展过程中的长处。此时家长开始意识到孩子患病可能由来已久。在治疗师的帮助下，家长开始学习一些ADHD儿童的教养方式和行为训练方式，包括调整家庭环境，请求学校调整教学环境，注意到要让儿童能够在一个外界干扰刺激相对较少的环境中学习，运用各种训练方法培养儿童注意力的稳定性。

同时，家庭开始制定家庭任务，从调整家庭关系开始到改变儿童教养观念，再落实到具体的训练和干预方案。经过7次咨询，家庭已经能够运用相关的训练方法对儿童进行有针对性的训练。孩子的行为也变得稳定。

2. 策略式家庭治疗：儿童违拗行为的家庭治疗案例

来访家庭为三口之家，父亲为外企高层管理人员，母亲为专职家庭主妇。贝贝，男孩，8岁，接受过境外多个相关专业机构的诊断，均判定为广泛性发展障碍，在交往性语言发展、认知发展等多方面存在滞后。由于父亲工作繁忙经常不在家，通常由母亲照料贝贝的生活学习。父亲虽然不常在家，但在儿童管教上非常严格，尤其注重儿童规矩和行为准则的养成。

近半年来，父母发现贝贝在家中对抗行为的发生越来越频繁，且家长对他的控制越来越无效。儿童经常容易发脾气，与父母争吵，违反父母制定的规则，暴躁易怒，同时伴有攻击行为或自伤行为。父母以往常常使用的惩罚手段，现在不仅无法制止儿童的违拗行为，反而会使其变得越来越激烈。家长感觉到可能是家庭教养方式上存在一定的问题，于是求助心理咨询。

通过咨询发现，家长对贝贝违拗行为的不满与焦虑直接源自他们对贝贝行为的要求和规范。由于家长非常注重儿童行为规范的养成，因此，在儿童行事时总是有各种要求，希望儿童能够尽可能地听从父母的指令。但由于儿童在认知和社会性交往方面存在缺陷，因此，常常会表现出一些与父母意愿相反的行为。此时，父母就感觉孩子出现了违拗行为，便试图用父母的权威去控制儿童。于是争吵和对抗就此发生。

有一次贝贝与父母就是否上楼洗澡产生了激烈的争吵。当时父母正与朋友在客厅聊天，贝贝吃完晚饭应上楼洗澡，但他赖在客厅不上楼。父亲便说："如果你还不上楼洗澡的话，等一下就没收你的DVD，今晚你就不能看DVD了。"贝贝说："你不能没收我的DVD。"父亲说："我的意思是，如果你还不上楼，我就要没收你的DVD。"贝贝开始紧张，在没有得到父亲确认前他不愿上楼，只是大叫："你不能没收我的DVD。"父亲说："那你就要上楼洗澡，否则就没有DVD！"贝贝便开始哭闹。父亲也开始发火，要强行把他带上楼去。

经过5次咨询，父亲开始意识到自己与贝贝的对抗是源于双方在家庭规则制定中的权力争斗，也开始接受家庭规则的调整与重构。在父亲与贝贝对抗时，母亲能起到一定的协调作用。在第6次咨询时，治疗师帮助家庭完成了规则的重新制定。例如，之前所说的洗澡与DVD，在新规则中DVD不与洗澡直接联系，而是增添了打扫房间、家庭游戏等内容，调整了父子容易产生对抗的事件。在进行咨询和治疗的同时，治疗师协助家庭设计家庭时间，为家庭布置共同协作完成的家庭任务，让全家人能够在合作中进行沟通，协调彼此关于规则的不一致观点。

第3节 叙事治疗

叙事心理治疗是在西方的现象学和后现代思潮影响下迅速发展的新兴的心理治疗取向。而中国传统的人文精神包含着十分宝贵的叙事治疗的资源，值得我们认真继承和发扬。叙事治疗用于特殊儿童的心理发展前景极其广阔。

一、叙事治疗的基本理论

（一）叙事治疗的界定及特点

叙事治疗有广义与狭义两种理解。

狭义的叙事治疗特指由麦克·怀特（Michael White）和大卫·爱普斯顿（David Epston）等人提出的后现代主义的叙事治疗理论和操作模式。叙事治疗使用适当的对话技巧，帮助当事人找出生活故事中被自己忽略的细节和片段，唤起当事人观点和视角的积极转变，找到创造的力量和希望，从而摆脱情绪困扰，重新鼓起生活的勇气。通过新颖的创造性叙事，僵化的生活"剧本"就可能会打破，新的人生可以开拓出来。

广义的叙事治疗涉及人类叙事的各种艺术实践的作用，例如诗歌、戏剧、电影等对于人类心灵的影响。艺术，尤其是故事性艺术（如长篇小说）充分体现了"人类行为的故事性"，即关注人类心理和行为的叙事结构和脉络组织。人类总是倾向于通过建构故事和倾听别人的故事来处理个人生活经验的意义。现代化进程中对象化的科学话语（discourse）占有越来越突出的霸权地位，儿童的想象力、身体智慧和非言语的经验很难找到适宜的话语空间，个人的主体性处于被无处不在的经济利益和整齐划一的管理冲动所压制和排挤的边缘化状态。时代在呼唤艺术化的创造性生存的叙事实践。在特殊儿童心理治疗实践中，各种非语言介的使用，也在叙事治疗的范畴之内。

叙事是一种非概念化、非命题化的语言运作，简单地说就是使用感性的文学话语，表达个人经验，创作生活故事。讲故事要交代清楚什么时间、地点、什么人在做什么事情（when，where，who，what）。我们讲故事所用的话语与讲课和写论文是不一样的。因此，叙事治疗与传统的心理治疗体系差别很大，它体现了一种另类的心理观和相应的文化实践，体现了一种对待心理问题的独特理念与人生态度。换句话说，概念化的语言往往规定了生活的某种固定样式，而叙事的表达对生活持有开放和探索的态度。叙事包容更大的创造性，给我们更多的个人自主和交流互动的空间。

叙事治疗的特点包括：

（1）探讨致力于发现个人生活中往往被忽略的故事。

（2）将个人的生活故事看做治疗工作的基本单元。

（3）认为人们透过自传式的故事来看生活。作为人，我们都是情景中和关系中的人物，都是经验和意义的体验者和创造者。

（4）我们的故事自我（narrative self）告诉我们自己到底是谁，在做什么重要的事情。在治疗关系中发现这些故事，深入理解并重新叙述其中的关键细节，会导致自我的更新和人际关系的质的变化。

（5）传统的心理学强调个人内部世界的独立自主。而叙事治疗理论认为，个人的自我同一性或者身份认同是个人同他人、同自己的历史、同文化传统之间的对话、交流和相互建构。

（6）叙事治疗注重去理解那些影响和塑造个人生活的故事主题。故事大于个人。在个人经验之上还有更重要的东西在无形中规范人生。人类共同的命运会表现在各种本土化和局部的故事之中。叙事治疗重视基本的故事情节（story plots）或线索脉络（cues and lines），以及这些原型统合个人生活经验的组织能力。每个人的生活中都充斥着隐而不显的故事线索。叙事治疗要找出这些故事线索并扩大它们。叙事的对话和探索关注个人生活中有重大意义的内容，包括主观的意向、具有重要影响的人际关系、生活历程的转折点、特别值得珍视的记忆，以及这些内容之间复杂的意义连接和关系网络。

（7）叙事治疗不是一套理论概念或技术体系。在叙事治疗的进程中，隐喻和象征可以代替理论概念的分析。

在西方叙事治疗有三个主要的源头：叙事理论、社会建构论以及现象学和诠释学。

（二）叙事治疗的理论源起

1. 叙事理论

以 20 世纪 80 年代末为分界点，叙事理论可分为经典叙事理论阶段和后现代叙事理论阶段。

经典的叙事理论认为叙事是透明的。话语被当做指示对象的工具。叙事是"地图"，它对应着某个"版图"。我们通过叙事，来寻找背后蕴藏着的一个固定不变的事物。后现代叙事理论则认为，话语、写作、阅读等叙事行为可以建构其对象。叙事不仅是一种对已有对象的认识和描述，而且是一个经验生成和探索发现的创造过程。话语既描述世界，也创造世界。

经典叙事理论到后现代叙事理论的从发现到发明的转变，反映着叙事理论在对作为阅读对象的"叙事"和作为阅读者的"人"的身份认识上所发生的转变。后现代叙事理论认为，叙事无处不在，生活本身也是一种叙事。既然对叙事结构的把握是人的主观发明的过程，那么对生活事件的理解与体验也就有了多样的可能性。后现代叙事理论的这一观点，启发了叙事心理治疗的创造性走向。

2. 社会建构论

社会建构论是一种批判性的后现代主义理论，它是叙事心理治疗的另一重要思想渊源。

社会建构论认为，个体知识的发展是一种社会现象，学习者是在拥有知识的基础之上，将新知识主动地、有机地整合到旧有的、具有内在结构的知识体系之中。另外，在人类社会里，知识传达的主要媒介是语言，语言同时也是传达者内在知识体系的外在反应。因此，在社会建构主义者眼中，人对现实的理解不再是符号与客观事物之间一一对应的关系，而是社会通过语言建构新颖对象的过程。在这个过程中，语言会改变、筛选和转化我们的经验。"实在"是由社会话语建构起来的。社会建构论与传统的心理学具有实质性的差异。

反本质主义：社会建构主义不相信内在的心理实体或者本质要素的存在，比如"人格""认知"或"自由意志"等都不是客观的对象化的存在。

反实在论：社会建构论不相信有一个可以直接感知的"纯粹客观的实在""外在的"存在，而是认为"现实"是社会建构的结果。社会建构论更关注过程，而否认静态的"实在"。

语言的创造或者构成作用：我们理解世界的方式不是来自客观实在，而是来自他人。语言是我们理解世界的最重要框架。语言不仅仅具有描述功能，还具有构成作用。

对交往模式的关注：社会建构论关注人与人之间的交往和社会活动的塑造功能，因此注重通过分析社会交往现象对权力和利益分布结构做出批判。

3. 现象学和诠释学

现象学和诠释学的思路主要来自：德国胡塞尔的现象学哲学；海德格尔对人的在世生存的"此在分析"；法国梅洛-庞蒂的知觉现象学；伽德默尔和保罗·利科的诠释学（也译为释义学）。这是区别于现代英美等国流行的意识形态的一整套哲学和思想方法的严密体系。它的最重要观点有：对我们人类来说，主观意向性与客观对象性永远不能分开；生成即存在，现象即实有，言说即创造，观看即涌现；"语言是存在之家"，原创性和象征性的诗歌、艺术、劳动是通向超越性存在的最切近的路径。关于现象学心理治疗有兴趣的读者可以参考《叙事与象征：现象学心理治疗》一书中的有关论述。本书限于篇幅，不再展开。此处强调一点：叙事治疗的理念虽然是从西方传来的理念，但是实际上，我们的传统文化的核心就是用文化创造来成就人格。孔子所倡导的"兴于诗，立于礼，成于乐"的道德修养之道，是叙事治疗师难以企及的极高明的境界。庄子"言无言"的处世之道更是为当代人类克服偏执、解脱迷信指出了根本性的出路。①

---

① 杨广学. 心理治疗体系研究[M]. 长春：吉林人民出版社，2003：12-19.

二、叙事治疗的理念和视角

（一）叙事治疗的理念

叙事心理治疗的理念有很多。此处简要介绍叙事、故事、内化与外化、合作评估。

1. 叙事（narrative）

叙事是一种独特的人类活动。我们讲故事、演剧、写小说，甚至作画、跳舞、捏泥人，都是在特定的心理时空中呈现生活经验和意义的结构。叙事是赋予个人经验以连贯意义的表达、理解、体验、诠释的过程。我们可以说，生活事件是叙述的结果。通过叙事，我们让自己进入时间和历史。

叙事是一种框架，人类依据这种框架为时间性体验和个人行动的体验赋予意义。叙事意义的功能有两个，一是可以将人们对生活目的的理解通过一种形式表现出来，二是可以把人们的日常行动和生活事件连接成意义相对完整的单元。叙事提供了一个既有实际效能又有丰富可能性的框架，使我们方便地理解过去，构想未来，从而获得一种存在的确定性。它是人类之存在获得连贯意义的一个主要途径。[①]

（1）诠释（interpretation）

诠释学是对文本的意义进行阐释的一种艺术，并经过改造成为了对人的理解活动和行为的意义进行分析的一种基本的哲学方法。[②] 诠释学认为，文本存在多种意义的可能性，读者在阅读的过程中不自觉地将自身已有的经验、知识体系拿来作为理解新文本的基础，当新文本中能够与读者旧有经验达成视阈融合的时候，读者就会出现对文本意义的理解。因此，对于一种文本可以有无数种的解读，不同的人，甚至是同一个人在不同时期、不同场景中对文本的理解都可能不同。

诠释学对叙事心理治疗的启示是，生活事件即是一种文本，个体对事件的理解、情感体验也会受到来自个体内在主观性因素的影响。这些因素包括：个体的旧有经验、事件发生时个体所处的心理阶段、发生事件所处的情境、个体叙事空间的大小等。叙事治疗师不用刻意追寻客观事实的挖掘（比如说像个侦探一样工作），而只需为故事的展开提供充分自由的想象空间。

（2）叙事空间（narrative space）

叙事空间是指对于特定事件所能做的诠释的可能性有多少。乔治·凯利（George Kelly）认为，个体在接受事件的有关信息的时候，会在原有知识的基础上对这些信息进行区分，并有选择地将那些"有用"的信息整合入个人知识系统中。这种区分、整合久而久之就构成了个体对经验进行分类整理的秩序，叙事空间随着这一秩序的形成而不断变得具有方向性，并且越来越狭窄。

---

① Polkinghorne，D. E. *Narrative Knowing and the Human Sciences* [M]. Albany，N. Y.：State of New York University Press，1988.

② 张汝伦. 现代西方哲学十五讲[M]. 北京：北京大学出版社，2003.

在叙事心理治疗过程中,治疗师可以帮助当事人厘清事件诠释的立场和方向,辅助当事人调整心理空间秩序,拓宽叙事空间,从而寻找生活中新的、更多的选择和可能性。

（3）叙事时间（narrative time）

叙事是在一定时空内展开的,时间艺术是叙事心理治疗理论不可或缺的重点。从出生那天开始,每个人就上演着自己的生命故事,而时间正是这段故事的载体。因为人生故事有着前后的链接,叙事时间也就不再是无数瞬间的重复堆砌,而是各种各样的意义片段的有序编排。

人类时间的主观性也会影响到人对时间的过分把控。当个体持久地沉浸于某一段时间的情绪体验中,那么这个人的叙事时间也就不再流通。人的叙事时间的停滞促使了心理问题的产生,叙事心理治疗就是要让当事人在叙事时间的延伸与转向中改写自我的人生故事。故事的转变就是人的体验在时间维度中的转变。只要时间在流动,生命就有新可能和新希望。

2. 故事

（1）单薄/丰厚故事（thin or thick stories）

任何一个故事都是由多个情节和主题构成的,如果一个人对自己的人生故事的讲述只是对某一个主题的简单重复,那么这个人的故事就是一个单薄的故事。与之相反,如果一个人的故事中包含着多重主题,他在讲述每个主题的时候都能够对其中的细节进行详细的描述,那么这样的故事就可称为丰厚的故事。叙事心理治疗鼓励人们从对体验的种种描述中形成丰厚的故事。那么这种对故事的单薄或丰厚的讲述方式的差异是如何造成的呢？叙事心理治疗认为,个体的支配故事直接决定着其对人生故事的讲述方式。

（2）支配性故事（dominating stories）

支配性故事是指一个人在描述自己生活的时候反复出现的、带有选择作用的主题。支配故事的形成受到了三个方面的影响：

社会文化中的支配性故事的影响；

家庭支配性故事的影响；

个人所处的工作、学习等亚文化的支配性故事的影响。

个人故事的形成是受到比个人生活更大的背景中的支配性故事影响的,而这种影响往往是潜移默化的、不为个体所觉察的。缺乏自觉的人,往往活在各种神话一般的框架之中而不能自拔。

3. 内化与外化（internalization/externalization）

内化是指,人通过认知将外部事物转化为内部思维内容的过程,主要是指社会意识向个体意识的转化。叙事心理治疗理论认为,很多从文化习俗中、从制度化了的对话中衍生出来的一些预设,会让人把问题归咎于自己的自我同一性（self identity）、人格特质或者不可避免的命运,从而使得问题难以改变。当事人往往会认为问题就是自我的一部分,就像身上的一个器官那么真实。比如,当事人可能说"我有抑郁症",其实这是对他一系列的不舒服的感受的一种简化。这种简化论（reduction）阻碍了他与自我的真正交流和对话。

外化是叙事心理治疗对待"问题"的一种立场。叙事心理治疗就是要通过运用语境、社会背景、重新命名、改换指称方式等话语实践，帮助当事人领悟到人和问题的本质差别。外化不但要帮助人理解当前的问题叙事是如何形成的，而且要帮助人从根本上改变开创未来生活世界的叙事方式。更重要的是，外化的立场贯穿叙事心理治疗的始终，同时提供了一种安排生活的途径，可以让人安身立命。

4. 合作评估（cooperative assessment）

合作评估是由美国的布鲁斯·查尔摩博士（Bruce Chalmer）提出的一种解决方案，其基本思想来源于叙事理论和相应的心理测评技术，可以作为传统心理测量的替代技术。

在合作评估的过程中，当事人和治疗师的立场是一致的，都是致力于解决特定的问题，而非判断任何一种属于个人的"特质"。当事人和治疗师是平等的合作关系，而不像传统的客观化心理测量那样，当事人只是被动的接受者。这样，就可以让参与者团结起来，共同担负起处理问题的责任，避免相互指责等不利于问题解决的情况出现。

合作评估是当事人与治疗师共同合作的叙事创作。一旦故事脉络清晰了，问题也就有了解决的方案。故事的创作为当事人的问题进行界定，也可以看作是促进问题解决的治疗过程的组成部分。所以"评估"和"治疗"之间并没有绝对的界限。目前，按照客观标准对当事人进行诊断分类的做法，遇到了许多深层问题，引发了许多争论。而以合作叙事为评估手段的方法，越来越受到实践工作者的欢迎。

（二）叙事治疗的视角

叙事心理治疗有着区别于传统心理学的鲜明特征。

1. "心理疾病"观

叙事心理治疗不主张对当事人进行心理疾病的诊断和分类，而坚持认为，对人类的意图和价值来说，不应使用疾病分类的范畴，因为那样做等于是越出了科学的轨道。因此，在叙事心理治疗中，更倾向于将传统意义上的"疾病"定义为一个对当事人造成困扰的"问题"。叙事心理治疗把"人"和"问题"分开看，不把问题看做当事人的组成部分。

2. 治疗关系

叙事心理治疗特别关注治疗关系的性质。与传统心理治疗观不同，叙事心理治疗师把当事人作为解决自己问题的专家，重视其内在的改变力量；相信当事人自己有能力改变问题叙事，重新建构生活的意义。因此，叙事心理治疗师摒弃了"权威者"的身份，而充当了当事人生活故事讲述的参与者、倾听者和陪伴者。例如，面对一个有品行问题的孩子，治疗师不是家长请来"修理"孩子的人，而是和家长、孩子一起探讨如何面对"调皮的儿童"这个话题。叙事心理治疗反对治疗师以"专家"自居，主张采取一种"开放的"立场，通过无条件的倾听，让当事人的故事自然展开，形成独特的主题，并丰富其生活意义。

3. 治疗目标

叙事心理治疗的目的在于使参与者的生活意义丰富和心理成长。通过解构性的谈话或者活动,可以帮助治疗师和当事人看到当事人生活中僵硬的"支配性故事"。在治疗过程中当事人和治疗师开阔视野,重新审视并理解这种"支配性故事",从而形成"重新选择的新颖叙事",使新的生活可能性涌现,使生活出现创造性开放的转机。

三、叙事治疗的程序和技巧

特别需要注意的是,治疗师不可能按照固定程序使用技术,而是要根据咨询的实际情况灵活运用。下文通过一个学业不良学生的案例来描述叙事心理治疗的程序和技巧。

（一）叙事治疗的程序

1. 找出问题,对问题进行外化

当事人到咨询室的时候往往将问题看作是自己的一个部分,他们不可避免地要以"问题的形态"在生活中存在。治疗师要通过交谈找出已经被当事人内化了的问题。

下面是一个学业不良学生想放弃学业的案例。

治疗师:你觉得对学习不感兴趣,即使在学校待着也是浪费工夫,是什么让你有这样的想法?

当事人:反正我是一个差生,都到了初中了,差生是不可能再学习好的。

在这个案例中,当事人关于"我是一个差生"的故事被内化了,成了当事人自我认同的一个核心部分。也就是说,"我是一个差生"这个故事结构被僵化为个人自我意识的基本结构,其他的生活故事都会以这个叙事结构为蓝本。在当事人的生活经验中,所有与"我是一个差生"的故事不相符合的各种具体的经历都会被过滤掉,甚至完全不能被体验到,这样当事人的个人叙事空间就会越来越狭窄,最终走入死胡同。

所谓对问题的外化,就是要将问题与当事人分开。外化通过追溯问题的历史,寻找那些致使问题出现的可能性因素,有效地调动当事人对问题分析的积极性,可以拓宽当事人的叙事空间,从多个角度进行诠释,发现问题发展的多种可能性,最终实现问题叙事的解构与重构。

治疗师:在你的记忆中,你是什么时候被当做差生的?

当事人:从上初中以后。

治疗师:能具体说说吗?

当事人:上初中时,我们要参加一个入学考试,我没有考好,数学不及格,三大主科的总成绩也很不理想,结果在级部中名次就比较靠后。我们学校又是按名次进行分班的,这样我就成了我们班里的倒数了。

治疗师:那么是什么原因让你的升学考试没有考好?

当事人:考试前一天晚上我没有休息好,考试的当天我又发烧了。

治疗师:哦……

当事人:我父母的关系不好,经常吵架。我记得那天晚上,我父母又大吵了一次,妈妈生气地摔门走了,我跑出去找她,结果淋了雨。

在上面案例中,治疗师辅助当事人将"我是一个差生"的故事放入历史的时空中,对这个故事追踪溯源，寻找导致这个故事产生的最初源头——入学考试没有考好。此时，问题已经被外化，"差生"不再是生长在"我"内部的问题，而是由于学校根据考试成绩对学生进行的分类，使"我"有了这样的一个身份。继续追踪下去，并不是"我"学习不好而是一些偶然的突发事件导致"我"考试成绩的不理想。这个时候对于"我是一个差生"的故事的解释就出现了多种可能性。

治疗师：你觉得"差生"这个头衔对你的生活造成了影响吗？

当事人：当然了。

治疗师：能详细谈谈吗？

当事人：我小学的时候，学习成绩虽然一般，但是因为我比较乖，老师和同学们也都喜欢我，我还有几个很要好的朋友。但是上了初中，因为名次靠后，老师也就不怎么管我了。我的座位在班级的后排，上课老师也不叫我起来回答问题。同学们也都觉得我很笨，都不怎么搭理我，我又比较内向，不好意思主动跟他们说话，所以我觉得在班级里我是一个可有可无的人。

治疗师：你父母对你怎么看？

当事人：我父母对我也挺失望的。本来他们的关系就不好，加上我学习又不好，因为我的事，他们吵得更频繁了，看到他们这样，我就更自责了。

在上面的交谈中，治疗师辅助当事人厘清"我是一个差生"这个故事对他及他的家庭所产生的影响。

2. 挖掘例外，为故事的讲述寻找一个新的可能

人的生活往往被一些固定化的模式控制着，所有符合这个模式的经验才能被意识到，而其他的事情都是例外事件。挖掘当事人生活中的例外事例，让他们关注那些不曾被问题所困扰的时刻，并让当事人详细描述那些特殊时刻自己的行为与意识，以使当事人对这些特殊时刻的叙述更加丰富。叙事心理治疗称这些例外为"独特的结果"。这些"独特的结果"往往不被赋予重要的意义，甚至完全被忽略掉，似乎在生活中根本没有存在的价值。叙事治疗就是要把眼光放在这些不被注意的积极体验上。这些积极体验、独特的结果、微小的情节，都可以成为个人新的生活故事的开端。

治疗师：你说你的象棋下得不错。

当事人：是的，我从小就跟着爷爷学象棋，而且我也很喜欢。小时候胡同口总是有些爷爷摆棋摊，我就跟着看，后来也就跟着下，把那些爷爷的招数都学到手了，再加上看一些象棋方面的书，一来二去的，我们家门口的那些爷爷也都下不过我了。那时候，大人们还都夸我聪明。

一旦这些细微的积极体验被发掘出来，就会像滚雪球一样逐渐扩大。逐步地，原来似乎占据着全部生活的问题故事，就不再显得那么重要，甚至被淡忘；而新的情节会不断地形成和发展，直到走向完全不同的结局。

治疗师：象棋是从小伴你长大的游戏，还有什么原因让你喜欢它？

当事人：因为下象棋是要讲究策略和兵法的，它是最贴近我们生活的一种军事活动。

我比较喜欢军事,每一期的《军事天地》我都要看。我特别喜欢的是空军,各种战斗机的发明史和特征,我都非常清楚。我还喜欢做飞机模型。去年,我参加市里的航模比赛还拿了二等奖。当时我特别高兴。我的理想是当一名战斗机的驾驶员。

治疗师:在你做航模的时候有没有遇到过什么困难?

当事人:当然有了。记得有一次我在组建一个新模型的时候,有一个机翼总也插不进去,找来找去也不知道原因在哪里。那几天我脑子里总是想着这件事,一有时间就反复地看安装说明,装了拆,拆了装,有时一看就是几个小时。后来终于发现有一个小螺丝是在安装机翼后再装,结果我是在安装机翼前安装的,给弄错了。

治疗师:一装就是几个小时啊……

当事人:是啊,后来我也很奇怪,为什么我上课就集中不了注意力,做航模就可以……

经过对例外事件的挖掘,当事人发现原来在自己身上还发生过一些不一样的事件,这些事件带给他的体验是积极的,只可惜之前没有意识到。当事人发现其实自己并不"笨",也不是"不能够集中注意力",这些只是"我是差生"的"故事台词"而已。

3. 扩展例外事件,重新塑造一个自我

对问题的外化已经完成,例外事件也已经发掘出来,此时当事人心中已经开始萌生细微的积极体验,这时对抗问题故事的关键步骤在于发展丰富、详细而有意义的故事。

从前文的论述我们看到,即使是对一个微小的细节进行发掘都可能成为使当事人的叙事发生转折的契机。通过对细节的描述创造一种景象,让人神游其中,期间的情绪、想法、表情、行动都能丰富故事,使之成为现实。[①]

治疗师:你经过努力终于找到无法安装机翼的原因,你有什么样的感觉?

当事人:当然是特别兴奋啦。其实我是偶然间发现那个螺丝装错了的,当时我只是抱着试试看的态度,把螺丝卸下来,先装了机翼,再把它拧上。没想到这一试居然成了,当时我看着做好的模型,真是越看越漂亮、越看越喜欢,直到现在,那个模型还摆在我的书桌上呢。

叙事心理治疗正是一个治疗师辅助当事人重写生活故事的过程。在这一过程中,当事人通过对例外事件的挖掘,到细节的丰富描述,再到将积极体验外延至整个生活故事的一系列的活动,完成了一个由"笨"和"不专心"的"差生"到"有理想"的自我的转变。

4. 庆典仪式作为个人新生的见证

我们的生活如果遇到重大改变,我们会邀请一些重要的人物来见证,并且会举行一定的仪式。这些仪式的作用之一就是把这种改变真实化。叙事心理治疗在治疗情境中创造性地发挥了仪式的这种作用。邀请当事人社会关系中的重要成员一同来见证这个新自我

---

① 林杏足. 叙事谘商简介:基本概念与谘商过程[J]. 辅导通讯,2002,70:32-38.

的诞生，让当事人与其家庭或社会关系中具有支持作用的成员联系，并用文字记录来证实新体验的产生：发给证书，加以奖励，最后邀请当事人用文字记录自己的治疗体验，以帮助以后有类似体验的人。

叙事心理治疗中运用的仪式有三种情况：一是在界定问题的时候，二是取得阶段性进步的时候，三是治疗结束的时候。在不同阶段使用仪式对于叙事心理咨询的效果会起到不同的作用。

咨询结束阶段的仪式往往意味着旧有的生活故事的结束，也标志着新的、丰富的生活故事的开始。例如在上述的案例中，当事人作为一个差生的自我即将画上句号，下一个篇章将要书写一个执着的我如何最终达成理想。仪式的活动可以按照当事人的意愿邀请一些与其有关的重要他人来参加，如老师、家庭成员、同伴等。来自外界的支持力量有助于咨询效果的巩固，也会为当事人迈向新的生活提供信心和勇气。

（二）叙事治疗的技巧

虽然叙事心理治疗不拘泥于公式化的程序与技术，但是经过多年的实践，一些经验性的技巧在操作领域中被证明是切实可行的。

1. 悬置的态度

叙事心理治疗的核心理念之一是"让当事人成为自己故事的讲述者"。在传统的心理咨询模式中，治疗师被赋予了权威者、指导者的形象。并且，当事人也往往是抱着寻求建议的心态而走进咨询室的。因此，要实现对传统模式中当事人与治疗师的角色转化，治疗师在咨询过程中始终保持悬置的态度无疑是非常重要的。所谓"悬置"，就是要治疗师将自己的专业视阈和个人观点搁置到一边，在对当事人保持尊敬的基础上，以一种试探的姿态和愿意接受的开放胸怀去成为当事人故事的倾听者。但是，正如叙事心理治疗一直强调的那样，人的世界是被建构出来的，治疗师也一样，要治疗师做到完全放下个人的知识体系，是一件困难的事情。下面几种方法也许会对治疗师有所帮助：

① 对当事人所讲述故事的各个方面保持开放心态，不做封闭。

② 避免被正常家庭生活的传统观念所禁锢。

当事人：我爸爸就是一个坏人。

治疗师1：不能这么说，你是孩子，再怎样也要懂得尊重长辈。

治疗师2：是什么让你对爸爸有这样的评价？

③ 采用接纳性的语言与来访家庭交流，即对各个家庭成员述说的故事都感兴趣，不以命令式的口吻对家庭成员的故事加以评论，而是平和地接受。

④ 不应有先入为主的观点。

当事人：我是一个聋孩子，所以我注定是这个世界上最没用的人。

治疗师1：嗯，我完全明白。

治疗师2：我不太明白你的意思，你说得更详细一些好吗？

⑤ 提出激发思绪的问题。

当事人：我的眼睛看不清东西。

治疗师1：所以你的世界是黑的。

治疗师2：那你想象中的世界是什么样的？

⑥ 创造一种允许问题向不同方向发展的讨论氛围。

在上述的案例中，我们可以对两位治疗师的应对方式做一个比较。明显可见，第二位治疗师悬置自己的主观假设，以开放的态度对当事人的情感世界做出了共情理解的回应。

2. 差异性提问

在前文中，例外事件在当事人故事转化的过程中起到了神奇作用。那么，如何引导当事人寻找生活中那些本该有积极意义却被忽略掉的例外事件呢？差异性提问是叙事心理治疗中常用的技巧，主要包括开放空间式提问和意义性问题提问。下面将通过两个具体案例加以说明。

（1）开放空间的提问

当事人：因为我得过轻度的精神分裂症，所以我周围的人都怕我，同学的家长也都不让他们跟我玩，我家的邻居看到我也都指指点点的。所以我在别人面前都不敢抬头。我感觉"精神病"这几个字就像是刻在我脸上一样，我走到哪里就带到哪里。

治疗师：有没有出现过你摆脱了"精神病"对你困扰的情况？能不能说说那时都发生了什么？

当事人：好像是有那么一次，我妈妈远在外地的一个同学带着她的女儿到这里旅游，顺便来我家玩。那个女孩一进门就对我很亲切的笑，我以为她不知道我曾经得病的事。另外，我也算是主人嘛，就比较热情地接待了她。还跟她在一起聊了很久，给她看我收集的图片什么的。那一次我觉得我跟她玩得还挺开心的。后来我才知道，她从一开始就知道我得过病，只不过她觉得那也没什么。我到现在都还挺想她的……

（2）意义性问题提问

当事人：我偷过别人的东西，在学校也经常打架，我是一个坏孩子，所以人人都不喜欢我，就连妈妈都觉得有我这样的孩子让她很丢脸。她从来不带我到她的单位去，也害怕别人问我的成绩什么的。

治疗师：在过去的一段时间里，你有没有例外地带给妈妈什么惊喜？

当事人：就是在去年的全市运动会上，我跑了个第一名，而且还破了市纪录。正好我妈妈的同事去看了比赛，还把这个事告诉了我妈妈，并且当着我妈的面夸我长得帅，也有出息什么的，我妈当时很高兴。一边听她同事跟她讲，一边笑着看着我。在回家的路上，我妈也一直拉着我的手，这是以前从来都没有过的。

治疗师：这个例外说明了什么？

当事人：说明了……嗯……好像我也有能让我妈妈感到骄傲的地方……

3. 滚雪球式提问

当事人对生活中积极体验的压缩、忽视，使其故事变得极为单薄，只有使这些经历再次回到当事人意识中，故事才能变得丰厚起来。治疗师可以采用滚雪球式的提问，辅助当事人冲破狭窄叙事空间的限制,寻找散落在模糊背景中的闪光点。下面案例的当事人是一个正处于青春期的、腿部有残疾的女孩子,她对自己的身体外形十分不满。因此,尽管她的五官很漂亮,学习成绩优秀,但她的内心总是充满深深的自卑。

当事人:我这个人一无是处。

治疗师:你有要好的朋友吗?

当事人:有几个。

治疗师:她们是怎么评价你的?

当事人:她们说我比较宽容。

治疗师:哦,宽容。

当事人:嗯,就是那次我后桌生病的事情啦。

治疗师:你详细说说好吗?

当事人:我的后桌是班上最顽皮的一个男孩子,我们两家是邻居。从小到大,他总是欺负我。在学校里,他经常学我走路,要不就是给我起外号,取笑我。我的几个好朋友都挺替我愤愤不平的。可是上个月,他骑自行车把右手摔伤了,不能上学。我觉得他挺可怜的,就每天回家的时候顺路把我的笔记拿去给他看,还给他讲讲学校里的新鲜事儿什么的。

治疗师:这个男孩对你的做法有什么感觉?

当事人:他挺感动的,为以前的事向我道歉。哦,对了,他还说我挺细心的,说因为我给他讲学校里的新鲜事儿,他在家待着就没那么寂寞了。

四、叙事治疗在特殊儿童心理治疗中的应用

对于有语言表达能力的特殊儿童,叙事治疗可以帮助他们讲叙自己的故事,发掘人生境遇中的各种新颖可能,从而找到生活的方向和意义。

心理治疗中,特殊儿童的问题是由特殊儿童与治疗师通过共同交谈而确定的。即使是对那些很明显地困扰着特殊儿童的问题,在确定其为心理咨询目标之前,特殊儿童与治疗师也要对其进行一番讨论。因此,叙事心理治疗采用的合作评估有助于特殊儿童对自己的认识和对自身问题的澄清。另外,在强调生态环境对特殊儿童影响的今天,这种合作评估还具有团结家庭力量和建立合作式治疗关系的作用。由于问题的存在,儿童与家庭成员的关系也会受到影响,甚至会产生相互之间的谴责,这种相互谴责的关系当然不会有利于问题的解决。儿童对治疗师的态度同样会阻碍咨询的进展。如果儿童与治疗师处于一种医治与被医治的对立关系,那么也不会有利于问题的解决。通过合作评估,所有参与者都能达成一种共识,"问题不是儿童的一部分",也不是"其他家庭成员的一部分","解决问题"也不是治疗师的任务。共同的目标使咨询双方通过合作摆脱负面问题的影响,为生活开辟可能的新颖空间。

叙事心理治疗要以现象学的思想为指导。尊重儿童的生命体验,放下成人高高在上的训导和说教的姿态,将生活的主导权还给儿童,这是特殊儿童心理治疗的核心理念。认

真贯彻这一思想，有助于我们听到特殊儿童自己的声音，看到他们的潜能和力量。如何能够深入儿童的心理和生活世界，做到共情的理解，并能够与儿童合作，通过生活故事的改写、重写、再创作，激发儿童的生命活力和创造精神，是治疗师最重要的专业素养。

叙事心理治疗并不局限于言语交谈。在咨询的过程中可以采用多种媒介来促进治疗师与儿童的沟通。正是因为叙事心理治疗不拘泥于模式的限制，使其更方便地应用于一些有语言障碍的人群。接受治疗的儿童年龄越小，非言语交流材料和方式就越重要。绘画、看电影、讲故事、听音乐、运动、游戏等活动形式，都可以成为特殊儿童叙事心理治疗的有效媒介。

言说即创造，即生存，即存在之涌现和生成。无论是通过说话，或是绘画、歌唱、舞蹈、制作、劳动，人需要为自己创作一个有意义的世界。叙事治疗的关键即在于此。

获得话语创造能力的儿童更健康，更富有生命的活力。

特殊儿童咨询往往与家庭治疗结合在一起进行。如何改变家庭成员如父母与孩子的交往方式（如指手画脚说教的习惯），学会聆听孩子的声音，显得尤为重要。下面将通过治疗师伯格的一个案例来说明。

12岁的女孩海瑟酗酒，还吸食大麻，常常晚上与一群不良少年外出。父母制止她外出，海瑟有2次试图自杀，表示抗议，而且威胁要离家出走。采用以解决方案为焦点的叙事心理治疗，关注问题解决的方案，而不是互相指责和彼此对抗。治疗师直接针对亲子关系的根本出路和每个人的具体行动作引导，进行困境中的评分和行动设计，找到了解决问题的突破口。

治疗师：如果你下星期可以留在家里一个晚上，你跟父母之间的相处会有什么不同？

海瑟：我不知道……（停顿很久）也许他们对我会有一点信任。

治疗师：如果他们对你会有一点信任，你父母还会做些什么？

海瑟：也许他们会让我在房间里大声放音乐。

与海瑟一起做过"评分"之后，针对母亲所关心的"让海瑟变正常"的问题，治疗师做了如下干预：

治疗师：海瑟刚刚说她很失望，假设你能做些事让她觉得好过一点，你觉得应该是什么？

母亲：我觉得应该让她的哥哥姐姐告诉她抽大麻的坏处。

治疗师：如果她不抽大麻，会有什么不同呢？

母亲：差别太大了！她会变得正常。

治疗师：海瑟变得正常之后，你们俩人之间会有何不同呢？

母亲：我想，她关心功课，用功读书，也会听我们的话，不会离家出走。

治疗师：如果她做到这些，你和她之间会有什么不同？

母亲：我们以前常常一起下厨，她很有幽默感，我喜欢听她讲笑话。

治疗师：所以，这就是你希望看到的结果。你们一起下厨，一起开玩笑，她也会讲笑话给你听。

母亲：是的。

叙事心理治疗特别尊重儿童的经验和体验，注重聆听孩子的心声。即使是障碍程度严重和发展水平低下的残疾儿童，也有自己的想法和可以开发的潜在能力。从促进健康和提升能力的角度看待特殊儿童的心理问题和行为表现，就不会过度关注消极和负面的话题，不会把人看做需要修理的物品或机器，就会看到力量和希望，找到出路和方向。

有一个高个子的中学生，某天上学只穿了一条三角短裤，引起全校上下一片哗然。有人要报警，有人要通知家长，后来有人要直接把这个学生送往精神病院。但学校咨询老师经过一番谈话，了解到这个学生出格的逆反行为，只是出于一个极为简单的事实：他在昨天上课时无端被老师羞辱，而无论怎样辩解，老师都不给他诉说的机会。只是为了要获得承认和理解，他才做出了这样不得体的抗议行为。

还有这样一个案例：一个15岁的女孩，经常离家出走，社会工作者认为她已经堕落得不可救药。其实，她离家出走只是为了逃避有暴力攻击倾向的哥哥。真正的问题在于家长的责任意识和生存环境的改造。① 可见，只有认真聆听孩子的叙事，才能真切深入地到达共情的理解，进入孩子的精神世界；只有在理解孩子的基础上，才能找到问题的症结，才能有效地实施合乎生态原则的系统化的治疗和干预。置当事人的体验和意义于不顾，只做外在化的因果解释，往往与心理实际情况不符，对于治疗没有任何帮助。差之毫厘，谬之千里。我们必须面对孩子的实际经验，让事实敞开自己的意义结构，而不能武断地否认和阻断生命的流动。

心理治疗与教育在根本目的和本质上是相通的。叙事心理治疗的基本精神是要回归人生的基本面貌，让人生的真善美如实地得到体现。特殊儿童尽管面对各种各样的难题，他们也有能力过一种更加从容、更加舒心的生活。他们的生活应该有希望、有机会、有尊严、有幸福。叙事心理治疗通过个人"自传式自我"的演进和表现，化解不必要的冲突、隔阂和对立，让当事人真切地面对自己的经验，在故事的流动和自我的再创作过程中，找到力量和方向。以现象学哲学为基本立场的叙事心理治疗，有助于特殊儿童自我意识的成长和心理健康水平的提升。对于这一方法有待于心理治疗专业人士进一步的学理研究，有待于我们在特殊教育工作中更广泛的实践应用。

 本章小结

1. 按照团体的功能，可以将其分为教育团体、讨论团体、任务团体、成长团体、咨询与治疗团体和支持性团体。

2. 根据活动方式，可以分为游戏团体、活动团体、辅导团体、言语互动团体、心理剧团

---

① 伯格·史丹纳. 儿童与青少年焦点解决短期心理咨询[M]. 黄汉耀，译. 成都：四川大学出版社，2005：154-159.

体、艺术与运动团体、亲子团体。

3. 团体治疗的疗效因素有：希望重塑，普遍性，传递有用信息，利他主义，修正情感体验，提高社交技巧，人际学习，团体凝聚力，宣泄，为自己的存在负责。

4. 在家庭治疗中，治疗师与家庭成员一起解决整个家庭系统的问题，而不是某一个家庭成员的"内部心理"问题。

5. 家庭治疗流派有：系统式家庭治疗、代际家庭治疗、沟通式（萨提亚）家庭治疗、经验式家庭治疗（经验—象征性治疗）、结构式家庭治疗、策略式家庭治疗。

6. 特殊儿童的家庭治疗应该努力淡化个人问题"标签化"，并灵活运用各种技术和方法，调动所有家庭成员共同参与沟通和转变。

7. 狭义的叙事治疗强调使用适当的对话技巧，帮助当事人找出生活故事中被忽略的细节，促成观点和视角的积极转变；广义的叙事治疗涉及人类各种艺术实践的作用，关注人类心理和行为的叙事结构和脉络组织的总体改造。

8. 叙事治疗师不以"专家"自居，而是采取"开放的"立场，通过接纳的倾听，让当事人的故事自然展开，形成独特的主题和丰富的意义，使新的生活可能性涌现出来。

9. 叙事心理治疗通过个人"自传式自我"的演进，化解不必要的冲突、隔阂和对立，让当事人真切地面对自己的经验，在故事的流动和自我的再创作过程中，找到力量和方向。

10. 悬置主观判断（"不知"）的开放态度，差异性的提问，滚雪球式的提问，以及象征性的意义确认，都是有用的叙事治疗技巧。

11. 叙事心理治疗并不局限于言语的交谈，而是可以采用多种媒介，并且与表达性艺术治疗相结合。

 思考与练习

1. 在特殊儿童团体治疗组织和实施的过程中，领导者需要注意哪些问题？请为一组情绪焦虑儿童设计一个团体治疗方案。

2. 家庭治疗的主要模式有哪些？各有什么特点？

3. 叙事治疗有哪些重要的理念和技术？

4. 据中央电视台报道（2001 年 10 月 14 日《东方时空》），德国人卢安克长期在广西东兰县农村义务做教育工作。他主张通过劳动、游戏、拍电视等生活经验来培养儿童的能力和人格。他上课不用课本，也不考试，倡导并践行全方位的教育改革，倡导并践行真实的参与、体验、交流、合作和创造性的教育活动。请阅读卢安克的著作《与孩子的天性合作——一位德国青年在中国的教育梦》，并分析：卢安克的教育实践与本书所倡导的生态化特殊儿童心理健康思路，有哪些共同之处？

主要参考文献

［1］ Bagnato, S. J. *Authentic Assessment for Early Childhood Interventions: Best practices*［M］. New York: Guilford, 2007.

［2］ Bowen M. *Family therapy in Clinical Practice*［M］. New York: Aronson, 1978.

［3］ Cockerham, W. C. *Sociology of Mental Disorder*, 5ᵗʰ Edition［M］. New Jersey: Prentice-Hall, 2000.

［4］ Dunphy, K. & Scott, J. *Freedom to Move: Movement and Dance for People with Intellectual Disabilities*［M］. MacLennan Press, 2003.

［5］ Grandin, T. *Thinking in Pictures and Other Reports from my Life with Autism*［M］. New York: Doubleday, 1995.

［6］ Greenspan, S. I. & Meisels, S. J. *Toward a New Vision of Developmental Assessment of Infants and Young Children*［M］. Washington, D. C.: Zero to three: National Center for Infants, Toddlers and Families, 1996.

［7］ Eriksen, K. and Kress, V. E. *Beyond the DSM Story: Ethical Quandaries, Challenges, and Best Practices*［M］. C. A.: Sage, 2005.

［8］ Halton, J. H. *Communinty Psychology: Linking individuals and communities*［M］. London: Wadsworth, 2001.

［9］ Gendlin, E. *Experiencing and the Creation of Meaning*［M］. New York: The Free Press, Macmillan, 1962, 1970.

［10］ Gendlin, E. T. *Focusing*［M］. New York: Bantam Books, 1981.

［11］ Gendlin, E. T. *Imagery, Body and Space in Focusing*［M］. New York: Baywood, 1984.

［12］ Gendlin, E. T. *Let Your Body Interpret Your Dreams*［M］. Wilmette: Chiron, 1986.

［13］ Gendlin, E. T. *Focusing-Oriented Psychotherapy*［M］. New York, London: Guilford Press, 1996.

［14］ Frankl., V. E. *Man's Search for Meaning*［M］. Beacon: Beacon Press, 1962.

［15］ Frankl., V. E. *The Doctor and the Soul: From Psychotherapy to Logotherapy*［M］. New York: Vintage Books, 1986.

［16］ Lecome, J. *Recovering from Childhood Wounds*［M］. London: Free Association Books, 2006.

［17］ Minuchin, S., Lee, W. Y. & Simon, G. M. *Mastering FamilyTherapy: Journey of Growth and Transformation*［M］. New York: John Wiley, 1996.

［18］ Rogers, C. *The Therapeutic Relationship and Its Impact: A Study of Psychotherapy with Schizophrenics*［M］. With E. T. Gendlin, D. J. Kiesler, and C. L. Madison, University of Wisconsin Press, 1967.

［19］ Polkinghorne, D. E. *Narrative Knowing and the Human Sciences*［M］. New York: State of New York University Press, 1988.

［20］Rogers,C. *On Becoming a Person A therapist's View of Psychotherapy*［M］. Boston：Houghton Mifflim,1961.

［21］Rogers,C. *Carl Rogers on Encounter Groups*［M］. New York：Harper & Row,1970.

［22］Rogers,C. *A Way of Being*［M］. Boston：Houghton Mifflim,1980.

［23］Payne, H. *Dance-movement therapy：Theory, research and practice*［M］. London & New York：Routledge Press,2006.

［24］Tortora,S. *The Dancing Dialogue*［M］. Paul Brookes Press. 2005：287-291.

［25］Whitmore,D. *Psychosynthesis Counseling in Action*［M］. London：Turnstone Press,1986.

［26］Whitmore,D. *Psychosynthesis in Education：A Guide to the Joy of Learning*［M］. London：Turnstone Press,1986.

［27］White M. *Re-authoring Lives：Interviews and Essays*［M］. Adelaide,South Australia：Dulwich Centre Publications,1995.

［28］Yalom,I. A. *The Theory and Practice of Group Psychotherapy*,2nd Edition［M］. New York：Basic Books,1975.

［29］Zero to Three. *Diagnostic Classification：0-3,Diagnostic classification of Mental Health and Developmental Disorders in Infancy and Early Childhood*［M］. Washington, D. C.：Zero to Three,1994.

［30］Jones, P. *Drama as Therapy：Theory, Practice and Research*,3rd Edition［M］. London：Routledge, 2007.

［31］Gilliland,B. E. & James,R. K. 危机干预策略［M］.肖水源,译.北京：中国轻工业出版社,2006.

［32］Temple Grandin & M. Scariano. 星星的孩子：一个畜牧科学博士的自闭症告白［M］.应小端,译.台北：天下文化出版社,2003.

［33］Dolto,F. 儿童的利益［M］.王文新,译.上海：上海社会科学院出版社,2009.

［34］杨广学.心理治疗体系研究［M］.长春：吉林人民出版社,2003.

［35］傅宏.儿童心理咨询与治疗［M］.南京：南京师范大学出版社,2007.

［36］何侃,等.特殊儿童心理健康教育［M］.镇江：江苏大学出版社,2008.

［37］毛颖梅.特殊儿童心理咨询概论［M］.天津：天津教育出版社,2007.

［38］朱秉欣.心理复健导论［M］.台北：五南图书出版公司,2003.

［39］路得·特恩布尔,等.今日学校中的特殊教育［M］.方俊明,等,译.上海：华东师范大学出版社,2004.

［40］韦小满.特殊儿童心理评估［M］.北京：华夏出版社,2006.

［41］朱迪斯.特殊需要婴幼儿评估的实践指导［M］.钱文,刘明,译.上海：华东师范大学出版社,2005.

［42］车文博.心理治疗手册［M］.广州：广东教育出版社,2009.

［43］雷江华.学前特殊儿童教育［M］.武汉：华中师范大学出版社.2008.

［44］孟万金.积极心理健康教育［M］.北京：中国轻工业出版社.2008.

［45］葛兰汀·约翰逊.我们为什么不说话：以自闭者德奥秘解码动物行为之谜［M］.马百亮,译.上海：华东师范大学出版社,2008.

［46］杜亚松.青少年心理障碍咨询与治疗［M］.北京：北京大学医学出版社,2008.

［47］方俊明.特殊教育学［M］.北京：人民教育出版社,2005.

［48］张宁生.听觉障碍儿童的心理与教育［M］.北京：华夏出版社，1995.

［49］肖非.智力落后儿童心理与教育［M］.大连：辽宁师范大学出版社，2002.

［50］钱铭怡.变态心理学［M］.北京：北京大学出版社，2006.

［51］卡尔.儿童与青少年临床心理学［M］.张建新，译.上海：华东师范大学出版社，2005.

［52］王辉.特殊儿童教育诊断与评估［M］.南京：南京大学出版社，2007.

［53］彼得·班克特.谈话疗法——东西方心理治疗的历史［M］.李宏昀，沈梦蝶，译.上海：上海社会科学院出版社，2006.

［54］卡尼.儿童行为障碍个案集［M］.孟宪璋，译.广州：暨南大学出版社，2005.

［55］Howard S. Friedman.心理健康百科全书·第1卷（儿童健康卷）［M］.上海：上海教育出版社，2004.

［56］梁宝勇.发展心理病理学［M］.张诗忠，李维，译.合肥：安徽教育出版社，2004.

［57］贝克.认知疗法：基础与应用［M］.翟书涛，译.北京：中国轻工业出版社，2001.

［58］简德林.聚焦心理：生命自觉之道［M］.王一甫，译.上海：东方出版中心，2009.

［59］弗兰克尔.无意义生活之痛苦［M］.朱晓权，译.北京：生活·读书·新知三联书店，1991.

［60］弗兰克尔.活出意义来［M］.赵可式，等，译.北京：生活·读书·新知三联书店，1991.

［61］罗杰斯.个人形成论：我的心理治疗观［M］.杨广学，等，译.北京：中国人民大学出版社，2004.

［62］Farber，B. A.罗杰斯经典案例分析［M］.郑钢，译.北京：中国轻工业出版社，2007.

［63］艾里克·马施，大卫·沃尔夫.儿童异常心理学［M］.孟宪璋，译.广州：暨南大学出版社，2004.

［64］陈莞.儿童音乐治疗理论与应用方法［M］.北京：北京大学出版社，2009.

［65］任亚辉，杨广学.超个人心理治疗［M］.济南：山东人民出版社，2005.

［66］杨韶刚.超个人心理学［M］.上海：上海教育出版社，2006.

［67］Charles E. Shaefer，等.家族游戏治疗［M］.吴百能，等，译.台北：心理出版社股份有限公司，2002.

［68］Garry L. Landreth.游戏治疗新趋势［M］.何长珠，等，译.台北：五南图书出版公司，2004.

［69］Karla D. Carmichael.游戏治疗入门［M］.王瑾，译.北京：高等教育出版社，2007.

［70］Stanley I. Greenspan.特殊儿童教养宝典：促进智力和情绪成长的全新疗法［M］.刘琼瑛，译.台北：久周文化出版公司，2005.

［71］梁培勇.游戏治疗的理论与实务［M］.广州：世界图书出版公司，2003.

［72］苏珊·丹尼森，柯尼·莱特.儿童游戏治疗活动设计［M］.陈庆福，等，译.广州：世界图书出版公司，2003.

［73］约翰逊，等.游戏与儿童早期发展［M］.华爱华，等，译.上海：华东师范大学出版，2006.

［74］林玫君.创造性戏剧理论与实物——教室中的行动研究［M］.台北：心理出版社股份有限公司，2005.

［75］张金梅.幼儿园戏剧综合课程研究［M］.南京：江苏教育出版社，2005.

［76］郑黛琼.艺术教育教师手册.儿童戏剧篇［M］.台北：艺术教育馆，1999.

［77］P. F. Kellermann，M. K. Hudgins.心理剧与创伤——伤痛的行动演出［M］.陈信昭，李怡慧，洪启惠，译.北京：高等教育出版社，2007.

［78］阿尔文·沃里克.孤独症儿童的音乐治疗［M］.张鸿懿，高多，译.上海：上海音乐出版社，2008.

［79］赖铭次.特殊儿童异常行为之诊断与治疗［M］.台北：心理出版社股份有限公司，2000.

［80］廖凤池.儿童咨询团体理念与方案［M］.北京：世界图书出版公司，2003.

［81］Satir.萨提亚家庭治疗模式［M］.聂晶，等，译.北京：世界图书出版公司，2007.

［82］克莱格·史密斯,大卫·奈仑德.儿童青少年叙事心理治疗［M］.朱眉华,吴播,译.上海:同济大学出版社,2007.

［83］Siegal,M.奇妙的心灵:儿童认知研究的新发现［M］.张新立,译.北京:中国轻工业出版社,2009.

［84］Murdock,S.智力测验的历史［M］.周春塘,译,台北:五南图书出版公司.2009.

［85］李明,杨广学.叙事心理治疗导论［M］.济南:山东人民出版社,2005.

［86］尤娜,杨广学.象征与叙事:现象学心理治疗［M］.济南:山东人民出版社,2005.

［87］卢安克.与孩子的天性合作:一位德国青年在中国的教育梦［M］.广州:广东教育出版社.2003.

［88］兰德雷斯.游戏治疗［M］.雷秀雅,等,译.重庆:重庆大学出版社,2013.

［89］杨广学,王芳.自闭症整合干预［M］.上海:复旦大学出版社,2015.

［90］格尔德等.儿童心理咨询［M］.杜秀敏,译.北京:机械工业出版社,2020.

［91］车文博.心理治疗手册［M］.广州:广东教育出版社,2009.

［92］Emmy van Deurzen.存在主义心理咨询［M］.罗振雷,等,译.北京:轻工业出版社,2012.

［93］陈莞.儿童音乐治疗理论与应用方法［M］.北京:北京大学出版社,2009.

［94］周守珍.弗兰克尔意义治疗述评［J］.长江大学学报(社会科学版),2005,28(6):105-108.

北京大学出版社
教育出版中心 精品图书

现代教育技术　　　　　　　　　　冯玲玉
青少年发展与教育心理学　　　　　　张清
课程与教学论　　　　　　　　　　　李允
课堂与教学艺术（第二版）　　孙菊如　陈春荣
教育学原理　　　　　　　　　靳淑梅　许红花
教育心理学（融媒体版）　　　　　　徐凯
高中思想政治课程标准与教材分析　胡田庚　高鑫

21世纪教师教育系列教材·初等教育系列

小学教育学　　　　　　　　　　　　田友谊
小学教育学基础　　　　　　　　张永明　曾碧
小学班级管理　　　　　　　　　张永明　宋彩琴
初等教育课程与教学论　　　　　　　罗祖兵
小学教育研究方法　　　　　　　　　王红艳
新理念小学数学教学论　　　　　　　刘京莉
新理念小学音乐教学论（第二版）　　吴跃跃
初中历史跨学科主题学习案例集　　杜芳　陆优君
青少年心理发展与教育　　　　　林洪新　郑淑杰
名著导读12讲——初中语文整本书阅读指导手册　文贵良
小学融合教育概论　　　　　　　雷江华　袁维

教师资格认定及师范类毕业生上岗考试辅导教材

教育学　　　　　　　　　　　余文森　王晞
教育心理学概论　　　　　　　　连榕　罗丽芳

21世纪教师教育系列教材·学科教育心理学系列

语文教育心理学　　　　　　　　　　董蓓菲
生物教育心理学　　　　　　　　　　胡继飞

21世纪教师教育系列教材·学科教学论系列

新理念化学教学论（第二版）　　　　王后雄
新理念科学教学论（第二版）　　崔鸿　张海珠
新理念生物教学论（第二版）　　崔鸿　郑晓慧
新理念地理教学论（第三版）　　　　李家清
新理念历史教学论（第二版）　　　　杜芳
新理念思想政治（品德）教学论（第三版）　胡田庚
新理念信息技术教学论（第二版）　　吴军其
新理念数学教学论　　　　　　　　　冯虹
新理念小学音乐教学论（第二版）　　吴跃跃

21世纪教师教育系列教材·语文教育系列

语文文本解读实用教程　　　　　　　荣维东
语文课程教师专业技能训练　　　张学凯　刘丽丽
语文课程与教学发展简史　　武玉鹏　王从华　黄修志
语文课程学与教的心理学基础　　韩雪屏　王朝霞
语文课程名师名课案例分析　　　武玉鹏　郭治锋等
语用性质的语文课程与教学论　　　　王元华
语文课堂教学技能训练教程（第二版）　周小蓬
中外母语教学策略　　　　　　　　　周小蓬

中学各类作文评价指引　　　　　　　周小蓬
中学语文名篇新讲　　　　　　　杨朴　杨旸
语文教师职业技能训练教程　　　　　韩世姣

21世纪教师教育系列教材·学科教学技能训练系列

新理念生物教学技能训练（第二版）　　崔鸿
新理念思想政治（品德）教学技能训练（第三版）
　　　　　　　　　　　　　　胡田庚　赵海山
新理念地理教学技能训练（第二版）　李家清
新理念化学教学技能训练（第二版）　王后雄
新理念数学教学技能训练　　　　　　王光明

王后雄教师教育系列教材

教育考试的理论与方法　　　　　　　王后雄
化学教育测量与评价　　　　　　　　王后雄
中学化学实验教学研究　　　　　　　王后雄
新理念化学教学诊断学　　　　　　　王后雄

西方心理学名著译丛

儿童的人格形成及其培养　　　　［奥地利］阿德勒
活出生命的意义　　　　　　　　［奥地利］阿德勒
生活的科学　　　　　　　　　　［奥地利］阿德勒
理解人生　　　　　　　　　　　［奥地利］阿德勒
荣格心理学七讲　　　　　　　［美］卡尔文·霍尔
系统心理学：绪论　　　　　　［美］爱德华·铁钦纳
社会心理学导论　　　　　　　［美］威廉·麦独孤
思维与语言　　　　　　　　　［俄］列夫·维果茨基
人类的学习　　　　　　　　　［美］爱德华·桑代克
基础与应用心理学　　　　　　［德］雨果·闵斯特伯格
记忆　　　　　　　　　　　　［德］赫尔曼·艾宾浩斯
实验心理学（上下册）　　［美］伍德沃斯　施洛斯贝格
格式塔心理学原理　　　　　　［美］库尔特·考夫卡

21世纪教师教育系列教材·专业养成系列（赵国栋　主编）

微课与慕课设计初级教程
微课与慕课设计高级教程
微课、翻转课堂和慕课设计实操教程
网络调查研究方法概论（第二版）
PPT云课堂教学法
快课教学法

其他

三笔字楷书书法教程（第二版）　　　刘慧龙
植物科学绘画——从入门到精通　　　孙英宝
艺术批评原理与写作（第二版）　　　王洪义
学习科学导论　　　　　　　　　　　尚俊杰
艺术素养通识课　　　　　　　　　　王洪义